MALTESER HEUTE

VICKI HERRIEFF

KYNOS VERLAG

Titelbild: Ch. Snowgoose Kings Ransome JW.
Züchter und Besitzer: Vicki Herrieff
Foto: Chris Ripsher
Buchrücken - Foto: Marc Henrie

Vorsatz: *Zulina of Scalnitas, Züchter u. Besitzer: Helga Scheurer & Hartwig Drossard und Désie vom Wassergarten, Züchter: Renate Moll, Besitzer H. Scheurer & H. Drossard.*
Nachsatz: *Jo-Jo of Scalnitas. Züchter: H. Scheurer & H. Drossard, Besitzer Frau Greit.*

© Ringpress Books Ltd., Lydney, Gloucestershire GL15 6YD

Übersetzung: Hartwig Drossard, Erkelenz

© KYNOS VERLAG Dr. Dieter Fleig GmbH
Am Remelsbach 30
D-54570 Mürlenbach/Eifel
Telefon: 06594/653
Telefax: 06594/452

Deutsche Erstauflage 1998
Gesamtherstellung:
Ringpress Books Ltd., Lydney, Gloucestershire

ISBN 3-929545-69-1

Das Werk einschließlich aller seiner Teile ist urheberrechtlich geschützt. Jede Verwertung außerhalb der engen Grenzen des Urheberrechtsgesetzes ist ohne schriftliche Zustimmung des Verlages unzulässig und strafbar. Das gilt insbesondere für Vervielfältigungen, Übersetzungen, Mikroverfilmungen und die Einspeicherung und Verarbeitung in elektronischen Systemen.

INHALTSVERZEICHNIS

Vorwort zur deutschen Ausgabe (von Verena Boldin)   4

Danksagung   5

Einführung   **Was ist ein Malteser?**   6

Kapitel 1:   **Die Geschichte der Malteser**   8

Kapitel 2:   **Die Auswahl Ihres Malteser-Welpen**   19

Kapitel 3:   **Die Fürsorge und Pflege Ihres Welpen**   26

Kapitel 4:   **Der Ausstellungs-Malteser**   37

Kapitel 5:   **Der Rassestandard**   48

Kapitel 6:   **Es ist soweit: Sie stellen Ihren eigenen Malteser aus!**   59

Kapitel 7:   **Die Zucht mit Maltesern**   78

Kapitel 8:   **Trächtigkeit und Geburt**   88

Kapitel 9:   **Aufzucht der Welpen**   98

Kapitel 10:   **Gesundheitsfürsorge**   110

Kapitel 11:   **Der Malteser als Kosmopolit**   125

Kapitel 12:   **Der Malteser in England**   131

Kapitel 13:   **Erinnerungen aus der Vergangenheit**   148

Kapitel 14:   **Der Malteser in den Vereinigten Staaten**   151
                (von Jacqueline C. Stacy)

Kapitel 15:   **Der Malteser in Deutschland** (von Hartwig Drossard)   159

Vorwort zur deutschen Ausgabe

Lange mußten wir darauf warten, doch 1998 endlich ist es da: Das erste wirklich ausführliche Buch über unsere Malteser. 1995 ist es in England erschienen und es ist Herrn Hartwig Drossard zu verdanken, daß es nun auch in deutscher Sprache erscheinen kann, denn er hatte sich sofort bereit erklärt, kostenlos die Übersetzung zu übernehmen. Es ist ihm ausnehmend gut gelungen, die spezielle liebenswürdige Art, die der Autorin Vicki Herrieff zu eigen ist, ins Deutsche ›rüberzubringen‹. Kein leichtes Unterfangen, aber wenn man so »Malteser-besessen« ist wie Hartwig Drossard - er züchtet gemeinsam mit seiner Lebenspartnerin Helga Scheurer unter dem Zwingernamen »of Scalnitas« Malteser und Zwergspitze - dann gelingt so etwas eben hervorragend. Ein riesengroßes Dankeschön aber nicht nur an ihn, sondern auch an Herrn Dr. Fleig, der dieses Buch in seinen Verlag aufgenommen und es gedruckt hat.

Nun aber zur Autorin Vicki Herrieff. Man kann ohne Übertreibung sagen, daß sie die große Dame nicht nur des Maltese Club of Great Britain, sondern der gesamten Malteserwelt ist. Sie genießt seit über 30 Jahren den allerbesten Ruf mit ihren Snowgoose Maltesern. Bis zur Drucklegung des Buches hat sie 14 Champions gezüchtet und in den letzten 20 Jahren waren ihre Snowgoose Malteser fast immer auf der berühmten Crufts vertreten, 9 mal sogar auf herausragenden Positionen.

Sie ist stolz darauf, Member des Kennel Clubs zu sein, eine besondere Auszeichnung in der englischen Hundeszene. Seit vielen Jahren übt sie die Funktion eines »Rescue Offiers« des Maltese Club aus, d. h. sie kümmert sich um die Malteser, die aus den verschiedensten Gründen in Not geraten, ausgesetzt, gequält oder einfach nicht mehr erwünscht sind. Vicki tut dies mit einem Engagement, wie nur sie es kann - eine Frau, die in Symbiose mit ihren Maltesern lebt und natürlich gehört auch ihr Ehemann David dazu.

Dieses Buch ist einfach ein Muß für jeden, der einen Malteser besitzt. Sie finden dort alles erwähnt oder beschrieben, was unsere so liebenswerte Rasse betrifft - ich habe selten ein Hundebuch gelesen, in dem immer wieder die große Liebe zu dieser Rasse zum Ausdruck kommt. Das Einfühlungsvermögen, wie sie die einzelnen Dinge um und über den Malteser beschreibt, ist einzigartig. Am liebsten würde man das Buch gar nicht mehr aus der Hand legen. Vollkommen wird dieses Malteserbuch durch die wundervollen Fotos von den »Kleinen Träumen in Weiß«, die zum großen Teil von Vickis Freundin Chris Ripsher (»Villarose«) stammen.

In Ergänzung zu Vicki Herrieffs Buch »Maltese today« wurde die deutsche Ausgabe um ein Kapitel erweitert, in dem in zusammengefaßter Form auch auf die Geschichte der Malteser in Deutschland eingegangen wird, basierend auf den Daten und Unterlagen, die Hartwig Drossard in mühevoller Arbeit in den letzten Jahren zusammengetragen hat.

Also, viel Spaß beim Lesen!

Verena Boldin
Malteser-Liebhaberkennel »of Paradise«

*Ch. Snowgoose Kings Ransome JW (Ch. Snowgoose Hot Toddy - Ch. Snowgoose Exquisite Magic): Top UK Malteser 1987, Reserve Top-Winner der Kleinhundegruppe auf den britischen Inseln 1987, Dritter der Winner aller Rassen 1987, BOB Crufts 1988.
Züchter und Besitzer: Vicki Herrieff.*

**Dieses Buch ist all meinen Maltesern gewidmet,
jenen kleinen Schelmen, die mein Leben so bereichert haben.**

Danksagung

In tiefer Dankbarkeit bin ich all den Freunden in der Heimat und außerhalb verbunden, die mir in so selbstloser Weise bei diesem Buch geholfen haben. Es wäre unmöglich, jedem individuell meinen Dank abzustatten. Einen besonderen Dank bin ich jedoch meinem geduldigen Ehemann David schuldig; Chris Ripsher für unermüdliche Hilfe bei den Nachforschungen, Korrekturlesungen und all die Illustrationen; Philippa Godfrey (B. Vet. Med.) - meiner einzigartigen (one in a million-) Tierärztin; Dorothy McCabe, deren selbstlose Fürsorge für die Rasse keine Grenzen kennt; Hartwig Drossard, dessen Nachforschungen und Unterstützung von mir sehr geschätzt wurden und all jenen, die uns, sehr zu unserer Freude, Fotos ihrer liebreizenden Hunde zugesandt haben.

Einführung

WAS IST EIN MALTESER?

Ein Malteser ist ein lebhafter und mutiger kleiner Hund mit einer langen, bedeutsamen Ahnenreihe, die bis in vorchristliche Zeiten zurückreicht - ein einzigartiger Hund, wie ein flüchtiger Blick in seine berühmte Geschichte bestätigen wird. Er vertritt eine vornehme, freundliche Rasse, ergebener Gefährte der adligen Gesellschaft durch alle Jahrhunderte. Langlebig, genügsam, ausgestattet mit einem »großen Herzen« und sehr wachsam. Was will man noch mehr verlangen?

Dieses kleine, vergnügliche weiße Bündel voller Spaß und Lebensfreude ist vor allem und in erster Linie ein Kamerad und als solcher hat er sich über Jahrhunderte für die Menschheit bewiesen und er ist es bis in die heutige Zeit geblieben. Es ist ein Hund, der die Augen aller auf sich lenkt und der Ihre ungeteilte Aufmerksamkeit verlangt - weniger als 25 cm mißt er in Schulterhöhe; die dunklen, funkelnden Augen stehen in wundervollem Kontrast mit dem langen, seidigen, reinweißen Haarkleid und elegant im Bogen über dem Rücken getragener Rute. Der Malteser ist ein munterer Geselle, mit einem besonderen, freundlichen und sanften Wesen aufwartend, allzeit bereit spazieren zu gehen, aber ebenso glücklich, auch nur im Garten herumzutoben oder brav und still an der Seite seines Besitzers zu liegen.

Der Malteser ist ein Hund, der uns sehr viel Zuneigung entgegenbringt, mit sich und der Welt zufrieden, wenn er bei »seiner Familie« ist, gleichgültig, ob diese in einem Schloß oder einer Wohnung lebt. Er ist ein Hund mit dem gewissen »Etwas«. Man gab ihm in vergangenen Zeiten auch den Beinamen »Tröster« und schrieb ihm heilende Fähigkeiten zu - etwas, woran sogar heute noch viele Menschen glauben. Aufmerksam, mit feinem Gehör, hält er Wache und warnt vor Annäherungen Fremder und das auf sehr selbstsichere Art und Weise.

Die meisten Fotos zeigen Bilder von Vertretern dieser Rasse in blendender, bezaubernder »Show-Pose«, jedes einzelne Haar sorgfältig frisiert. Aber diese statuenhafte Schönheit hält meist nicht lange! Unter dem prächtigen, fließenden weißen Mantel steckt ein allzeit zu allen Späßen aufgelegter Clown. Wieder daheim, verwandelt sich die wundervoll zurechtgemachte, kunstvoll und zerbrechlich wirkende Statue von einem Augenblick zum anderen in ein Bündel sprühender Energie, begierig darauf wartend, mit Ihnen ungezügelt herumzutollen und zu spielen um sich dann wieder im nächsten Moment übergangslos zu beruhigen, sich zu Ihnen zu legen und fast in Sie hineinzuschmiegen; still - mit sich und allem zufrieden - einfach nur das Vergnügen genießend, bei Ihnen sein zu dürfen.

Der unwiderstehliche Charme von Malteser-Welpen wird auf diesem Foto deutlich. (Aus der »Villarose«-Zucht).

Ein ausgewachsener Malteser in seiner ganzen zauberhaften Pracht: Ch. Villarose Mischief Maker (Ch. Snowgoose Valient Lad - Snowgoose Calipso Magic of Villarose) Malteser-Hündin des Jahres 1988.

Die Malteser sind eine sehr zutrauliche Rasse, »tolerant« und wenig reizbar. Er ist der ideale Gefährte für ältere Kinder, die gefühlvoll mit ihm umzugehen wissen, die diese ausgeprägte (Hunde-) Persönlichkeit akzeptieren und gründlich verstehen, ungeeignet in jedem Falle für Kleinkinder, die selbstverständlich und ganz natürlich von der kuscheligen Erscheinung magisch angezogen werden. Es ist ihnen nicht bewußt, daß ein kleiner Hund verletzlich ist und es ein Risiko ist, wenn man ihn vom Arm fallen läßt oder ihn irgendwo an erhöhter Stelle (Tisch, Bank, Stuhl) absetzt und unbeaufsichtigt zurückläßt. Der Malteser hat keinen jährlichen regelmäßigen Haarwechsel. In jedem Falle muß jedoch genügend Zeit für die tägliche Pflege zur Verfügung stehen. Dies ist überaus wichtig und man sollte sich keinen Malteser zulegen, wenn nicht sichergestellt ist, daß man diesem Punkt die notwendige Beachtung schenken kann. Das mag sich vielleicht entmutigend anhören, in Wirklichkeit ist es jedoch sogar eine entspannende, fast therapeutisch wirkende Tätigkeit, die sich in doppelter Weise auszahlt.

Wenn Sie herausgefunden haben, daß Sie die richtige Person für einen Malteser sind, werden Sie niemals die Entscheidung bedauern, sich einen Vertreter dieser entzückenden Rasse angeschafft zu haben, die, mit Ausnahme des Unterschiedes, daß sie in der Neuzeit auf Ausstellungen vorgeführt wird, im Wesentlichen über Jahrtausende unverändert geblieben ist.

Mein eigener Lebensinhalt wurde durch die vielen Malteser, die ich nach dem Erwerb meines ersten Maltesers Anfang der 60er Jahre besaß, in höchstem Maße bereichert. Ich hätte nie geglaubt, daß solch kleine Hunde einen Menschen regelrecht verzaubern können. Dieser Zauber befiel mich bereits bei meiner allerersten kleinen Hündin, die mich dann damals, wie zufällig, in die berauschende Welt der Shows führte, in der wir - einschließlich eines Gruppensieges auf der Crufts - viele gemeinsame Abenteuer zu bestehen hatten und bestanden, bis hinein in die heutige Zeit. Alle meine Malteser waren - und viele sind es noch - meine liebevollen Gefährten. Ich kann nur hoffen, daß einige der Lehren und Erfahrungen, die ich auf meinem Weg gesammelt habe und die ich in diesem Buch gerne weitergeben möchte, noch etwas mehr zu dem Vergnügen beitragen werden, welches Sie mit Ihrem ganz eigenen Malteser haben werden.

Kapitel 1

DIE GESCHICHTE DER MALTESER

Der kleine Malteser ist einer der schönsten Kleinhunde. Er hat eine große und aufregende Vergangenheit und im Verlaufe seiner Geschichte haben ihn stets ergebene Anhänger aus allen Bereichen des Lebens begleitetet. Nur wenigen Rassen wurde solche Aufmerksamkeit und Bewunderung über einen solch langen Zeitraum hinweg zuteil.

Die Malteser sind anerkanntermaßen und nachweislich eine der ältesten Hunderassen. Die Schönheit und das liebevoll-zärtliche Wesen dieser kleinen Vierbeiner wurde schon in vorchristlicher Zeit von Künstlern und Dichtern gleichermaßen gepriesen. Bei Ausgrabungen fand man eine bis ins Jahr 8000 v. Chr. zurückdatierende, vermutlich als Kinderspielzeug modellierte, Skulptur eines Maltesers und aus der Literatur geht hervor, daß Charles Darwin den Ursprung der Rasse in die Zeit um 6000 v. Chr. datierte. Zweifelsohne gibt es auch eine sehr große Ähnlichkeit mit dem Hund, der auf einer griechischen Vase aus der Zeit von 500 v. Chr. abgebildet ist.

URSPRÜNGE

Man könnte leicht zu dem Schluß kommen, daß bei den zahlreichen Hinweisen auf die Rasse während dieser unglaublichen langen Zeitspanne der Herkunftsort doch eindeutig feststehen sollte. Aber dem ist nicht so! In alten Schriften bezeichnete man sie als Melitaie-Hunde, d. h. daß ihnen dieser Name von den Römern und Griechen gegeben wurde, abgeleitet von der gleichnamigen Insel Melita, einer früheren Bezeichnung der heutigen Insel Malta. Strabo, (ein bekannter Geschichtsschreiber aus der griechisch-römischen Epoche) schrieb 25 n. Chr.: »Es gibt eine Stadt auf Sizilien mit dem Namen Melita, in welcher man viele wunderschöne Hunde verkauft, die man als Canis Melitei bezeichnet.« Es gibt indes auch keinen Zweifel darüber, daß die Insel Malta zu jener Zeit ein blühender Handelsplatz war und als hochzivilisiertes Land galt.

Ein nachdenkenswerter Hinweis wird in der ersten Ausgabe des ausgezeichneten Buches von Virginia Leitch *The Maltese Dog* (USA, 1953) gegeben. Sie schreibt dort: »Die griechische und die römische Geschichte sind nicht alt. Die Griechen waren noch Barbaren zu einer Zeit, als die antike Zivilisation in Ägypten bereits ihre Blütezeit erreicht hatte und erst 1600 v. Chr. griff die kretische Zivilisation auf Griechenland über«.

Es gibt wirklich viele Exemplare solcher Hunde-Skulpturen in Ägypten, von denen einige dem Malteser ähnlich sehen. Könnte der Ursprung der Rasse demzufolge tatsächlich vielleicht östlich des Mittelmeerraumes liegen? Man weiß, daß es florierende Handelsbeziehungen zwischen diesem Teil der Welt und Europa gab und es existieren einige Hinweise auf antiken ägyptischen Schriftrollen, die Malteser im täglichen Leben der Ägypter abbilden. Außerdem wurden hin und wieder bei Ausgrabungen plastische Darstellungen von langhaarigen Hunden mit Hängeohren und hochangesetzter, gerollter Rute gefunden. George Jennison schrieb in seinem Buch *Animals for Show and Pleasure in Ancient Rome* (Tiere auf Veranstaltungen und zur Kurzweil im antiken Rom): »Viele der kleinen Schoßhunde, die sich zur Zeit des römischen Imperiums in Italien großer Beliebtheit erfreuten, waren wahrscheinlich Malteser, die ebenso in Ägypten und Griechenland über Jahrhunderte geschätzt wurden«. Mrs. Hunter, Besitzerin der berühmten »Gissing«-Malteser, war davon überzeugt, daß es durchaus berechtigte Gründe gab anzunehmen, daß die Malteser aus der Region der Wüste Gobi stammten. Sie vertrat die Ansicht, daß die Vorfahren der heutigen Rassevertreter lange Zeiten in einem heißen Klima gelebt haben müssen. Sie begründete diese These damit, daß das außerordentliche Wärme- und Sonne-Bedürfnis dieser Hunde auf irgendeine Art über zahllose Generationen in sie »hineingezüchtet« wurde. Sie sagte einmal: »Der Sonnenschein, von dem wir in unserem Land nie genug haben, ist der größte Freund und Wohltäter dieser kleinen ›Hunde des Ra‹«. (Ägyptischer Sonnengott - Anm. d. Ü.)

Skulptur eines Zwerghundes, datiert auf die Zeit zwischen 2000 - 1500 vor Christus, ausgestellt in einem ägyptischen Museum. Sie weist eine deutliche Ähnlichkeit mit einem Malteser auf.

DIE GESCHICHTE DER MALTESER

GESCHENKE UND TAUSCHOBJEKT
In China erschienen die Melitaie-Hunde erstmals im 1. Jahrhundert auf der Bildfläche. Allem Anschein nach war der Malteser damals ein weitgereister Zeitgenosse - Tauschware für die von der adligen römischen und griechischen Gesellschaft sehr begehrte exotische chinesische Seide zu einer Zeit, in der »ein Pfund Seide gleichviel wert war, wie ein Pfund Gold«. (Zitat aus: *The Jewels of Women* von Miss M. Iveria, veröffentlicht vom British Maltese Club.)

Man kann sich sehr gut vorstellen, wie die Malteser von Land zu Land über die Seidenstraße bis ins ferne Asien reisten - kleine, ungewöhnlich aussehende Hunde, die zudem auch noch reinweiß waren. Sie waren, neben hochwertigen handwerklichen Erzeugnissen und Edelsteinen, bevorzugte diplomatische Geschenke an Könige und Königinnen und damit ist wiederum einmal bewiesen, wie hochgeschätzt diese kleinen Wesen waren.

In seinem Buch *The Dog* aus dem Jahre 1872 schreibt der Autor Idstone: »Malteser waren die Familienhunde, wahrscheinlich über mehr Jahrhunderte als jede andere Hunderasse. Es gibt wenig Zweifel darüber, daß sie die Günstlinge der Damen des antiken Griechenlands war, wo sie als Statussymbol der Reichen Gesellschaft galten. Ich selbst habe einen sehr schön modellierten Kopf dieses kleinen Tieres gesehen, von kunstfertiger Hand als Knauf eines Messers oder Dolches gearbeitet, der aus der Zeit des griechischen Imperiums stammte«.

Als Indstone diese Zeilen schrieb, war er außerdem der Überzeugung, daß die Suche nach Maltesern auf Malta zu einem niederschmetternden Resultat führen würde. Er weist darauf hin, daß die Gravuren dieser Spezies in dem Werk von Stonehenge, dem Pseudonym des Schriftstellers J. H. Walsh, Hunde dieser Rasse zum Vorbild hatten, die aus Manila (Philippinen) importiert worden waren. Tatsächlich hatte Idstone bei mehreren Anlässen selbst einige Exemplare der Rasse gesehen, aber diese stammten von den westindischen Inseln. Ein Kommentator äußerte sich in humorvoller Weise folgendermaßen: »In Wirklichkeit sind sie (die Malteser) auf Malta so selten, wie es ehrliche Gondoliere gibt«.

Idstone gibt zu diesem Thema eine nette Schilderung zum besten: »Malteser, zumindest nennt man sie so, werden oft ans Ufer gebracht und dort verkauft oder man hält sie von Bord der einheimischen Ruderboote den Passagieren an Deck der ausländischen Schiffe entgegen, angepriesen mit all der ›Kaufen Sie einen Hund, Gnä' Frau‹ - marktschreierischen Redegewandtheit, wie man sie auch von der Regency Street oder St. Martin's Lane her kennt. Allerdings sind diese ›Malteser‹ lediglich armselige, langhaarige kleine Fellbündel, gewaschen, gebleicht und in einem malteserähnlichen Aussehen entsprechend zurechtfrisiert«.

Sogar im London der heutigen Tage hat man der kleinen Hunde von Malta gedacht - an sehr besonderem, aber allgemein zugänglichem Platz: an nicht geringerer Stelle als zu Füßen des Tower of London. Wenn Sie die Möglichkeit haben, besichtigen Sie den White Tower, an dessen Füßen Sie ein prächtiges Geschütz aus Bronze finden, vermutlich flämischer Herkunft, aus dem Jahre 1607. Die Lafette stammt aus England, aus dem Jahre 1827. Dieses Geschütz wurde irgendwann nach 1800 von Malta nach England gebracht. Es ist aufwendig verziert mit Blumenornamenten, Früchten und Cupidos und dem Wappen von Malta. Die Speichen der Räder werden aus dem Malteserkreuz und Schwertern gebildet.

Was jedoch an dem Ganzen so interessant ist: zwischen den Rädern sitzt ein sehr der Rasse ähnelnder Vertreter der Malteser. In der zugehörigen Beschreibung liest man folgendes: »Den Sockel (der Kanone) bildet ein Hund, nach der Insel bezeichnet, namens Bichou und als solcher in der römischen Geschichte erwähnt«. Obwohl es eher die Karikatur eines Hundes ist, besteht kein Zweifel daran, daß er aus dem Geschlecht der Malteser stammt.

Dr. G. Stables schreibt in seinem Buch *Ladies Dogs as Companions* (1905): »Weiß ist das Symbol der Reinheit und - wie ich hinzufügen möchte - der Güte und Tugendhaftigkeit. Reinweiße Tiere sind im allgemeinen bekannt für freundliches, zugeneigtes Wesen und Gelehrigkeit, was dennoch Mut und Tapferkeit als weitere Tugenden nicht ausschließt«. In Virginia Leitch's erster Ausgabe des Buches *The Maltese Dog* findet sich auch ein Hinweis auf eine entzückende Beschreibung dieses Hundes in einigen chinesischen Büchern, in denen auf die-

Der kleine Hund von Malta an der Kanone zu Füßen des Tower of London.

MALTESER HEUTE

sen Bezug genommen wird als einen Hund, bekannt unter dem Namen *Pai*. Er wird beschrieben als »sehr klein, niedrig auf den Beinen und kurz in der Kopfform« und als Hund, der unter den Tisch paßt. (Anm. d. Ü.: Dazu muß man wissen, daß die klassischen chinesischen Tische meist eine lichte Höhe von ca. 40 cm und weniger aufweisen.)

Zwei sehr schöne, präparierte Malteser sind im Zoologischen Museum von Tring/Hertfordshire ausgestellt und es ist interessant, auf der unter diesen Exemplaren angebrachten Tafel u. a. folgendes in der Beschreibung zu lesen: »Malteser waren in der Zucht zur Entstehung der Pekingesen in China beteiligt«. Bedauerlicherweise ist keiner der beiden ausgestellten Hunde mit einem Namen versehen, sondern werden lediglich als ›Rüde, preisgekrönt 1901‹ und ›Hündin, Gabe von Miss E. Wells‹ bezeichnet. Leider ist nicht mehr darüber in Erfahrung zu bringen.

Ab dem 5. Jahrhundert gab es einen blühenden Handel zwischen China, den Philippinen und den Handelsplätzen der westlichen Welt, bei welchem die Malteser eine eigene, ganz bestimmte Rolle spielten, eben weil diese Hunde gern gepriesener Besitz nicht nur der Damen am Hof des römischen Kaiserreiches waren, sondern ebenso als bevorzugte Familienhunde der gesamten adligen, noblen Gesellschaftskreise Europas galten. Manchmal bezeichnete man sie auch als »Comforter« (Tröster) oder »shock-dogs« (Schopfhunde). Königin Mary von Schottland, besaß einen Malteser aus Frankreich, wo es angeblich seinerzeit die besten Hunde gab. Es gibt viele Hinweise darauf, daß es genau dieser Malteser war, der unter ihren Röcken gefunden wurde, nachdem man sie enthauptet hatte - beim anschmiegsamen Wesen dieser Rasse ein durchaus vorstellbares Verhalten des Hundes.

DER WEG DER RASSE IN ENGLAND

Königin Victoria war berühmt für ihre Hundeliebe und sie besaß einen Malteser namens ›Chico‹. Man erzählt, daß ein Kapitän Lukey im Jahre 1841 zwei weitere Malteser als Geschenk für Ihre Majestät von seiner Reise nach den Philippinen mitgebracht hatte. Diese See-Reise hatte mehrere Monate gedauert und als man Schottland wieder erreicht hatte, machte das verfilzte Aussehen der Hunde es unmöglich, diese als Geschenk zu überreichen. ›Psyche‹ und ›Cupid‹, wie man sie nannte, wurden demzufolge bei dem Bruder Kapitän Lukeys untergebracht, einem Mastiff-Züchter. Trotzdem waren alle Mühen nicht umsonst gewesen, denn diese beiden Hunde bildeten schließlich nachweislich den wertvollen Grundstock für die zukünftige Zucht in England. C. G. E. Wimhurst schreibt über die Malteser in seinem 1965 erschienenen Buch *The Complete Book of Toy Dogs,* daß trotz der Behauptung, diese Rasse wäre erstmals während der Regierungszeit Heinrichs des VIII. in England erwähnt worden, man durchaus berechtigten Grund zu der hypothetischen Annahme hat: »Die Rasse war bereits im römischen Reich verbreitet anzutreffen und als Caesar Britannien besetzte, nahmen die Legionäre ihre Frauen mit. Es wäre ungewöhnlich gewesen, wenn die letzteren ihre geliebten Schoßhunde in Rom zurückgelassen hätten. Außerdem ist anzunehmen, daß man dann mit diesen Hunden in großem Umfang züchtete und als man England wieder verließ, nahm man bestimmt nicht alle wieder mit zurück nach Rom. Diejenigen jedoch, die man zurückließ, wurden von der einheimischen Bevölkerung als wertlos angesehen, als unnütze Fresser und sind demzufolge wahr-

Malteser mit blauer Schleife von J. F. Maggs, England, 19. Jahrhundert (1863).

Malteser auf dem Tisch, Englische Schule, 19. Jahrhundert.

Bilder aus dem Metropolitan Museum of Art.

DIE GESCHICHTE DER MALTESER

scheinlich sehr schnell wieder ausgestorben«.

Glücklicherweise begann dann jedoch Anfang des 19. Jahrhunderts die Rasse bei uns wieder feste Wurzeln zu bilden, wie man auf den einschlägigen Bildern der englischen Malerei erkennen kann. 1839 beauftragte die Herzogin von Kent, Königin Victoria's Mutter, Sir Edwin Landseer, ein Portrait ihres kleinen Hundes ›Quiz‹ zu malen, welches ihn, angeschmiegt an den massigen Kopf ihres Neufundländers zeigt. Später dann, 1851, gab die Herzogin nochmals ein Pastellgemälde ihres Maltesers ›Lambkin‹ in Auftrag. Kopien dieses herrlichen Gemäldes werden bis heute verkauft und zeigen eindeutig, wie wenig sich diese Rasse von damals bis heute verändert hat. Im Jahre 1859 veranstaltete man die erste Hundeausstellung und auf dieser zeigte Miss Gibbs of Morden ihre winzige Hündin, ebenfalls ›Psyche‹ genannt - ein Nachkömmling der von Kapitän Lukey 1841 eingeführten beiden Malteser. Allen Berichten zufolge war diese Hündin ein wahrhaft entzückendes kleines Wesen, von dem Schriftsteller, der unter dem Pseudonym Stonehenge bekannt war, mit folgenden Worten beschrieben: »Im Alter von 20 Monaten ist sie reinweiß, wiegt ca. 1700g , mißt vom Haaransatz der Schultern aus 38 cm und wenn sie freudig herumtänzelt sieht es aus, als habe man einen Ball lebendiger, fließender Seide vor sich. Das Haar ihrer Rute fällt über den Rücken wie gesponnenes Glas«.

TERRIER, SPANIEL ODER DOCH EINE EIGENSTÄNDIGE RASSE MALTESER?
Verfolgt man die Ahnenreihen der Hunde in jener Zeit, kann man leicht in Verwirrung geraten, denn viele hatten gleiche Namen wie ihre Vorfahren. Selbst wenn sie aus völlig anderen Linien stammten, gab es manchmal keine eindeutigen Identifikationsmerkmale, die die unterschiedliche Herkunft erkennbar gemacht hätten. Diese unbefriedigende Situation hielt an, bis im Jahre 1873 der englische Kennel Club gegründet wurde und sich als vordringlichste Aufgabe die Einrichtung eines Zuchtbuches vornahm. Im Laufe der Zeit gewann die Rasse nach und nach an Popularität und die Malteser wurden auf den früheren englischen Hundeausstellungen in der Terrierklasse ausgestellt. Obwohl es damals Diskussionen darüber gab, ob man die Malteser als Terrier oder Spaniel klassifizieren sollte, überwog jedoch die Meinung, sie zu den Terriern zu zählen, da der Malteser ein mutiger kleiner Bursche war, durchaus in der Lage, ein oder zwei Ratten zur Strecke zu bringen.

Zwischen 1860 und 1870 räumte Robert Manderville aus London alle Preise auf den Ausstellungen in Birmingham, Islington und Crystal Palace mit seinen Hunden Fido und Lilly ab. Fido war ein drei Kilogramm schwerer Rüde und mit fast 28 cm Schulterhöhe recht groß. J. S. Turner schreibt in der 1904 erschienenen *The Enzcyclopaedia*, daß er sich sehr gut an die Hunde erinnern konnte, die von Mr. Manderville, Bill Tupper und später Lady Giffard ausgestellt wurden. Damals traten auch Typen mit wolligem und gelocktem Haarkleid auf, von den Züchtern als Cubans bezeichnet. Unwissentlich und oft irrtümlich wurden diese dennoch als Malteser klassifiziert. Mr. Turner war der Meinung, daß es in Anbetracht der geringen Anzahl von Maltesern schwierig sei, Inzucht zu vermeiden und schlug deshalb vor, die genetischen Reserven zu erweitern, mit dem Versuch, Clysdale- oder Yorkshireterrier in die Rasse einzukreuzen. Er setzte sich ferner dafür ein, daß der Wiederaufbau der Rasse »solch hübscher Zwerghunde« dem gerade gegründeten Maltese Club überlassen werden sollte, »da größte Sorgfalt auf eine genaueste Erfassung solcher Einkreuzungen gelegt werden muß«. Zum Glück erachtete dann der Maltese Club solche radikalen Maßnahmen als nicht notwendig. Es ist interessant nachzulesen, daß dieser Club dann entschied, daß Hunde jeden Gewichts ausgestellt werden durften, vorzugsweise sollte es jedoch zwischen 1800 g und 4500 g betragen.

1862 erhielt Mr. Macdonald den Preis von 1 £ (was damals einen beträchtlichen Wert darstellte) für seinen Malteser-Rüden ›Prince‹. Er wurde in der extra eingerichteten Klasse für »sonstige kleine ausländische Hunderassen, die nicht zur Jagd eingesetzt werden« bewertet. Im folgenden Jahr 1863 gewann er den gleichen Preis für denselben Hund, diesmal als Malteser bezeichnet.

Erst 1864 wurde eine eigene Klasse für die Malteser eingerichtet, erstmalig in Birmingham. Dort triumphierte Mr. Manderville, der den 1. und den 2. Preis mit seinen beiden Hunden gewann - beide trugen den Namen ›Fido‹! Dr. Stable äußert sich dazu in seinem 1905 erschienenen Werk *Ladies Dog as Companions*. Er vertrat die Ansicht, daß Mr. Manderville aus zwei Gründen alle Ehren einheimste: »Erstens hat er das Erscheinungsbild dieser wunderschönen Rasse in England sehr stark verbessert, sogar möchte man sagen: perfektioniert und zweitens hat er ›Fido‹ gezüchtet, einen Rüden, der seines Erachtens sehr viel in die Zucht der Rasse eingebracht hat«. An dieser Stelle möchte ich, um zu verdeutlichen, wie sehr er diesen Rüden offensichtlich verehrte, den von ihm verfaßten Nachruf zitieren: »Er ist tot, vor langer Zeit von uns gegangen, mein Fido; aber einige, die dies lesen, werden sich an dieses Hündchen erinnern: wie er in seinem Schaukasten saß, umgeben von den vielen Pokalen, die er gewonnen hatte, eine lebende Legende. Er sah aus wie ein kleiner Prinz, wie die Verkörperung einer Show an sich. Und Fido, wissen Sie, war der Vater von Mopsey, dem Champion von Birmingham und Crystal Palace. Natürlich meine ich den alten Mopsey; auch er ist schon in den Hundehimmel gegangen. Lieblich sah er aus, wie eine Figur aus den ›Märchen aus 1001 Nacht‹. Er war kaum 5 Pound (ca. 2300 g) schwer, der alte Mopsey, aber

MALTESER HEUTE

Präparierter Malteser aus dem Besitz der Herzogin von Wellington; Gespendet dem Weybridge Museum, Surrey, England und dort auch ausgestellt.

Zwei ausgestopfte Malteser im Zoologischen Museum von Tring, Hertfordshire, England. Die Inschrift lautet: »Rüde, preisgekrönt 1901 und Hündin. Gabe von Miss E. Wells«.

mit welch einer verschwenderischen Fülle weißen Haarkleides ausgestattet! Seine Haare hatten eine Länge von 9 bis 10 inches (23-25 cm) und er starb mit 8 Jahren im besten Alter. Er ist von uns gegangen, aber er hinterließ einen würdigen Nachfolger in Mopsey dem Jüngeren«.

In dem ausgezeichneten Buch *British Dogs* schreibt Hugh Dalxiel, daß der gefeierte Fido zum letzten Mal 1878 den Show-Ring auf der Crystal Palace Ausstellung betrat. Dalxiel war selbst der Richter und er plazierte Fido als zweiten hinter Lady Giffard's Hugh und vor Lord Clyde, eine Entscheidung, die Mr. Manderville offensichtlich ›ausdrücklich billigte‹. Er bemerkte dazu: »Hugh und Lord Clyde sind Brüder, entstanden aus Madge, die wiederum von Manderville's Fido stammt; deren Vater, Prince, stammt wiederum von dessen altem Fido; und somit ist es in der Tat so, daß die bemerkenswertesten Malteser auf Ausstellungen mehr oder weniger direkt aus der Manderville-Linie abstammen«. Er fährt fort: »Die in den Ausstellungsringen von der späteren Lady Giffard präsentierten exquisiten kleinen Schoßhunde, Hugh, Lord Clyde, Rob Roy, Pixie, Mopsey III, Blanche und so weiter, einer bezaubernder als der andere, erwiesen sich üblicherweise als unbesiegbar, wo immer sie auch ausgestellt wurden«.

Es existiert ein sehr bekannter Stich, aus der die Kennel Club-Zuchtbuchnummer von Lady Giffard's Hugh mit 6736 erkennbar ist. Hugh's Vater war Mr. Jacob's Prince und seine Mutter Lady Giffard's Madge. Offenbar wurde diese ausgezeichnete Darstellung angefertigt, als der kleine Hund zwischen 4 und 5 Jahre alt und somit in seinem besten Alter war.

Wenn Sie irgendeines der erwähnten Bücher besorgen können, indem Sie es sich ausleihen oder gar erwerben, dann tun Sie es. Es lohnt sich sehr, darin nachzulesen. Die kleinen Auszüge habe ich lediglich zitiert, um Ihnen Appetit auf diese Lektüre zu machen.

Mr. Jacobs hatte sicherlich ebenfalls Anteil an dem Verdienst, gute Hunde gezüchtet zu haben. Aus einem Wurf mit Mr. Manderville's altem Fido behielt er eine Hündin, aus der er Lord Clyde und Hughie züchtete. Später verkaufte er beide Hunde an Lady Giffard. Zunächst wurde Lord Clyde ausgestellt und um 1872 herum wurde

DIE GESCHICHTE DER MALTESER

Hughie präsentiert. In den folgenden Jahren, bis 1885, gewann Hughie dreiundzwanzig Mal und man hielt ihn für den Idealtyp eines Maltesers. Dabei wog er gerade mal knapp 2000 g. Lady Giffard bedankte sich später bei Mr. Jacobs, indem sie ihm Pixey verkaufte, der, so kann man nachlesen, das allererste Challenge Certificate gewann, ausgeschrieben vom Kennel Club im Jahre 1897.

Im Weybridge Museum in Surrey ist ein wunderbar erhaltener, präparierter Malteser ausgestellt, der im Besitz von Elizabeth, der verwitweten Herzogin von Wellington war. Sie war die Frau des zweiten Herzogs von Wellington und residierte in Hersham, Surrey von 1887 bis zu ihrem Tode 1904. Genau dort war es auch, wo dieser kleine Hund vorzeitig sein Leben verlor, als er von ihrem Kutscher überfahren wurde - und zwar mit dem Fahrrad!

Die Herzogin war eine verehrte und sehr beliebte ›große Lady‹ in Hersham. Zu ihren Interessen zählte u. a. die Hundezucht und sie besaß eine stattliche Anzahl Malteser. Leider ist der kleine Hund in seiner Glasvitrine wiederum nicht mit einem Namen versehen, die Inschrift besagt jedoch, daß es in der Tat ein ausgewachsener Malteser ist und nicht ein Junghund. Er sieht wirklich winzig aus, wie er dort auf einem samtenen Kissen ruht: gerade mal 28 Zentimeter lang und 16 Zentimeter groß.

Das Jahr 1902 sah die Malteser noch immer in der Terrier-Klasse. Es war sogar eine Klasse für Malteser-Terrier eingerichtet, benannt als »Maltese Terriers, andersfarbig als Weiß, nicht schwerer als 8fi Pfund« (= ca. 3850 g). Wie jedoch bereits erwähnt, wurde 1904 der erste Spezial-Klub gegründet, benannt als Maltese Club of London und damit war der Grundstein für das Existenzrecht einer eigenen Rasse gelegt, weder Terrier noch Spaniel, sondern eben nur schlicht: Malteser.

ANEKDOTEN AUS DEM 19. JAHRHUNDERT

Bevor wir mehr in die heutige Zeit hineingehen, möchte ich doch noch einige Auszüge aus der älteren Literatur wiedergeben, nicht nur zur Unterhaltung, sondern um zu illustrieren, wie man über diese Rasse im 19. und den ersten Jahren unseres Jahrhunderts dachte. Die tiefe Zuneigung, die man ihr entgegenbrachte wird alleine schon dadurch dokumentiert, daß einige Besitzer ihre Lieblinge nach deren Tod präparieren ließen und daß diese dann später in vielen Museen ausgestellt wurden. Das amerikanische Museum of Natural History besitzt einige exzellente Exemplare von Maltesern aus dem 19. Jahrhundert und jüngerer Zeit.

Kapitän Thomas Brown beschreibt die Rasse in seinem Buch *Scetches and Anecdotes of Dogs* (1829): »Der Malteser: Er ist gegenüber seinem Besitzer ganz besonders anhänglich, Fremden gegenüber jedoch mürrisch und mißtrauisch«. Kapitän Brown fährt fort: »Lieut-General Sir John Oswald brachte einmal einen Malteserrüden namens Adrian mit nach Hause. Der Hund war auf seinem Anwesen in Dunnikier in den Räumlichkeiten des Hausmeisters untergebracht. Lady Oswald's Zofe, die einige Zeit später eingestellt wurde, mißhandelte diesen Hund sehr. Die Folge war, daß der Hund eine große Abneigung gegen sie entwickelte, schließlich aus freiem Entschluß das Haus verließ und seinen Platz auf der Farm, fast 400 m entfernt vom Haupthaus bezog. Diese Dienerin blieb 18 Monate in der Familie und in dieser Zeit ließ sich der Hund nicht ein einziges Mal im Hause blicken; am gleichen Tag noch, einem Sonntag, an dem die Angestellte abreiste, kehrte er auf Dunnikier zurück und hat es seitdem nicht mehr verlassen. Es ist nicht nachzuvollziehen, welcher unglaubliche Instinkt Adrian gesagt hat, das das Objekt seiner Abneigung das Anwesen für immer verlassen hatte«.

Idstone berichtet in *The Dog* (1872): »Als ob sie sich ihrer Schönheit bewußt seien, sind die Malteser-Schoßhunde bekannt für ihre bemerkenswerte Sauberkeit. Sie besudeln sich nicht und sind völlig geruchsfrei, müssen allerdings gebadet und gebürstet werden. Seife entzieht ihrem Haar den Glanz und sollte so gut wie nie benutzt werden. In kaltem Wasser geschlagene Eier werden generell bevorzugt als Haarpflegemittel, da dies den schimmernden Glanz des Haarkleides verstärkt«.

In *The Kennel Encyclopaedia* von 1904 erklärt J. S. Turner: »Der Malteser ist ein quicklebendiger, intelligenter kleiner Gefährte und er verkörpert das Schönheitsideal eines Schoßhundes an sich. Man darf niemals die Pflege des Haarkleides vernachlässigen. Beim Baden sollte man größte Sorgfalt auf die Auswahl einer geeigneten Seife anwenden, am besten empfiehlt sich eine reine weiße ›Castle soap‹ (vergleichbar mit der altbekannten Kernseife - Anm. d. Ü.). Vorzugsweise stellt man eine schwache Lauge her, mit der man das Haarkleid sorgfältig, ohne zu rubbeln, durchtränkt, bzw. langsam in Partien sich vollsaugen läßt. Danach nimmt man das Eiweiß und eine kleine Menge Borax, aufgelöst in etwa der zweifachen Menge Wasser, trägt es sorgfältig auf das Haar auf, läßt es einwirken und spült es anschließend wiederum sorgfältig mit lauwarmem Wasser aus. Vorzugsweise sollte man destilliertes oder Regenwasser dazu verwenden. Hartes, d. h. kalkhaltiges Wasser ist schädlich für die seidige Weichheit des Haars. Wenn der Hund nicht total verschmutzt ist, sollte man ganz auf den Gebrauch von Seife verzichten und lediglich Eiweiß benutzen«.

In dem Werk *The Complete Book of the Dog* (1927) äußert sich der Autor Robert Leighton folgendermaßen über die Malteser: »Die ausgewogene Zusammensetzung der Nahrung in Form von Fleisch und Gemüse ist wich-

MALTESER HEUTE

tig. Ein Zuviel an Fleisch erhitzt das Blut, während ein Zuwenig Ausschlag verursacht. Brotstückchen und frisches Gemüse, gut gemischt mit saftigem, kleingeschnittenem Fleisch ist das beste für die tägliche Hauptmahlzeit. Viel Bewegung ist notwendig und man sollte die Hunde nicht verhätscheln. Besitzer, die ihre Lieblinge in Schmuckkästchen halten, sind selbst schuld daran, wenn die Kleinen nicht die Intelligenz aufweisen, die sich nur durch unbeschränkt freizügige Haltung entwickeln kann. Die Schönheit des seidig-weißen Kleides muß natürlich bewahrt werden, aber das sollte nicht bis hin zur Aufopferung des physischen Wohlbefindens und Versklavung des Besitzers führen. Am besten sorgt man für den Malteser, wenn man ihm viel Bewegung an frischer Luft verschafft, ihn gescheit füttert und dem Haarkleid genau soviel Wäsche und Pflege zuteil werden läßt, daß es frei von grobem Schmutz und Verfilzung bleibt. Wenn der Hund ausgestellt werden soll, so bleibt immer genügend Zeit in den letzten zwei Wochen vor der Ausstellung, das Haarkleid in entsprechende Form zu bringen«.

Aus den obigen Zeilen geht eindeutig hervor, welche Mühe man sich seinerzeit mit der Rasse machte.

WIEDERAUFBAU NACH DEN WELTKRIEGEN
Durch den Beginn des 1. Weltkrieges, 1914-1918, wurden keine Hundeausstellungen mehr ausgerichtet und die meisten Zuchten schlossen ihre Pforten, weil der Kennel Club ein Dekret erließ, daß keine Hunde mehr mit Ahnentafeln gezüchtet werden durften. Demzufolge löste sich sofort der Maltese Club of London auf und die meisten der Zuchthunde gingen verloren.

Als die feindlichen Auseinandersetzungen vorüber waren, begab sich Miss May Van Oppen (nach der Heirat: Mrs. Roberts), um die Zucht wiederaufzubauen, unerschrocken auf den Weg, Rassevertreter auf dem Kontinent ausfindig zu machen, nachdem sie als erstes einmal festgestellt hatte, daß auf Malta nicht ein einziger Malteser zu haben war.

Wahrscheinlich während ihres Aufenthaltes in Holland und Deutschland fand und kaufte sie vier Hündinnen, die bereits belegt waren und ihren Nachwuchs in der Quarantäne bekamen. Dieses Kernmaterial an Hunden wurde später durch vier weitere importierte Welpen ergänzt und aus all diesen, zusammen mit der handvoll Hunde, die in England übrig geblieben waren, begannen sie und einige andere der Rasse zugetaner Menschen mit dem Wiederaufbau der Zucht.

Im Jahre 1922 wurden sechs Eintragungen beim Kennel Club vorgenommen, aber bereits 1932 waren derer 66 zu verzeichnen (1994 wurden im englischen Kennel Club 528 Malteser registriert). Der von Mrs. Roberts selbstgezüchtete Ch. Harlingen Snowman gewann sage und schreibe 14 CCs, ein Rekord für Rüden, lediglich übertroffen von Mrs. Muriel Lewin's Ch. Ellwin Sue Ella, die 1973 den Rekord in der Zahl der gewonnenen CCs erreichte und diesen bis 1994 hielt, als mein eigener Ch. Snowgoose First Love diesen Titel errang.

Der Harlingen Zwinger war also das Fundament für die dann folgenden außerordentlich bedeutungsvollen Zuchtstätten, wie z. B. Miss Neame's Invicta und Miss Betty Worthington's berühmter Fawkhams-Zucht. Wir haben die Ehre, Betty Worthington bis zum heutigen Tage als Präsidentin des Maltese Clubs bei uns zu haben. Sie

Eine Gruppe der damaligen Harlingen Malteser (von links nach rechts): Ch. Harlingen White Flame, Ch. Harlingen Moonbeam und Ch. Harlingen Mystic Moon.

DIE GESCHICHTE DER MALTESER

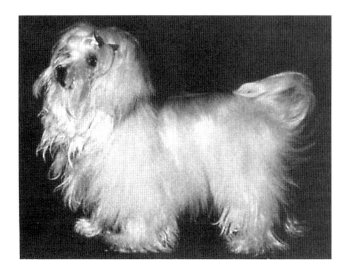

Harlingen Sensation.

Ch. Abbyat Royal Rascle of Snowgoose: Top-Malteser des Jahres 1991. Züchter: Carol Hemsley, Besitzer: Vicki Herrieff. Begeisterte Malteser-Liebhaber schafften es, die Rasse durch den 2. Weltkrieg zu retten, so daß diese aus eigener Kraft wieder aufgebaut werden konnte, als die Feindseligkeiten beendet waren.

achtet darauf, daß immer alles seinen richtigen Gang nimmt. 1927 wurde dem Maltese Club erstmals gestattet, selbständig Challenge Certificates (Anwartschaften auf den Champion-Titel - Anm. d. Ü.) zu vergeben. Vier waren es an der Zahl und was für eine aufregende erste (Club)-Ausstellung muß dies damals gewesen sein. Das CC für Hündinnen ging an White Madie, im Besitz von Mrs. Card. ›Madie‹ wurde dann später auch Champion, ebenso wie der Gewinner des Rüden CCs, Harlingen White Flame, im Besitz von Mrs. Roberts. Wie wirklich angemessen war es, daß an diesem denkwürdigen Tag ein Hund gewann, der von der Dame gezüchtet worden war, die den Maltesern in England zu einem Neubeginn verholfen hatte.

1934 formte und gründete sich der heutige Maltese Club, dank der gemeinsamen Bemühungen von May Roberts und den Schwestern Neame. Die Malteser aus diesen beiden Zwingern waren weltweit begehrt und bildeten die Basis für viele erfolgreiche Zuchten in Übersee.

1939 brachte der Ausbruch des 2. Weltkrieges wieder einmal alles zum Stillstand. 9 Jahre lang fanden keine Ausstellungen statt, aber außer dem Verlust eines Zwingers während der Bombardierung überlebten die kleinen Malteser den ganzen Schlamassel, eiligst die Luftschutzräume aufsuchend, wenn das Geheul der Sirenen ertönte. Es war schon mühsam in der Zeit kurz nach dem Krieg, Klassen aufzustellen.

Durch die standhaften Harlingens, Invictas und Fawkhams war jedoch sichergestellt, daß nicht alles vergeblich war. Andere eifrige Enthusiasten wurden animiert, sich ihnen anzuschließen und bald schon gewann die Rasse

MALTESER HEUTE

stetig an Stärke hinzu, so daß 1965 der Kennel Club die erste Ausstellung genehmigte, auf der nur Malteser gezeigt wurden. Die Präsidentin des Clubs, Miss Worthington hatte die Ehre, als Richterin zu fungieren und fand ihren Best in Show Gewinner in Mrs. White's Ch. Vicbrita Delight. An diesem Tag wurden nicht weniger als 66 Hunde ausgestellt.

Im folgenden Jahr 1966, erwies der KC dem Club die letzte, noch ausstehende Ehre, nämlich eigene CCs vergeben zu dürfen. Das CC für Rüden erhielt Mrs. Kirk's Immacula Top O the Poll, das BOB ging an Mrs. Darcy's Triogen Toppet, gezüchtet von Mr. und Mrs. Hogg. Die Qualität der heutigen Malteser ist mittlerweile so gut, daß sie nicht nur viele Gruppensiege auf Championship-Niveau gewinnen können, sondern daß man sie auch mit Stolz auf dem Best in Show Podium auf Gemeinschaftsausstellungen aller Hunderassen sehen kann, bei denen über 16000 Hunde auf einer einzigen Ausstellung vorgeführt werden.

DIE MALTESER IN AMERIKA

Ebenso wie in England sind praktisch keinerlei Aufzeichnungen über die ersten Malteser in den Vereinigten Staaten vorhanden. Die einzigen Informationen kann man alten Ausstellungskatalogen entnehmen, in denen die Malteser in der Kategorie »verschiedene Rassen« aufgeführt wurden. Aus den vorhandenen Daten über die im Jahre 1877 ausgestellten Rassevertreter geht jedoch klar hervor, daß diese Rasse bereits vor dieser Zeit existent war.

Die ersten offiziellen Eintragungen in das amerikanische Zuchtbuch wurden 1888 vorgenommen: Einer der eingetragenen Hunde hieß Snips, geboren im Februar 1886, Vorfahren unbekannt und der andere hieß Topsey - offensichtlich eine importierte Hündin - geboren am 4. Mai 1885, Vorfahren ebenfalls unbekannt. Die nächste Eintragung war Bebe, geboren am 4. März 1900. Man kann der Aufzeichnung entnehmen, daß der Vater Toto hieß und die Mutter Contessa. Etwa zu dieser Zeit erhielt das Museum of Natural History in New York von weitsichtigen Besitzern 3 ausgezeichnet präparierte Exemplare ausgewachsener Malteser gespendet. Zwei von ihnen stellte man bereits 1896 aus.

Die Zahl der Registrierungen stieg allmählich an. 1912 wurden 27 Malteser geboren und datenmäßig erfaßt. Offensichtlich kümmerten sich nunmehr einige sehr der Rasse zugetane Personen um die Zucht.

Es ist bemerkenswert, daß in den Kriegsjahren 1914-1918, als die Malteserzucht in England einen so dramatischen Rückschlag erlitt, sich der Bestand in Amerika ständig vergrößerte. In diesem Zeitraum wurden dort knapp 200 Geburten registriert und diese bildeten eine gesunde Grundlage für die folgenden Generationen.

Ungefähr auch zu dieser Zeit begann Agnes Rossman ihre Zucht unter dem Namen ›Arr‹. Sie wurde später bekannt für qualitätsvolle kleine Hunde, die in den folgenden Jahren sehr begehrt waren. Sie züchtete Sir Toby of Arr, der dann von Eleanor Bancroft erworben wurde, der Besitzerin des sehr erfolgreichen Zwingers Hale Farm. Dieser Rüde übte einen großen Einfluß auf die gesamte Zucht aus. Die beiden genannten großen Zwinger bauten praktisch die Zucht seinerzeit auf. Leider hielt diese ›Blütezeit‹ nicht lange an und ein langsamer, aber stetiger Rückgang führte schließlich dazu, daß 1937 nur noch 4 Hunde registriert wurden. Auch 1938 gab es nur 4 Eintragungen, gefolgt von lediglich einem Wurf von 4 Welpen im Jahre 1939 - alle Hunde stammten aus der Zucht von Mrs. Bancroft.

Die Malteser in den USA überstanden jedoch diese Phase dank des unermüdlichen Einsatzes einer kleinen Gruppe von Züchtern, unter ihnen auch die berühmten Dr. und Mrs. VinChenzo Calvaresi, Besitzer des Villa Malta Kennels, der 1940, basierend auf der Hale Farm Linie, aufgebaut wurde und Mrs. Virginia Leitch mit ihrem ebenso berühmten Jon Vir Kennel. Ihr erster Hund war der Champion Toby of Villa Malta. Die Lage besserte sich allmäh-

BIS, BISS (Best in Show, Best in Specialty Show) Ch. C&M's Tootsey's Lollypop: einer der zahlreichen hochkarätigen heutigen Malteser in den USA.

DIE GESCHICHTE DER MALTESER

lich, unterstützt durch die publikumswirksamen Auftritte der Villa Malta Malteser auf den Hundeausstellungen der 50er Jahre.

Später erreichte dann auch Virginia Leitch ihre höchsten Ziele und stellte einige schöne, kleine Malteser in ausgezeichneter Qualität vor. Sie setzte in ihrer Zucht einen Deckrüden aus der Arr-Linie ein und verhalf damit gleichzeitig diesem alten Namen zu neuer Bedeutung.

Im weiteren Verlauf wurde dann die Zucht durch den Import von frischem Erbgut von Hunden aus England und Kontinentaleuropa verstärkt. Die Folgejahre sahen viele ausgezeichnete Hunde in den Ausstellungsringen, deren Anmut eine Bereicherung der Shows waren und an deren Zwingernamen man sich noch lange in der Geschichte der Rasse erinnern wird.

Heute sind die Vereinigten Staaten gesegnet mit sehr gut organisierten Malteser-Klubs in den verschiedenen Staaten, deren Mitglieder Hunde auf allerhöchstem Niveau züchten und präsentieren. Diesen Erfolg sieht man deutlich auf jeder der jährlich stattfindenden Maltese-Specialty-Ausstellungen und auch bei uns wurde dies in bewundernswerter Weise durch den zierlichen Rüden Ch. Sand Island Small Kraft Lite demonstriert, der 1992 die Gruppe der Toys in Westminster gewann.

MALTESER IN DEUTSCHLAND

Wie in vielen anderen Ländern auch, ist es schwierig herauszufinden, wann exakt die ersten Malteser in Deutschland auf der Bildfläche erschienen. Seinerzeit wurde natürlich ohne irgendwelche Ahnentafeln oder Herkunftsnachweise gezüchtet. Es ist anzunehmen, daß sie um 1860 herum oder vielleicht etwas früher auftauchten. Sicher ist, daß gegen Ende des 19. Jahrhunderts die ersten Malteser auf Ausstellungen gezeigt wurden. Um dem allgemein wachsenden Interesse an Hunden Rechnung zu tragen entschied der »Verein zur Veredelung der Hunderacen«, daß Hunde, die auf drei verschiedenen Hundeausstellungen 1. oder 2. Plätze oder Preise erhalten hatten, in einem Zuchtbuch registriert werden durften. Auf der ersten Ausstellung im Jahre 1879 wurden 63 Hunde von 27 verschiedenen Rassen vorgestellt, darunter 1 Malteser. 29 Hunde erhielten 1. Plätze oder Preise und 34 wurden auf 2. Plätze eingestuft. Mir liegt keine Information über die Qualifikation des Maltesers vor. Von diesen 63 Hunden wurden zwei Jahre später 28 in das Deutsche Hunde-Stammbuch eingetragen. Zu dieser Zeit wurden auch öffentlich Malteser zum Verkauf angeboten. Der Preis für ein ›nettes Pärchen‹ betrug seinerzeit 300 bis 400 Mark.

1881 waren im »II. Deutsches Hunde-Stammbuch« eigens 2 Klassen für ›Maltheser und Havaneser‹ eingerichtet und es waren 4 Hunde eingetragen. Im darauffolgenden Jahr wurden auf der gleichen Ausstellung drei Hunde, namentlich ›Muff‹, ›Martha‹ und ›Netty‹ in der o. a. Kategorie vorgestellt. 1882 wurde eine große, fünftägige Ausstellung, die Internationale Hundeausstellung Hannover, veranstaltet. Dort wurden 5 Malteser vorgeführt und ›Lilly‹ erhielt den 1. Preis, ›Tessy‹ den zweiten. Die drei anderen, ›Lily‹, ›Thor‹ und ›Pitschel‹ wurden als erwähnenswert klassifiziert.

Erst im Jahre 1900 wurde das erste Zuchtbuch eingerichtet. Ab diesem Zeitpunkt nahm man jedoch das Züchten von Hunden ernst und 1902 wurde der Schoßhund-Klub von Berlin gegründet, der zwei Jahre später den ersten Rassestandard für Malteser festlegte und veröffentlichte. 1910 erschien das erste Zwerghunde-Zuchtbuch, welches später regelmäßig erweitert wurde.

Um 1925 herum ging Mrs. May Roberts (geborene van Oppen), die seinerzeit großen Einfluß auf die Zucht der Rasse in England hatte, daran, die englischen Linien mit den von ihr importierten Maltesern aus Deutschland aufzufrischen. Sie belegte die importierte Hündin Harlingen Dolly (deren Eltern waren Hans von Rosenberg - Mira vom Malesfelsen, die Großeltern waren Puschu - Lotte) mit dem (englischen) Rüden King Billie, der wiederum aus einer (rein englischen) Verbindung The Artful Dodger - Snowstorm stammte. Aus dieser erfolgreichen

Ch. Pillowtalks Peg O' My Heart (Am. Ch. Dodd's Good 'N' Plenty - Chalet Bubblicious). Züchter und Besitzer: Monika Moser.

MALTESER HEUTE

Deutscher Ch. Nico von Herzogstein (H'Lover-Boy von Herzogstein - Comtesse Chu-Chu von Herzogstein). Züchter und Besitzer: Karin Finkbeiner.

*Deutscher Ch. Miss Elena von Herzogstein. Züchter und Besitzer: Karin Finkbeiner.
Foto: Kehm.*

Verpaarung wurde dann am 17. Februar 1926 der Ch. Harlingen Snowman geboren, der dann die so dringend benötigte Erneuerung der englischen Zucht einleitete. ›Snowman‹ erwies sich nicht nur als ausgezeichneter Deckrüde, sondern war auch von außergewöhnlicher Qualität: er gewann in Großbritannien 70 erste Preise und 14 CCs.

Die Anzahl der Malteser in Deutschland wuchs zu jener Zeit langsam aber stetig und ab 1922 erschienen auch Artikel über diese Rasse in Fachmagazinen und Zeitungen. Die Zahl der Registrierungen wuchs in den folgenden Jahren ständig. Erst 1939 gingen diese zurück und sanken dann dramatisch während des Zweiten Weltkrieges ab. Als endlich wieder Frieden in Europa herrschte, waren auch wieder Eintragungen von Maltesern zu verzeichnen. Es dauerte zwar eine gewisse Zeit, aber die Rasse nahm wieder an Beliebtheit zu. 1948 wurde der VDK (Verband Deutscher Kleinhundezüchter) gegründet, der sich dann auch der Malteser annahm. Dieser Verband gewann ständig an Größe und sieht 1998 seinem 50jährigen Jubiläum entgegen. In den vergangenen Jahren wurden auch Malteser aus Britannien und Amerika importiert, die dazu beitrugen, die einheimische Rasse zu verstärken. Heute kann man sagen, daß Züchter, die die Rasse verehren, diese wieder aufgebaut haben und einen gesunden Blutaustausch aller Linien auf dem Kontinent gefördert haben.

Kapitel 2

DIE AUSWAHL IHRES MALTESER-WELPEN

Jede Familie hat ihre eigenen Lebensgewohnheiten und jede Hunderasse hat unterschiedliche Bedürfnisse. Nehmen wir einmal an, daß Sie die Entscheidung zur Anschaffung eines Hundes erst nach reiflicher Überlegung getroffen haben und im Einklang mit Ihren allerengsten Familienangehörigen zu der Überzeugung gelangt sind, daß es eben ein Malteser sein soll.

RÜDE ODER HÜNDIN?
Bei dieser Rasse sind beide Geschlechter gleichermaßen sehr eng dem Menschen zugetan und demzufolge gibt es nicht viele unterschiedliche Kriterien zu bedenken, was das Wesen anbetrifft. Wenn ich meine eigenen Gefühle analysieren müßte, so scheint mir, daß ich eine besondere Beziehung zu meinen ›Jungs‹ habe. Auf der anderen Seite schmiegen sich die Mädchen im Sessel an meinen Mann - vielleicht ist es eben nur die Anziehungskraft des anderen Geschlechtes. Letztendlich ist es immer eine sehr persönliche Angelegenheit, wofür man sich entscheidet und wem man den Vorzug gibt.

Wenn Sie sich noch nicht so gut in der Welt der Hunde auskennen, wird man Ihnen möglicherweise auf Ihrer Suche nach einem Welpen die Frage stellen, was genau für einen Hund Sie haben möchten. Sie mögen dies zunächst für eine merkwürdige Frage halten, denn natürlich haben Sie doch schon gesagt, daß Sie einen Malteser haben wollen. Aber hinter dieser Frage steckt mehr, als man zunächst denkt.

Es gibt Unterschiede bei dieser Rasse und somit Hunde, die zwar gleicher Rasse sind, aber durchaus unterschiedliche Ansprüche erfüllen können. Deshalb ist es wichtig festzustellen, ob Sie Ihren Hund ausstellen möchten, was bedeutet, daß der Welpe ganz bestimmte Qualitäten haben muß - und dementsprechend auch einen anderen Preis haben wird - oder ob Sie mit Ihrem Hund züchten wollen, was bedeuten würde, daß er oder es darüberhinaus auch noch entsprechende Substanz und Größe haben sollte; oder ob Sie einen Malteser zum Liebhaben und als Familienmitglied haben möchten und das wäre dann möglicherweise ein Welpe, der nicht allen Erfordernissen für Ausstellungen und Zucht entspricht, jedoch nichtsdestoweniger ein reinrassiger und liebreizend aussehender Malteser wäre.

Wir wollen in diesem Kapitel einmal annehmen, daß Sie sich einfach für einen liebevollen Gefährten entschieden haben und nun, nachdem Sie auch noch die Ahnentafel erhalten haben, zweifelsohne einen gewissen Stolz empfinden, eingedenk der urkundlich dokumentierten züchterischen Bemühungen. Über viele Generationen

Ch. Mannsown Special Delivery (Ellwin Royal Encore of Mannsown - Mannsown Wanda Woman), Best of Breed (BOB) auf der Crufts 1989 und 1990. Gezüchtet und im Besitz von Jean und Fred Mann. Wenn Sie Ihren Malteser ausstellen wollen, muß er als Welpe bereits bestimmte Qualitäten haben.

hinweg und wie vieler Fürsorge bedurfte es, daß Sie nun einen Hund besitzen, der die der Rasse nachgesagten Eigenschaften in sich vereinigt, sowohl was die äußere Erscheinung als auch was das Wesen betrifft!

Wenn Sie sich für eine Hündin entschieden haben, bedenken Sie, daß sie heiß werden wird - zweimal jährlich über einen Zeitraum von ca. 3 Wochen - und sie dann andere Rüden anlocken wird. Das könnte Unannehmlichkeiten verursachen, denn sicher möchten Sie keinen zufälligen, ungewollten Wurf haben, möglicherweise zudem auch noch von überhaupt nicht zueinander passenden Hunden. Das zu verhindern ist allerdings kein unlösbares Problem.

STERILISATION UND KASTRATION

Wenn Sie Ihren Malteser als Schoß- und Schmusehund für die Familie haben wollten, dann sollten Sie möglicherweise eine Sterilisation oder Kastration in Betracht ziehen. Bei einer Hündin wird diese Operation durchgeführt, wenn sie voll ausgewachsen ist, was etwa mit 18 Monaten der Fall ist, oder im Anschluß an ihre zweite Hitze. Nach dieser zweiten Hitze sollten Sie noch 12 Wochen warten und in der Zwischenzeit einen Termin mit Ihrem Tierarzt absprechen.

Dieser Zeitpunkt ist der geeignetste für einen solchen Eingriff, da man dann eventuellen hormonellen Unausgewogenheiten aus dem Wege geht. Es ist dummes Altweibergeschwätz zu behaupten, eine Hündin solle zumindest einmal in ihrem Leben geworfen haben. Sie würde keinesfalls aus einem solchen Wurf physische oder psychische Vorteile erzielen - im Gegenteil, eine Schwangerschaft und ein Wurf könnten traumatische Folgen für sie haben und sogar lebensgefährlich für Ihren kleinen Malteser sein, der möglicherweise völlig ungeeignet für die Zucht ist. Bitte glauben Sie mir, wenn ich sage, daß sie das, was sie noch nicht hatte, auch sicher nie vermissen wird. Also nochmals: wenn Sie nicht mit ihr züchten wollen, halten Sie sie einfach für das, was sie ist - eine liebreizende Gefährtin.

In jedem Fall unkomplizierter ist die ganze Sache bei einem Rüden, obwohl ich mich erinnere, daß mich vor Jahren einmal eine Dame anrief und mich fragte, ob ihr Oscar meine Hündinnen ›besuchen‹ dürfe. Sie hatte das Gefühl, daß er möglicherweise etwas in seinem Leben vermissen würde, da er sich ›so sehr für Mädchen interessiere‹. Sie meinte offenbar, daß sich Oscar mit einer einmaligen, kurzen ›Liebesaffaire‹ begnügen würde und danach für den Rest seines Lebens zufrieden sei. Nachdem ich sie darauf hingewiesen hatte, daß ich keinesfalls eines der - vergleichbar mit in der menschlichen Gesellschaft eingerichteten - ›Etablissements mit zweifelhaftem Ruf‹ betreibe, konnte ich ihr klar machen, daß wenn sie Oscar's Neigungen nachgeben würde, sie ihn damit keinesfalls zufriedenstellen könnte, sondern er ganz im Gegenteil wahrscheinlich dann erst recht ›auf den Geschmack‹ käme!

Nur in ganz wenigen Fällen ist eine Kastration des Rüden notwendig und dann in der Regel aus gesundheitlichen oder aus Gründen, die im Sozialverhalten des Hundes liegen. In einem solchen Falle lassen Sie sich am besten von einem Tierarzt über die Notwendigkeit beraten. Der chirurgische Eingriff ist relativ unkompliziert und es sind keine nachteiligen Nebenwirkungen bekannt. Sollten sich bei Ihrem Rüden z. B. eindeutig Verhaltensstörungen zeigen, könnte eine solche Maßnahme hilfreich sein.

WIE SIE IHREN WELPEN FINDEN

Wie gehen Sie nun am besten vor, um Ihren gewünschten Gefährten zu finden? In den meisten Ländern existiert eine Dachorganisation für die einzelnen Hundeklubs und -vereine und man wird Ihnen dort sehr gerne Namen, Anschrift und Kontaktperson des oder der die Malteser betreuenden Vereine geben und möglicherweise auch Züchteradressen. In wöchentlich oder monatlich erscheinenden Magazinen und Zeitschriften erfahren Sie mehr über die Hundeszene und finden Hinweise auf die Rasse, die Sie suchen.

Eine weitere Möglichkeit - und diesen Weg würde ich unbedingt empfehlen - ist, sich zu erkundigen, wo Hundeausstellungen stattfinden, auf denen auch Malteser gezeigt werden und sich eine solche Ausstellung einmal anzuschauen. Auch in diesem Falle ist die Dachorganisation der Hundevereine in der Lage, Ihnen Termine und die Veranstaltungsorte zu nennen. Dort treffen Sie Züchter und können sich mit diesen unterhalten und möglicherweise auch Ihre Kaufabsichten äußern. Ein Rat jedoch zuvor: Wenn Sie auf der Ausstellung angekommen sind und den Show-Ring für die Malteser ausfindig gemacht haben, werden Sie feststellen, daß die Vorbereitungsarbeiten der Aussteller zum Vorführen der Hunde sehr aufwendig sind und viel Konzentration verlangen und zu einem solchen Zeitpunkt wäre eine störende Unterbrechung sehr unwillkommen. Warten Sie, bis das Richten beendet ist und treten Sie erst dann an einen Aussteller heran, der Ihnen jetzt seine ungeteilte Aufmerksamkeit schenken kann.

Wie auch immer und für welchen Weg Sie sich entscheiden, um Ihren Welpen zu finden, denken Sie daran, Sie bringen ein neues Leben, ein neues Mitglied in die Familie. Das ist wirklich eine aufregende Sache, aber man sollte sie auch sehr ernst nehmen. Hüten Sie sich vor einem impulsiven, überhasteten Kauf, ungeachtet dessen, wie sehr Sie sich auch selbst unter Druck gesetzt fühlen und geradezu dazu hinreißen lassen wollen.

DIE AUSWAHL IHRES MALTESER-WELPEN

DIE AUSWAHL DES ZÜCHTERS

Wenn Ihnen ein Welpe angeboten wird und sich das Gespräch zu einer reinen ›harten Verkaufsverhandlung‹ entwickelt, dann seien Sie vorsichtig, denn das wäre nicht der Stil eines Menschen, der sich um das zukünftige Wohlergehen seiner Hunde sorgt. Es könnte sein, daß Sie erst hinterher feststellen, daß Sie einer Verlockung erlegen waren und einen großen Fehler begangen haben, sowohl emotionell als auch finanziell.

Ehrliche und fürsorgliche Züchter wollen etwas über Sie und Ihre Familie wissen und sicher sein, daß Sie dem Welpen auch ein geeignetes Zuhause anbieten können. Das Fachwissen des Züchters über die Rasse und seine eigenen Ziele, Absichten und Erfahrungen sind von unschätzbarem Wert, denn jeder Welpe hat ein unterschiedliches Wesen und Temperament. Die meisten der Kleinen sind sehr zutraulich und leben sich schnell in eine neue Umgebung ein, aber manchmal ist auch ein sehr sensibler dabei, der eine etwas ruhigere Atmosphäre braucht. Ein verantwortungsbewußter Züchter wird versuchen, den ›richtigen‹ Welpen in das ›richtige‹ neue Zuhause zu vermitteln.

DIE BESICHTIGUNG DES WURFES

Nehmen wir an, daß Sie herausgefunden haben, welcher der Züchter gerade einen Wurf hat und daß Sie einen Termin für einen Besuch vereinbart haben. Wenn das Alles eine Angelegenheit für die ganze Familie ist, dann denken Sie bitte daran, daß Kinder manchmal ›überreagieren‹, wenn sie diese wunderschönen, flauschig weichen Babies sehen und Sie dann ungewollt in eine Situation geraten, aus der Sie nicht mehr herauskommen. Versuchen Sie also von vornherein, die Geduld zu zügeln und Hoffnungen nicht zu hoch werden zu lassen. Wenn die Kinder alt genug sind, sprechen Sie vorher in aller Ruhe über die Sache und stellen Sie klar, daß man eben nur einen Besuch macht um sich etwas anzuschauen. Wenn Sie sich dann doch für einen Welpen entscheiden, wird diese unerwartete Wendung der Dinge für sie ein wunderbares Erlebnis sein.

Es mag müßig sein, darauf hinzuweisen, daß man darauf achten sollte, daß die Welpen, die man Ihnen angeboten hat, einen gesunden und gepflegten Eindruck vermitteln - man vergißt diesen Aspekt manchmal in der Aufregung des Augenblicks. Übelriechende und schmutzige Umgebung könnte auf schlampige Versorgung hinweisen und es ist klar, daß ein solchermaßen aufgezogener Welpe Ihnen später ständige Probleme bescheren könnte.

Malteser haben sehr kleine Würfe, so daß Sie möglicherweise nur von einem Welpen erwartet werden, der als ein einziges schwanzwackelndes Etwas hereinkommt, lebhaft und keck, tolpatschig herumtummelnd, alles erforschend, was irgendwie interessant aussieht. Sie sollten darauf gefaßt sein, in liebevoll Sie anstrahlende dunkle Augen zu sehen, die keinerlei Tränenfluß haben (einige haben Spuren von Tränenfluß im Haar unter den Augen, aber das ist nicht das gleiche wie das, was man üblicherweise Augensekret nennt). Die Nase sollte gesund feuchtglänzend sein, weder triefend noch trocken und, da der Malteser ein weißer Hund ist, ist leicht feststellbar ob das Haarkleid und die Haut bestens aussehen, sauber sind und somit auch keine Anzeichen für irgendwelche Ver-

NZ Ch. Villarose Sweet Sensation (als Welpe), Gewinner von 52 CCs, mit ihrer Schwester, Villarose Hot Chocolate. Gezüchtet von Chris Ripsher. Wenn Sie sich einen Welpen aussuchen, können Ihnen die Mutter und andere nächste Verwandte eine Vorstellung vermitteln, wie Ihr Welpe einmal aussehen könnte.

MALTESER HEUTE

Villarose Hot Chocolate und Villarose Toffee Apple, gezüchtet von Chris Ripsher. Die Welpen sollten sauber und gesund aussehen, mit klaren, funkelnden Augen.

dauungsprobleme erkennbar sind. Wenn man Ihnen mehrere Welpen zur Auswahl anbietet, wählen Sie immer den Welpen aus, der Ihnen als am freiesten und offensten im Wesen erscheint. (Anm. d. Ü.: Die durchschnittliche Wurfstärke der Malteser, die z. B. von den im Verband Deutscher Kleinhundezüchter (VDK) agierenden Züchtern hierzulande in den letzten Jahren im Zuchtbuch zur Eintragung angegeben wurde, lag bei 3 Welpen pro Wurf.)

Es wäre wünschenswert und wichtig, wenn man Ihnen auch die Mutterhündin zeigen würde, eventuell auch sogar den Vater und vielleicht ein oder zwei ›Verwandte‹ aus der gleichen Linie. Ich stelle immer so viele meiner Hunde wie möglich vor, ganz besonders die Mutter, den Großvater, eine Cousine und so weiter. Es ist wunderbar anzuschauen, wenn Malteser aller Altersstufen von den Kaufinteressenten gestreichelt und verhätschelt werden - diese Familie wird dann wieder weggehen und wissen, daß der Malteser, für den sie sich entschieden haben, aus einem vorbildlichen Zuhause kommt.

ETWAS ZU DEN ERFORDERLICHEN PAPIEREN UND DOKUMENTEN
Wie das fast immer so ist, ist auch mit dem Kauf eines Welpen einiger ›Papierkram‹ zu erledigen. Zumindest sollte Ihnen eine unterzeichnete Ahnentafel und ein Impfausweis übergeben werden, in welchem alle bis dahin vollzogenen Impfungen eingetragen sind. Obwohl man Ihnen wahrscheinlich gesagt hat, mit was und wie oft der Welpe gefüttert werden muß, so sollte man Ihnen doch in jedem Falle auch einen schriftlichen Ernährungsplan übergeben und einige hilfreiche Anweisungen, was die Pflege und die generelle Fürsorge anbelangt. Fragen Sie, ob der Welpe entwurmt wurde. Wenn dem so ist, schreiben Sie sich das Datum auf und erkundigen Sie sich, innerhalb welcher Zeit die Wurmkur wiederholt werden sollte. Der Kaufvertrag über den Welpen ist ein wichtiges Dokument. Er sollte auf jeden Fall das Geburtsdatum enthalten, Angaben zur Mutter, dem Deckrüden und - das Wichtigste: alle besonderen Absprachen wie z. B. über Ausstellung und Zucht. Direkt vom Züchter zu kaufen ist selbstverständlich von Vorteil: Sie lernen die Verhältnisse kennen, in denen der Welpe aufgewachsen ist; Sie erfahren einiges über die Mutter und möglicherweise auch über andere Verwandte; die Chance, genau den richtigen Welpen für Ihre Bedürfnisse zu erhalten, ist wesentlich größer, denn der Züchter weiß einiges über die typischen Charaktereigenschaften seiner Hunde; Sie können einige wichtige Eindrücke über die Haltung der Hunde sammeln, wissen, wann der Welpe entwurmt worden ist und ob er bereits stubenrein erzogen wurde. Die meisten Züchter geben Ihnen für einige Tage ausreichend Futter mit, an das der Welpe gewöhnt ist, so daß Sie ihn, falls Sie ein anderes Futter nehmen wollen, möglichst schonend auf dieses andere Futter umstellen können. Darüberhinaus ist es für Sie auch beruhigend zu wissen, daß dem Züchter das weitere Wohlergehen des Welpen am Herzen liegt und er Ihnen auf jeden Fall in den nächsten Tagen jederzeit mit Rat und Tat zur Verfügung stehen wird.

DER WELPE KOMMT IN SEIN NEUES ZUHAUSE
Sich einen Welpen ins Haus zu holen, ist durchaus vergleichbar mit der Situation, wenn die Familie Zuwachs

DIE AUSWAHL IHRES MALTESER-WELPEN

Northward's Good Time Girl im Alter von 8 Monaten. Wenn Sie einen Welpen bei sich aufgenommen haben, sind Sie während seines ganzen Lebens für sein Wohlergehen verantwortlich.

durch ein Baby erhält und genau wie in diesem Fall, sollten Sie entsprechend auf die Ankunft vorbereitet sein, d. h. die notwendigen Utensilien sollten bereit stehen. Die Grundausstattung wäre ein Bett oder ein Körbchen mit einer weichen Unterlage, eine Bürste und ein Kamm, ein Trink- und ein Freßnapf sowie Papier (z. B. Zeitungspapier), für den Fall, daß das Wetter es nicht zuläßt, daß der Welpe sich draußen lösen kann. Je besser Sie vorbereitet sind, umso einfacher ist die Eingliederung des neuen Familienmitgliedes für alle Beteiligten.

TRANSPORTBOXEN UND GEHEGE

Das nützlichste Zubehör der Ausstattung ist eine Reise- oder Tragebox. Hier gibt es unterschiedliche Ausführungen. Die beiden beliebtesten Ausführungen sind einmal der offene, aus einem Drahtgestell geformte Korb, der sich ausgezeichnet eignet für Reisen oder um den Hund darin unterzubringen. Allerdings ist dieser weniger für den generellen Gebrauch geeignet, insbesondere, wenn die Zugangsklappe sich oben befindet - obwohl es leichter ist, den Hund hineinzusetzen und wieder herauszunehmen.

Der andere Typ ist völlig geschlossen, mit einer Drahtgittertüre an einem Ende und Luftschlitzen an den Seiten. Wenn Sie diese, etwas stabilere Ausführung wählen, haben Sie in Bezug auf die Größe sogar die Möglichkeit eine Ausführung zu wählen, die doppelt so groß wie ein Drahtkäfig sein kann; einige sind sogar geeignet für Transporte im Flugzeug. Diese Boxen (sog. Varikennel) oder auch Käfige sind in verschiedenen Größen erhältlich. Sie sollten sich für eine entscheiden, die groß genug ist für einen ausgewachsenen Malteser und somit auch noch später verwendet werden kann.

Bevor Sie den Welpen das erste Mal in den Käfig oder die Box setzen, geben Sie ihm bitte Zeit, sich davon zu überzeugen, daß dies sein sicherer »Zufluchtsort« ist. Zeigen Sie ihm, wie geborgen er sich darin fühlen kann und locken Sie ihn mit »Leckerchen« als Belohnung dafür, daß er hineingeht. Am besten stellen Sie den Behälter mit geöffneter Tür an einen bestimmten Platz, so daß der Welpe hinein- und hinausspringen kann, gerade wie es ihm beliebt. Wenn Sie ein Extrahäppchen wie z. B. ein Biskuit geben, dann legen Sie es in den hinteren Teil der Box. Der Welpe wird sehr schnell lernen, daß dieses Behältnis sein »sicherer Hafen« ist und er wird sich nicht ängstlich verhalten, wenn er später auch in diesem Behältnis transportiert wird. Eine weitere nützliche Anschaffung ist ein Welpengehege oder großer Auslaufkäfig. Es kommt die Zeit, wo Sie eine solche Unterbringungsmöglichkeit ganz gut gebrauchen können - sei es um einen der Kleinen oder später auch einmal einen erwachsenen Malteser separieren zu können - entweder zu Ihrer eigenen Beruhigung oder auch zur Sicherheit des Hundes. Ein solches Gehege erweist sich auch als recht nützlich, wenn Sie sich auf Reisen in Hotels aufhalten - ebenso wie die Reisebox, aber das Platzangebot ist eben größer. Solche Auslaufgitter kann man in Einzelelementen kaufen und dementsprechend praktisch in jeder gewünschten Größe individuell aufbauen. Manche Hundebesitzer bevorzugen Käfige, von denen es ebenfalls verschiedene Größen und Typen gibt. Einige davon kann man flach zusammenlegen und somit für den Fall, wenn sie nicht gebraucht werden, platzsparend irgendwo unterstellen.

Nochmals: Versuchen Sie immer, gleich welches Gehege Sie aufstellen, ein solches für den kleinen Bewohner so angenehm und so bequem wie möglich zu gestalten. Sie werden sowohl Boxen als auch Gehege sehr schätzen

MALTESER HEUTE

lernen, nicht nur, wenn Sie verreisen, sondern auch, um gelegentlich einen Hund darin zu separieren, der sich aus irgendeinem Grunde nicht wohl fühlt, krank ist oder sich vielleicht sogar von den Folgen einer Operation erholen muß und sich demzufolge einmal nicht soviel bewegen sollte.

SPIELZEUG

Muß Ihr Hund aus irgendeinem Grund eine gewisse Zeit alleine bleiben, sei es in einem Gehege oder auch frei im Haus oder in einem Zimmer, so sollte man sinnvollerweise eine Auswahl an Spielzeug bereithalten, was sich in solchen Fällen als ganz nützlich erweist. Diese neuen Spielsachen sorgen eine Weile für Ablenkung. Malteser haben keinen besonders ausgeprägten Zerstörungstrieb. Sie sollten viel Spielzeug und Utensilien haben, mit denen sie sich gerne beschäftigen.

Ganz besonders geeignet sind die sehr weichen Spielzeuge aus Vinyl oder Latex, die quietschen oder ähnliche Geräusche machen, ohne daß dazu große Anstrengung erforderlich ist. Achten Sie auf den Qietschmechanismus. Dieser könnte herausgekaut und verschluckt werden. Ich habe manchmal ernsthafte Bedenken bei diesen ›versteckten‹ Kauobjekten, da ich diese erst dann entdecke, wenn ich den Hund gebürstet hatte. Die Reste hatten sich durch das Zerkauen zu widerborstigen Kletten entwickelt, die ich nur mühevoll wieder aus dem Haarkleid entfernen konnte.

Welpen können sich stundenlang mit einem Knochen vergnügen, aber nur wenige sind akzeptabel. Kleine, gekochte und zerbrechliche Knochen sind völlig ungeeignet, da diese zumeist von Geflügel stammen. Auf jeden Fall sollten Sie dem Hund keine Knochen überlassen, von denen er Stücke abkauen kann. Ich bitte meinen Metzger immer, mir Beinmarkknochen vom Rind in handliche Stücke zu sägen - nicht zu hacken. Das Mark verfüttere ich an die Hunde. Meine Hunde mögen dieses roh, aber Vorsicht: die Gesichter sind hinterher fürchterlich verschmiert und deshalb verfüttere ich das Mark erst dann, wenn ich sowieso vorhatte, sie zu baden. Selbstverständlich kann man das Mark auch auskochen. Es ist dann zwar leicht aus dem Knochen zu entfernen, aber das macht dann dem Welpen eben auch nur halb soviel Spaß und ist darüberhinaus auch längst nicht so nahrhaft.

Stoffspielzeug bereitet allergrößtes Vergnügen. Ich suche deshalb Wohltätigkeitsbasare auf und kaufe dort ausgemusterte Baby-Spielsachen. Diese haben den Vorteil, daß sie nicht nur waschbar sind, sondern meist auch Augen und Nasen so angebracht sind, daß man sie nicht ohne weiteres entfernen und herausziehen kann. Außerdem sind diese Stoff- und Plüschspielsachen sehr leicht und selbst sehr kleine Welpen können damit herumziehen und -zerren. Stoffbälle sind ebenfalls ein begehrtes Spielzeug. Diese sollten allerdings nicht zu klein sein, dennoch leicht genug, daß sie mühelos herumgekickt und -gestoßen werden können. Vermeiden Sie Bälle aus Schaumstoff oder Schwamm, da diese zerkaut und zerstückelt und anschließend heruntergewürgt werden können.

Es gibt heute eine große Auswahl von ausgezeichnetem Spielzeug für Hunde, aber manchmal hat er Spaß an den unmöglichsten Haushaltsgegenständen. Vermeiden sollten Sie Folien und dünnes Plastik, wie z. B. Tragetaschen, da der Hund an diesem Material ersticken kann.

DER SCHLAF- ODER RUHEPLATZ

Es gibt viele unterschiedliche Hundebetten auf dem Markt, angefangen von weichen, mit künstlichem Fell bezogenen, die man in der Maschine waschen kann, bis hin zu Wannen aus Hartplastik oder ähnlichem Material, welche man sauber auswischen und mit weichem Material auslegen kann. Von den traditionellen, aus Weide geflochtenen Hundekörben halte ich wenig, da ich gesehen habe, wie diese zerkaut werden können und spitze Splitter herausragten, was nicht nur höchst gefährlich ist, sondern darüberhinaus auch noch das Haarkleid des Hundes ruinieren kann. Man kann heute ausgezeichnete, speziell entwickelte Unterlagen für Tiere kaufen, die jede Feuchtigkeit (wenn einmal ein ›Unfall‹ passiert) in das Papier darunter durchleiten. Das Bett Ihres Maltesers bleibt dadurch immer trocken und behaglich. Man kann solche Unterlagen in jedem Tiergeschäft kaufen, sie lassen sich einfach waschen und trocknen sehr schnell.

DIE ERNÄHRUNG

Wenden wir uns nun den Mahlzeiten zu: Der Wassernapf sollte schwer genug sein und gerade mal so flach, daß er nicht ständig überschwappt. Es gibt eine spezielle Ausführung, die ein Umkippen so gut wie unmöglich macht. Das ist eine ganz gute Sache wenn man Welpen hat - und ich hatte solche ›Spezialisten‹, die es einfach liebten, in dem Napf herumzuplantschen. Es ist ganz lustig anzusehen, was für eine Überschwemmung so kleine Wichte mit einem relativ kleinen gefüllten Wassernapf anrichten können. Der Freßnapf sollte anfänglich nicht zu groß sein und auf jeden Fall unzerbrechlich, da viele der kleinen Racker damit ganz einfach nur gerne durch die Gegend ziehen. Alles Hundegeschirr sollte gesondert vom übrigen Haushaltsgeschirr gespült werden und man sollte dafür auch extra Spülbürsten etc. besitzen.

DIE AUSWAHL IHRES MALTESER-WELPEN

ERZIEHUNG ZUR STUBENREINHEIT
Nicht alle von uns befinden sich in der beneidenswerten Lage, garantiert über einen längeren Zeitraum schönes Wetter zu haben. Eine solche Erziehung kann, wenn man sie nur innerhalb des Hauses durchführen kann, Probleme mit sich bringen. Auf jeden Fall ist es hilfreich, wenn Ihr Welpe schon daran gewöhnt wurde, sich auf Zeitungspapier zu lösen. Das ist eine gute Sache, wenn das Wetter schlecht ist oder auch auf Reisen. Versuchen Sie, weißes, d. h. unbedrucktes Papier zu nehmen, da die Druckerschwärze mancher Zeitungen das Haarkleid des Maltesers verschmutzen kann - aber natürlich kann man im Notfall auch mit solchem Papier vorlieb nehmen. Man kann weißes Papier kaufen, manchmal findet man auch einen Metzger, der eine Packung fertig in großen Bogen zugeschnittenes Papier verkauft oder man kauft bei Firmen Resterollen, die die Zeitungsdruckereien beliefern, möglicherweise auch bei Firmen, die Recycling-Papier herstellen. Natürlich müssen Sie das dann entsprechend selbst zerschneiden. (Anm. d. Ü.: Man kann auch große Rollen abreißfertig perforierten, saugfähigen Papiers in dickerer und schwerer Qualität im Autozubehörhandel kaufen. Vielleicht überläßt man Ihnen auch hin und wieder mal einige Meter solchen Papiers aus einer Autowerkstatt oder Tankstelle in Ihrer Nähe.)

DIE PFLEGEUTENSILIEN
Da man mit der Pflege bereits am ersten Tag beginnt, sollte man schon vorher eine gewisse Grundausstattung besorgt haben. Sie benötigen zwei Kämme - einen Metallkamm mit weiter auseinanderstehenden Zähnen für das Körperhaar und einen Kamm (manchmal auch Nissenkamm genannt) für das Gesicht und die Partie um die Augen herum. Außerdem sollten Sie eine Nadelbürste (ohne Noppen) für die Pflege des Körperhaars besitzen. Es ist daher wichtig darauf zu achten, daß die Nadeln auf einem weichen Gummipolster so befestigt sind, daß sie auf Daumendruck sehr flexibel reagieren. Prüfen Sie, ob die Spitzen der Nadeln abgerundet sind und nicht kratzen. Eine gute Bürste aus Qualitätsborsten sollte ebenfalls in Ihrem Besitz sein. Für das Trimmen der Haare an den Pfoten braucht man eine Schere, ferner für das Schneiden der Krallen eine Spezialzange oder -schere. Ich persönlich bevorzuge zu diesem Zweck die sogenannte ›Guillotine‹-Ausführung. Ein Kästchen mit Wattebäuschen und -stäbchen sollte zur Hand sein und eine kleine Flasche für warmes Wasser. Ferner benötigen Sie Papiertaschentücher und Weizenmehl für das Gesichtshaar. Zu guter Letzt gehört auch noch eine Sprühflasche für Wasser dazu, da man niemals ein trockenes Haarkleid bearbeiten sollte. Bewahren Sie Ihre Pflegeutensilien alle zusammen an einem bestimmten Platz auf, am besten in einem Korb oder Koffer.

DIE ABHOLUNG DES NEUEN FAMILIENMITGLIEDS
Treffen Sie bitte rechtzeitig Vorbereitungen für den Zeitpunkt, an dem es soweit ist, daß Sie Ihren neuen Welpen abholen. Ein Freund oder Verwandter sollte Sie möglichst begleiten und - was noch besser wäre - Sie auch fahren, damit Sie selbst dem Welpen Ihre ungeteilte Aufmerksamkeit schenken können, denn für den Kleinen ist das eine sehr stressige Situation: neue Geräusche, neue Gerüche, nichts Gewohntes. Es kann sein, daß der Welpe noch nie in einem Auto mitgefahren ist und ihm jetzt davon übel wird. Nehmen Sie also in jedem Falle sicherheitshalber genügend Decken und Tücher zum wechseln mit.

Falls das tatsächlich die erste Autofahrt für den Welpen ist, wird dieser natürlich viel glücklicher sein, wenn er auf dem Schoß sitzen darf, statt in einem Käfig oder einer Box eingesperrt zu sein. Es ist sicher überflüssig, darauf hinzuweisen, daß man niemals während der Fahrt den Welpen frei auf dem Sitz neben sich liegen lassen oder ihn gar als Fahrer auf den Schoß nehmen sollte. Wenn Sie alleine sind, gehört der Welpe natürlich eingesperrt.

Kapitel 3

DIE FÜRSORGE UND PFLEGE IHRES WELPEN

Nun sind Sie also mit Ihrem neuen Malteserwelpen glücklich zu Hause angekommen. Wieder einmal gehe ich von der Annahme aus, daß Sie noch nie zuvor einen Welpen besessen haben. Hierzu noch ein nützlicher Tip meinerseits: Versuchen Sie, den Welpen so früh wie möglich abzuholen, damit er an diesem Tag viel Zeit hat, sich an sein neues Zuhause zu gewöhnen, bevor er am Abend müde sein Körbchen aufsuchen wird.

Sie werden sein Bett schon an einer warmen, zugluftgeschützten Stelle in der Küche aufgestellt haben. Der Wassernapf sollte in unmittelbar erreichbarer Nähe stehen. Außerdem werden Sie ein ruhiges Eckchen ausgesucht haben, wo Sie das Papier entsprechend ausgebreitet haben, auf dem der Welpe nun auch hoffentlich sein Geschäft erledigt.

ERZIEHUNG ZUHAUSE
Der Züchter wird Ihnen gesagt haben, ob der Welpe bereits daran gewöhnt wurde, sich auf einer Papierunterlage zu lösen. Wenn Sie also zu Hause angekommen sind, sollten Sie sofort dem Kleinen den zu diesem Zweck für ihn vorbereiteten Platz im Hause zeigen, oder aber mit ihm in den Garten gehen - dessen sichere Umzäunung natürlich vorher von Ihnen überprüft wurde! Das ist ein unbedingtes ›Muß‹, da ein pfiffiger Malteserwelpe durch unglaublich kleine Löcher aus einem vermeintlich sicheren Gehege entweichen kann.

Ich erinnere mich in diesem Zusammenhang noch sehr gut an eine ältere Dame, die bereits ihr Nachtzeug angezogen hatte, um sich schlafen zu legen. Sie ließ ihren Welpen noch kurz zuvor ein letztes Mal in den Garten hinaus. Als sie ihn wieder hereinrief, erschien er nicht. Sie mußte in ihrem Nachthemd raus in den Garten und versuchen, ihren Welpen wieder einzufangen. Dieser wiederum flitzte durch Löcher in dem nicht straff gespannten Zaun heraus und hinein, so daß sie ihn einfach nicht erwischen konnte. Es ist einfach lebenswichtig, daß jeder Auslauf außerhalb des Hauses einwandfrei gesichert ist, zum einen, um einen neugierigen und wissensdurstigen Welpen von unerwünschten Ausflügen abzuhalten und zum anderen, um evtl. unerwünschten Besuchern den Zugang zu verwehren.

Auch wenn Ihr Welpe beim Züchter bereits absolut stubenrein war, können Sie in der ersten Zeit nicht sicher sein, daß doch hin und wieder mal ein ›Malheur‹ passiert. Alles ist so neu und aufregend! Der Welpe ist vollauf damit beschäftigt, alle Ecken und Winkel seines neuen Heims zu durchstöbern und sich mit allem vertraut zu machen. Wenn Sie also wertvolle Teppiche oder andere hübsche Dinge schützen wollen, ist es angeraten, dem Welpen in der Eingewöhnungsphase nur den Zugang zu bestimmten Räumen zu ermöglichen, Räume, in denen eben nichts beschädigt, ruiniert oder sonst irgend etwas Unheilvolles geschehen könnte. Junge Welpen müssen sich daran gewöhnen, sich frei und sicher bewegen zu können. Wenn Sie bemerken, daß er außerhalb des dafür bestimmten Platzes Anstalten macht, sich zu lösen, dann sagen Sie einfach in bestimmendem Tonfall »Nein!« (oder »Pfui«). Heben Sie den Missetäter schnell hoch und

Der Malteserwelpe muß sich an viele Dinge in seinem neuen Zuhause erst gewöhnen. Dies ist Charity, 8 Wochen alt, im Besitz von Sabine Reitberger, Deutschland.

DIE FÜRSORGE UND PFLEGE IHRES WELPEN

Ch. Snowgoose Valient Lad mit seinem riesigen Freund. Malteser vertragen sich mit allen Hunden, vorausgesetzt, daß Sie anfänglich die Kennenlernphase überwachen.

Foto: Sally Anne Thompson.

wenn Sie ihn dann wieder auf seinem ›Toilettenplatz‹ absetzen, sagen Sie einfach »Hier« oder »Papier«. Wenn er dann sein unterbrochenes ›Geschäft‹ dort erfolgreich beendet hat, sollten Sie ihn über alle Maßen loben. Falls der Welpe daran gewöhnt wurde, sein Geschäft draußen im Garten zu verrichten, dann scheuchen Sie ihn nach einem solchen ›Beinahe-Unfall‹ energisch hinaus, aber ebenso muß er auch wieder gelobt werden, wenn er sein Geschäft dann dort verrichtet hat. Schimpfen Sie niemals, wenn Sie ihn nicht ›inflagranti‹ erwischt haben - so ein kleiner Kerl kann eine Ungehorsamkeit aus der Vergangenheit nicht mit der Gegenwart verbinden.

Hunde entwickeln Gewohnheiten. Wenn Sie also bisher die Fütterungsanweisungen des Züchters, welche wahrscheinlich auf 4 kleinere Mahlzeiten pro Tag lauteten, beachtet und befolgt haben, so können Sie nach ca. 6 Monaten auf zwei Mahlzeiten pro Tag reduzieren. Jetzt wäre es angebracht, dem Welpen beizubringen, sich nach jeder Mahlzeit in entsprechend ungestörter Umgebung zu lösen. Wie auch bei kleinen Menschenkindern gibt es Welpen, die das Ganze schnell lernen und manche, die es weniger schnell begreifen. Es gibt Welpen, die instinktiv von Anfang an stubenrein sind. Falls Sie zufällig einen der ›Langsameren‹ erwischt haben, ist Geduld angesagt. Erwarten Sie bitte keine Wunder! Manche Hunde verrichten ihre Bedürfnisse wenn sie aufwachen, dann wieder nach den Mahlzeiten und zumeist nochmals abends, vor dem Schlafengehen. Allerdings können die Kleinen es manchmal ›vergessen‹, wenn sie irgendeine aufregende Sache total beansprucht. Das kann sogar dann noch passieren, wenn sie schon als stubenrein gelten können. Wenn sie dann älter werden, verliert sich auch das von selbst. Auch wenn Sie zu Hause einen sogenannten ›sicheren‹ Garten haben, ist trotzdem das ›Papier‹-Training von gewissem Nutzen, insbesondere, wenn Ihr Hund Sie auf Reisen begleiten soll.

GEWÖHNUNG AN DIE NEUE FAMILIE

Selbstverständlich möchten alle aus der Familie den Neuankömmling streicheln und knuddeln - aber Vorsicht! Setzen Sie alles daran, dies so moderat, so ruhig wie möglich vonstatten gehen zu lassen und dem Welpen die Möglichkeit zu geben, sich an seine neue Umgebung richtig einzugewöhnen und wenn er müde ist, sich ungestört von vielen eifrig liebkosenden Händen in sein Körbchen zurückzuziehen und schlafen zu können. Wenn Kinder oder andere Haustiere zum inneren Kreis der Familie gehören, sollten Sie ebenfalls die Kennenlernphase ruhig und ausgeglichen gestalten. Veranlassen Sie die Kinder, sich auf den Boden zu setzen und von dort aus den Welpen auf den Schoß zu nehmen, statt zuzulassen, den Welpen hoch auf den Arm zu nehmen und zu knuddeln.

Der Schlaf- oder Ruheplatz eines Hundes ist ›heilig‹, das sollte man immer respektieren! Wenn Sie dies von Anfang an klarstellen, verstehen auch Kinder sehr schnell, daß ein Welpe, der in seinem Bettchen schläft, nicht gestört werden darf und in diesem Zustand für sie ›tabu‹ ist. Sollte bereits ein Hund im Hause sein, dann sorgen Sie bitte dafür, daß die beiden sich in einer ruhigen Atmosphäre zum ersten Mal begegnen können, vorzugsweise in Anwesenheit von Erwachsenen. Manchmal verstehen sich die beiden von Anfang an, spielen und toben zusammen und freuen sich gegenseitig über die neue Gesellschaft. Manchmal jedoch fühlt sich der bereits in die Familie integrierte Hund zurückgesetzt. Wenn das der Fall ist, muß man sich um diesen ganz besonders kümmern, beruhigend auf ihn einwirken und dazu bringen, dem Welpen nicht allzusehr zuzusetzen, wenn die beiden zusammen sind. Halten Sie sich mit den Extra-Streicheleinheiten für den Welpen zurück, bis Sie mit diesem alleine sind. Zeigen Sie keine Überreaktion, wenn der etablierte Hund den Kleinen manchmal wegen seiner permanenten

MALTESER HEUTE

Belästigungen milde ›zurechtweist‹ und ihm somit zu verstehen gibt, wo seine Grenzen liegen. Irgendwann werden die beiden die Rangordnung untereinander festlegen. Auf jeden Fall sollten Sie die gewohnte Behandlung und Versorgung für den etablierten Hund weiterhin beibehalten und darauf achten, daß sich nicht alles nur um den Welpen dreht.

VERHALTEN GEGENÜBER FREUNDEN UND VERWANDTEN

Nachdem man nun dem Kleinen ein oder ein paar Tage Zeit gegeben hat, sich an die neue Umgebung zu gewöhnen, ist es an der Zeit, auch Freunden und Verwandten das neue Familienmitglied vorzustellen. Mit Rücksicht auf die Sicherheit des Welpen sollte man allerdings mit etwas Feingefühl an diese Sache herangehen. Vor allem sollten Sie darauf achten, daß diejenigen, die überhaupt keine Erfahrung im Umgang mit solch winzigen und quirligen Wesen haben, sich bemühen, diese fest und sicher im Griff zu haben, damit ein plötzlicher Sprung vom Arm vermieden werden kann. Ferner sollte man darauf achten, daß der Welpe aus einer seiner Größe angemessenen sicheren Höhe wieder auf den Boden gesetzt wird, denn andernfalls könnte sich ein solch kleiner Kerl erheblich verletzen.

Kinder entwickeln manchmal ein erstaunliches Feingefühl im Umgang mit solch kleinen Kreaturen, vorausgesetzt, man bringt ihnen von Anfang an bei, sich auf den Boden zu setzen und dort mit dem Malteser-Baby zu spielen. Ganz abgesehen davon, ist dies in jedem Falle auch sicherer. Kleine Tiere sind sehr schnell und unberechenbar in ihren Bewegungen und springen mitunter ohne jede Vorwarnung aus den Kinderarmen. Sich schnell bewegende Kinderbeine üben eine ganz besondere Anziehungskraft auf Welpen aus und es besteht dann ständig die Gefahr, daß man auf den Welpen tritt oder über ihn stolpert. Das kann manchmal schlimme Verletzungen zur Folge haben.

DIE FÜTTERUNG

Sie sollten einen Zeitplan entwickeln, nach dem Sie zu regelmäßigen Fütterungszeiten kommen und diese dann auch fest beibehalten. Am besten sind anfänglich kleine, regelmäßige Mahlzeiten. Man gibt dem Welpen eine angemessene Zeit zum Fressen und nimmt dann das Futter wieder weg, auch wenn der Napf noch nicht leer ist. Das mag zwar drastisch klingen, aber andererseits wird sich der Welpe sehr schnell merken, daß übriggelassenes Futter nicht stehenbleibt. Demzufolge wird er sich nach einer gewissen Zeit an die regelmäßigen Mahlzeiten gewöhnen. Wenn Sie das Futter einfach stehen lassen, animieren Sie den Welpen dazu, dann zu fressen, wenn er gerade Lust hat. Damit erziehen Sie ihn zu einem wählerischen Kostgänger. Frisches Wasser hingegen sollte immer bereit stehen.

Es gibt mittlerweile viele Sorten von Fertigfutter in guter Qualität, so daß man sich keine große Sorge und Mühe mit einer gesonderten Zubereitung mehr machen muß. Es gibt Spezialfutter, deren Zusammensetzung eigens auf Typ und Alter des Hundes abgestimmt ist. Viele Hundebesitzer schätzen diese Bequemlichkeit und haben herausgefunden, daß ihre Hunde damit ganz gut zurechtkommen und gesund ernährt werden.

Malteser fressen keine großen Mengen. Da es aber sehr aktive Hunde sind, entwickeln sie normalerweise einen ganz guten Appetit. Anfangs werden Sie, wie gesagt, sicher den Empfehlungen und Anweisungen des Züchters folgen, aber selbstverständlich steht es Ihnen frei, dann irgendwann Ihren eigenen Weg zu gehen und auf anderes Futter und andere Zeiten umzustellen. Allerdings sollten Sie diese Umstellung in angemessen kleineren Schritten vollziehen, indem Sie Anteile des ursprünglichen Futters mit neuem Futter mischen. Man erhöht dann stetig den Anteil des neuen Futters in den folgenden Mahlzeiten. Ich verwende üblicherweise eine Vollkostnahrung mit einem niedrigen Protein-Gehalt, welche mit warmem Wasser und Gemüse vermischt zubereitet wird. Man kann dann Extra-Protein in Form von Fisch oder Fleisch hinzufügen, je nach Bedarf für aktive oder für ältere Hunde. Alle meine Hunde erhalten darüberhinaus jeden Tag zusätzlich Trockenfutter, sogar die Alten, die so gut wie keine Zähne mehr haben - und sie lieben es.

Wenn Ihr Welpe einmal einen aufgeblähten Bauch hat und dabei trotzdem keinen kranken Eindruck macht, dann könnte das an zuviel Protein liegen - manchmal kann auch Milch diesen Effekt verursachen. Eine Futterumstellung ist oft eine Reihe von Versuchen mit vielen Fehlschlägen und verlangt Fingerspitzengefühl. Viele Malteser mögen gerne frisches Obst. Die kleine Malteserhündin einer Freundin von mir schleppt Haselnüsse aus dem Garten herein und knackt sie dann selbst auf, um an den Kern zu gelangen. Eine meiner eigenen Hündinnen hat eine Vorliebe für Orangen. Eine weitere ist ganz wild auf Spaghetti und was Weintrauben anbelangt: nun, für mich bleibt nur jede sechste übrig!

DIE IMPFUNGEN

Wenn der Welpe nicht bereits geimpft worden ist, dann sollten Sie mit Ihrem Tierarzt Kontakt aufnehmen und mit ihm absprechen, wann und welche Impfungen notwendig sind. Sagen Sie ihm auch, wann der Welpe zum ersten

DIE FÜRSORGE UND PFLEGE IHRES WELPEN

Mal entwurmt wurde und lassen Sie sich beraten, wann die nächste Wurmkur durchgeführt werden sollte.

Natürlich können Sie den Kleinen auch schon bevor er geimpft wurde auf kurzen Ausflügen im Auto mitnehmen, vorausgesetzt, Sie achten darauf, ihn nicht irgendwo auf dem Boden abzusetzen, wo vorher andere Hunde gewesen sein könnten, bzw. sollten Sie ihn überhaupt nicht in Kontakt mit anderen Hunden kommen lassen. Diese besaßen oder besitzen möglicherweise überhaupt keinen Impfschutz.

Noch ein Wort zum Tierarztbesuch mit einem Welpen, der geimpft werden soll. Halten Sie den Kleinen auf Ihrem Schoß und vermeiden Sie auf jeden Fall, andere Hunde im Wartezimmer anzufassen oder zu streicheln. Welpen erregen naturgemäß immer Aufmerksamkeit. Sie sollten deshalb jedem, der das Baby streicheln möchte, klar machen, daß der Kleine noch keinen Impfschutz besitzt und daß Sie es deshalb begrüßen würden, wenn man ihn nicht anfassen würde - man wird das verstehen und akzeptieren. Während des eigentlichen Impfvorganges - angenommen dies erfolgt durch eine Injektion - sollten Sie den Welpen auf dem Arm halten. Dies gibt ihm ein Gefühl der Sicherheit und Geborgenheit. Richten Sie es am besten so ein, daß Sie am anderen Ende der Injektionsnadel stehen, d. h. daß der Welpe sehen kann, daß nicht Sie für den kurzen schmerzhaften Einstich verantwortlich sind und sprechen Sie zusätzlich beruhigend auf ihn ein. Nach der Injektion sollte die Einstichstelle sanft massiert werden. Es gibt einen weiteren Grund dafür, daß Sie den Welpen auf dem Arm halten und nicht auf dem Behandlungstisch absetzen sollten:

Wenn Sie später vielleicht einmal Ihren Malteser ausstellen möchten, dann könnte dieser, auf einem fremden Tisch stehend und eine fremde Person - in diesem Fall der Richter - über sich gebeugt erkennend, möglicherweise eine schlechte Erfahrung, die er irgendwann zuvor einmal auf dem Behandlungstisch machen mußte, damit verbinden und sich entsprechend negativ verhalten. Es gibt zwei grundsätzlich unterschiedliche Impfmethoden - zum einen die Injektion des Impfstoffes mittels einer Spritze oder zum anderen durch Homöopathie, bei der das Medikament oral verabreicht wird. Es ist auf jeden Fall sinnvoll, wenn Sie sich über die Vor- und Nachteile beider Methoden informieren, bevor Sie sich dann für eine entscheiden. (Anm. d. Ü.: Dies ist in Deutschland nicht möglich, da die SHCP-Impfung vorgeschrieben ist.)

GRUNDPRINZIPIEN DER ERZIEHUNG

Ein Hund bleibt ein Hund - gleich, ob es sich um eine Dogge oder einen Malteser handelt. Alle Hunde reagieren mit Eifer auf Lernübungen. Es ist wirklich so, daß wenn Sie von Anfang an ein konsequentes, aber dennoch freundliches Erziehungsprogramm durchführen, es zu einer sehr glücklichen und innigen Beziehung zwischen Ihnen und Ihrem Hund führt. Man könnte sehr schnell den Fehler begehen, zu denken, daß der Hund vielleicht zu jung ist, eben noch ein Baby, und daß man zu einem so kleinen Wesen doch nicht so streng sein darf. Warten Sie ab! Eines Tages wird aus diesem kleinen Etwas eine ausgewachsene Persönlichkeit und dann könnte es zu regelrechten ›Willens-Schlachten‹ zwischen Ihnen und Ihrem Hund kommen. Da die Malteser sehr intelligent sind, wissen sie ganz genau, wie man Sie ›um die kleinen Pfoten‹ wickeln kann!

Ich habe die Erfahrung gemacht, daß Malteser gut zu erziehen sind. Ganz einfach, weil sie es gerne mögen, daß man mit ihnen spricht und ihnen ungeteilte Aufmerksamkeit schenkt. Wenn sie Ihnen dann noch mit ein paar Kunststückchen imponieren können, die sie sich selbst ausgedacht haben, sind sie einfach selig.

Malteser reagieren auf ständiges Training, wie man an dieser Gruppe von Snowgoose-Maltesern, auf dem Bild mit David Herrieff, erkennen kann.

MALTESER HEUTE

Ich besitze z. B. eine kleine Hündin, die immer, wenn man mit ihr schimpft, sofort losrennt, um irgendein Spielzeug zu finden und dann damit zu mir zurückrast, um mir das (als Entschuldigung oder als Ablenkungsmanöver?) anzubieten. Es ist durchaus nichts ungewöhnliches, wenn sie dann manchmal ein Stoffspielzeug anschleppt, welches fast so groß wie sie selbst ist. Damit erreicht sie natürlich, daß alle lachen und somit ihr ›Vergehen‹ völlig in Vergessenheit gerät. Machmal meint man, daß es richtig denkende Wesen sind - zumindest sind sie sehr clever, wenn es darum geht, Sie zu überlisten. Die eigentliche Kunst bei der Erziehung besteht darin, daß der Hund Ihnen letztlich wirklich gehorcht und sofort reagiert. Das erreicht man ganz einfach durch beständiges und konsequentes Training.

Ein Hund, der bereitwillig reagiert und gehorcht, ist ein glücklicher Hund, denn für ihn bedeutet das, ein hohes Maß innerer Verbindung mit seinem Besitzer erreicht zu haben. Wie man dies trainiert, läßt sich am besten am Beispiel des einfachen Befehls »Sitz« illustrieren. Natürlich ist das schon eine Übung für den etwas erwachseneren Welpen. Man kann diesem ›Schlüsselbefehl‹ am ehesten Nachdruck verleihen, indem man ein kleines Spiel veranstaltet: Man stellt den gefüllten Freßnapf wie üblich auf den Boden und veranlaßt dann den Welpen sich für ein oder zwei Sekunden mit etwas Abstand davor zu setzen, bevor man ihn dann wieder freigibt. Ganz allmählich verlängert man dann diese ›Wartezeit‹. Steht der Welpe trotzdem auf und drängt zum Napf, befördert man ihn ruhig, aber nachdrücklich wieder in die ursprüngliche Position und wiederholt dann den Befehl »Sitz«. Man kann dieses Spiel natürlich auch variieren, indem man statt des Freßnapfes ein Lieblingsspielzeug verwendet oder auch auf eine Situation wie die des Anlegens der Leine ausdehnt. Auf diese Weise lernt der Welpe, daß das Kommando »Sitz!« bedeutet, daß er solange still zu sitzen hat, bis der Befehl durch ein entsprechendes anderes Kommando wie z. B. »Komm!« oder »Lauf!« wieder aufgehoben wird. Sie sollten bei diesen Kommandos auch immer den Hund bei seinem Namen nennen, also z. B.: »Benji - Sitz!«.

Stellen Sie sich bitte vor, daß Sie irgendwann einmal in eine Situation kommen, in der Sie mit eben diesem Hund auf einer belebten Straße spazieren gehen und sich durch einen dummen Zufall z. B. die Leine vom Halsband löst. In diesem Moment können all die spielend erlernten Kommandos lebenswichtig sein. Was man also sozusagen spielerisch gestaltet, ist in Wirklichkeit ein echtes Reaktions- und Gehorsamkeitstraining.

Malteser reagieren sehr gut auf Untertöne in Ihrer Stimme. Sie sind sehr sensibel und die ständigen Wiederholungen von ›Schlüsselbefehlen‹ wie »Pfui!«, »Sitz!«, »Platz!«, »Komm!« usw. werden sehr schnell in Verbindung gebracht mit dem Tonfall, in dem diese Befehle erteilt werden. Ihr Hund wird recht bald verstehen, wie er sich in der jeweiligen Situation zu verhalten hat, bzw. was man von ihm erwartet. Nichtsdestotrotz sind die Malteser Meister darin, sich Freiheiten herauszunehmen, sozusagen ihren ›Freispielraum‹ bis an die Grenzen auszuloten - seien Sie darauf vorbereitet!

Die altbekannte Tatsache, daß ein Malteser es liebt, wenn man mit ihm spricht, spielt bei der Erziehung eine wichtige Rolle. Aber es ist nicht nur der Tonfall der Stimme, die sein Verhalten beeinflußt, sondern auch die Körpersprache und der Gesichtsausdruck des Erziehers. Von Anfang an sollten Sie darauf achten, daß Sie folgsames Verhalten mit fröhlichen, aufmunternden Worten und Gebärden loben und andererseits wiederum Ungehorsamkeiten und Unarten mit festen, scharf gesprochenen Worten und entsprechender Mimik tadeln. Wenn eine Situation den Befehl »Pfui« verlangt, dann sagen Sie auch nur einfach »Pfui!« (und natürlich den Namen des Hundes). Sprechen Sie diesen Befehl klar und scharf aus: Wenn Sie einen langen Satz bilden, wie z. B.: »Jetzt warst Du aber ein unartiger Junge, das darfst Du doch nicht!« - dann können Sie sicher sein, daß Ihr Malteser so tut, als habe er überhaupt nichts verstanden.

Mit der Zeit werden die ›Schlüsselkommandos‹ für Ihren Hund die jeweilige Bedeutung erlangt haben und dann, entsprechend akzentuiert, immer den jeweils gewünschten Effekt erzielen. Nochmals, geben Sie möglichst kurze und klare Befehle: »Benji - Nein, Platz!« Sofort, wenn Ihr Hund diesen Befehl befolgt, sollte er auch gelobt werden, wie z. B.: »Guter Junge - braver Junge!« In diesem Falle sollte Ihre Stimme entsprechend liebevoll und erfreut klingen.

Es mag vielleicht ganz niedlich aussehen, wenn so ein kleines weißes Wollknäuel an einem Hosenbein zerrt und es wird auch nicht als so schlimm betrachtet, wie wenn ein erwachsener Hund von hinten nach den Beinen eines Besuchers schnappt - aber eben diese Unart nicht rechtzeitig dem Hund abgewöhnt zu haben ist Ihr persönlicher Fehler in der Erziehung. Es könnten durchaus auch Ihre eigenen Beine sein, wenn Sie nicht sofort etwas gegen diese Gewohnheit tun. Von Anfang an sollten Sie freundlich, aber unmißverständlich schon dem Welpen zeigen, wo es langgeht, wer der Herr im Hause ist. Sie wollen doch sicher später einmal überall mit Ihrem vierbeinigen Begleiter zusammen gern gesehene Gäste sein.

Sollten Sie sich zu einem solchen Erziehungsprogramm für nicht fähig halten und meinen auf Hilfe von dritter Seite angewiesen zu sein (Hundeschulen oder ähnliche Einrichtungen), dann sollten Sie unbedingt Wert darauf legen, daß dort auch gewährleistet ist, daß Ihr Hund in einer Klasse erzogen wird, die den Bedürfnissen und der Konstitution von Kleinhunden Rechnung trägt. Eine schlecht organisierte Schulung von Welpen in einer

DIE FÜRSORGE UND PFLEGE IHRES WELPEN

Gemeinschaft von größeren und kleineren Rassen kann in einem Desaster für Ihren Hund enden. Alle dort anwesenden Besitzer wollen ihre widerspenstigen Hunde erziehen lassen und es wäre nicht richtig, es zu verdammen, daß - sagen wir einmal - der Besitzer eines ungestümen Boxers es eben nicht verhindern kann, daß sein Hund Ihren Welpen in der Aufregung überrollt. Sie allerdings hätten dann das zusätzliche Problem, Ihrem Welpen erst einmal überhaupt wieder das Selbstvertrauen zurückzugeben. Eine gut organisierte und durchgeführte Schulung speziell für kleine Hunde kann von großem Nutzen sein. Falls es so etwas in Ihrer Nähe nicht gibt, würde ich Ihnen die Lektüre von speziell über das Thema Erziehung und Ausbildung geschriebener Bücher empfehlen. Mit etwas Geduld, gutem Willen und Liebe können Sie jedenfalls Ihr gewünschtes Ziel erreichen.

Wenn Ihr Welpe dann erwachsen ist und Sie es erreicht haben, daß Ihr Hund folgsam und gehorsam ist, kann es unter Umständen großen Spaß machen, an einem besonderen Gehorsamkeits- und Geschicklichkeitstraining und dann später auch an entsprechenden Wettbewerben (Agility) teilzunehmen. Ich hatte das Vergnügen, Malteser auf einem eigens für sie ausgerichteten Wettbewerb in den Vereinigten Staaten zu sehen. Ich muß Ihnen sagen, ich habe jeden Augenblick genossen.

DIE PFLEGE DES WELPEN
Es gibt Unterschiede in der Pflege eines Maltesers, aber an dieser Stelle wollen wir uns auf Ihren ersten Welpen konzentrieren. Die Pflege eines erwachsenen Hundes werde ich in einem späteren Kapitel besprechen.

Es kann sein, daß Ihr Welpe bereits an die Prozedur des Pflegens gewöhnt ist. In diesem Fall können Sie sich glücklich schätzen und über den Dingen stehen. Lassen Sie uns an dieser Stelle aber einmal annehmen, daß Ihr kleiner Liebling zuvor nur die allernotwendigste Pflege erhielt und daß Sie selbst auch noch etwas unsicher in dieser Beziehung sind.

Gestalten Sie die ganze Angelegenheit zu einem Vergnügen, allerdings müssen Sie sich gegenüber dem Kleinen durchsetzen. Suchen Sie sich einen bequemen Stuhl aus und stellen Sie Ihre Box oder Ihren Koffer mit den Pflegeutensilien in greifbare Nähe neben sich. Auf Ihren Schoß legen Sie ein großes Tuch oder Badetuch und setzen dann den Welpen darauf. Manche Welpen bleiben ruhig sitzen und genießen jeden Augenblick, andere wiederum können nicht eine Sekunde still halten. Wenn Sie also einen von jener Sorte haben, müssen Sie Ihn richtig festhalten.

Legen Sie Ihre ganze Hand auf den Rücken des Welpen, so daß Ihre Finger in Richtung des Kopfes weisen. Mit der anderen Hand fassen Sie unter den Bauch des Welpen und fassen mit den Fingern zwischen die Vorderbeine, so daß also der gesamte Brustkorb in Ihrer Handfläche liegt. Dann drehen Sie den Welpen auf den Rücken, legen Ihn zwischen Ihre Beine und halten ihn in dieser Position fest, indem Sie Ihre Hand auf dem Brustkorb belassen. Zunächst wird der Welpe zappeln und versuchen, sich wieder zu drehen. Sie sollten ihn dann aber ruhig und bestimmt wieder in die richtige, wie eben beschriebene Lage bringen. Sie sollten natürlich dabei beruhigend auf ihn einreden und streicheln oder liebkosen. Halten Sie Ihre Hand auf dem Brustkorb, bis der Welpe sich ruhig genug verhält. Seien Sie jedoch jederzeit darauf vorbereitet, daß er wieder anfängt zu zappeln.

Nehmen Sie nun Ihre Bürste in Ihre freie linke Hand und bürsten Sie die Innenseite der Beine, unter dem Kinn und den Hals herunter - im Grunde genommen alle Stellen, auch unter Ihrer Hand oder den Fingern, mit denen Sie den Welpen gerade festhalten, es kommt halt darauf an, wie ruhig er liegen bleibt. Nach dem Bürsten nehmen Sie den grobgezahnten Kamm und gehen damit nochmals durch das Haar, insbesondere an den Stellen, wo das Körperhaar und Beinhaar aneinanderreiben, d. h. praktisch im Schritt.

Wenn Ihr Welpe still liegen bleibt, können Sie nun jedes einzelne Bein bürsten und kämmen. Wenn der Welpe versucht, sich wieder in eine aufrechte Lage zu winden, legen Sie Ihre Hand freundlich aber bestimmt wieder in die vorher beschriebene Position und bringen ihn in die gewünschte Stellung zurück. Das sollten Sie notfalls solange wiederholen, bis der Welpe sich entsprechend ruhig verhält. Manche der Kleinen lernen sehr schnell, bei anderen sind schon einige ›Pflegesitzungen‹ erforderlich, bis sie sich so verhalten.

Grundsätzlich ist diese Rückenlage für alle Hunde eine unnatürliche Lage und Sie müssen sich eben sehr darum bemühen, den Hund daran zu gewöhnen und ihm diese Prozedur vertraut zu machen. An zwei Stellen muß man etwas vorsichtiger sein. Zum einen ist dies der untere Teil der Vorderbeine, wo sich eine versteckte Kralle befinden kann, die sogenannte Wolfskralle. Diese sitzt auf der Rückseite der Pfoten, etwas höher, aber im untersten Bereich der Vorderbeine. Manche Züchter entfernen diese Kralle, manche lassen sie aber auch stehen. Bei einer langhaarigen Rasse wie der unsrigen ist es wichtig, genau zu wissen, wo sich diese befindet, um sich nicht bei der Pflege mit dem Kamm darin zu verfangen. Der zweite Bereich, der besondere Aufmerksamkeit bei der Pflege erfordert, ist die Rute, deren dünne Wirbelknochen könnten zwischen die weit auseinanderstehenden Zähne des Kammes geraten.

Wenn Sie an eine verfilzte oder verknotete Stelle geraten, sollten Sie diese zunächst mit den Fingern vorsichtig auseinanderzupfen. Niemals sollten Sie einfach mit dem Kamm hindurchziehen. Wenn Sie den Kamm oder

MALTESER HEUTE

Diese Malteserhündin wurde ohne Pflegeanweisungen verkauft und ihr Haarkleid ist total verfilzt. Mit Hilfe lernte ihre Besitzerin die richtige Pflege und vielleicht ist das Haar mittlerweile gesund und bodenlang.

Es mag durchaus vernünftig sein, Ihren Malteser in einem Liebhaber-Schnitt trimmen zu lassen. Dieser Malteser gehört Laurie Barnett aus New York.

Ihre Finger benutzen, sollten Sie unter die verfilzte Stelle gehen und dann ein paar Mal vorsichtig versuchen, das Gebilde oder den Knoten auseinanderzuziehen. Wenn Sie dabei zu rauh vorgehen und den Welpen verletzen oder ihm wehtun, werden Sie beim nächsten Mal, wenn Sie Ihr Pflegewerkzeug zur Hand nehmen, eine Schlacht zu bestehen haben!

Wenn Sie mit der Unterseite fertig sind, legen Sie den Welpen auf eine Seite und bürsten nun vom Rückgrat angefangen bis hinunter zu den Pfoten. Man beginnt am Rutenansatz und arbeitet sich vor bis zum Nacken. Den Kopf heben wir uns zunächst noch auf. Wenn diese Seite fertig ist, dreht man den Welpen um und wiederholt das Ganze auf der anderen Seite. Man kann den Welpen auch auf dem Schoß sitzend, mit dem Gesicht von Ihnen abgewendet, von der Mitte des Rückens aus nach unten bürsten. Sie sollten nicht nur die Oberfläche des Haarkleides bearbeiten, sondern bis auf die Haut hinuntergehen. Man teilt dann am besten das Haar in Partien auf.

Vergewissern Sie sich, daß die Haare unter dem Rutenansatz, d. h. um die Gegend des Afters herum, völlig filz- und knotenfrei sind. Dieser Teil muß jeden Tag untersucht werden, um sicher zu gehen, daß das feine Haar um den Anus herum nicht nach dem letzten Lösen irgendwie verschmutzt und dann schon angetrocknet ist. So könnte das Absetzen weiteren Kots verhindert werden. Wenn man darauf nicht achtet, kann das ernste Probleme verursachen und in extremen Fällen sogar den Tod des Welpen zur Folge haben.

Zu guter Letzt geht man nochmals mit dem grobzahnigen Kamm durch das ganze Haarkleid und scheitelt dann mit dem Kamm das Haar in der Mitte des Rückens, vom Nacken abwärts bis zum Ansatz der Rute. Dabei fällt das Haarkleid dann gleichmäßig zu beiden Seiten herunter. Das Haar wird vielleicht am Anfang nicht lange diese Form behalten, aber allmählich wird sich das auswirken.

Der Kopf bleibt bis zuletzt übrig. Mit dem weitgezahnten Kamm geht man sorgfältig durch die Schopf-, Wangen- und Barthaare usw. Kommen Sie dabei nicht zu dicht an die Augen. Es wäre ganz gut, wenn Sie mit einer freien Hand die Augen abdecken würden, während Sie mit dem weitgezahnten Kamm arbeiten. Für die Partien unmittelbar um die Augen herum benutzt man den feinzahnigen Kamm. Irgendwelche »Schlaf«-Sekrete sollten Sie vorher mit in warmem Wasser getränkten Wattebäuschen aufweichen und Reste dann mit dem feinzahnigen Kamm entfernen. Danach arbeitet man eine Prise Getreidemehl in das Haar unterhalb des Auges ein, von wo Sie das Schlafsekret entfernt haben und auch in jede Stelle, an der sich vielleicht Spuren von Tränenfluß befinden. Man sollte selbstverständlich darauf achten, daß nichts in das Auge selbst gerät.

DER TRÄNENFLUSS

Spuren von Tränenfluß in einem reinweißen Gesicht gibt oft Anlaß zu großer Besorgnis seitens der Besitzer, die sich dann oft an ihren Tierarzt wenden und den Welpen diversen Untersuchungen unterziehen. Ich halte jedoch nichts davon, übereilte und drastische Lösungen zu suchen. Wenn ein unter 12 Monate alter Welpe Spuren von Tränenfluß zeigt, so hängt das zumeist mit Sicherheit mit dem Zahnwechsel zusammen, dem Abstoßen der Milchzähne und deren Ersatz durch die bleibenden Zähne, wobei die letzten Schneidezähne (Molare) erst im Alter von

DIE FÜRSORGE UND PFLEGE IHRES WELPEN

Abbyat Cinnamon Candy (Ch. Snowgoose Firebird - Snowgoose Nugget) und Abbyat Moondust (Ch. Tennessa's Dancing Flurry of Snowgoose - Abbyat Mint Julip). Züchter und Besitzer: Carol Hemsley. Wenn Sie Ihren Malteser in langem Haarkleid halten wollen, müssen Sie ihn als Welpen schon frühzeitig an die Pflegeprozedur gewöhnen.

ungefähr einem Jahr restlos durchgekommen sind. Während der ganzen Zeit des Zahnwechsels verursacht dieser einen Tränenfluß. Wenn die Umzahnung dann beendet ist, werden Sie erfreut feststellen, daß dieser Tränenfluß langsam aufhört und auch die Spuren allmählich verschwinden. Seien Sie also geduldig. Obwohl diese Tränenflußspuren unansehnlich wirken, so ist dies doch letztlich nur eine Äußerlichkeit und etwas, was dem Welpen nicht weh tut. Auf weitere Gründe für das Entstehen von Tränenfluß werde ich im Abschnitt über die Pflege des Ausstellungshundes eingehen. Um das Gesicht Ihres Welpen akzeptabel sauber zu halten, sollte man lediglich Wert darauf legen, das Haar an den entsprechenden Stellen trocken zu halten. Versuchen Sie es zunächst vier- bis fünfmal am Tag mit einem Tuch. Nehmen Sie das feuchte Haar unter den Augen mit dem Tuch zwischen Daumen und Finger und reiben Sie es trocken. Danach arbeiten Sie etwas Mehl in das Haar ein. Das sollte helfen, das Gesicht des Welpen einigermaßen sauber zu halten.

DIE OHREN- UND ZAHNPFLEGE
Bereits bei der allerersten Pflege Ihres Maltesers sollten Sie sich die Ohren von innen anschauen - sie sollten sauber sein und rosig schimmern. Einige Welpen haben manchmal innen schon Haarwuchs. Falls dem so ist, sollte man diese Haare entfernen um eine ungehinderte Luftzirkulation zu ermöglichen. Das Ganze hört sich schlimmer an, als es tatsächlich ist. Wenn Sie mit einer Hand den Ohrlappen hochklappen, werden Sie feststellen, daß man diese aus dem Ohrinneren herauswachsenden Haare zwischen den Daumen und Finger der freien Hand nehmen kann. Klemmen Sie einen Teil dieser Haare fest zwischen die genannten Finger (ein wenig antiseptischen Puder kann den Festhalteeffekt hilfreich verstärken) und mit einer schnellen Bewegung zupfen Sie die Haare aus. Glauben Sie mir - das tut dem Welpen nicht weh, solange Sie immer nur einige Haare so herauszupfen. Wenn der Welpe sich dabei bewegt, so ist dies nur dem für ihn ungewohnten Gefühl zuzuschreiben. Alternativ zu dieser Methode kann man auch eine lange Pinzette verwenden, aber: ein Welpe könnte sich einmal schnell bewegen und sich dadurch unglücklich verletzen. Es wäre also besser, wenn man ihn an diese Hand-Methode gewöhnt. Führen Sie das Auszupfen fort, bis alle Haare innen aus dem Gehörgang entfernt sind und alles gesäubert ist, d. h. auch das sichtbare Ohrenschmalz, zweckmäßigerweise mit einem Wattestäbchen. Gehen Sie damit keinesfalls zu tief in den Gehörgang. Wenn Sie tiefer sitzende dunkle Ablagerungen erkennen können, dann überlassen Sie es besser einem Tierarzt, diese zu entfernen. Normales Ohrenschmalz (falls überhaupt vorhanden) hat hell - bis mittelbraune Farbe. Untersuchen Sie die Ohren regelmäßig. Ein übler Geruch oder dunkle Ablagerungen sind eine Angelegenheit für den Fachmann.

Wenn Sie eine zeitlang Ihren Welpen regelmäßig gepflegt haben, sollten Sie auch mit der Reinigung der Zähne beginnen. Fangen Sie damit so an, daß Sie bei jedem Pflegevorgang Ihren Finger sanft am Zahnfleisch des Welpen entlang reiben und allmählich den Druck dabei erhöhen, indem Sie ein Baumwolltuch oder Gaze um Ihren Finger wickeln. Wenn der Welpe sich einmal daran gewöhnt hat, wird es zum festen Bestandteil der Pflege und Sie können dann übergehen zu einer Baby-Zahnbürste oder Spezial-Zahnbürste und einer Hunde-Zahnpasta von Ihrem Tierarzt. Eine solche Behandlung hält Zahnfleisch und Zähne in gesunder Kondition.

DIE KRALLEN
Bei den Welpen wachsen lange gebogene (und spitze) Krallen, wenn sie noch klein sind, aber wahrscheinlich hat Ihr Züchter vor Abgabe des Welpen an Sie diese schon zurückgeschnitten. Manchmal wurde das jedoch vielleicht übersehen oder sie sind schon wieder in der Zeit, die der Welpe bei Ihnen ist, lang nachgewachsen.

Sehen Sie sich, bevor Sie sich dazu entschließen, die Krallen zu schneiden, diese einmal genau an. Die beste Gelegenheit dazu ist, wenn der Welpe auf Ihrem Schoß schläft und Sie selbst gutes Licht haben. Sie erkennen dann, daß innerhalb der Kralle von der Pfote ausgehend zur Krallenspitze hin eine rosaschimmernde Linie verläuft. Zum Ende dieser Linie hin verfärbt sich die Kralle gräulich oder dunkel gefleckt und krümmt sich zu einem spitz zulaufenden Haken (diese Linie ist natürlich schwieriger zu erkennen, wenn die Krallen schwarz sind). Diese rosarote Linie wird durch eine Vene gebildet. Achten Sie also unbedingt darauf, daß Sie beim Abknipsen der grauen Spitze nicht zu dicht an diese Vene kommen. Der nicht-rosa gefärbte Teil ist schmerzunempfindlich, ähnlich den weißlichen Fingernagelrändern Ihrer eigenen Fingernägel. Es wäre aber mit Sicherheit schmerzhaft, wenn Sie in den rosagefärbten Teil hineinschneiden - also vorsichtig bitte! Die Krallen sind sofort nach dem Baden weicher und deshalb leichter zu schneiden.

Die Inspektion der Krallen sollte fester Bestandteil Ihres täglichen Pflegeprogramms werden. Wenn Sie diese zu lang wachsen lassen, können sie sich, besonders wenn sie hakenförmig gekrümmt sind, in Kleidungsstücken verhaken, Strümpfe ruinieren und sogar in Teppichen verfangen. Noch schlimmer wäre es, wenn sich Ihr Malteser damit selbst verletzen würde. Selbstverständlich sollten Sie auch die sogenannte Wolfskralle nicht vergessen (wenn sie nicht vorher schon entfernt wurde). Sie erinnern sich - sie sitzt ein klein wenig oberhalb der Pfote auf der Innenseite des Vorderbeines. Es geschieht häufig, daß diese Kralle übersehen wird und daß diese wächst und wächst, bis sie schmerzhaft abbricht. Wenn Ihr Welpe langes Haar auf der Unterseite der Pfoten hat, dann schneiden Sie das bitte auf gleiche Ebene mit den Pfotenballen zurück, um zu verhindern, daß damit Schmutz und ähnlicher Unrat aufgesammelt wird, der sich im Haar verfangen und verkleben kann - wie zum Beispiel Kaugummi, Straßenteer an heißen Sommertagen oder Schnee im Winter - kurz alles, was sich zwischen den Pfotenballen auf der Unterseite zu Klumpen verfangen könnte.

Die Pflege ist für das Wohlbefinden Ihres Hundes sehr wichtig und hat zudem eine therapeutische Wirkung auf den pflegenden menschlichen Gefährten. Es ist bewiesen, daß dieses Streicheln und Bürsten den Blutdruck des Hundebesitzers erheblich senken kann. Natürlich gilt das nur bei einem wohlerzogenen Hund, sonst könnte es das Gegenteil bewirken!

DAS BADEN
Es sind verschiedene Faktoren, die Sie veranlassen, Ihren Malteser zu baden. Vieles hängt natürlich von der individuellen Einstellung ab. Das Haar selbst produziert eine gewisse Menge natürlichen Öles und trotzdem ist es nicht fettig. Man könnte es sogar als relativ trocken bezeichnen, so daß man den Schmutz von den üblichen Spaziergängen auf dem Lande einfach ausbürsten kann. Leider ist das anders bei dem Schmutz, der auf Straßen aufgenommen wird, die häufig von Fahrzeugen frequentiert sind. Dieser Schmutz setzt sich durch Eigenhaftung fest. Es ist klar, daß ein Hund, der nur im Haus gehalten wird, länger sauber bleibt.

Das Fazit ist, daß bedingt durch die jeweils individuelle Situation, manche Hunde einmal in der Woche gebadet werden müssen und manche weniger häufig. Was mich anbetrifft, ich wohne auf dem Land und alle meine Malteser (mit Ausnahme der Ausstellungshunde) werden einmal im Monat gebadet. Benutzen Sie ein gutes, pflegendes Shampoo und anschließend eine ebensogute Spülung (Conditioner). Dies und die regelmäßige Pflege werden Ihren Malteser in einen Zustand versetzen, dessen alleiniger Anblick schon Vergnügen bereitet und Sie sich darüber freuen, mit ihm zusammensein zu dürfen.

Zurück zum praktischen Aspekt des Badens. Ich halte es für weniger rückenbelastend, meine Malteser im Waschbecken zu baden, andere wiederum bevorzugen die Dusche oder die Badewanne. Für was auch immer Sie sich entscheiden, das beste Ergebnis erzielen Sie auf jeden Fall, wenn Sie einen flexiblen Schlauch mit einem Brausekopf zur Hilfe nehmen.

Stellen Sie sich zuvor die Dinge zurecht, die Sie benötigen und zwar in Griffnähe: zwei verschiedene Shampoos, ein Baby- oder Welpenshampoo für den Kopf und ein gutes Shampoo für den restlichen Körper. Dieses Shampoo kann mit Kokos- oder Mandelöl oder ähnlichem angereichert sein. Zum Schluß verwenden Sie eine Spülung von guter Qualität. In bestimmten Fällen sollten Sie auch ein kleines Handtuch bereit halten, da manche

DIE FÜRSORGE UND PFLEGE IHRES WELPEN

Hunde kein Wasser im Gesicht mögen. Sie brauchen ferner 3 große Handtücher: eines für Ihren Schoß, auf dem Sie den Welpen abtrocknen und ein weiteres, in welches Sie den Welpen einwickeln und das erste Wasser ausdrücken, wenn Sie ihn aus dem Bad gehoben haben. Das dritte dient möglicherweise ebenfalls zum Abtrocknen, wenn Sie mit einem Handtuch nicht auskommen.

Schließlich ist da noch der Fön. Ich bin davon überzeugt, daß die Anschaffung eines Standfönes eine arbeitsersparende Investition ist, da Sie hoffentlich Ihren Malteser noch in vielen folgenden Jahren baden werden. Es ist viel einfacher und schneller damit zu arbeiten, als mit den Handgeräten.

Ganz zu Anfang bürsten und kämmen Sie ihren Malteser und stellen dabei sicher, daß alle verknoteten oder verfilzten Stellen aufgelöst sind, denn wenn Sie ihn mit diesen verfilzten und verknoteten Stellen baden, verfestigen sich diese noch mehr.

Danach stellen Sie den so behandelten Malteser dahin, wo Sie ihn baden wollen. Eine kleine rutschfeste Unterlage gibt dem Welpen ein sichereres Standgefühl. Durchwässern Sie das Haar sorgfältig, indem Sie das Wasser sozusagen einmassieren. Danach arbeiten Sie das Shampoo in das Körperhaar ein. Auch hierbei wird das Shampoo sozusagen in das Haar einmassiert. Versuchen Sie nicht, es einzurubbeln, da dabei wieder Verfilzungen entstehen könnten. Sie dürfen natürlich auch Beine und Bauch nicht vergessen. Im Anschluß daran nehmen Sie das Baby-/Welpen-Shampoo und arbeiten es in das Kopfhaar ein. Ein normales Shampoo würde dem Welpen Schmerz zufügen, wenn es in die Augen gelangt. Spülen Sie es ab und wiederholen Sie das Ganze nochmals. Zum Schluß verwenden Sie beim Körperhaar den Conditioner und spülen ihn hinterher sorgfältig und gründlich aus.

Das danach im Haar verbliebene Wasser wird behutsam mit den Händen herausgedrückt. Dann hüllen Sie den Welpen in das Badetuch und drücken das restliche Wasser heraus. Nun legen Sie den Welpen auf dem Rücken liegend auf Ihren Schoß und stellen den Haartrockner ein.

TROCKNEN

Wir wollen einmal annehmen, daß Sie so etwas zum ersten Mal machen und Sie demzufolge auch nicht wissen, wie Ihr Malteser auf das Fönen reagiert. Es könnte natürlich alles glatt gehen, vielleicht aber auch nicht und deshalb richten Sie zu Anfang nicht den Warmluftstrahl direkt auf den Welpen. Nachdem Sie geprüft haben, daß er nicht zu heiß ist, richten Sie ihn in etwas Abstand auf das Rückenende des Welpen. Beobachten Sie die Reaktion und richten Sie ihn dann allmählich näher an den Welpen, bis er direkt auf dessen hinteren Rückenteil bläst.

Benutzen Sie einen Kamm oder die Drahtbürste um das Haar unter dem warmen Luftstrahl zu öffnen, trocknen dann die Innenseite der Hinterbeine, danach den Bauch und die Vorderbeine bis hinauf zum Kinn - zu diesem Zeitpunkt aber noch nicht das Gesicht. Wechseln Sie das feuchte Handtuch auf Ihrem Schoß gegen ein trockenes und drehen Sie den Welpen um.

Fangen Sie wieder beim Hinterteil an und bürsten oder kämmen Sie das Haar von der Rückenmitte an bis hinab zu den Pfoten und arbeiten Sie sich so allmählich bis zum Kopf vor. Der Kopf kommt zuletzt an die Reihe. Machen Sie das gefühlvoll und unter ständigem Lob, aber auf jeden Fall in bestimmender Art. Den Dank für Ihre Mühen erhalten Sie, indem Ihr Hund, wenn er erwachsen ist, bei der Pflegeprozedur völlig ruhig und entspannt auf Ihrem Schoß liegenbleiben wird.

DIE HAARSCHLEIFEN (TOPKNOTS)

Wenn Ihr Welpe allmählich zum Junghund heranwächst, wird das Haarkleid länger und länger und möglicherweise halten Sie es dann für angenehmer, auf einem Tisch zu pflegen, auf welchen Sie entweder eine rutschfeste Unterlage legen oder eine dicke Decke zur Bequemlichkeit. Das Schopfhaar auf dem Kopf wird bereits bis hinunter zu den Augen fallen, das bedeutet, daß es an der Zeit ist, es mit einer Haarschleife zusammenzufassen. Bei Malteserwelpen faßt man dieses Haar üblicherweise in einem Zopf auf der Kopfmitte zusammen. Wickeln Sie ein weiches Papier oder Latexband um die engste Stelle des Büschels und sichern Sie es ab mit einem leichten Gummi oder einer ähnlichen Befestigung. Lockern Sie den Haarzopf etwas, daß er nicht zu stramm auf der Kopfhaut sitzt und dem Hund Unbehagen bereitet. Wenn das Haar dann länger gewachsen ist, können Sie sich ein Vergnügen daraus machen, den Stil zu variieren auf verschiedene Arten, wie sie ausführlich unter dem Kapitel über die Pflege des Ausstellungshundes beschrieben sind.

Es gibt verschiedene Möglichkeiten zu pflegen: Sie können Ihrem Malteser beibringen, ruhig dabei stehen zu bleiben, während Sie das Körperhaar bearbeiten, sich hinzusetzen, wenn Sie die Brust kämmen oder bürsten und den Kopf bearbeiten und schließlich sich flach hinzulegen, das Kinn flach auf dem Untergrund und den Kopf direkt zu Ihnen gewandt um die letzten Handgriffe am Gesicht anzulegen und die Schleife zu arrangieren. Eine andere Möglichkeit ist die, daß man dem Hund beibringt, sich abwechselnd ausgestreckt zunächst auf die eine und dann auf die andere Seite zu legen um das Körperhaar zu bearbeiten und danach flach auf den Bauch, um den Kopf zu bearbeiten. Je früher Sie dem Welpen beibringen können, den Kopf flach hinzulegen, um so bes-

MALTESER HEUTE

Wenn das Haarkleid entsprechend gewachsen ist, muß man damit anfangen, das Haar in einer Schleife zusammenzubinden.

ser. Freundlich aber mit Nachdruck legen Sie Ihre Hand auf den Hinterkopf des Kleinen und drücken ihn herunter, bis das Kinn flach aufliegt und sagen dabei »Runter«. Das mag sich alles recht einfach anhören, aber Sie werden am Anfang wahrscheinlich feststellen, daß Ihr junger Malteser sich gar nicht so ruhig verhält, wie Sie das gerne hätten. Es kann eine Menge Geduld Ihrerseits erfordern und manchmal werden Sie sich wünschen, Sie hätten drei paar Hände; aber bleiben Sie beharrlich darauf bestehen, daß der Welpe den Kopf nach unten nimmt, auch wenn das bedeutet, daß man das Ganze mehrmals wiederholen muß.

Wenn Sie einmal die Haarschleife gemeistert haben, werden Sie das Vergnügen genießen, verschiedene Stilrichtungen zu variieren. Wenn das Körperhaar länger gewachsen ist, muß es auf der Rückenmitte in einer geraden Linie gescheitelt und fließend zu beiden Seiten heruntergebürstet werden. Nochmals, dieses Scheiteln kann mittels des Kammes oder einer dünnen Stricknadel und danach durch fließendes Auskämmen zu den Seiten herab erfolgen. Abhängig davon, welchen Haartyp Ihr Malteser hat - alle sind da etwas unterschiedlich - so muß dieser doch wenigstens jeden zweiten Tag gepflegt werden um zu verhindern, daß Knoten entstehen. Ich empfehle Ihnen auch die von der Nasenspitze bis zur Rute - Bearbeitung jeden Tag, womit ich die Gesichtsreinigung und die Kontrolle des Haares unter der Rute meine, um sicherzustellen, daß alles einwandfrei sauber und ordentlich ist.

Dieses ganze Kapitel ist für Erstbesitzer gewidmet, die selbst die Pflege Ihres Gefährten in die Hand nehmen wollen. Wie toll werden Sie sich fühlen, wenn Sie bewundernde Bemerkungen erhalten, die der Lohn all Ihrer aufmerksamen Fürsorge und Mühen sind.

Kapitel 4

DER AUSSTELLUNGSMALTESER

Hunde auszustellen ist ein wunderbarer und sehr vielseitiger Zeitvertreib, den man entweder in bescheidenem Rahmen genießen kann, indem man nur den einen Familienhund ausstellt oder aber man wagt sich in atemberaubende Höhen hinauf. Es ist ein sehr gesellschaftsfähiger Sport, ausgeübt von Menschen, die in vielen Ländern dieser Erde ihre Malteser ausstellen und all diejenigen verbindet ein gemeinsames Interesse: Alle lieben diese ganz besondere Rasse. Wenn Sie einmal aktiv in diese Szene eingestiegen sind, ergeben sich im Laufe der Zeit möglicherweise erfreuliche Beziehungen - nicht nur zu Menschen aus Ihrem eigenen Land, sondern auch zu Menschen aus anderen Ländern weltweit.

Einmal angenommen, daß es Ihr erster Hund ist, den Sie als vielversprechenden Anwärter für eine Ausstellungskarriere betrachten, so werden Sie sicher mit gespannter Erwartung die Entwicklung Ihres solchermaßen auserkorenen Kandidaten verfolgen. Außerdem bereitet es Freude, mit diesem Hund entsprechend zu üben oder auch gemeinsam mit anderen, in Klassen eingeteilt, an einem sog. Ringtraining teilzunehmen, bei welchem Sie all die Schwierigkeiten, die sich beim sogenannten Handling, d. h. dem Vorführen und Präsentieren eines Hundes ergeben, erkennen und lernen können, damit umzugehen. Es sind Entscheidungen zu treffen, wie z. B. die, an welchen Ausstellungen Sie teilnehmen und in welcher Klasse oder Klassen Sie melden (Anm. d. Ü.: In Kontinentaleuropa ist das nicht möglich.). Wenn Sie erfolgreich waren, ist es ein schönes Gefühl, die entsprechende Urkunde und Anwartschaft in Empfang nehmen zu dürfen und danach in den Erinnerungen an einen ereignisreichen Tag zu schwelgen. Nichtsdestotrotz muß man aber auch erwähnen, daß sich das Ausstellen von Hunden sehr belastend auf Ihre Gefühlswelt auswirken kann. Beim ersten Mal kann es sein, daß Ihr vielversprechender Ausstellungshund wider Erwarten doch nicht alle Voraussetzungen für einen erfolgreichen Wettbewerb erfüllt. Selbst wenn anfänglich alles gut gelaufen ist und Sie stolz bei den anderen Mitbewerbern eingereiht haben, völlig davon überzeugt, daß Sie mit Ihrem Hund der Beste waren, könnte es sein, daß Ihre Überzeugung von dem Richter ausgerechnet an diesem Tag nicht geteilt wird. Nach der darauffolgenden unvermeidlichen Enttäuschung sollten Sie jedoch Ihr Herz in beide Hände nehmen und sich sagen, daß es beim nächsten Mal ganz anders aussehen kann!

Als Sie sich für einen Malteser entschieden, haben Sie sich in der Tat für einen der am schwierigsten auszustellenden Hunde entschieden. Es ist ein enormer Arbeitsaufwand erforderlich, um diese spezielle Rasse im Ring zu präsentieren. Natürlich sind Ihre Hoffnungen und Sehnsüchte hoch angesetzt und das hat zur Folge, daß Enttäuschungen auch entsprechend schmerzhaft sind. Wer auch immer einmal geschrieben hat, daß »beim Wettbewerb kein Zustand erschaffen wird, sondern sich offenbart«, könnte gut und gerne jemand gewesen sein, der Malteser ausgestellt hat. Auszustellen bedeutet in diesem Falle eine Berg- und Talfahrt von Gefühlshöhen und -tiefen, sensationellen Erfolgen und herben Enttäuschungen, aber letztlich sind am Ende des Tages Sie und Ihr Hund noch immer füreinander da und Ihr Hund ist immer noch einmalig und wunderbar - an dieser Tatsache hat sich nichts geändert.

AUF DER SUCHE NACH EINEM HUND IN AUSSTELLUNGSQUALITÄT
Es gibt verschiedene Wege, ein Hobby wie das Hundeausstellen zu beginnen. Einige der erwartungsvollen Bewerber ziehen es vor, einen Welpen zu kaufen und dann zu hoffen, daß dieser Hund sich so entwickeln wird, daß er dem Rassestandard entspricht. Dann gibt es auch diejenigen, die sicher gehen wollen, daß der Hund Ausstellungsqualität besitzt und sich demzufolge für einen älteren, halbwüchsigen Hund entscheiden, dessen Anlagen bereits vielversprechend sind. Andere wiederum kaufen einen völlig ausgewachsenen Hund oder auch, wenn sich die Gelegenheit dazu bietet, einen bereits bewährten, erfolgsträchtigen Ausstellungshund.

Sie sollten in dieser Sache keine übereilten Entschlüsse treffen. Lesen Sie so viel wie möglich über die Rasse, ganz besonders das, was den Rassestandard anbelangt. Es kann mehrere Monate dauern, den richtigen Hund zu finden, aber üben Sie sich in Geduld. In der Zwischenzeit sollten Sie so viele Ausstellungen wie möglich besuchen, einzig und allein um die Malteser im Ring zu studieren.

Obwohl es einen Rassestandard gibt, dem alle Aussteller so nahe wie möglich entsprechen wollen, werden Sie - nachdem Sie sich einige Ausstellungen angesehen haben, auf denen Malteser in den verschiedenen Klassen gezeigt wurden - feststellen, daß es feine Varianten innerhalb des Standards gibt, die den einen Hund vom anderen unterscheiden und oft sogar typenhafte Unterschiede zwischen den Zuchten der verschiedenen Zwinger deut-

MALTESER HEUTE

Ch. Snowgoose Firebird (Nivatus Mr. Chips - Snowgoose Quincey). Gewinner des Rüden CC auf der Crufts 1986, Rassebester auf der Crufts 1987. Züchter und Besitzer: Vicki Herrieff. Mitbesitzer und Handler: Chris Ripsher. Der Malteser ist einer der am schwierigsten auszustellenden Hunde, da es immens viel Arbeit bedeutet, einen solchen Hund für den Ring zurechtzumachen.

lich werden lassen. Genau das ist es dann auch, was die gesamte Hundewelt so ungemein interessant macht.

Auf den ersten Blick scheint es, daß alle Hunde im Ring gleich weiß und klein sind - aber das ist absolut nicht so. Wenn Ihr Blick einmal etwas geübter geworden ist, treten die Unterschiede deutlicher hervor und Sie werden herausfinden, daß manche Hunde eine größere persönliche Ausstrahlung besitzen als andere. Dementsprechend sollten Sie herausfinden, aus welcher Zucht diese Hunde stammen und dann diesen Züchter darauf ansprechen, ob er in nächster Zukunft vielleicht das hat, wonach Sie suchen. Sich einen sehr jungen Welpen zu kaufen und dessen Wachstum und Entwicklung mit zu verfolgen ist durchaus auch ein Weg, um sich mit der Rasse vertraut zu machen und hat darüberhinaus noch einige andere Vorteile. Die Eingewöhnung ist weniger problematisch, da das normale Drumherum im Familienleben mit dem üblichen Kommen und Gehen von Freunden und Kindern sich ausgezeichnet dafür eignet, daß der Hund als Welpe schon lernt, mit den meisten Situationen zurechtzukommen - aber, wie ich bereits erwähnte, birgt dieser Weg auch das Risiko, daß eben dieser Welpe sich nicht zu einem entsprechenden Ausstellungshund entwickelt.

Es ist zum Beispiel so, daß, obwohl die normale Entwicklung recht gut verläuft, im Alter von ca. 6 Monaten entscheidende körperliche Veränderungen eintreten können. Vorher können Sie zum Beispiel nie hundertprozentig sicher sein, daß die zweiten Zähne sich zu einem perfekten Gebiß formen. Sie müssen warten, bis die Milchzähne durch die bleibenden Zähne ersetzt worden sind. Es kann sein, daß die Milchzähne nicht richtig abgestoßen werden und auf einmal zwei komplette Zahnreihen zugleich erscheinen. Selbst einzelne, standhafte Milchzähne können ein Problem verursachen, da sie, wenn sie ganz besonders fest verankert sind, den nachfolgenden bleibenden Zahn in die falsche Richtung drücken können und das könnte natürlich ein ansonsten perfektes Gebiß zunichte machen.

Jeder, der ernsthaft plant, einen Hund auszustellen, wäre töricht, in der festen Hoffnung zu leben und darauf zu vertrauen, daß sich ein Welpe mit Bestimmtheit in einer entsprechenden Weise entwickelt. So viele Dinge können das Wachstum des Welpen beeinflussen und verändern. Kein Züchter, der auf seinen guten Ruf achtet, würde garantieren, daß aus diesem oder jenem Welpen mit Sicherheit ein Ausstellungshund wird, auch wenn eine vielversprechende Verpaarung berühmter Elterntiere dahintersteckt. Allerdings gibt es auch solche Züchter, die hierbei weniger Skrupel haben und Sie glauben machen wollen, daß sie in dieser Beziehung mit prophetischen Gaben gesegnet sind.

Manchmal benutzen Züchter den Begriff »mit Anlagen zur Ausstellungsqualität«, aber das heißt nichts anderes, als daß der Welpe zur Zeit alle benötigten Qualitäten aufweist. Es ist keinesfalls ein Versprechen, daß diese Eigenschaften auch im weiteren Verlauf der Entwicklung so bleiben: Malteser können sich im Laufe des Wachstums beträchtlich verändern und es besteht immer ein Risiko, welches dann vielleicht mit einer Enttäuschung endet. Sie werden also wahrscheinlich darauf warten müssen, bis sich etwas entsprechendes ergibt und sich natürlich darüber im klaren sein, daß man für einen älteren Hund, der die kritische Wachstumsphase sozusagen überstanden hat und nun tatsächlich Ausstellungsqualitäten aufweist, angemessen mehr bezahlen muß. Abgesehen davon, wenn Sie tatsächlich einen Hund sehen, der im Typ genau Ihren Vorstellungen entspricht, dann sollten Sie auch versuchen, genau einen solchen zu bekommen, obwohl Sie vielleicht eine gewisse Zeit warten müssen. Die-

DER AUSSTELLUNGSMALTESER

jenigen, die zu ungeduldig in dieser Angelegenheit sind, sind oft dazu verdammt, herbe Enttäuschungen zu erleben, wenn ihr überhasteter Kauf nicht ihre Hoffnungen erfüllt.

Wenn es irgendwie möglich ist, wäre es klüger, einen Hund im Alter zwischen sechs und sieben Monaten zu kaufen. Dieser Hund wird zwar wahrscheinlich noch etwas wachsen, aber es ist doch eher möglich, das Gangwerk und die Bewegungen, Körperbau und die Qualität des Haarkleides richtig zu bewerten. Außerdem sollten in diesem Alter auch bereits die bleibenden Zähne vorhanden sein und man kann auch das Gebiß auf Korrektheit und Vollständigkeit überprüfen. Zu diesem Zeitpunkt ist zu beurteilen, wie sich die Pigmentierung entwickelt hat und - falls es ein Rüde ist - kann man feststellen, ob auch in dieser Hinsicht alles in Ordnung ist, d. h. daß beide Hoden in das Skrotum abgestiegen sind. Ebenso kann man alle anderen Aspekte, in Bezug auf die Anforderungen, die man an einen Ausstellungsmalteser stellt, abschätzen - natürlich nicht zu vergessen, auch das Wesen. Bedenken Sie aber immer dabei, daß kein Hund perfekt ist. Solange Sie jedoch das, was Sie zu diesem Zeitpunkt klar erkennen können, mögen und für gut befinden, sieht die Zukunft vielversprechend aus.

Ein guter Züchter, der weiß, daß Sie ausstellen wollen, wird sicher auch wollen, daß Sie einen entsprechenden vielversprechenden ›Youngster‹ von ihm erhalten, weil er sich nur zu klar darüber ist, daß dieser Hund auch seinen Zwinger repräsentiert. Wenn Ihnen dann ein solcher Hund angeboten und anvertraut wird, dann übernehmen Sie auch eine Verantwortung gegenüber dem Züchter insofern, daß Sie sich in entsprechender Weise um den Hund kümmern und schließlich auch auf den Ausstellungen Ihr Bestes geben. Letztendlich wären dann dadurch alle glücklich.

AUSSTELLUNGSTRAINING
Ein junger Hund, welcher im Alter von ungefähr 7 Monaten gekauft wurde, wird höchstwahrscheinlich bereits eine Art Basis-Training beim Züchter erhalten haben. Zumindest ist dieser Hund regelmäßig gepflegt worden und demzufolge hat er gelernt, ruhig im Stand zu stehen. Falls Sie andererseits Ihren potentiellen Ausstellungshund selbst als Welpen großgezogen haben, dann lag diese Angelegenheit natürlich bei Ihnen selbst. Hoffentlich haben Sie bereits eine glückliche Beziehung zu Ihrem Welpen aufgebaut, lange bevor Sie auch nur im Entferntesten daran dachten, ein ernsthaftes Training zu beginnen, da es ein Fehler wäre, damit zu früh intensiv zu beginnen, insbesondere mit einem sogenannten Youngster, einem Halbwüchsigen.

DEN STAND ERLERNEN
Das Training sollte mit recht einfachen Übungen beginnen. Wenn Sie z. B. mit der täglichen routinemäßigen Pflege fertig sind, sollten Sie den Welpen dazu auffordern, still stehen zu bleiben, Kopf nach oben, Rute über dem Rücken, alle vier Pfoten fest auf dem Tisch. Kraulen Sie Ihren Malteser einen Moment unter dem Kinn und sagen dabei »Steh!«. Am Anfang sollte diese Standübung nicht zu lange dauern. Sprechen Sie während dieser Zeit ständig mit dem Kleinen. Danach wird er überschwenglich gelobt und liebkost, um ihm zu zeigen, daß er sich wieder entspannen kann und daß Sie sich über sein Verhalten gefreut haben.

Wenn die Zeit gekommen ist, die Ausstellungsringe zu betreten, wird Ihr Malteser auf vielen unterschiedlichen Tischen und Umgebungen präsentiert und von vielen Richtern begutachtet werden. Sie sollten demzufolge diese Standübung auf möglichst vielen unterschiedlichen »Podesten« und Unterlagen üben, wie z. B. Arbeitstischen und anderen Tischen aus verschiedensten Materialien, um dem Welpen somit das Gefühl zu vermitteln, daß er sich überall wohl und sicher fühlen kann.

Wenn der Hund einmal verstanden hat, was Sie von Ihm erwarten, dann lassen Sie ihn ruhig im Stand stehen, Kopf hoch, Rute über dem Rücken und führen jetzt eine Untersuchung durch, wie dies auch ein Richter im Ring macht. Plazieren, bzw. richten Sie die Beine korrekt aus, schauen Sie in das Gebiß und in die Augen. Danach folgt jedesmal ein überschwengliches Lob, wenn der Hund sich dies gefallen ließ. Wenn Sie das Training übertreiben, so daß es langweilig wird oder zu starkem Widerstand führt, ist alle Ihre Mühe »für die Katz«. Es ist unvermeidlich, daß es Tage gibt, wo die Dinge nicht so gut ablaufen und falls das einmal so ist, dann sollten Sie von Ihrem Hund nur etwas sehr einfaches verlangen, von dem Sie wissen, daß er es korrekt ausführen kann. Wenn er das dann auch macht, sollten Sie wiederum viel Lob spenden und ansonsten den Tag dann »abhaken«. Zum Schluß jeder Übung sollten Sie immer ein Lob aussprechen, auch wenn die Ausführung einmal nicht so perfekt war. Die Standübung auf dem Boden ist manchmal etwas leichter auszuführen, wenn Sie einen großen Spiegel aufrecht an eine Wand stellen. Bauen Sie den Welpen davor auf und führen Sie nun die routinemäßigen Übungen durch. Das ist hilfreich, um zu erkennen, wie andere Ihren Hund sehen. Wenn Sie den Spiegel benutzen, müssen Sie Zugeständnisse an die natürliche Neugierde Ihres Welpen machen, da das Spiegelbild fälschlicherweise nicht als eigenes Abbild, sondern als anderer Hund erkannt wird und daraus resultiert letztlich ein Konzentrationsverlust. Auch wenn Freunde oder Verwandte zu Besuch sind, sollten Sie ein kleines »Spiel« aus dieser Präsentation machen und diese Freunde oder Verwandten ebenfalls dazu veranlassen, sich das Gebiß des Hundes anzusehen oder auch einfach nur die allgemeinen Übungen mit dem Hund nachzuvollziehen. Das wird dazu führen, daß dieser Hund eine Art generelles Vertrauen gegenüber Fremden entwickelt. Während Sie Ihren Welpen »aufbauen« (so nennt man ein fachgerechtes Hinstellen eines Maltesers im Stand - Anm. d. Ü.), sollten Sie einen Ihrer Freunde bitten, sozusagen als Richter zu fungieren und sich dementsprechend so zu verhalten, daß die Aufmerksamkeit des Hundes auf diesen »Richter« gelenkt wird. So lernt der Hund, daß er den Richter anschaut, sobald dieser den Ring betritt. Der Spiegel ist eine große Hilfe, um den Hund auf dem Boden richtig auszurichten und aufzubauen. Knien Sie sich hin und bauen Sie den Welpen vor sich auf. Natürlich wird Ihr potentieller Ausstellungshund zunächst einmal versuchen, auf Ihren Schoß zu gelangen, weil er das ganze für ein neues schönes Spiel hält. Freundlich, aber bestimmt, sollten Sie ihn dann jedoch davon abhalten und ihn eben aufbauen, indem Sie seinen Kopf in Richtung Spiegel lenken und dabei den Befehl »Steh!« erteilen. Bürsten oder kämmen Sie einige Male durch das Haarkleid und wenn er irgendwelche Anstalten macht, wieder zu spielen, müssen Sie ihn wieder in die Ausgangsposition zurückstellen und entsprechend ausrichten. Keine der Übungen sollte zu lange dauern und sofort beendet werden, wenn alles richtig war.

LEINENTRAINING
Manche Malteser erlernen die Leinenführung ganz von selbst und laufen neben Ihnen her, als wenn sie das schon ihr ganzes Leben so gemacht hätten. Überwiegend ist es jedoch so, daß man, wenn man zum ersten Mal die Leine anlegt, mit einem gewissen Widerstand rechnen muß und dann benötigt man Geduld, um dem Welpen jede Angst und Scheu zu nehmen.

Ich persönlich fange mit einer leichten, dünnen Ausstellungsleine an und habe dabei festgestellt, daß der Welpe anfänglich kaum bemerkt, daß eine Leine angelegt ist. Von dieser Art Leine gibt es unterschiedliche Ausführungen und möglicherweise müssen Sie sich erst eine ganze Kollektion von Leinen zulegen, um herauszufinden, welche für Sie und Ihren Hund die geeignetste ist. Die gebräuchlichste Leine scheint mir die zu sein, bei der Leine und Halsband in einem sind, mit einem Gleitring versehen, durch den sich der Teil, aus dem sich das Halsband ergibt, auf die jeweilige Größe des Hundes verstellen, bzw. verschieben läßt. Diese Leine ist dazu gedacht, daß man sie während der Präsentation des Hundes im Ausstellungsring nicht löst. Darüber hinaus gibt es eine weitere Leine, bei der Halsband und Führung ebenfalls aus einem Stück bestehen, bei der aber ein Teil des eigentlichen Halsbandes etwas verstärkt ist. Manche Malteserbesitzer sind der Meinung, daß man mit diesem Leinentyp etwas mehr Kontrolle über den Hund hat. Daneben gibt es schließlich noch ein breites Spektrum sehr leichter, attraktiver Halsbänder und Leinen zur Auswahl, die grundsätzlich auch alle geeignet sind. Das größte Angebot an Hundeleinen, ebenso wie natürlich auch sonstiges Hundezubehör, findet man an den Verkaufsständen auf größeren Ausstellungen.

Trotzdem möchte ich eine Warnung aussprechen: Die dünne, leichte Ausstellungsleine mit dem verstellbaren Ring ist nicht für Übungen auf Plätzen geeignet, die allgemein der Öffentlichkeit zugänglich sind. Es wäre durchaus möglich, daß der Hund einmal rückwärts geht und dann mit dem Kopf aus dem Halsband schlüpfen könnte, wenn er sich vor irgend etwas erschrocken hat oder fürchtet und sich entsprechend heftig dagegen sträubt, weiterzulaufen. Benutzen Sie solche Leinen also auf jeden Fall nur auf der Ausstellung oder zu Hause und denken Sie daran, daß Sie bei allen anderen Gelegenheiten ein richtiges, festsitzendes Halsband mit separater Leine verwenden.

Beim ersten Ausgang mit einer Leine sollten Sie sich auf hektische Reaktionen gefaßt machen. Ihr Welpe wird tollkühne Ausreißversuche und Bocksprünge machen, insbesondere im Garten oder auf einer Wiese. Geben Sie diesen Eskapaden zunächst nach und lassen Sie sich ruhig vom Welpen herumzerren, sprechen dabei aber besänftigend und ermutigend zugleich auf ihn ein. Ihr Ziel sollte sein, wenn dann der erste Energieausbruch einmal vorüber ist, ihn allmählich dazu zu überreden, Ihnen zu folgen. Keine Sorge, nehmen Sie sich einfach Zeit und lassen dem Welpen reichlich Gelegenheit, sich immer wieder zu fassen und zur Ruhe zu kommen - und das wird er auch wieder, glauben Sie mir! Führen Sie den Hund auf Ihrer linken Seite, wie das auch im Ring der Fall sein sollte und gestalten Sie dieses Training für den Hund so angenehm wie möglich. Es gibt immer wieder mal einen ganz besonders widerspenstigen, rebellischen Welpen, der plötzlich »auf die Bremse tritt« oder wahre Kapriolen am anderen Ende der Leine vollführt, so daß es Ihnen nicht immer gelingt, dabei auch noch eine bestimmte Richtung beizubehalten. Sie sollten jedoch niemals zornig werden und auch niemals den Welpen an der Leine hinter sich herschleifen. Wie bei allen anderen Übungen zuvor, sollten Sie auch das Leinentraining jeweils dann beenden, wenn der Hund etwas gut gemacht hat. Entsprechend wird er dann wiederum belohnt und man darf sogar auf »Bestechungsmethoden« in Form von Leckerchen zurückgreifen. Wenn man weiß, daß der Welpe etwas ganz besonders gerne frißt, dann hilft ein solches Bestechungsmittel oder Leckerchen ganz einfach, das Training erfolgreicher zu gestalten, insbesondere am Anfang. Denken Sie jedoch stets daran, daß wenn Sie etwas Eßbares als Lockmittel einsetzen, dieses Lockmittel ein typisches, für den Hund wohlriechendes »Parfüm« an Ihren Fingern hinterläßt. Dementsprechend wird Ihr Hund natürlich immer dann, wenn sich Ihre Hand ihm nähert, in Erwartung

DER AUSSTELLUNGSMALTESER

weiterer Köstlichkeiten sehr aufgeregt sein. Es ist also wichtig, gut vorher darüber nachzudenken, was man als Leckerchen einsetzt. Wenn die aufgeregte Erwartungshaltung des Hundes problematisch werden könnte und sich kein solches Leckerchen in Ihrer Hand befindet, dann sagen Sie einfach »Nein« oder »Aus«.

Wenn Sie einen dieser bereits erwähnten besonders rebellischen Youngster besitzen, sollten Sie folgendermaßen verfahren: Legen Sie die Leine an und halten das Ende locker in der Hand. Nun ermuntern Sie den Hund an Ihrer Seite zu laufen, indem Sie ihm eines dieser verführerischen Lockmittel über und vor seinem Kopf hinhalten. Allmählich wird dieser Hund lernen, mit nach oben gerichtetem Kopf neben Ihnen herzulaufen. Er wird dabei zwar die Leine spüren, allerdings ist er weit mehr darauf bedacht, sein Leckerchen zu erhalten. Geben Sie ihm in einem solchen Falle diese Belohnung häufiger und achten Sie darauf, immer die gleichen Kommandos zu benutzen, wie - »Langsam«, »Vorwärts«, »Drehen«, »Nein« usw. Das alles hilft Ihrem Malteser zu verstehen, was Sie von ihm erwarten. Allmählich verabreichen Sie dann weniger und weniger Belohnungen, indem Sie diese durch verbales Lob ersetzen. Ganz zum Schluß erhält er dann doch seine Belohnung, aber erst nach einem einigermaßen gut verlaufenen Übungsgang.

Wenn Sie nach einer gewissen Zeit den Eindruck haben, daß sich der Welpe konstant und flüssig an der Leine führen läßt, sollten Sie anfangen, das Gehen im Dreieck zu üben, so wie das auch ein Richter von Ihnen im Ausstellungsring erwartet. Letztendlich müssen Sie noch erreichen, daß der Welpe so ruhig wie möglich im Stand verharrt, Kopf nach oben, Rückenlinie gerade, d. h. sozusagen geometrisch im Quadrat ausgerichtet. Wenn das nicht auf Anhieb klappt, sollten Sie Ihre Position zum Welpen so oft verändern, bis der Welpe zumindest einen Moment lang richtig steht. Dann wird er natürlich gelobt, unterstützt von einer Belohnung und die Übung wird beendet. Möglicherweise möchte der Hund danach wieder weiterlaufen und Sie anschauen, als ob er sagen wollte: »Was ist, weiter geht's!?«. Man braucht bei allem eben etwas Zeit und Geduld. Verlieren Sie nie die Beherrschung, denn dann war alles umsonst.

DAS ERLERNEN DER WENDE ODER DREHUNG
Eine der wichtigsten Bewegungsabläufe, die man üben muß, ist die Wende oder die Drehung, die man vollziehen muß, wenn der Richter Sie bittet, ein Dreieck im Ring zu laufen. Führen Sie den Hund an Ihrer linken Seite und marschieren Sie in einer geraden Linie los. An den Winkeln bzw. Wendepunkten angekommen, wollen Sie natürlich nicht den flüssigen Bewegungsablauf Ihres Hundes unterbrechen. Deshalb sollten Sie durch Übung versuchen, die Richtungsänderung so sanft wie möglich zu vollziehen. Der Richter könnte auch von Ihnen verlangen, in einer geraden Linie von ihm wegzugehen und dann wieder direkt in gerader Linie auf ihn zu zurückzukommen. (Anm. d. Ü.: Die in Deutschland unter deutschen Richtern meist verlangten Bewegungsabläufe sind eben dieser Letztgenannte und der Kreis).

Einige Aussteller wechseln in einem solchen Falle die leinenführende Hand, wenn sie den Wendepunkt erreicht haben, d. h., daß der Hund auf dem Weg vom Richter weg auf der linken Seite des »Handlers« an der linken Hand geführt läuft und an der rechten Hand auf der rechten Seite geführt zurückkehrt. Eine Alternative für den »Handler« wäre, um den Hund am Wendepunkt herumzugehen und somit praktisch ohne Wechsel der Führungshand und Seite wieder zurückzugehen. Für welche Art und Weise auch immer Sie sich entscheiden, üben Sie es intensiv und so, daß die Wende bzw. die Drehung immer so weich und fließend wie möglich verläuft.

Alle Übungen sollten routinemäßig wiederholt werden, keinesfalls jedoch so oft, daß es für den Hund langweilig wird. Es ist eher unwahrscheinlich, daß Ihr Hund immer alles richtig macht. Wenn Sie einmal das Gefühl haben, daß es an diesem Tag nicht richtig läuft, sollten Sie das Training abbrechen und auch einige Tage keine Leckerchen verabreichen. Es wird sich sowieso irgendwann von selbst ergeben, daß Sie im Laufe der Zeit immer weniger solcher Belohnungen verabreichen, bis Sie solche schließlich nur noch zum Schluß jeder besonderen Übung verteilen.

Übertreibt man nämlich diese Dinge, könnte es geschehen, daß der Hund jedesmal, wenn sich Ihre Hand ihm nähert, erwartet, daß er etwas zu fressen bekommt. Das Wesentliche des Trainings ist, daß der Hund lernt, Ihnen zu gehorchen und sich auf das zu konzentrieren, was Sie mit ihm gemeinsam erreichen wollen. Der Hund sollte völlig unbeeindruckt und nicht abgelenkt sein von dem, was auf einer Ausstellung um Sie beide herum vor sich geht. Dort geht es oft lärmend zu und in den Ringen nebenan werden zumeist noch andere Rassen ausgestellt. Man muß sich also einstellen, eine völlig neue Umgebung um sich zu haben. Man erwartet aber von Ihrem Kleinen, daß er sich trotz der anderen Hunde um ihn herum, gleich welchen Alters, einigermaßen vernünftig verhält. Jetzt zeigt sich der Erfolg und somit die Ernte Ihres Trainings dadurch, daß Ihr Hund es liebt, alles richtig zu machen und Ihnen damit Freude zu bereiten.

AUSSTELLEN AN LOCKERER LEINE
Eine vieldiskutierte Angelegenheit ist, ob ein Hund an locker herabhängender Leine ausgestellt werden sollte.

MALTESER HEUTE

Niemand mag es natürlich, einen Hund von der Leine halb erwürgt »aufgehangen« zu sehen und böse Zungen könnten dann auch behaupten, daß der Besitzer auf diese Weise versucht, Probleme des Hundes mit der Vorderhand zu kaschieren.

Andererseits muß ein Hund selbstverständlich wirklich gut trainiert sein, bevor Sie es sich erlauben können, ihn an einer solch locker herabhängenden Leine vorzuführen und zwar deshalb, weil es Ihnen sonst passieren könnte, daß Sie in Schlangenlinien durch den Ring »wandeln« und der Richter große Schwierigkeiten hat, die Bewegung des Hundes zu beurteilen. Das wiederum könnte bedeuten, daß Sie automatisch in der Bewertung zurückgestuft werden. Glücklicherweise gibt es da noch die sogenannte »Goldene Mitte«, welche darin besteht, die Leine gerade eben so straff zu halten, daß der Handler noch den Kontakt zum Hund »fühlt« und dadurch auch »Botschaften« an ihn zu vermitteln vermag, gleichzeitig dabei jedoch eine gewisse Lässigkeit zuläßt, die es dem Hund erlaubt, sich frei zu zeigen. Ich persönlich möchte mit meinen Schützlingen in Kontakt bleiben und glaube, daß sie so besser reagieren. Es ist nicht immer leicht, die richtige Geschwindigkeit herauszufinden, in der man mit dem Hund laufen sollte. Wenn Sie einen Malteser haben, der es mag, sich langsamer zu bewegen, müssen Sie einen Weg finden, um ihn etwas lebhafter zu machen. Auf der anderen Seite, wenn Sie einen haben, der zu selbstbewußt losgelegt (wie das bei allen der meinigen der Fall zu sein scheint), könnte sich das auch als Schwierigkeit erweisen. Letztendlich müssen Sie herausfinden, welches die beste »pace«, die richtige Gangart ist, in der Sie und Ihr Hund miteinander harmonieren, eine Gangart, bei der sich alle Vorzüge Ihres Maltesers zeigen.

DAS GEWÖHNEN AN AUSSTELLUNGEN
Wenn die Eingliederung, die sogenannte Sozialisierung eines Welpen sich als ein Problem erweist, kann die Teilnahme an den Übungsklassen, die von Hundevereinen eingerichtet und angeboten werden, sehr sinnvoll und nützlich sein. Diese Klassen sind eigens dafür eingerichtet worden, um Hunden von Neuausstellern ein Ringtraining zu ermöglichen. Falls Sie Anfänger sind, sollten Sie sich informieren und herausfinden, was diesbezüglich für kleinere Rassen angeboten wird. Ich möchte allerdings auch zur Vorsicht mahnen: Ich empfehle Ihnen dringendst, sich die Sache vorher anzuschauen, festzustellen, ob die Klasse gut geleitet wird und für Sie und Ihren Welpen geeignet ist. Eine schlecht geleitete und organisierte Klasse könnte katastrophale Folgen bei der weiteren Erziehung haben. Sollten keine Klassen für kleine Rassen eingerichtet sein, dann genügt auch das Training zu Hause, sofern Sie auf die Sozialisierung des Welpen achten, indem Sie, wie bereits gesagt, Freunde und Verwandte in die Übungen einbeziehen und daß auch möglichst viele andere Hunde einbezogen werden können. Je mehr sich Ihr Welpe, bevor Sie ihn ausstellen, an andere Rassen gewöhnt hat, umso besser. Die zwangsläufige Begegnung mit anderen Rassen auf Ausstellungen wird dann weniger überwältigend für ihn sein. Hunde sind immer glücklicher, wenn sie sich unter Rassegleichen befinden. Versuchen Sie also, auf der ersten Ausstellung Ihren Welpen in einer eigens für seine Rasse eingerichteten Klasse auszustellen. Das wird sicher zu Ihrem beiderseitigen Wohlbefinden an diesem Tage beitragen.

DIE GEWÖHNUNG ANS AUTOFAHREN
Ihr Welpe könnte ein Hund sein, der ungerne reist und »autokrank« wird. Da hilft nur frühestmögliche Gewöhnung. Nichts ist schlimmer, als auf einer Ausstellung anzukommen und Ihr frisch gebadeter Malteser benötigt aus naheliegenden Gründen erneut dringende und intensive Pflege. Es ist eine ganz gute Idee, sich am Anfang mit dem Welpen einfach nur ins Auto zu setzen, wenn es zu Hause vor der Türe steht. Setzen Sie sich auf die Rückbank und spielen mit dem Kleinen - vielleicht schalten Sie auch noch das Radio ein, um die Stimmung noch freundlicher zu gestalten. Die ersten Reisestrecken sollten so kurz wie möglich sein und dann allmählich länger werden. Wiederholen Sie diese Dinge einige Male und Ihr Welpe wird sich im Wagen wohlfühlen. Unmittelbar vor Reiseantritt sollten Sie versuchen, daß der Hund zur Vorbeugung etwas mit Glukose angereichertes Wasser trinkt. Wenn sich das als nutzlos erweist und der Welpe wirklich krank wird, dann versuchen Sie es das nächste Mal unmittelbar vor Reiseantritt mit einem halben Teelöffel Magnesiummilch oder ähnlichen Magenberuhigungsmitteln, die auch für Kinder geeignet sind. Tabletten gegen Reisekrankheit sind sehr gut, können aber Schläfrigkeit bewirken. In diesem Fall müssen Sie vorher ausprobieren, wie stark die Dosis sein muß und wieviel Zeit vergeht, bis das Mittel wieder restlos abgebaut ist. Sie möchten sicher nicht mit einem Hund den Ring betreten, der sich noch im Halbschlaf befindet. Wie sich Ihr Hund auf Reisen verhält, sollten Sie lange bevor Sie ihre erste gemeinsame Ausstellung besuchen, herausgefunden haben.

DIE LEITENDEN HUNDEVERBÄNDE UND -ORGANISATIONEN
Heutzutage schätzen sich viele Länder glücklich, eine eigene Organisation aufgebaut zu haben, die sich um die »Hundewelt« kümmert. Der Kennel Club in England ist stolz darauf, der erste dieser Art gewesen zu sein, als er 1873 gegründet wurde. Heute ist er ganz einfach unter der Abkürzung KC bekannt. Bald darauf, 1874 wurde der

DER AUSSTELLUNGSMALTESER

American Kennel Club ins Leben gerufen, genannt AKC, vier Jahre später, 1888 kam Kanada hinzu. Der Erfolg dieser ersten Verbände ermutigte dann auch eine Reihe europäischer Länder dazu, sich in dieser Hinsicht zusammenzuschließen und im Jahre 1911 wurde die Fédération Cynologique Internationale gegründet, praktisch eine Art Kontroll- und Dachorganisation über die Belange der Hunde in den angeschlossenen Ländern. Diese Organisation wurde als die FCI bekannt. Die nächste große Vereinigung ging in den Skandinavischen Ländern vonstatten, die sich 1953 unter dem Dach der Scandinavian Kennel Union, kurz SKU genannt, zusammenschlossen. Auch in vielen weiteren Ländern entstanden Vereinigungen und Verbände, die praktisch alle das gleiche Ziel hatten. 1886 wurde in Neuseeland ein Verband gegründet, während das Nachbarland Australien eine solche Einrichtung erst viel später, nämlich im Jahre 1949, gründete.

Das System der Klasseneinteilung und Leitlinien des Richtens sind in jedem Land unterschiedlich, so daß es manchmal schwierig ist, sie miteinander zu vergleichen. Sollten Sie die Absicht haben oder hoffen, eines Tages entweder Ausstellungen zu besuchen oder sogar in einem anderen Land zu richten, dann wäre es eine weise Entscheidung, sich sorgfältig mit diesen anderen Bedingungen auseinanderzusetzen und sie genau zu verstehen. Wenn Sie darüber hinaus auch noch in einer offiziellen Funktion agieren, dann sollten Sie erst recht genau wissen, was man von Ihnen erwartet.

Die Zusammenstellung der verschiedenen Rassen in den Gruppen kann von Land zu Land unterschiedlich sein, obwohl die Malteser ausnahmslos überall in der »Toy-«, der Zwerghundegruppe geführt werden. Nichtsdestotrotz gibt es kleine Variationen in den Rassebestimmungen, die von der jeweils die Rasse betreuenden Organisation im jeweiligen Land festgelegt wurden. Deshalb sollte man auch diese vorher sorgfältig studieren.

HUNDEAUSSTELLUNGEN IN DEN VEREINIGTEN STAATEN

Die Enthusiasten auf dem amerikanischen Kontinent haben nicht den Vorteil, auf so vielen unterschiedlichen Ausstellungen wie in England ausstellen zu können. Es gibt dort einen Wettbewerb für Rassehunde mit Papieren, der ausgerichtet wird von dem Rasseklub oder den allgemeinen Klubs für alle Rassen (All-Breed-Clubs). Auf diesem Wettbewerb werden die Hunde jeweils paarweise (nicht pärchenweise! - Anm. d. Ü.) vorgeführt und gerichtet. Der Gewinner kommt in die nächste Runde und dann wieder in die nächste Ausscheidung usw., bis schließlich der Beste des Wettbewerbs gefunden wurde. Auf einem solchen Wettbewerb hat man viel Spaß und gesellschaftliche Kontakte (sowohl der Besitzer als auch der Hund) und er ist somit ideal für Neulinge. Es werden jedoch keine Meisterschaftspunkte vergeben. Es sind jedenfalls ausgezeichnete Shows, auf denen der Neuling alles über das Ausstellen lernen kann.

Um in Amerika den Titel eines Champions zu gewinnen, muß ein Hund 15 Punkte unter drei verschiedenen Richtern erhalten haben. Punkte werden nach einer Skala von 1-5 vergeben, je nach der Anzahl der Nennungen von Hunden auf der jeweiligen Ausstellung. Um ein Champion zu werden, muß ein Hund mindestens zwei größere Meisterschaftsausstellungen unter verschiedenen Richtern gewonnen haben. Auf diesen größeren Ausstellungen sind mindestens jeweils 3 Punkte zu vergeben. Die ungeschlagenen Malteser konkurrieren dann gegeneinander in der sogenannten »Winners class« je eine für Hündinnen und eine für Rüden. Der Gewinner bei den Rüden und die Gewinnerin bei den Hündinnen erhalten Punkte für den Titel. Diese beiden fordern dann die jeweiligen Gewinner der Championklassen oder BOB-Klasse heraus und aus dieser Konkurrenz wird dann der *Best of Winners, der Best of Breed* und der *Best Opposite Sex* ermittelt. Wenn es eine Gemeinschaftsausstellung für alle Rassen ist, wird der Best of Breed - Titelträger weiter konkurrieren um den Titel des Gruppensiegers und möglicherweise sogar um den Titel *Best in Show* (der Gesamtsieger von allen ausgestellten Hunden, gleich welcher Rasse - Anm. d. Ü.). Eine Art der »Punkte«-Ausstellungen sind die Allgemeinen Meisterschaftsausstellungen, auf denen für die Malteser

Bereit für in den Ring: Am. Ch. Fantasyland Vital Sun Isle (Ch. Fantasyland Vital - Sun Isle Sadi). Besitzer: Carole Bladwin und Liz Flewellen.

MALTESER HEUTE

Dee Shepherd: Einer der größten professionellen Handler der USA. Ein guter Handler versteht es, das Beste aus einem Hund herauszuholen.

Klassen eingerichtet sind und auf denen man Punkte für den Titelgewinn sammeln kann. Von diesen Ausstellungen gibt es viele und unterschiedliche. Manche sind sehr klein, aber auf den bekannteren Ausstellungen sind manchmal um die 3000 Hunde der verschiedenen Rassen gemeldet und wenn Sie bereit sind, weite Entfernungen zurückzulegen, ist es durchaus möglich, 4 Ausstellungen an einem Wochenende zu besuchen, das ganze Jahr hindurch. Natürlich wäre das nur etwas für einen wirklichen »Strategen«, der die Dinge wie auf einem Wahlfeldzug plant. Die Anzahl der Malteser auf den einzelnen Ausstellungen schwankt von bescheiden bis hinauf zu 60 oder mehr auf Ausstellungen, die 4 Klassen für jedes Geschlecht zuzüglich einer Champion-Klasse (eine, in welcher Hündinnen und Rüden gemeinsam ausgestellt werden) eingerichtet haben.

Ferner gibt es dann die »Specialty«-Ausstellungen. Das sind wirklich herausragende Ereignisse, mit Maltesern, die von nah und fern kommen. Es macht sie zum attraktivsten Ereignis, was man sich als begeisterter Malteser-»Fan« anschauen könnte. 1990 veranstaltete die AMA (American Maltese Association - Anm. d. Ü.) eine Jubiläums-Specialty zum 25jährigen Bestehen des Klubs und ich hatte das Privileg, zu den geladenen Gästen zu gehören. Am ersten Tag wurden beachtliche 103 Malteser in den sog. »Sweepstake«-Klassen vorgestellt. Diese sind für »Youngster« im Alter von 6 - 18 Monate eingerichtet, jeweils 4 Klassen für Rüden und Hündinnen, aber ohne Punktevergabe. Am zweiten Tag wurden die regulären Klassen vorgestellt, bei denen es um Punkte ging. 174 Hunde wurden in den Ring geführt und die beiden erfolgreichen Best of Winners durften danach in einer atemberaubenden, stolze 38 Champions umfassenden Best of Breed-Klasse, mit an der Konkurrenz teilnehmen!

In den Vereinigten Staaten gibt es Menschen, die gerne einen Malteser mit Papieren besitzen würden und auch gerne diesen Hund zum Champion gekrönt sehen würden, jedoch entweder zu wenig Zeit oder auch nicht die Fähigkeit haben, einen solchen Hund auszustellen oder es sich möglicherweise nicht selbst zutrauen. Diese haben dann zu ihrem Glück die Möglichkeit, die Hilfe eines der vielen professionellen »Handler« in Anspruch zu nehmen, die einen solchen Malteser ›unter ihre Fittiche‹ nehmen (Anm. d. Ü.: natürlich gegen Bezahlung), ihn in Ausstellungskondition bringen, ihn entsprechend vorbereiten und letztlich im Ring präsentieren. Diese Handler sind wahre Experten in ihrem Job und sie reisen mit ihren Schützlingen durch das ganze Land, wobei diese Schützlinge auch aus unterschiedlichen Rassen stammen können. Die Hunde werden am Ende einer erfolgreichen Karriere an die Eigentümer zurückgegeben, die sich dann im Erfolg ihrer Hunde sonnen können. Wenn Sie die Absicht haben, Ihren eigenen Hund selbst auszustellen, können Sie nichts besseres tun, als diese begnadeten ›Profis‹ im Ring zu beobachten und Ihr Bestes zu geben, um ihnen nachzueifern. Es gibt auch in England exzellente Handler, verglichen jedoch, rein mit der Anzahl solcher Handler in den Vereinigten Staaten, sind es nur einige wenige.

HUNDEAUSSTELLUNGEN IN ENGLAND

Ich bin der Meinung, daß wir gar nicht wissen, wie glücklich wir uns in England schätzen können, so viele verschiedene Typen von Ausstellungen zu haben. Es gibt zahlreiche Möglichkeiten für den Neuling unter den Ausstellern und seinen ebenfalls als Neuling einzustufenden Hund, praktische Erfahrung in der Kunst des Ausstellens zu sammeln und sich so ganz allmählich auf die »Große Zeit« vorzubereiten, die mit dem ersten Wettbewerb, der ähnlich dem in den USA ausgetragen ist, beginnt. Eine weitere Gelegenheit, bei der sich eine Teilnahme lohnt, ist die Exemption Show (etwa: Freie Ausstellung), die diesen Namen deshalb hat, weil diese Ausstellung nicht allen strengen Regeln der üblichen Ausstellungen unterliegt, obwohl sie auch vom Kennel Club genehmigt sind. Solche Ausstellungen finden manchmal im Rahmen von Wohltätigkeitsveranstaltungen statt oder auch in Verbindung mit lokalen Ereignissen, wie z. B. Landwirtschaftsausstellungen. Es werden verschiedene Klassen für Hunde mit Ahnentafeln angeboten und einige sogenannte Novelty-Klassen (in diesen Klassen werden Hunde gleich welchen Geschlechts und Herkunft von den Besitzern einfach zum Spaß ausgestellt, manchmal

DER AUSSTELLUNGSMALTESER

Vicki Herrieff (links) mit Best Opposite Sex, Ch. Snowgoose Exquisite Magic; Dot Clarke (rechts) mit Best in Show, Gosmore Janson. Die Richterin ist Miss Worthington, Präsidentin des Maltese Club. Sie richtete die Ausstellung des Clubs anläßlich dessen goldenem Jubiläum.

dabei sogar etwas lustig hergerichtet - Anm. d. Ü.). Alle werden tagsüber und im Freien abgehalten. Diese Ausstellungen sind wegen ihres »Vergnügungswertes« sehr beliebt und sie sind ideal für den Neueinsteigerhund oder -handler, weil Champions oder Hunde, die bereits Anwartschaften auf diesen Titel erworben haben, nicht zugelassen sind.

Zwei weitere Gelegenheiten, die für den Neuling oder Neueinsteiger ebenfalls von Interesse sein können, sind zum einen die sogenannten Sanction-Shows (genehmigte Ausstellungen) auf denen Champion-Hunde, die bereits hohe Auszeichnungen erworben haben, nicht zugelassen sind und zum zweiten die sog. Limited-Shows. Diese sind nur Mitgliedern von bestimmten Vereinen vorbehalten und hier sind ebenfalls Hunde nicht zugelassen, die bereits höchste Auszeichnungen erworben haben. Die nächste Stufe bilden die Open Shows, die Offenen Ausstellungen. Diese Ausstellungen sind sehr weit verbreitet und beliebt und sie reichen von sehr kleinen bis zu wirklich sehr großen, die über mehrere Tage abgehalten werden.

Diese Ausstellungen stehen jedem offen, einschließlich den Champion-Hunden. Sie sind aufgeteilt in Klassen für die jeweilige Rasse sowie sogenannte »Variety«-Klassen, für solche Rassen, die nicht separat eingeteilt sind. Obwohl ein Sieg auf einer solchen Ausstellung nicht für den Erhalt der Meisterschaft angerechnet wird, ist die Teilnahme ein sehr wertvolles Training und zudem erhält man auch noch sehr schöne Siegestrophäen und Rosetten. Ein Hund, der seine Klasse innerhalb der Rasse gewonnen hat, kann dann an der Konkurrenz der übrigen jeweiligen Klassensieger teilnehmen und den Titel des Best of Breed (BOB) erlangen. Die Offenen Ausstellungen werden mehrheitlich nach dem Gruppenreglement durchgeführt und ein Hund, der den Titel BOB gewonnen hat, darf dann die Rasse in der jeweiligen Gruppe vertreten. Wenn er auch in der Gesamtgruppe siegt, ist er berechtigt, vorgestellt zu werden, wenn es um den Titel des Best in Show (BIS) geht, den Gesamtsieger unter allen ausgestellten Hunden.

Die Sieger unter den »Puppies« der jeweiligen Rasse können sich der Konkurrenz zur Wahl des »Best Puppy« der Gruppe stellen und manchmal wird auch noch der Titel des »Best Puppy in Show« ausgeschrieben.

(Anmerkung d. Ü.: Hierzu sollte man wissen, daß das englische System in Bezug auf die Welpenklassen erheblich von dem unsrigen abweicht. Man kann in England z. B. einen 6 Monate alten Welpen in drei Klassen wahlweise ausstellen: 1. Minor Puppies = 6-9 Monate; 2. Puppies = 6-12 Monate und 3. Junior = 6-18 Monate. Das kann u. U. sogar dazu führen, daß ganz besonders ehrgeizige Aussteller ihren, sagen wir einmal 8 Monate alten Welpen oder Junior, je nach Qualifikation des Richters (All-Rounder oder Specialist) sogar in der Offenen Klasse ausstellen, um bei einem möglichen Gewinn den Hund bereits in sehr jungem Alter zum Champion zu machen). Ein ungeschlagener Hund aus den Variety-Klassen kann ebenfalls um den Gruppensieg in dieser Gruppe kämpfen, d. h. also gegen alle Hunde die eben keine eigene Klasse haben. Es gibt von Show zu Show leichte Unterschiede, im Großen und Ganzen folgen Sie aber alle dem gleichen Muster.

Meisterschaftsausstellungen sind ebenfalls für jeden zugänglich, mit Ausnahme der »Crufts«. Um auf der Crufts zugelassen zu werden, muß der Hund entweder Champion sein, ein Challenge Certificate (CC) gewonnen haben oder ein Reserve Challenge Certificate oder bereits mit einer Nummer in das Deckregister eingetragen worden sein. Alternativ kann sich ein Hund in verschiedenen Klassen auf einer der Meisterschaftsausstellungen, die im Jahr zuvor abgehalten wurden, qualifizieren. Welche Qualifikation das sein muß, wird vom Kennel Club vorgeschrieben und kann von Zeit zu Zeit geändert bzw. überarbeitet werden.

In den meisten der Klassen auf einer Meisterschaftsausstellung ist der Gewinn eines CCs des Kennel Club möglich, und zwar je eines für den besten Rüden und eines für die beste Hündin der jeweiligen Rasse. Um den Championtitel zu erhalten, muß der Aussteller mindestens 3 CCs unter drei verschiedenen Richtern gewonnen haben. Unter 12 Monaten kann jedoch kein Hund zum Champion gekrönt werden, ganz gleich, wie viele CCs er

MALTESER HEUTE

bis zu diesem Zeitpunkt schon gewonnen hat. Ein für den Titel qualifizierendes letztes CC wird erst dann anerkannt, wenn es erteilt wurde, nachdem der Hund das Alter von 12 Monaten vollendet hat.

Das alles mag vielleicht relativ einfach klingen, aber um ein CC zu gewinnen, muß ein erfolgreicher Kandidat jeden anderen Malteser, einschließlich der Champions des jeweiligen Geschlechts, die an diesem Tage ausgestellt werden, geschlagen haben. Kein leichtes Unterfangen, zumal die anwesenden Champions alle in ausgezeichneter Form sein könnten, ebenso wie einige andere vielversprechende Herausforderer, die bereits ein oder zwei CCs auf ihrem Konto haben, ganz zu schweigen von den Hunden, die bereits mehrere Reserve CCs gewonnen haben. Irgendwie muß also ihr Hoffnungsträger erst einmal eine oder mehrere Klassen gewonnen haben und ungeschlagen geblieben sein, um andere ungeschlagene Hunde gleichen Geschlechts an diesem Tag herausfordern zu können, welche durchaus auch beeindruckende Titelträger sein könnten. Dazu gehört ein gehöriges Maß Kühnheit und Unerschrockenheit.

Ein Reserve CC nützt überhaupt nichts zum Erhalt des Championtitels. Es ist nur ein Zertifikat, mit welchem der Richter bestätigt, daß dieser Hund mit dem CC ausgezeichnet werden sollte, falls der CC-Gewinner dieses Tages seine Prämierung aus irgendeinem Grunde zurückgibt oder nicht annimmt. Wie viele Reserve CCs Sie auch immer gewinnen mögen, sie helfen Ihnen nichts zum angestrebten Titelgewinn. Immerhin haben Sie trotzdem die Befriedigung, daß Ihr Hund von verschiedenen Richtern als ein Hund mit herausragenden Qualitäten bewertet wurde. Sie können Ihre CCs von einem Jahr ins nächste hinübernehmen. Ich habe Malteserbesitzer gekannt, die geduldig versucht haben, diese drei schwer erreichbaren CCs über einen Zeitraum von mehreren Jahren zusammenzutragen. Es ist jedoch letztlich so, daß viele, insbesondere Hündinnen, die nur eine oder zwei der begehrten Auszeichnungen und dazu noch einen Hut voll Reserve CCs erhalten haben, vorzeitig von den Wettbewerben zurückgezogen werden. Um zu veranschaulichen, wie schwierig dieses Unterfangen ist, möchte ich zum Beispiel das Jahr 1993 anführen. In diesem Jahr standen für die Malteser in England, Schottland und Wales insgesamt 20 Sätze CCs zur Verfügung (somit also 20 Chancen, zu versuchen, die begehrte Auszeichnung zu erhalten). Letztlich gelang es nur 2 Rüden, gegen die etablierten Champions zu gewinnen und sich eine eigene Champion-»Krone« aufzusetzen. Im darauffolgenden Jahr 1994 waren die »regierenden« Champions sogar noch schwerer zu schlagen und lediglich ein neuer Rüde gewann seine »Krone«.

Wie ich bereits zu Anfang sagte, können wir uns im Vereinigten Königreich sehr glücklich schätzen, so viele verschiedene Arten von Ausstellungen zur Auswahl zu haben. Ein Hund, der nicht ganz dem Niveau, bzw. dem Standard einer Championausstellung entspricht, kann trotzdem sehr erfolgreich sein und hohen Beifall auf den verschiedenen offenen Ausstellungen genießen und somit auch namentlich und vielleicht sogar mit Foto in einem der Hunde-Journale veröffentlicht werden. Selbst dann, wenn Ihr Hund selbst diesen Standard nicht erreicht, gibt es da immer noch die sogenannten »Fun«-Shows, auf denen Sie einen rundum vergnüglichen Tag im Kreise von sowohl Neulingen als auch erfahreneren Besitzern genießen können. Malteser werden in England normalerweise von den Besitzern ausgestellt, von denen die meisten Züchter und Besitzer in einer Person sind, da die Mehrzahl der Zwinger doch sehr klein ist. Zumeist bestehen sie gerade mal aus einer handvoll sorgfältig gezüchteter Hunde und haben auch nur dann und wann einmal einen Wurf. In den meisten Fällen ist es wirklich ein Hobby, allerdings eines, welches sehr professionell und auf sehr hohem Niveau ausgeübt wird.

Früher durften die Aussteller im Vereinigten Königreich ein Haarspray aus der breiten Palette, die zur Auswahl stand, verwenden, um ihren Malteser erst kurz vor dem Betreten des Ringes »hochzustylen«. Heutzutage muß ein Aussteller die Regeln des Kennel-Clubs beachten, die besagen: »Für das Herrichten des Hundes vor oder während einer Ausstellung darf keine Substanz angewandt werden, die die natürliche Farbe, Textur oder Struktur des Haarkleides verändert. Es ist nicht erlaubt, daß irgendeine andere Substanz (andere als Wasser) die bei der Vorbereitung des Hundes benutzt wurde, während der Ausstellung im Haar des Hundes verbleiben darf«. Um diese Regel auch durchzusetzen, führt der Kennel-Club auch unangemeldete Stichproben durch bei Hunden, die gerade den Ring verlassen haben.

Ich erinnere mich noch gut an das allererste Mal, als auf diese Weise ein Malteser überprüft wurde. Von drei verschiedenen Stellen des Körpers wurden drei kleine Haarproben entnommen. Jede dieser Proben wurde dann in drei Portionen aufgeteilt. Von diesen erhielt jeweils eine der Aussteller, eine verblieb beim Kennel-Club und die dritte wurde zu Testzwecken an ein Labor eingesandt. Gottlob wurden diese dann als völlig in Ordnung befunden und entsprechend wurde der Eigentümer einige Tage später darüber informiert. Dieser dramatische Vorfall hat jedoch sicherlich dazu beigetragen, daß jeder fortan die Regeln beachtet und ernst nimmt.

HUNDEAUSSTELLUNGEN IN EUROPA

Es gibt eigentlich nur zwei Typen von Ausstellungen auf dem Kontinent: Zum einen die sogenannten »Fun« bzw. »Klubinternen« Ausstellungen (wird im Prinzip von Land zu Land in Europa unterschiedlich gehandhabt, auf jeden Fall meint die Verfasserin damit Ausstellungen von Hunden, die von den einzelnen Rasseklubs, Landes-,

DER AUSSTELLUNGSMALTESER

Int. Ch. Carmidanick Al Pacino (Ch. Mannsown Remote Control - Carmidanick Hot Gossip). Er wurde aus UK importiert und wurde 1991 und 1992 Top-Malteser in Österreich. Gezüchtet von Carol Tredinnick, im Besitz von Christine Ruf.
Foto: Pet Pictures.

Regional-, Ortsgruppen oder aber auch durch private Initiativen ausgerichtet werden, die aber alle auf jeden Fall unter der Dachorganisation der FCI organisiert sind und auf denen Neulingen, d. h. sowohl Besitzern als auch Hunden im Freundeskreis Gelegenheit geboten wird, miteinander zu üben, Erfahrungen auszutauschen und Ratschlage zu erhalten. Oft sind diese Treffen mit besonderen Feiern verbunden, wie z. B. Weihnachtsfeiern, Sommerfesten, Jubiläen etc.- Anm. d. Ü.), auf denen auch kleine Ehrenpreise verteilt werden, üblicherweise von den Klubs ausgerichtet - auch in diesem Falle handelt es sich um gute Trainingsgelegenheiten. Zum anderen gibt es dann natürlich die Meisterschaft - die Championausstellungen. Das Spektrum dieser Ausstellungen reicht von den kleineren, nationalen Ausstellungen bis zu den großen Internationalen Ausstellungen wie z. B. der Welthundeausstellung und sogenannten Winner-Shows. Auf diesen Ausstellungen können Hunde erst ab einem Alter von 6 Monaten gezeigt werden.

Der Vorgang des Richtens ist recht aufwendig, da jeder ausgestellte Hund, der bewertet wird, eine schriftliche Kritik erhält, während er noch auf dem Richtertisch steht. Diese Kritik besagt dann schließlich, daß der Hund als vorzüglich, sehr gut, gut oder genügend bewertet wurde.

Es gibt zwei Arten von Anwartschaften für einen Hund zu erwerben: das CAC (Certificat d'Aptitude au Championnat), welches auf Nationalen Championship-Ausstellungen vergeben wird und das CACIB (Certificat d'Aptitude au Championat International de Beaute), welches auf Internationalen Meisterschaftsausstellungen vergeben wird. Beide ausgeschriebene Anwartschaften werden jeweils an den Hund vergeben, welcher mit »Vorzüglich« bewertet wurde und die beste Plazierung erhalten hat. Außerdem muß der Richter den Hund für würdig befunden haben, diese Anwartschaft zu erhalten (d. h. daß eine ausgeschriebene Anwartschaft nicht unbedingt vergeben werden muß). Um ein Beispiel zu geben: Um in den Niederlanden den Titel eines Champions zu erhalten (in anderen europäischen Ländern kann das etwas differieren), muß ein Hund 4 CACs auf drei verschiedenen Ausstellungen (wobei die Klubsiegerausstellung und die »Winner-Ausstellung« jeweils für zwei zählen) unter drei verschiedenen Richtern erhalten haben. Das letzte CAC muß erworben worden sein, nachdem der Hund mindestens 27 Monate alt ist. Das CACIB wird von der FCI vergeben und muß entweder in der Offenen oder der Champion-Klasse erworben werden. Der betreffende Hund muß 4 CACIBs unter drei verschiedenen Richtern in drei verschiedenen Ländern gewonnen haben, davon muß eines aus dem Land stammen, in welchem der Hund registriert ist. Da für die Offene Klasse nur gemeldet werden kann, wenn der Hund mindestens 15 Monate alt ist, aber mindestens ein Jahr zwischen dem Gewinn des ersten und des letzten CACIBs liegen muß, stellt dies dann sicher, daß der Hund letztlich wirklich älter als 27 Monate ist, bevor er seinen internationalen Titel erhält. Die Präsentation von Hunden auf Ausstellungen in Europa und den Skandinavischen Ländern hat während der letzten Jahre sprunghafte Fortschritte gemacht. Ebenso ist die Qualität der Zucht durch die sorgfältige Handhabung einiger sehr der Rasse ergebener Züchter, die Blutlinien von Maltesern aus mehreren Ländern gekreuzt und daraus Top-Malteser gezüchtet haben, die auf einigen größeren Ausstellungen zu höchsten Ehren kamen, bemerkenswert angestiegen. Wie im Vereinigten Königreich, wird auch auf dem Kontinent die Mehrzahl der Malteser von den Besitzern oder vom Besitzer und Züchter in einer Person ausgestellt.

Die Methode, wie man Hunde zu Champions macht, ist in jedem Land etwas unterschiedlich, wobei viele, wie Australien, Kanada und Neuseeland zum Beispiel, das Punktesystem jeweils mit individuellen Unterschieden bevorzugen. Insgesamt jedoch sind es alles bewährte Methoden, um einen Hund mit Qualität herauszustellen.

Kapitel 5

DER RASSESTANDARD

Jedes Land hat einen Standard für den Malteser und obwohl es sich um ein und die gleiche Rasse handelt, ist festzustellen, daß es beträchtliche Unterschiede gibt. Die Amerikanische Ausgabe stellt eine wirklich umfangreiche, bildhafte Beschreibung dar. Die Englische ist mehr knapp und kurz gehalten, während jene der FCI - für diejenigen, die in Kontinentaleuropa ausstellen - sehr detailliert und extrem präzise verfaßt ist. Zwar haben einige Länder des europäischen Kontinents diese FCI-Bedingungen in einer etwas ausgeglicheneren Form verfaßt, aber letztlich beschreiben alle drei Standards mehr oder weniger den gleichen Hund.

DER ENGLISCHE STANDARD

ALLGEMEINES ERSCHEINUNGSBILD: Eleganter, weißhaariger Hund, mit stolzer Kopfhaltung.

CHARAKTER: Lebhaft, intelligent, wachsam.

TEMPERAMENT: Sanftmütig.

KOPF UND SCHÄDEL: Das Maß vom Stop bis zur Schädelmitte (Zentrum zwischen dem Ansatz der Ohren) und vom Stop bis zur Nasenspitze sollte gleich sein. Der Stop sollte ausgeprägt deutlich erkennbar sein. Nase schwarz. Schnauze breit, unter den Augen gut gefüllt. Nicht spitz.

AUGEN: Oval, nicht hervortretend, dunkelbraun, schwarze Lidränder mit dunklen Halos.

OHREN: Lang, gut behaart, dicht am Kopf herunterhängend; das Haar an den Ohren sollte in die Behaarung der Schultern übergehen und sich mit dieser vermischen.

SCHNAUZE: Starke Kiefern, mit perfektem, regelmäßigem und komplettem Scherengebiß, d. h. daß die oberen Zähne eng anliegend die unteren überlappen und rechteckig im Kiefer angeordnet sind. Zähne ebenmäßig.

NACKEN/HALS: Von mittlerer Länge.

VORDERHAND: Beine kurz und gerade. Schultern gut gerundet.

KÖRPER: Gut ausgewogen, im wesentlichen kurz und kompakt. Rippen gut gewölbt, gerade Rückenlinie von den Schultern bis zur Rute.

HINTERHAND: Beine kurz, gut gewinkelt.

PFOTEN: Rund, Ballen schwarz.

RUTE: Befedert (behaart), schön im Bogen über dem Rücken getragen.

GANGWERK/BEWEGUNG: Frei, ohne schlängelnde Tendenz.

HAARKLEID: Gute Länge, sollte die Bewegung nicht behindern, gerade herabfallend, von seidiger Textur, niemals wollig. Niemals gekräuselt und ohne wolliges Unterhaar.

FARBE: Rein weiß, leichte gelbe Einfärbungen sind zulässig.

DER RASSESTANDARD

Ch. Snowgoose First Love (Ch. Villarose Chocolate Charmer - Snowgoose Paper Moon), CC-Rekordhalter der Rasse im Vereinigten Königreich. Züchter und Besitzer: Vicki Herrieff, Mitbesitzer und Handler: Sarah Jackson.

Foto: Robert Killick.

GRÖSSE: Nicht über 25,5 cm (10 inches) vom Boden bis zu den Schultern.

FEHLER: Jede Abweichung von den vorgenannten Kriterien sollten als Fehler gewertet werden und die Gewichtung des Fehlers bei der Bewertung sollte im Verhältnis zum Grad des Fehlers stehen.

ANMERKUNG: Männliche Tiere sollten zwei normal ausgebildet erscheinende Hoden haben, die vollständig ins Skrotum abgestiegen sind.

Wiedergegeben mit freundlicher Genehmigung des Kennel Club.

DER AMERIKANISCHE STANDARD

ALLGEMEINES ERSCHEINUNGSBILD:
Der Malteser ist ein Schoßhund, von Kopf bis Fuß mit einem Mantel aus langem, seidigem, weißem Haar bekleidet. Er ist sanftmütig und liebevoll, eifrig und lebhaft im Benehmen und trotz seiner geringen Größe besitzt er alle Energie, die ihn zu einem alle Ansprüche befriedigenden Gefährten macht.

KOPF:
Der Größe des Hundes entsprechend. Der Schädel ist im oberen Bereich leicht gerundet, der Stop mäßig ausgeprägt. Die Hängeohren sind ziemlich tief angesetzt und reichlich mit langem Haar versehen, welches dicht am Kopf herabhängt. Die Augen stehen nicht zu weit auseinander; sie sind rund und sehr dunkel, die schwarzen Lidränder unterstreichen den freundlichen, aber wachsamen Ausdruck. Die Schnauze hat eine mittlere Länge, fein ausgebildet und spitz zulaufend, jedoch nicht überspitzt. Die Nase ist schwarz. Die Zähne formen ein gleichmäßiges Zangen- oder Scherengebiß.

NACKEN/HALS:
Eine ausreichende Länge des Nackens ist wünschenswert, da dies den Eindruck des aufrecht getragenen Kopfes unterstützt.

KÖRPER:
Kompakt, wobei das Maß von Schulterhöhe bis zum Boden gleich dem der Länge vom Ansatz des Nackens bis zum Ansatz der Rute sein sollte. Die Schulterblätter sind gerundet, die Ellbogen fest und eng am Körper anliegend. Die Rückenlinie ist waagerecht gerade, die Rippen gut ausgebildet. Der Brustkorb sollte ausreichende Tiefe haben, die Lenden sind straff abgesetzt, gut bemuskelt und unterhalb nur ein wenig höher gezogen.

MALTESER HEUTE

Am. Ch. Sand Island Small Kraft Lite (Am. Ch. Keoli's Small Kraft Warning - Am. Ch. Melody Lane Lite N' Lively Luv): Top-Sieger Malteser aller Zeiten in den USA.

Foto: Booth.

RUTE:
Mit langem Haar befedert und anmutig über dem Rücken getragen, die Spitze an einer Seite der Hinterhand liegend.

LÄUFE UND PFOTEN:
Die Läufe bestehen aus einem feinen Knochenbau und sind ausgezeichnet behaart. Die Vorderbeine sind gerade; die Fesseln sind gut aufgeknöchelt und nicht sichtbar gebogen. Die Hinterbeine sind gut bemuskelt, im Kniegelenk und Sprunggelenk genügend gewinkelt. Die Pfoten sind klein und rund, mit schwarzen Ballen. Wucherndes Haar an den Pfoten kann beigeschnitten werden, um ein gefälligeres Aussehen zu vermitteln.

HAARKLEID UND FARBE:
Das Haarkleid ist einlagig, d. h. ohne Unterwolle. Es hängt lang, flach und seidig zu den Seiten des Körpers herab, fast - wenn nicht sogar ganz - bis auf den Boden. Das lange Schopfhaar kann nach oben in einer Schleife zusammengefaßt werden, man kann es aber auch herabhängen lassen. Jede Spur von Lockigkeit, gekräuselter oder wolliger Struktur ist abzulehnen. Farbe: reinweiß. Leichte honigfarbene oder gelbliche Abzeichen an den Ohren sind zulässig, aber nicht wünschenswert.

GRÖSSE:
Gewicht unter 7 Pounds (= ca. 3,2 kg), wobei Gewichte zwischen 4 und 6 Pounds (= ca. 1,8 - 2,7 kg) bevorzugt sind. Die Gesamtqualität hat gegenüber dem Gewicht den Vorrang.

GANGART UND HALTUNG:
Der Malteser bewegt sich in einer lebhaften, weichen und fließenden Gangart. Von der Seite betrachtet, wird der Eindruck einer, trotz der geringen Größe, schnellen Bewegung vermittelt. In der Bewegung werden die Vorderläufe frei vor Schulterhöhe gesetzt, Ellenbogen anliegend. Die Hinterbeine bewegen sich in gerader Linie. Kuhhessigkeit oder Spuren von nach innen oder nach außen gedrehten Beinen sind fehlerhaft.

TEMPERAMENT:
Bei all seiner Winzigkeit scheint der Malteser trotzdem furchtlos zu sein. Seine Treue und einfühlsame Anhänglichkeit sind sehr ausgeprägt. Er ist einer der sanftmütigsten Kleinhunde und dabei trotzdem lebhaft und verspielt, sowie voller Energie.

Beschlossen und genehmigt am 10. März 1964.
Wiedergegeben mit freundlicher Genehmigung des American Kennel Club.

DER RASSESTANDARD

DER STANDARD DER FEDERATION CYNOLOGIQUE INTERNATIONALE (F.C.I.)

*Anmerkung d. Ü.: Vicki Herrieff hat an dieser Stelle eine ins englisch übersetzte Version des FCI-Standards niedergeschrieben. Es wäre unsinnig gewesen, diese, bereits aus dem Französischen ins Englische übersetzte Version dann wieder ins Deutsche zu übersetzen, zumal es eine von der FCI anerkannte deutsche Übersetzung des Standards (Originalfassung vom 10.02.1992) gibt. Diese hat demnach folgenden Wortlaut:

URSPRUNG: Mittleres Mittelmeer.

PATRONAT: Italien, 27.11.1989.

ÜBERSETZUNG: Frau Michele Schneider.

VERWENDUNG: Gesellschafts- und Begleithund.

F.C.I.- Einteilung: Gruppe 9 Gesellschafts- und Begleithunde
                         Abt. 1 Bichons und verwandte Rassen
                         Ohne Arbeitsprüfung.

KURZER GESCHICHTLICHER ABRISS: Sein Name bedeutet nicht, daß er aus Malta stammt, denn das Adjektiv »maltais« rührt von dem semitischen Wort »malat« her, welches Zuflucht oder Hafen bedeutet; diese semitische Wurzel findet sich in einer Vielzahl maritimer Ortsbezeichnungen, so z. B im Namen der Adriainsel Meleda, in dem der sizilianischen Stadt Melita und eben auch in dem der Insel Malta. Die Vorfahren dieses kleinen Hundes lebten in den Häfen und Küstenorten des zentralen Mittelmeeres, wo sie die Mäuse und Ratten bekämpften, die sich in den Lagerhäusern der Häfen und in den Laderäumen der Schiffe reichlich vermehrten. In seinem Verzeichnis der in Europa bekannten Hunde erwähnt Aristoteles (384-322 v. Chr.) auch eine Rasse kleiner Hunde, der er den lateinischen Namen »canes malitenses« gibt. Dieser Hund war im antiken Rom bekannt: der griechische Dichter Strabo hat ihn im ersten Jahrhundert nach Christus als den Begleiter respektabler Frauen besungen. Abbildungen des Maltesers aus der Hand zahlreicher Maler der Renaissance zeigen den kleinen Hund in den Salons der Epoche an der Seite der schönen Frauen jener Zeit.

ALLGEMEINE ERSCHEINUNG: Klein, mit gestrecktem Rumpf. Von einem sehr langen, weißen Haarmantel bedeckt, ist er sehr elegant und trägt den Kopf stolz und vornehm.

WICHTIGE PROPORTIONEN: Die Rumpflänge übertrifft die Widerristhöhe um etwa 38 %. Die Kopflänge entspricht 6/11 der Widerristhöhe.

VERHALTEN UND WESEN: Lebhaft, zärtlich, sehr gelehrig, sehr intelligent.

KOPF: Seine Länge entspricht 6/11 der Widerristhöhe. Er ist eher breit, seine Breite übertrifft ein wenig die halbe Länge.

SCHÄDELREGION: Der Oberkopf ist etwas länger als der Fang; die Breite zwischen den Jochbeinbögen entspricht seiner Länge und ist damit breiter als die halbe Kopflänge. In sagittaler Richtung ist er von leicht ovaler Form; die obere Schädelpartie ist flach, der Hinterhauptfortsatz ist wenig ausgeprägt; die Vorsprünge des Stirnbeins und die Augenbrauenbögen sind gut entwickelt; die Stirnfurche ist nicht sichtbar, da wenig ausgeprägt. Die Schädelseiten sind fast konvex.

STOP: Der Stirnabsatz ist stark betont und bildet einen Winkel von 90°.

GESICHTSREGION
NASENSCHWAMM: In der Verlängerung des Nasenrückens gelegen, steht - im Profil betrachtet - seine Vorderseite senkrecht. Groß, Nasenlöcher geöffnet, er ist abgerundet und unbedingt schwarz pigmentiert.

FANG: Die Fanglänge entspricht 4/11 der Kopflänge; sie ist demnach ein wenig kürzer als dessen halbe Länge.

MALTESER HEUTE

Der Bereich unterhalb der Augen ist gut gemeißelt. Seine Höhe ist um etwas mehr als 20 % geringer als seine Länge. Die Seiten sind einander parallel, dennoch darf der Fang von vorne betrachtet nicht viereckig erscheinen, da seine Vorderfront bogenförmig in die Seitenflächen übergeht. Der Nasenrücken ist gerade mit gut ausgeprägten Furchen in seiner mittleren Partie.

LEFZEN: Von vorne gesehen haben die Oberlefzen an ihrer Verbindungsstelle die Form eines sehr offenen Bogens. Sie sind in ihrer Höhe wenig entwickelt und der Lefzenumschlag (Öse) des Lippenwinkels ist nicht sichtbar. Die Oberlefzen passen sich den unteren völlig an, so daß in der Seitenansicht der Fang nach unten durch den Unterkieferknochen begrenzt wird. Der Lefzenrand muß unbedingt schwarz pigmentiert sein.

KIEFER: Normal entwickelt, nicht kräftig, passen sie perfekt zusammen. Der Unterkieferknochen, dessen Äste geradlinig verlaufen, ist in seiner Frontpartie weder vorstehend, noch zurückfliehend.

ZÄHNE: Die Zahnbogen passen perfekt zueinander und schließen als Schere. Die Zähne sind weiß; das Gebiß ist gut entwickelt und vollständig.

AUGEN: Offen, von lebhaftem, aufmerksamem Ausdruck; sie sind größer als üblich und die Lidöffnung ist nahezu kreisförmig. Die Augenlider haben engen Kontakt mit dem Augapfel, der nie tief liegen darf, sondern fast bündig mit dem Kopf ganz leicht hervortritt. Die Augen liegen nach vorne auf fast gleicher Ebene. Von der Seite betrachtet, darf die Sklera nicht sichtbar sein; sie sind von der Farbe dunklen Ockers; die Lidränder sind schwarz.

OHREN: Nahezu dreieckig, ihre Breite entspricht ungefähr 1/3 ihrer Länge. Sie sind hoch über dem Jochbein angesetzt, kaum abgehoben, hängend getragen und an den Schädelseiten anliegend.

HALS: Obwohl er mit reichlich Haar bedeckt ist, setzt er sich deutlich erkennbar vom Nacken ab. Seine obere Linie verläuft gebogen. Seine Länge entspricht etwa der halben Widerristhöhe. Er wird aufrecht getragen und zeigt keine lose Haut.

RUMPF: Zwischen Schulterspitze und Sitzbeinhöcker gemessen, übertrifft seine Länge die Widerristhöhe um 38 %.

OBERE LINIE: Sie verläuft bis zum Rutenansatz geradlinig.

WIDERRIST: Der Widerrist ragt leicht aus der Rückenlinie hervor.

RÜCKEN: Seine Länge entspricht etwa 65 % der Widerristhöhe. Der Brustkasten ist geräumig und reicht über die Höhe der Ellbogen hinab; Rippen nicht sehr stark gewölbt. Der Brustumfang übersteigt um 2/3 die Widerristhöhe.

BRUST: Brustbeinpartie sehr lang.

KRUPPE: In der Verlängerung der Rücken-Lendenlinie gelegen, ist die Kruppe sehr breit und lang; ihre Neigung zur Horizontalen beträgt 10°.

RUTE: In der Verlängerung der Kruppe angesetzt, dick an der Wurzel, dünn an der Spitze. Die Länge entspricht etwa 60 % der Widerristhöhe. Sie formt einen einzigen großen Bogen, dessen Endpunkt zwischen den Hüftknochen liegt und der die Kruppe berührt. Eine seitwärts zu einer Rumpfseite hin gekrümmte Rute wird toleriert.

GLIEDMASSEN:
VORDERE GLIEDMASSEN: In ihrer Gesamtheit betrachtet, liegen sie gut am Körper an und die Beine sind gut im Lot.

SCHULTER: Ihre Länge entspricht 1/3 der Widerristhöhe und sie ist zur Horizontalen um 60° bis 65° geneigt. Im Verhältnis zur Medianebene des Rumpfes nähert sie sich der Senkrechten.

OBERARM: Länger als die Schulter, er mißt 40 bis 45 % der Widerristhöhe; seine Neigung zur Horizontalen beträgt 70°. In den oberen zwei Dritteln schmiegt er sich gut an den Rumpf an und in seiner Längsrichtung ist er der Medianebene des Rumpfes nahezu parallel.

DER RASSESTANDARD

ELLBOGEN: Parallel zur Medianebene des Rumpfes.

UNTERARM: Er ist trocken, mit wenigen sichtbaren Muskeln, aber von im Vergleich zur Größe der Rasse eher kräftigem Knochenbau. Er ist kürzer als der Oberarm und mißt 33 % der Widerristhöhe. Die Höhe, gemessen zwischen Boden und Ellbogenspitze, entspricht ungefähr 55 % der Widerristhöhe.

FUSSWURZEL: In der Lotrechten des Unterarms gelegen, sehr beweglich, ohne Verdickungen; sie ist von dünner Haut bedeckt.

MITTELFUSS: Er hat dieselben Merkmale wie die Fußwurzel und steht aufgrund seiner geringen Länge senkrecht.

PFOTEN: Rund, Zehen gut geschlossen und gewölbt; der Mittelballen und die Zehenkissen sind schwarz; die Nägel sind ebenfalls schwarz oder zumindest von dunkler Farbe.

HINTERE GLIEDMASSEN: Sie sind von kräftigem Knochenbau, in ihrer Gesamtheit betrachtet zueinander parallel und, von hinten betrachtet, senkrecht vom Sitzbeinhöcker bis zum Boden.

OBERSCHENKEL: Mit kräftiger Muskulatur versehen, seine hintere Begrenzung verläuft konvex. Zur Medianebene des Rumpfes liegt er parallel, zur Vertikalen verläuft er von oben nach unten und von hinten nach vorne etwas geneigt. Seine Länge liegt nahe bei 40 % der Widerristhöhe und seine Breite unterschreitet die Länge um ein weniges.

UNTERSCHENKEL: Mit kaum sichtbarer Traufe, zur Horizontalen ist er um 55° geneigt. Er ist um weniges länger als der Oberschenkel.

SPRUNGGELENK: Der vordere Sprunggelenkwinkel beträgt 140°.

HINTERMITTELFUSS: Die Strecke zwischen dem Boden und der Sprunggelenkspitze ist um weniges länger als 1/3 der Widerristhöhe. Seine Länge entspricht der Sprunggelenkhöhe. Er ist völlig im Lot.

PFOTEN: Rund wie die vorderen, mit denen sie alle Merkmale gemein haben.

GANGARTEN: Gleichmäßig rasant, frei, im Trab mit kurzen und sehr schnellen Tritten.

HAUT: Am ganzen Körper gut anliegend, ist sie mit dunklen Flecken pigmentiert und von weinroter Farbe, besonders auf dem Rücken. Die Lidränder, die Nickhäute und die Lefzenränder sind schwarz.

HAARBESCHAFFENHEIT: Dicht glänzend, schimmernd, schwer herabfallend und von seidiger Textur; es ist auf dem ganzen Körper lang und bleibt in seiner ganzen Länge glatt, ohne Spuren von Locken oder Kräuselung. Auf dem Körper muß seine Länge die Widerristhöhe übersteigen und schwer auf den Boden fallen, wie ein gutsitzender Umhang, der sich dem Körper anschmiegt, ohne sich zu öffnen und ohne Locken oder Flocken zu bilden.

   Locken und Flocken sind zulässig an den vorderen Gliedmaßen vom Ellbogen bis zur Pfote und an den hinteren Gliedmaßen vom Knie bis zur Pfote. Es gibt keine Unterwolle. Auf dem Kopf ist das Haar sehr lang, auf dem Nasenrücken so lang, daß es sich mit dem Barthaar vermengt und auf dem Schädel so lang, daß es hinabreicht, bis es sich mit dem Haar der Ohren vermengt. Auf dem Schwanz fällt das Haar nur zu einer Rumpfseite, d. h. auf eine Flanke und einen Schenkel, und es ist so lang, daß es bis zum Sprunggelenk reicht.

FARBE: Reines Weiß; eine blasse Elfenbeintönung ist zulässig. Spuren einer blassen Orangetönung, die den Eindruck von verschmutzten Haaren hervorruft, werden toleriert, sind aber unerwünscht und stellen eine Unvollkommenheit dar.

GRÖSSE UND GEWICHT: Widerristhöhe: Rüden: 21 bis 25 cm
                                        Hündinnen: 20 bis 23 cm
                      Gewicht: von 3 bis 4 Kilogramm

MALTESER HEUTE

FEHLER: Jede Abweichung von der vorstehend gegebenen Beschreibung muß als Fehler angesehen werden, dessen Bewertung in genauem Verhältnis zum Grad der Abweichung stehen sollte; dies gilt auch für beidseitiges Schielen und wenn die Rumpflänge die Widerristhöhe um 43 % überschreitet.

SCHWERE FEHLER: Deutlich gewölbter Nasenrücken; ausgeprägter Vor- und Rückbiß, wenn dadurch das Aussehen des Fanges entstellt wird. Größe der Rüden über 26 cm oder unter 19 cm; bei den Hündinnen über 25 cm und unter 18 cm.

DISQUALIFIZIERENDE FEHLER: Ausgeprägte Divergenz oder Konvergenz der Begrenzungslinien von Schädel und Fang; völlige Depigmentierung des Nasenschwammes oder Nasenschwamm von anderer Farbe als schwarz. Vorbiß, Wechselauge, völlige Depigmentierung der Lider, Schwanzlosigkeit, angeborene oder herbeigeführte Stummelschwänzigkeit; gekräuseltes Haar; jede andere Farbe als Weiß mit Ausnahme der blassen Elfenbeintönung; verschiedenfarbige Flecken, ohne Rücksicht auf deren Ausdehnung.

NB: Rüden müssen zwei augenscheinlich normale und völlig in das Skrotum abgestiegene Hoden besitzen.

DIE BEWERTUNG EINES MALTESERS AUF DER AUSSTELLUNG

Ein korrekt und sorgfältig zurechtgemachter Malteser ist ein wirklicher Blickfang, der aus vier wichtigen visuellen Bestandteilen besteht: einer ausgewogenen Form des Körpers, einem liebreizenden weißen, seidigen Haarkleid, einem schönen Kopf und der in der Bewegung den Eindruck eines fließenden Etwas macht. Das stets gutgelaunte, herzliche Wesen ist vielleicht äußerlich nicht so zu erkennen, aber von ebenso großer Wichtigkeit.

Das Gesamterscheinungsbild sollte das eines kompakten, eleganten Hundes vermitteln, der sich munter, dabei jedoch geschmeidig in der Bewegung zeigt, mit erhobenem Kopf und korrekt über dem Rücken getragener Rute. Der Körper ist kräftig, dabei aber keinesfalls grob, mit einem gut gerundeten Brustkorb unter einem seidigen, gerade herabfallenden, reinweißen Haarkleid.

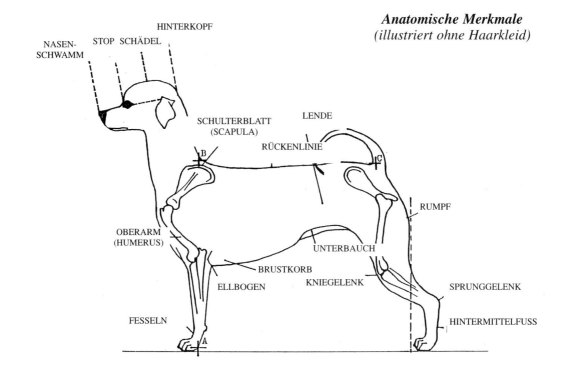

Anatomische Merkmale
(illustriert ohne Haarkleid)

DER RASSESTANDARD

Der Kopf sollte ebenmäßig ausgebildet sein, mit einer zierlichen schwarzen Nase. Der Fang sollte ausreichend breit sein, um Platz für ein perfektes Scherengebiß zu bieten, der Stop sollte maßvoll ausgebildet sein. Die Augen sollten nicht zu groß und nicht zu klein sein. Sie sollten dunkel, mit schwarzen (»Maskara«) Lidrändern und dunklen Halos umgeben sein. Die Ohren sollten einigermaßen tief am Schädel angesetzt sein. Der Nacken sollte von ausreichender Länge sein, die es ermöglicht, den Kopf hochgetragen erscheinen zu lassen. Die vorderen Gliedmaße müssen gerade, die hinteren Gliedmaße gut gewinkelt und die Fußballen schwarz sein. Die Rückenlinie sollte horizontal gerade verlaufen. Die Rippen sollten gut angesetzt sein, der Hund sollte keine langen Lenden haben. Der Rutenansatz liegt hoch und die Rute selbst wird mit der Behaarung (Befederung) im Bogen über dem Rücken getragen. Das Temperament sollte frei, offen und wachsam sein. Es ist ein Hund, der sich stilvoll bewegt und der, nicht zuletzt, auch noch ein liebevoll, zutrauliches Wesen besitzt.

Nun also, wie sieht Ihr eigener Malteser in einem Vergleich zu den oben genannten Kriterien aus? Denken Sie daran, daß der perfekte Hund immer erst noch geboren werden muß. Kein Hund besitzt alle von uns gewünschten Eigenschaften.

Ihr allererster Ausstellungsmalteser wird für Sie selbst natürlich der schönste von allen sein und das wird auch immer so bleiben. Seien Sie trotzdem realistisch und lernen Sie ihn buchstäblich in- und auswendig kennen. Auf diese Weise werden Sie klarer beurteilen können, was beim Richten vor sich geht.

Eine ganz gute Idee ist, einen großen Spiegel flach an eine Wand zu plazieren und sich dann mit dem Hund davor zu stellen, allerdings in einem gewissen Abstand. Auf diese Weise können Sie sich in die Perspektive eines anderen versetzen.

Gehen Sie hin und her und achten Sie darauf, wie Ihr Hund in der Bewegung aussieht.

Die beste Gelegenheit, den Körperbau Ihres Hundes zu beurteilen ist, wenn Sie ihn gebadet haben und er sich noch im nassen Zustand befindet. Machen Sie es sich zur Aufgabe, sich wirklich mit der Körperstruktur Ihres Hundes zu befassen und sich stets darüber im klaren zu sein, daß sich jeder Mangel dabei auf alle anderen Aspekte auswirken kann. Achten Sie auf jeden Fehler und tragen Sie die gewonnenen Erkenntnisse in einem Buch ein. Ausgewogenheit ist gefragt, weder zuviel noch zuwenig von irgendeinem Kriterium.

WAS VERSTEHT MAN UNTER EINEM »AUSGEWOGENEN« HUND?

Nun, darunter versteht man, daß sich alles zueinander in einem bestimmten Verhältnis befindet. Sie können einen gut ausgewogenen kleineren oder auch einen gut ausgewogenen größeren Hund haben. Es ist eben nicht die Größe allein, die entscheidet, es ist das harmonische Zusammenwirken aller durch den Standard angegebenen Kriterien. Schauen Sie sich nun zuerst den Kopf an. Das Maß von der Nasenspitze bis zum Stop und vom Stop bis zur Schädelmitte (zwischen dem vorderen Teil der Ohren) sollte gleich sein, wobei der Stop deutlich abgesetzt sein sollte. Anders ausgedrückt: er sollte ausreichend stark gewinkelt sein und sicherlich nicht nach hinten abfliehend erscheinen, welches dem Kopf insgesamt ein längliches Aussehen verleihen würde. Oft ist dies einhergehend mit einem häßlich herabgezogenen Fang (der Fang ist nach unten gebogen). Andererseits wiederum sollte der Stop nicht zu steil angesetzt sein und zu einer überbetonten Stirn führen, was dann als sogenannter »Apfelkopf« betitelt wird.

Ein schmaler, spitz zulaufender Kopf ist unkorrekt. Gefragt ist ein unterhalb der Augen gut gefüllter Fang, der ausreichend breit ist, um die entsprechende Anzahl von korrekt und zu einem Scherengebiß aufgereihter Zähne, 42 an der Zahl beim Erwachsenen (28 beim Welpen) aufzunehmen. Die Zähne sollten weder einen Vorbiß noch einen Rückbiß, noch einem Schiefmaul entsprechen. Der Fang sollte leicht spitz zulaufen, keinesfalls jedoch zu spitz und der sanft gerundete Schädel muß im Verhältnis dazu entsprechend breit sein. Der Nasenschwamm ist schwarz.

Die Augen sind von ganz besonderer Bedeutung, da sie eben so unbeschreiblich ausdrucksvoll sein können. Ein Malteser sollte ausdrucksvolle, dunkle, unergründlich tiefe, liebevoll erscheinende Augen haben. Sie sollten von mittlerer Größe sein, nicht zu klein, weil dies zu einem strengen, unfreundlichen Eindruck führt und auf der anderen Seite sicher auch nicht hervortretend, was zu einem »Glubsch-Augen«-Ausdruck führen würde, der völlig untypisch wäre.

Stellen Sie sich ein gleichschenkliges Dreieck vor, das an einem Punkt aus der Nase des Hundes besteht und bei dem die beiden anderen Punkte von den Augen gebildet werden. Das wäre dann eine Ausgewogenheit. Die Augen sollten einen »Mascara«-Lidrand haben, der völlig geschlossen das Auge umrundet und die Haut um das Auge herum, der Augenhof, sollte pigmentiert sein um die sogenannten Halos zu bilden. Das Wetter kann auf die Pigmentierung großen Einfluß haben, so daß während der kalten Wintermonate bei manchen Hunden diese Halos verschwinden um sich dann durch den Einfluß von Licht und Sonne wieder auszubilden, wenn die wärmere Jahreszeit beginnt.

Die Ohren sind etwas unterhalb des Scheitelpunktes des Kopfes angesetzt, keinesfalls auf gleicher Höhe mit diesem höchsten Punkt des Kopfes. In dieser letzteren Position würden sie zu einem Terrier-ähnlichen Aussehen

MALTESER HEUTE

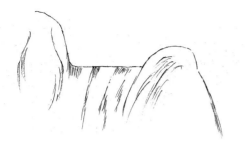

Nicht korrekt: ein kurzer, steiler Nacken, vermittelt den Eindruck von Steifheit.

Korrekt: Gerade Rückenlinie.

Nicht korrekt: Karpfenrücken.

Nicht korrekt: abfallende Rückenlinie.

führen, was natürlich sehr untypisch wäre. Nichtsdestotrotz tragen Welpen während der Zahnung manchmal ihre Ohren etwas hoch. Das gibt sich nach einer Weile dann von selbst wieder. Wenn das Haarkleid länger gewachsen ist, vermengt sich der Ohrbehang mit dem Körperhaar.

Ein anmutiger Nacken von angemessener Länge kann dem Malteser, wenn er gut auf den Schultern aufsitzt, zu einer wunderbar eleganten Kopfhaltung verhelfen; ein zu kurzer Nacken führt jedoch, insbesondere bei Hunden mit großer Haarfülle dazu, daß man den Eindruck erhält, daß der Kopf direkt zwischen den Schultern sitzt und somit entsteht ein unerwünschter, gedrungener Ausdruck. Ganz abgesehen davon, steht ein Malteser nicht besonders hoch auf den Beinen und ein Richter möchte die Bewegungsabläufe der Vorderhand sehen, was nicht ganz leicht ist, wenn ein niedrig getragener, reichlich behaarter Kopf diese Region verdeckt.

Das Schulterblatt hat einen beträchtlichen Einfluß, sowohl auf die Kopfhaltung, als auch auf die Bewegung der Vorderhand des Hundes. Das ideale Schulterblatt sollte eine Abwärtsneigung von 45° zur Tangente des Bodens haben und somit einen etwa 90°-Winkel im Anschluß des Oberarmknochens zum Schulterblattknochen bilden. Eine gute Winkelung führt zu einer ausgreifenden, geschmeidigen Vorwärtsbewegung, die bei einem korrekten Schulteransatz zu einer weichen Linienführung im Übergang vom Nacken in die Rückenlinie beiträgt. Ein nicht korrekter Schulteransatz führt in einem solchen Falle zu einer abrupt gebrochenen Winkellinie beim Übergang vom Nacken zum Rücken.

Eine solchermaßen schlechte Haltung wirkt sich auch auf die Struktur der Muskulatur aus, indem sie die Weitung der vorderen Brustpartie verengt. Das wiederum vermittelt den Eindruck, daß der Hund zu wenig Substanz hat. Bedenken Sie, daß Sie diese Substanz durchaus auch in einem kleineren Hund haben können. Damit ist nicht eine Grobheit im Körperbau gemeint, sondern eben diese ertastbare, gut ausgebildete Rundung, die Sie mit den Händen unter dem Haarkleid vorfinden. Ein unzulänglich trainierter Hund hat darüber hinaus zu wenig ausgebildete Muskulatur und mangelnde Kondition, was ein Grund dafür sein kann, daß der Hund im Ring keine Auszeichnungen erhält.

Ein Malteser ist kein Afghane, der zum Rennen seine langen Beine benötigt; oder zum Beispiel ein Dackel,

DER RASSESTANDARD

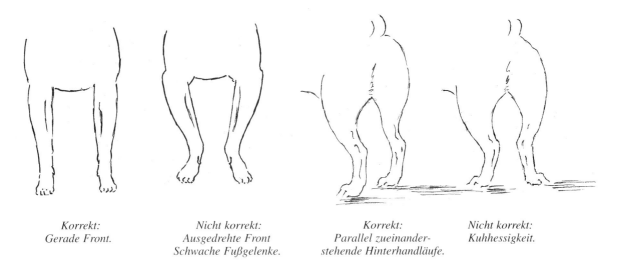

Korrekt:
Gerade Front.

Nicht korrekt:
Ausgedrehte Front
Schwache Fußgelenke.

Korrekt:
Parallel zueinander-
stehende Hinterhandläufe.

Nicht korrekt:
Kuhhessigkeit.

der seine kurzen, gedrungenen Beine zum Graben braucht. Die Beine eines Maltesers müssen im Verhältnis zur Gesamterscheinung des jeweiligen Hundes stehen.

Wenn Sie das nächste Mal Ihren Malteser baden, dann achten Sie einmal auf die Form der Vorderbeine. Diese sollten gerade sein, ohne Bogen im Oberarm und die Ellbogen sollten sich dicht an den Brustkorb schmiegen und nicht stolz und deutlich abstehen. Es sollte in der Tat so sein, daß man bei einem korrekten Brustkorb gerade mal einen Finger zwischen letzteren und den Ellbogen schieben kann.

Auch die Länge des Oberarms hat Einfluß auf die Bewegung Ihres Hundes. Gehen Sie hinunter zu den Fesseln und den Pfoten und achten Sie darauf, ob sie nach außen gedreht sind oder nicht: sie sollten jedenfalls gerade nach vorne zeigen.

Insgesamt sollte ein Malteser kompakt und substanzvoll sein, weil ein Tier mit vergleichsweise kurzen Beinen einen substanzvollen Körperbau haben sollte, um den Eindruck der Ausgewogenheit zu vermitteln.

Mit aller Deutlichkeit ist darauf hinzuweisen, daß der Brustkorb eine wichtige Rolle spielt, denn er hat lebenswichtige Organe zu beherbergen. Nahezu in jeder Rasse wird hervorgehoben, daß der Hund einen gut gewölbten Brustkorb haben sollte, weil in diesem die »Arbeitsorgane« untergebracht sind. Dieser »Motorraum« muß gut ausgebildet sein, da ein Malteser lebhaft und aktiv ist. Seine Vitalität ist Bestandteil der Gesamtattraktivität dieses Hundes. Ein gut ausgebildeter, bzw. gut gewölbter Brustkorb, kein faßförmiger und auch kein zu flacher, verleiht - abgesehen von dem damit reichlich zur Verfügung stehenden Innenraum - auch der Rückenpartie automatisch eine gewisse Stärke bzw. Breite. Daraus folgert, daß ein zu flacher oder schmaler Brustkorb höchst unerwünscht ist. Ein solchermaßen geformter Brustkorb sollte einhergehen mit einer ausreichend breiten Brust und - wenn Sie mit Ihrer Hand auf der Front Ihres Hundes jetzt nach unten gehen - Sie werden einen angemessenen Freiraum zwischen den Beinen finden. Eine zu eng gebaute oder zu flach angesetzte Brust bedeutet, daß die Vorderbeine zu eng gestellt sind, während hingegen eine faßförmige Brust die Beine zu weit auseinanderdrücken würde. Beide Situationen würden sich wiederum nachteilig auf den Bewegungsablauf auswirken. Eine angemessene Weite in direktem Verhältnis zu den übrigen Proportionen des Hundes und keine Engigkeit ist das, worauf Sie achten sollten.

Ein starkes Rückgrat sorgt für eine gerade Rückenlinie vom Schulteransatz bis zum Ansatz der Rute. Wir alle haben schon am Ausstellungsring gesessen und den Hund bewundert, der eine starke, gerade Rückenlinie aufwies. Das macht eben den gewissen Unterschied aus. Man möchte ebensowenig einen Karpfenrücken sehen, wie einen durchhängenden Rücken. Unabhängig davon ist natürlich auch eine von hinten nach vorne abfallende Rückenlinie ein Fehler beim erwachsenen Hund. Bei Welpen ist es jedoch oft so, daß sie in der Hinterpartie schneller wachsen als in der Front, aber das ist natürlich nur dann der Fall, wenn sie noch sehr jung sind und sich noch in der Wachstumsphase befinden.

Die Winkelung der Hinterhand ist wichtig für mühelosen Schub (so nennt man den Vorwärtsdrang mit langausgreifenden Schritten) und eine elegante, fließende Bewegung. Eine schlechte Winkelung führt dazu, daß die

MALTESER HEUTE

Schritte nicht so weit ausgreifen und die Aktionen des Hundes abgehackt und stelzenhaft erscheinen. Ganz besonders deutlich wird dies bei einem Hund, der im Kniegelenk gerade ist. Wenn Sie Ihren Hund baden, sollten Sie einmal das nasse Haar hinten so vom Körper wegfassen, daß Sie erkennen können, ob die Hinterläufe von hinten gesehen gerade sind und parallel zueinander stehen. Gibt es irgendeine Wölbung nach außen oder eine Neigung zur sogenannten Kuhhessigkeit oder irgendwelche andere Ausdrehungen?

Das Haarkleid ist gewissermaßen der Überwurfmantel, der den Rahmen verdeckt und obwohl es oft als der krönende Abschluß betrachtet wird, würden Sie sich selbst und Ihrem Malteser keinen guten Dienst erweisen, wenn Sie sich die Meinung aneignen würden, daß ein schönes Haarkleid den Mangel eines unausgewogenen Körperbaus wettmachen könnte.

Das Haarkleid des Maltesers soll einlagig sein, d. h. ohne Unterhaar, gerade abfallend, seidig in der Textur und nicht gekräuselt. Im Standard ist festgeschrieben, daß das Haar von guter Länge sein sollte. Somit kann der Aussteller das Haarkleid so lang wachsen lassen, wie immer er das möchte. Einige ziehen es vor, es nur bis auf den Boden wachsen zu lassen, während andere wiederum es lieber sehen, wenn es noch länger gewachsen ist. Ein zu lang gewachsenes Haar kann jedoch die Bewegung behindern und darüber hinaus ein unausgewogenes Bild vermitteln, wenn es in der Bewegung hinterherfließt, ganz besonders auf Rasen. Letztlich ist es eine Frage des persönlichen Geschmacks. Zweifelsohne gibt es kaum etwas atemberaubenderes, als den Anblick eines sich frei bewegenden Maltesers, der sich in stolzer Gangart, mit einem ihn geschmeidig umfließenden Haarkleid im Ring bewegt.

Die Farbe: Sie ist weiß, jedoch sollten leichte gelbliche Einfärbungen toleriert werden. Welpen haben oft gelbliche Einfärbungen an den Ohren, die jedoch im Verlauf des weiteren Wachstums verblassen.

Jetzt zur Rute! Hierbei überwiegen oft persönliche Ansichten, weil einige eine deutlich im Bogen über dem Rücken getragene Rute bevorzugen, während andere wiederum es eher mögen, wenn die Rute in einer Kurve über dem Rücken getragen wird und seitlich herabfällt. Beides ist akzeptabel, jedoch ist der Ansatz der entscheidende Faktor. Wenn die Rute zu tief angesetzt ist, stört das immens den Gesamteindruck. Unerwünscht ist eine Rute, die sich zum Ende hin einrollt (die sog. Ringelrute oder Posthornrute, in England nennt man sie auch zutreffenderweise das sogenannte Schweineschwänzchen).

Es ist ein Vergnügen, einem gut gebauten Malteser in Aktion zuzuschauen, mit der typischen eleganten, weichfließenden Bewegung. Ein Malteser ist ein Hund, der sich recht schnell auf seinen vergleichsweise kurzen Beinen bewegt und Sie werden dabei ein ganz natürliches Einschwingen der Beine nach innen feststellen, welches man die ›kinetische Balance‹ nennt. Diese Erscheinung ist normal bei einem gut gebauten Hund. der sich schnell bewegt - ich betone: schnell! Alle Beine bewegen sich leicht nach innen in gerader Linie - um nicht Mißverständnisse aufkommen zu lassen oder irgendwie in Verbindung zu bringen mit einem schaukelnden, wiegenden Gang, bei dem die Beine zu sehr nach innen schwingen und dabei fast oder sogar total kreuzen - das ist eine häßliche Bewegung und als definitiv fehlerhaft anzusehen. Zu guter Letzt sollte ein Rüde selbstverständlich zwei Hoden besitzen, die komplett in das Skrotum abgestiegen sind. Das alles ergibt schließlich einen einzigartigen Hund - einen Malteser.

Wie ich zuvor sagte: Lernen Sie Ihren Hund kennen. Seien Sie absolut ehrlich in Ihrer Einschätzung. Akzeptieren Sie jede Unvollkommenheit und erwarten Sie keinesfalls einen perfekten Hund. Ein guter Richter verdammt keinen Hund, der in dem einen oder anderen Aspekt kleine Fehler aufweist - die hat jeder Hund, sogar die Champions. Ihr Malteser wird als Ganzes beurteilt, gegen Gefährten in der Konkurrenz, die ebenfalls nicht absolut perfekt sind.

Wiederholen Sie diese Untersuchungen von Zeit zu Zeit, um Ihr Gedächtnis aufzufrischen, weil es vielleicht vergeßlich ist und Ihnen nette Streiche spielen könnte. Wenn Sie noch andere erwachsene Hunde besitzen (nicht nur unbedingt Ausstellungshunde), dann untersuchen Sie diese auch auf die gleiche Weise beim Baden und schreiben Sie sich auf, was Sie bei diesem Vergleich festgestellt haben. All das ist hilfreich, wenn Sie einmal eine Zucht aufbauen wollen.

Kapitel 6

ES IST SOWEIT! SIE STELLEN IHREN EIGENEN MALTESER AUS

Die Pflege eines Welpen wurde bereits in einem vorhergehenden Kapitel behandelt (Kapitel 3 - Die Fürsorge und Pflege Ihres Welpen). Nun ist es an der Zeit, die ganze Routine des Pflegens nochmals und diesmal für den erwachseneren Hund durchzugehen. Wenn Sie einen solchen Hund ausstellen möchten, ist die Pflege selbstverständlich ganz besonders wichtig. Um ein langes Haarkleid in gutem Zustand zu erhalten, muß man auf dessen Pflege ganz besonderen Wert legen.

Es gibt nichts zu trimmen, wenn man eine langhaarige Rasse besitzt. Vermeiden Sie die üblichen Leinen, nicht nur, weil diese unbequem für Ihren Hund wären, sondern weil dadurch Hautprobleme entstehen könnten und letztlich auch das Haar selbst zerstört werden kann. Sie sollten jedoch nicht zu sehr mit sich selbst ins Gericht gehen, indem Sie erwarten, auf der Stelle sofort zum Experten zu werden. Ich vertrete nach wie vor die Meinung, daß man bei dem ersten Hund lernt und daß einem die Erfahrungen erst beim zweiten Hund zugute kommen. Es gibt selbstverständlich Menschen, die eine natürliche Begabung besitzen und Hunde von Anfang an perfekt ausstellen, aber bei der Mehrheit wird es doch eine Weile dauern, bis man eine gewisse Fertigkeit erlangt hat. Seien Sie also geduldig und versuchen Sie immer, jeden Tag regelmäßig eine bestimmte Zeit einzuplanen, während derer Sie dann dieses Pflegepensum für sich selbst und Ihren vierbeinigen Gefährten angenehm gestalten.

Bei einem Malteser beginnt die Vorbereitung für eine Ausstellungskarriere bereits an dem Tag, an dem man den Hund erworben hat. Nahrung, Haltung und Umgebung sind Faktoren, die alle einen gewissen Einfluß haben. Dies ist keine Rasse, die »mal eben« am Tag vor der Ausstellung zurechtgemacht werden kann. Es ist einzig und allein die regelmäßige tägliche Pflege, mit der man etwas erreicht.

DAS HAARKLEID
Wie bei allen Dingen im Leben gilt auch hier: »von Nichts kommt Nichts«. Nur ein Haar, welches von der Wurzel an aufwärts gesund ist, hat die besten Anlagen. Ein prächtiges, geschmeidiges Haarkleid mit viel Volumen zu erhalten, hängt von vielen Faktoren ab, einschließlich entsprechender genetischer Anlagen (der Züchter hat hoffentlich bei der Verpaarung darauf geachtet, daß sich in der Ahnenreihe der Elterntiere so viele Hunde wie möglich befanden, deren Haarkleid als gut bezeichnet werden konnte). Dies vorausgesetzt, ist dann nur noch eine wirklich hingebungsvolle Pflege notwendig. Nicht zuletzt und keinesfalls in der Bedeutung zu unterschätzen ist die Ernährung, die ebenfalls entscheidend für eine gesunde und geschmeidige Haut ist.

Obwohl es viele ausgezeichnete Mittel gibt, um das Haarkleid äußerlich zu behandeln, nutzen diese auf Dauer nichts, wenn qualitativ hochwertige Proteine in der Nahrung fehlen. Wenn das Futter in der Zusammensetzung unausgewogen ist, kann es durchaus sein, daß der Haarwuchs nur kümmerlich ist. Die äußerliche Pflege kann dann zwar aus einem schlechten Haarkleid noch etwas machen, aber das hält dann auch nur für kurze Zeit und verdeckt nur die wahre Situation. Ein weiterer Aspekt, den man nicht übersehen sollte, ist der, daß ein gesundes, fließendes, seidiges Haar viel einfacher und weniger kostspielig in Ordnung gehalten werden kann. Das Haar ›klebt‹ nicht so aneinander und ist deshalb leichter zu bürsten und sie brauchen nicht all diese kostspieligen Mittelchen zu kaufen, um ein gutes Aussehen zu erreichen.

Das Haarkleid in einem guten Zustand zu erhalten, ist das allerwichtigste. Regelmäßige Pflege durch Bürsten und Kämmen ist ein ›Muß‹. Jede Nachlässigkeit in dieser Beziehung führt zu Verknotungen und Verfilzungen, die natürlich entfernt werden müssen - meist dann jedoch zur Folge haben, daß das Haar bricht - und genau das sollte natürlich vermieden werden.

Wie auch beim Menschen, hat jedes Haar eine unterschiedliche Textur. Alle jungen Haare sind anfänglich weich und verfestigen sich im weiteren Wachstum. Das Haarkleid einer erwachsenen Hündin kann weicher sein als das eines Rüden. Es liegt deshalb an Ihnen selbst, sich mit der Haartextur Ihres eigenen Hundes entsprechend vertraut zu machen. Ein korrektes Malteserhaarkleid sollte seidig und gerade gewachsen sein und keine Unterwolle aufweisen. Es sollte anmutig von einem Mittelscheitel zu beiden Seiten des Körpers herabfallen, danach sollten Sie streben.

MALTESER HEUTE

Einige Malteser haben härteres Haar - nicht eines, welches grob oder drahtig ist, denn das wäre total fehlerhaft - sondern eben ein Haar, welches eine dickere, gerade und seidige Struktur hat. Bei einem solchen Haar macht die Pflege Freude, da es wesentlich weniger anfällig für Verfilzungen oder Verknotungen ist und den normalen »Alltagsbetrieb« problemlos übersteht.

Demgegenüber braucht ein feines Haar wesentlich mehr Sorgfalt, weil es relativ leicht brechen und dann daraus ein sogenanntes gebrochenes Haarkleid entstehen kann, welches nicht nur unordentlich aussieht, sondern bei dem es auch schwierig wird, eine entsprechende Länge heranzuziehen. An dieser Stelle sollte ich darauf hinweisen, daß Sie bei einem Ausstellungshaarkleid gleich welcher Textur **niemals** einen Entfilzungskamm (ähnlich dem, wie er bei Pudeln gebräuchlich ist) verwenden sollten. Das perfekte Malteserhaar ist, wie ich bereits erwähnte, geschmeidig und gerade gewachsen, aber nicht alle Hunde sind mit dieser Gabe ausgestattet. Vor einigen Jahren noch war es durchaus nicht ungewöhnlich, ein Qualitätshaarkleid zu sehen, welches eine leichte Wellung aufwies. Dies wurde und wird auch heute noch akzeptiert. Ein gekräuseltes oder sehr welliges Haarkleid ist hingegen unerwünscht und würde bei einer Beurteilung durch einen erfahrenen Richter zu einer Abwertung führen.

DIE GRUNDAUSSTATTUNG
Diese ist ähnlich der, die man für die Welpen benötigt:

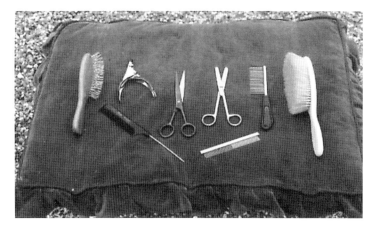

Pflegeutensilien (von links nach rechts):
Drahtbürste, Krallenzange, (Typ »Guillotine«), Schere, gerundete Schere, weitzahniger Kamm, reine Borstenbürste; (untere Reihe):
Rutenkamm und Gesichtskamm.

- ein weitgezahnter, rostfreier Stahlkamm (mit langen Zähnen) und abgerundeten Spitzen
- ein fein- oder engzahniger Kamm
- eine Naturborstenbürste in guter Qualität, vorzugsweise mit langen Borsten
- eine Drahtbürste mit flexiblen, ebenfalls an den Spitzen abgerundeten Borsten, die in einem Gummikissen verankert sind
- Scheren, sowohl spitz zulaufende als auch rund endende
- Krallenzange (Guillotine-Typ)
- Wattestäbchen und Wattebäusche
- eine kleine Schüssel für Wasser
- Papiertuchrolle
- Getreidemehl und/oder Boracidpulver
- eine Plastiksprühflasche mit Wasser
- eine Zahnbürste und Zahnpasta
- Zahnsteinschaber, welche man an Ausstellungsständen kaufen kann und die nach jedem Gebrauch sterilisiert werden müssen oder - bei Hunden zumindest - für wenigstens 10 Minuten ausgekocht werden müssen
- Latex - Haargummis
- saugfähige Tücher
- Papier oder Plastikfolie für die Wickler

Für die übliche tägliche Pflege zwischen den Ausstellungen gibt es viele unterschiedliche Sprays und Haarfestiger (Conditioner) auf dem Markt. Durch Ausprobieren werden Sie herausfinden, welches Produkt für die Haartextur Ihres Hundes das Beste ist.

ES IST SOWEIT! SIE STELLEN IHREN EIGENEN MALTESER AUS

DIE HAARPFLEGE
Es gibt verschiedene Methoden, einen Malteser in vollem Haarkleid zu pflegen. Einige Besitzer ziehen es vor, den Hund zu pflegen, wenn er auf dem Schoß liegt; ich möchte jedoch hier die am häufigsten angewandte Methode besprechen, nämlich die Pflege auf dem Tisch.

Bearbeiten Sie niemals ein völlig trockenes Haar, da es dabei brechen oder spleißen könnte. Bevor Sie also anfangen, mischen Sie eine sehr kleine Menge Conditioner mit Wasser und sprühen dies möglichst fein in die Luft über Ihrem Arbeitsplatz. Darüberhinaus wird auch jede Sektion des Körpers, die Sie gerade bearbeiten, vorher leicht eingesprüht. Achten Sie auf den mengenmäßigen Anteil des Conditioners - zuviel würde das Haar klebrig machen. Sollten Sie herausfinden, daß eine solche Kombination dem individuellen Haar Ihres eigenen Hundes nicht bekommt, dann sprühen Sie eben nur Wasser. Halten Sie Ihre Bürsten und Kämme peinlichst sauber. Waschen Sie sie regelmäßig, so daß sie sanft durch das Haar gleiten können und nicht haken. Das leichte Versprühen von Wasser und sauberes Werkzeug stellen sicher, daß es keine »Hindernisse« im Haar gibt, denn das sollte Ihre größte Sorge sein.

Als Alternative für das Wasser kann man während der Pflegeprozedur auch ein leichtes Ölspray verwenden. Auch hierbei gibt es eine große Auswahl in zahlreichen Variationen und es gilt wiederum herauszufinden, welches Mittel für das Haarkleid Ihres Hundes das Beste ist. Diese, nur in sehr verdünnter Konzentration ölhaltigen Sprays, dienen als Hilfe beim Bürsten und Kämmen und gleichzeitig als Schutz des Haares beim Wickeln. Die schwereren Öle werden von denen benutzt, die ihren Hund zwischen den Ausstellungen ›in Öl‹ halten.

Erste Methode: Legen Sie Ihren Malteser mit dem Bauch nach oben auf Ihren Schoß und kämmen und bürsten Sie jedes Bein, sowohl innen wie außen, immer darauf achtend, daß sich die Wolfskralle nicht in den Zähnen des Kammes verfängt. Danach wendet man die Aufmerksamkeit dem Brusthaar zu. Besondere Beachtung schenkt man den Stellen, an denen das Beinhaar am Brustkorb reibt und an denen sich Knoten bilden können. Wenn man die Hinterläufe kämmt, an den Schenkelinnenseiten sollte man die sensiblen Körperstellen mit einer Hand abdecken und dabei in einer Richtung von diesen Stellen weg kämmen. Während der Bearbeitung besprühen Sie das Haar mit einem feinen Wassernebel. Jegliche Verknotungen löst man entweder vorsichtig mit den Fingern auf, oder Strähne für Strähne mit den Spitzen des Kammes.

Während Sie gerade Ihren Malteser in dieser Lage auf dem Schoß haben, ist dies gleich eine gute Gelegenheit, die Pfoten zu untersuchen und alles zwischen den Ballen herausstehende Haar abzuschneiden. Das verhilft dem Hund auf schlüpfrigen Böden zu einem besseren Halt und verhütet auch, daß sich auf der Pfotenunterseite irgendwelche Dinge festsetzen könnten, die sich hinderlich auf die Bewegung auswirken könnten. Das zwischen den Pfotenballen herauswachsende Haar sollte nicht über gleiche Höhe mit den Pfotenballen herauswachsen. Denken Sie daran, daß manche Hunde an den Füßen kitzlig sind und völlig unerwartet plötzlich das Bein wegziehen. Lassen Sie die Krallen niemals zu lang wachsen, denn ganz abgesehen davon, daß sich der Hund damit unwohl fühlt, wird das auch den Bewegungsablauf behindern. Nochmals: Vergessen Sie nicht, daß auch eine eventuell noch vorhandene Wolfskralle bei der Pflege beachtet werden muß.

Wenn dieser Pflegeteil abgeschlossen ist, sollten Sie Ihren Malteser auf einen festen Tisch stellen, den Kopf ausgerichtet in Richtung Ihrer rechten Hand. Ein instabiler, wackeliger Tisch ist entnervend. Auf die Tischplatte gehört eine rutschfeste Auflage, wie zum Beispiel eine Gummimatte, mit einem dicken, gefalteten Handtuch aus Veloursfrottee darüber, auf welchem der Hund sich wohlfühlen kann. Der Tisch sollte auf eine ideale Arbeitshöhe eingestellt sein, entweder für die Arbeit im Stehen oder im Sitzen, was immer Sie vorziehen.

Bürsten und kämmen Sie nun die Rute und achten Sie wie beim Welpen darauf, daß Sie mit dem Kamm nicht die feinen Knorpelknochen der Rutenspitze einklemmen. Fassen Sie den Rutenknochen mit einer Hand und bürsten bzw. kämmen Sie dann in einer Richtung weg von ihm. Dann gehen Sie über zum Körperhaar, nachdem Sie sich vergewissert haben, daß der gesamte Bereich unterhalb der Rute frei von Knoten ist. Arbeiten Sie sich nun, beginnend vom Rutenansatz, bis in Höhe der Schultern durch. Den Kopf und das Haarkleid der Brust- und Frontpartie unterhalb des Kinns, einschließlich des sogenannten Bartes, heben Sie sich bis zum Schluß auf. Wenn Sie nunmehr am Rücken beginnen, sollten Sie immer - Stück für Stück - kleine Partien des Haares bearbeiten und gründlich durchbürsten. Dabei beginnt man am besten unten, d. h. an den Haarspitzen. Von dort aus bewegen Sie sich in immer längeren freien Strichen nach oben, d. h. also in Richtung des Haaransatzes am Körper durch, bis Sie schließlich in der Lage sind, in einem Strich mit Kamm oder Bürste vom Haaransatz bis zu den Haarspitzen fest, aber gefühlvoll durchzugleiten.

Mit ›gefühlvoll‹ meine ich, daß Ihre Hände bewußt die ganze Zeit durch eine leichte Berührung mitfühlen, vergleichbar mit dem Fingerspitzengefühl eines guten Pastetenbäckers. Sofort, wenn Bürste oder Kamm auf irgendeinen Widerstand stoßen, hält man inne und beseitigt vorsichtig das Hindernis. Niemals zerrt man in diesem Falle einfach nach unten durch.

Man beendet jede Sektion, wenn man, wie gesagt, in der Lage ist, frei von oben nach unten durch das Haar durchzubürsten oder zu kämmen, von der Rückenmitte bis unten in die Spitzen, in festen geraden Strichen, dabei aber darauf achtend, daß man die äußersten Spitzen nicht beschädigt. Auf diese Weise arbeiten Sie sich sorgfältig nach vorne durch, wobei das Deckhaar mit in das zuvor behandelte untere Haar eingearbeitet wird. Ist man dann am Schulterhaar angekommen und hat auch dieses entsprechend hergerichtet, dreht man den Hund um und wiederholt den gesamten Vorgang auf der anderen Seite.

Der schlimmste Fehler, den Sie machen können wäre, nur die Oberfläche des Haarkleides zu bearbeiten. Indem Sie das Haar gründlich bis auf die Haut durchgekämmt haben, haben Sie nicht nur eine gewissenhafte Arbeit verrichtet, sondern gleichzeitig auch noch den Kreislauf des Hundes angeregt. Um dem Ganzen nun noch das letzte gewisse ›Finish‹ zu verleihen, kämmt man mit dem weitzahnigen Kamm nochmals durch und zieht auf dem Rücken, von vorne nach hinten einen schönen geraden Scheitel. Ich benutze dazu gerne eine Stricknadel oder einen sog. Rutenkamm, aber ebensogut können Sie dafür auch Ihren normalen Kamm benutzen.

Zweite Methode: Statt den Hund auf den Tisch zu stellen, kann man ihn auch auf eine Seite legen. Hierbei gibt es gegenüber der ersten Methode nur einen Unterschied in der Behandlung des Haares. Die Unterseite und die Beine werden wie bei der ersten Methode beschriebenen gepflegt. Anschließend legen Sie den Hund mit der Seite auf den Tisch, Pfoten hin zu Ihnen, Kopf nach rechts ausgerichtet. Wenn Sie mit der Rute fertig sind, heben Sie das gesamte Haarkleid an und legen es bis auf eine dünne Schicht vom Kopf bis zur Rute, in der Richtung weg von Ihnen über den Rücken des Hundes. Diese dünne Schicht oder Lage behandeln Sie nun mit Kamm und Bürste und arbeiten dieses Haar in das schon zuvor behandelte Haar mit ein. Wenn eine Lage fertig ist, nehmen Sie eine neue Schicht in gerader Linie vom Kopf zur Rute herüber und fahren mit der Pflege fort, wobei Sie darauf achten, daß das Haar bis hinab auf die Haut behandelt wird.

Wenn Sie mit der einen Seite fertig sind, drehen Sie den Hund herum und wiederholen die ganze Prozedur auf der anderen Seite. Für alle anderen Aspekte der Pflege gilt das gleiche, wie unter der ersten Methode beschrieben.

DER KOPF

Beim Kopf ist die Pflegeprozedur für beide Methoden gleich. Um den Kopf ordentlich zurechtzumachen, drehen Sie das Gesicht des Hundes auf sich zu. Hierbei zahlt sich das Training aus, weil es viel einfacher und sicherer ist, wenn Ihr Hund daran gewöhnt ist, still zu sitzen oder, wie ich es bevorzuge, daran gewöhnt ist, sich hinzulegen und mich dabei anzuschauen, das Kinn flach auf dem Boden aufliegend. Das erlaubt es mir, den Kopf richtig zurechtzumachen und auch ohne Probleme den ›Topknot‹ zu erstellen. Einige Aussteller benutzen gerne ein kleines gepolstertes Kissen, auf dem der Kopf des Hundes während der Befestigung der Topknots mit dem Kinn aufliegt, und sich der Hund dabei stiller verhält.

Nicht allen Hunden bereitet diese Prozedur Freude, aber Sie müssen sich durchsetzen! Wenn Sie Glück haben, liegt Ihr Malteser von Anfang an ruhig da, im Normalfall aber braucht es seine Zeit und man muß viel Geduld aufwenden, um den Hund dahin zu bringen, daß er sich absolut still verhält, während Sie an ihm herumzupfen; aber geben Sie es nicht auf - Ihr Hund wird es irgendwann begreifen.

Den Erfolg Ihrer Bemühungen ernten Sie, wenn Ihr Hund sich trotz allem Getöse und Gedränge um Sie beide herum auf den Ausstellungen ganz ruhig verhält, während Sie versuchen, den Topknot zu befestigen - mit Fingern, die - weil Sie unter einem entsprechenden Druck stehen - irgendwie nicht zu Ihnen zu gehören scheinen!

Um auf die Pflege des Kopfes zurückzukommen: Der Hund liegt also vor Ihnen, den Kopf mit dem Kinn flach auf dem Tisch. Bürsten Sie nunmehr das Haar nach oben, weg von den Augen und dann an den Ohren und Wangen wieder hinunter. Benutzen Sie keinesfalls den Kamm mit den weit auseinanderstehenden Zähnen um die Augen herum, da dabei die Gefahr besteht, daß man die Augenlider mit einzieht. Entfernen Sie evtl. vorhandenes Augensekret mit dem feinzahnigen Kamm. Wenn dieses Augensekret verhärtet ist, weicht man es ein, indem man es mit einem in Wasser getränkten Wattebausch anfeuchtet, einen Moment wartet und es danach wieder versucht. Wenn Sie es zu eilig haben und nicht warten können, würden Sie gleichzeitig Haare mit entfernen. Das wiederum hätte häßlichen kurzen »Stummelhaarwuchs« zur Folge, wenn das Haar nachwächst.

DIE OHREN

Die Malteser mit Ihren mit langen Haaren bewachsenen herabhängenden Ohren, haben nicht den Vorteil, daß im Ohrinneren Frischluft zirkulieren kann, wie es bei ihren Artgenossen mit aufgerichteten Ohren der Fall ist. Aus diesem Grunde ist es sinnvoll, alles Haar aus der Ohrmuschel zu entfernen, damit die Luft freieren Zutritt hat, somit das Ohrinnere trocken bleibt und in einer gesunden, rosigen Farbe erscheinen läßt. Verfahren Sie genauso, wie ich es bei der Pflege des Welpen beschrieben habe. Im Zweifelsfalle sollte man vorsichtshalber jemanden bitten, den Kopf des Hundes bei Ihren ersten Versuchen festzuhalten; die Routine erlernt man dann recht bald.

Wenn Ohrenschmalz vorhanden ist, so sollte dies von goldbrauner Farbe sein. Man kann es mit einem Wattebausch entfernen, aber Vorsicht dabei - gehen Sie damit nicht zu tief in den Gehörgang! Es könnten irreparable

ES IST SOWEIT! SIE STELLEN IHREN EIGENEN MALTESER AUS

Schäden entstehen! Entfernen Sie nur das Ohrenschmalz, welches sich leicht herausholen läßt - niemals zu tief hineinsondieren! Sollte das Ohr innen rot oder geschwollen sein, könnte das ein Indiz für Milbenbefall oder eine bakterielle Infektion sein. In beiden Fällen kann dies einhergehen mit einem dunklen oder übelriechenden Belag, aber auch wenn ein solcher Belag nicht vorhanden ist, sollte man schnellstens tierärztlichen Rat einholen. Die Ohren dürfen nie vernachlässigt werden!

DIE TOPKNOTS (Haarschleifen)
Vor Jahren machte eine ganz bestimmte Richterin auf sich aufmerksam, als sie ankündigte, daß sie bei ausgestellten Hunden jede Art von Beiwerk im Haar ablehnen würde. Sie zog es vor, die Hunde in einem »natürlichen« Zustand zu sehen und streng nach dem Standard ausgerichtet, wollte sie einen Scheitel ›vom Kopf bis zur Rute‹ sehen. Diejenigen Aussteller, denen diese Neigung der Richterin nicht bekannt war, erlitten fast einen Schock, wenn Sie die Haarschleifen aus dem Schopf der Hunde entfernte, bevor sie diese richtete.

Heute gibt es eine ganze Reihe attraktiver Möglichkeiten, den Kopf zurechtzumachen, insbesondere, wenn das Haar schön und lang ist. In den USA sind in der Regel zwei Topknots in Mode, während man in England nur den einzelnen Topknot auf Ausstellungen zu bevorzugen scheint. Auf dem Kontinent kann man wiederum beide Arten im Ring sehen. Die Hauptsache ist, das Haar aus dem Bereich der Augen wegzunehmen, sobald dies möglich ist. Je früher Sie den Welpen daran gewöhnen, daß das Haar hochgebunden wird, umso besser. Zuhause, zwischen den Ausstellungen, können Sie es zu einem Büschel zusammenbinden, oder zu Zöpfen zusammenflechten. Alternativ kann man es auch zu beiden Seiten des Kopfes in Büscheln zusammenraffen.

An dieser Stelle möchte ich die beiden gebräuchlichsten Methoden des Hairstylings auf Ausstellungen etwas detaillierter erläutern. Um den ›Single‹ - den einzelnen Topknot - der mittig auf dem Kopf sitzt, anzubringen, bürstet man zunächst das Haar weg von den Augen. Danach ziehen Sie mit der Spitze Ihres Kammes eine Linie von den äußeren Augenwinkeln bis zum Ansatz des Ohres. Es sollte eine gerade Linie mit leicht nach innen gerichtetem Winkel sein, die an der vorderen Ohrecke endet. Dann zieht man die Linie von der hinteren Ohrecke weiter um den Hinterkopf herum zu der hinteren Ecke des Ohransatzes auf der anderen Seite und schließlich wieder in schräger Linie zum äußeren Augenwinkel des anderen Auges (siehe Diagramm).

Fassen Sie das Haar aus diesem Bereich nach oben und dabei etwas mehr nach hinten ausgerichtet zusammen, weg von den Augen und raffen es zu einem geschmeidigen Bündel zusammen. Zwischen den Ausstellungen möchten Sie sicher vermeiden, daß das Haar durch das straff sitzende Gummiband beschädigt wird. Dazu sollten Sie sich schmale Streifen säurefreies Seidenpapier oder Plastikfolie zurechtschneiden und das Haar an der zusammengefaßten Stelle damit einwickeln. Gesichert wird das Ganze dann mit einem der kleinen Gummiringe (ca. 5-6 mm Durchmesser), die man eigens zu diesem Zweck auf Ausstellungen kaufen kann.

Wenn das Haar zwischen Kopf und Knoten zu straff sitzt, wird der Hund versuchen, sich zu kratzen. Also sollten Sie darauf achten, daß nichts zu fest sitzt oder eingeklemmt ist. Natürlich wird dieses Schutzpapier nicht auf der Ausstellung benutzt. Dort würden Sie das zusammengefaßte Haar lediglich mit dem Gummiring befestigen, die Schleife hinzufügen und zum Schluß das überstehende Haar nach hinten kämmen.

Die Topknots aufzusetzen erfordert Praxis, aber obwohl es dazu vieler Versuche bedarf, werden Sie letztendlich die Aufmachung herausfinden, die Ihrem Hund am besten steht. Jedes Mal, wenn Sie den Gummiring entfernen wollen, schneiden Sie Ihn einfach weg, achten dabei aber darauf, daß Sie nicht gleichzeitig Haare mit wegschneiden. Einfach das Gummiband herauszuziehen wäre schmerzhaft für Ihren Hund und Sie würden dabei auch jedesmal eine ganze Reihe Haare opfern. Man benutzt dazu spezielle Scheren, die an den Enden leicht gekrümmt sind. Auch diese Scheren sind an den Verkaufsständen auf Ausstellungen erhältlich.

Eine alternative Methode, den Kopf zu gestalten, wäre die, daß man einen Mittelscheitel vom Fang aufwärts zwischen den Augen und über den Schädel zwischen den Ohren entlang zieht. Danach ziehen Sie wiederum eine Linie von den äußeren Augenecken bis zur oberen vorderen Ohrecke. Danach allerdings gehen Sie bei der Weiterführung der Linie von der hinteren oberen Ohrecke nur bis zur hinteren Schädelmitte. Den so umkreisten Teil des Haares kämmen Sie wie zuvor beschrieben hoch. Schlagen Sie das zusammengeraffte Haar dann in einen Papier- oder Plastikwickel ein. Falten Sie den Streifen mit dem Haar darin in der Mitte und sichern Sie das Ganze mit einem Gummiband, welches ein- oder falls möglich, zweimal umgeschlagen wird. Solchermaßen entsteht ein kleiner Pfropfen oder Hörnchen und das daraus überstehende lose Haar liegt dann zwischen dem Auge und dem Ohr. Vergewissern Sie sich, daß das Haar zwischen Kopf und Gummiband nicht zu straff sitzt, indem Sie das Haar aus dem Gummiband etwas heraus in Richtung Kopf lockern. Die ganze Prozedur wiederholen Sie nun auf der anderen Seite und haben nun zwei dieser kleinen ›Hörnchen‹ erstellt, eines über jedem Auge (siehe Diagramm).

Wenn ein Topknot völlig unbequem für den Hund ist, dann könnte all Ihre Mühe umsonst gewesen sein und in einem Desaster enden, wenn der Hund bei erstbester Gelegenheit - und möglicherweise genau dann, wenn Sie gerade in den Ring gehen wollen! - versucht, diesen zu entfernen.

MALTESER HEUTE

DAS BEFESTIGEN DES TOP-KNOTS

Das Haar für den Topknot wird zusammengefaßt.

Das Gummiband wird zweimal herumgeschlagen.

Die Schleife wird aufgesetzt.

ES IST SOWEIT! SIE STELLEN IHREN EIGENEN MALTESER AUS

Der amerikanische Champion SU-Le's Screech Owl, Züchter und Besitzer Barbara Bergquist. In den USA ist es üblich, das Haar mit zwei Schleifen zu befestigen.

Wenn Sie Ihren Hund nicht ausstellen, können Sie auch diese Methode anwenden, um das Haar hochzubinden.

Champion Vicbrita Delight (Ch. Vicbrita Fidelity - Ch. Vicbrita Spectacular). Best of Breed (BOB) auf der Crufts 1996. Züchter und Besitzer: Margaret White. Eine solche Aufmachung wird heute bei der Präsentation eines Maltesers im Ring als altmodisch angesehen. Viele Besitzer greifen jedoch auf diesen Stil zu Hause zurück.

Foto: Sally Anne Thompson.

MALTESER HEUTE

DIE ZÄHNE

Die Zähne sollten nie vernachlässigt werden und deren Inspektion muß zu einem festen Bestandteil Ihrer täglichen Pflegeroutine werden. Es gibt Zahnpasten, die extra für Hunde hergestellt worden sind. Früher griffen Züchter zu Salzwasser oder einer Lösung, die zu gleichen Teilen aus Peroxyd und Milch bestand. Auch diese Mittel verhalfen zu dem gewünschten Effekt und können auch heute noch im Notfall angewendet werden.

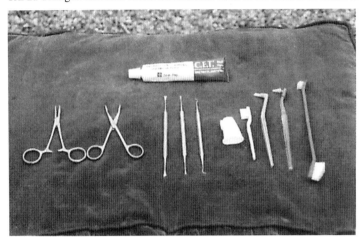

Die Ausrüstung für die Zahnpflege: Arterienklammer, Arterienzange, 3 verschiedene Typen von Schabern, spezielle fermentierte Zahnpasta, Fingerzahnbürste, Babyzahnbürste, Bürsten für die Zahnlücken und eine Hundezahnbürste.

Ferner gibt es auch spezielle Hundezahnbürsten. Diese haben einen langen Stiel und man kann damit sehr gut auch bis in den hintersten Teil eines schmalen Gebisses gelangen. Die üblichen Babyzahnbürsten tun ebenso ihre Dienste und um nur mal kurz über die Zähne zu gehen, können Sie es ebenfalls mit einer Fingerbürste versuchen. Diese sind aus weichem Plastik hergestellt, mit einer Erhöhung, die sich genau Ihrem Finger anpaßt. Außerdem können Sie sogar ganz einfach Gaze um Ihren Finger wickeln, wie ich dies schon einmal unter der Welpenpflege

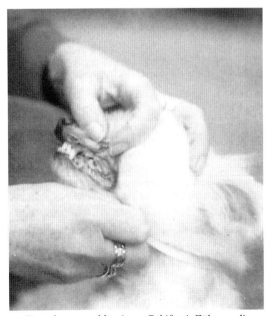

Ein sehr vernachlässigtes Gebiß mit Zähnen, die hochgradig von Zahnstein befallen sind.

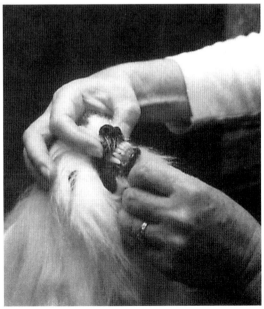

Saubere, gesunde Zähne in einem korrekten Gebiß.

ES IST SOWEIT! SIE STELLEN IHREN EIGENEN MALTESER AUS

beschrieben hatte, als es darum ging, schon den jungen Hund an eine entsprechende Zahnpflege zu gewöhnen.

Achten Sie immer auf das Zahnfleisch Ihres Hundes. Es sollte fest, kräftig und von einer gesunden rosa Färbung sein. Wenn das Zahnfleisch sich löst, oder dunkelrot und entzündet aussieht, so ist das ein Zeichen von Gefahr und Sie sollten unverzüglich einen erfahrenen Tierarzt konsultieren.

Wenn man es zuläßt, daß sich Zahnstein bildet, so drückt dieser ganz allmählich das Zahnfleisch vom Zahn weg. Dadurch kann eine Infektion entstehen, die für den Hund lebensbedrohlich werden kann. Abgesehen von einem drohenden Verlust der Zähne können sich Probleme mit dem Gebiß auch auf innere Organe auswirken. Unsere Schoßhunde sind nicht gerade dafür bekannt, daß sie ihre Zähne bis ins hohe Alter behalten, je mehr Aufmerksamkeit Sie diesen jedoch schenken, umso länger wird der Hund sie haben.

DER TRÄNENFLUSS

Tränenfluß bei einem Malteser ist das Übel, was den Ausstellern am meisten Kummer bereitet. Es war seit Anbeginn der Zeit das vieldiskutierteste Thema unter allen Besitzern weißer Rassen, aber leider hat man bis heute keine zufriedenstellende Lösung dieses Problems gefunden.

Zweifelsohne neigen manche Hunde mehr zu Tränenfluß als andere und in einigen Fällen könnte es möglich sein, das Problem genetisch anzugehen. Unter anderem könnte bei dem einen oder anderen Hund der Grund auch in einem zu säurehaltigen Makeup zu suchen sein.

Wie ich bereits sagte, ist bei Welpen oft während des Zahnwechsels starker Tränenfluß zu verzeichnen. Streß, Wind, Sonne und Staub können zusätzlich dazu beitragen, wie ebenso auch die Form des Auges an sich. Es gehört nicht viel Phantasie dazu, sich vorzustellen, wie über die Augen hängendes Haar Reizungen verursachen kann. Man sollte auch nicht ausschließen, daß einige Arten von Dosen- und Trockenfutter zum Tränenfluß beitragen.

Ich habe schon oft Menschen gehört, die sich auf den Ausstellungen beschweren: »Ich kann mir nicht vorstellen, wo dieser Tränenfluß herkommt. Er war ohne jegliche Spuren, als ich ihn gestern abend gebadet habe«. Nun, nach diesem Bad hatte dieser kleine Malteser vielleicht eine ziemlich lange Reise zur Ausstellung hinter sich und ist nun schrecklich aufgeregt, wie der Tag weiter abläuft - und Aufregung bewirkt halt Tränenfluß.

Manchmal könnten noch mehr, allerdings unheilvollere Gründe für den Tränenfluß entdeckt werden. Leichte Infektionen sind eine verbreitete Ursache, die üblicherweise mit einem schwachen Antibiotikum behandelt werden. Ernstere Fälle sind z. B. nach innen wachsende Wimpernhaare, oder daß - was allerdings seltener vorkommt - verstopfte Tränenkanäle die Wurzel des Übels sind. Natürlich bedarf es dann tierärztlicher Hilfe, aber ich möchte hier feststellen, daß es in den meisten Fällen an den relativ simplen oben genannten Ursachen liegt.

Es gibt unterschiedliche Methoden, mit denen man dieses unansehnliche Phänomen behandeln kann. Es sind einige Produkte auf dem Markt, die für sich in Anspruch nehmen, daß sie Tränenflußspuren entfernen können. Man sollte jedes ausprobieren. Bei einigen Hunden wirken sie offensichtlich, obwohl ich persönlich eigentlich zu der Überzeugung gekommen bin, daß es einfach kein Allheil- oder Wundermittel gibt.

Ihre tägliche routinemäßige Pflege wird automatisch den Tränenfluß in Grenzen halten. Ich bevorzuge es, jeglichen Ausfluß unter den Augen mit einem mit Wasser befeuchteten Wattebausch zu entfernen. Die Stelle wird gesäubert und dann - was das wichtigste ist - muß das Haar auch wieder richtig trocken gemacht werden, entweder mit saugfähigem weichen Papier oder irgendeinem anderen feuchtigkeitsabsorbierenden Material.

Dabei nimmt man das feuchte Haar mit einem Papiertuch zwischen Daumen und Zeigefinger und tupft und reibt das gegebenenfalls in einzelnen Strähnen zusammengefaßte Haar, bis es völlig trocken ist. Nehmen Sie dann etwas Getreidemehl oder Stärke und arbeiten dies - wiederum mit Daumen und Zeigefinger - in die Haarsträhne ein. Sie können natürlich dazu auch eine kleine Bürste verwenden. Der gesamte betreffende Bereich unter den Augen wird entsprechend behandelt, wobei Sie allerdings darauf achten sollten, daß nichts in die Augen selbst gelangt. Machen Sie dies wenigstens einmal am Tag, falls nötig mehrmals. Ich habe festgestellt, daß sich die Tränenflußspuren, wenn man diesen Augenbereich trocken hält, auf ein Minimum reduzieren.

Eine weitere Methode ist, daß man Boracidpulver und möglichst weiße »Fuller's earth« (Anm. d. Ü.: Dies ist eine Art Heilerde in kalk- oder kreideähnlicher Substanz, die in England im Hundezubehörhandel erhältlich ist.) zu gleichen Teilen zusammenmischt. Bewahren Sie dieses Gemisch in einem verschließbaren Glas oder Tongefäß auf, damit es trocken bleibt. Unter Hinzugabe von etwas Wasser stellt man jeweils mit einer kleinen Menge dieses Pudergemisches eine Paste her und wenn Sie, wie oben beschrieben, die entsprechenden Stellen im Gesicht gereinigt haben, gibt man diese Paste auf die Stelle, an der normalerweise die Tränenspuren verlaufen. Man sollte sehr darauf achten, daß nichts davon direkt in das Auge gelangt. Diese Substanz wird beim Trocknen hart und hat sich erwiesenermaßen als sehr effektiv bewährt. Man kann diese Paste zwei oder drei Tage an diesen Stellen belassen, bevor man sie erneuern muß. Bei der Verwendung von Boracidpulver muß man sehr große Sorgfalt an den Tag legen. Stellen Sie sicher, daß Ihr Hund sich diese Mixtur nicht in die Augen reiben kann und auch andere Hunde nicht daran lecken können, bevor die Paste hart geworden ist. Dies könnte unangenehme und ernste

Folgen haben. Getreidemehl oder Stärkepulver, gemischt mit Magnesiummilch oder eine andere antacidhaltige Creme, in gleicher Weise angewendet, ist genauso hilfreich. Auch diese härtet zu einem ›Schutzschild‹ unter den Augen aus, welches man dort belassen kann, bis man sieht, daß es erneuerungsbedürftig ist.

Um solche Substanzen und auch die Reste davon wieder zu entfernen, bevor man neue aufträgt, werden diese gut mit Wasser eingeweicht und dann weggewischt. Niemals sollten sie herausgekämmt werden, denn dabei würde man das Haar beschädigen. Welche Methode auch immer Sie wählen, in jedem Falle sollten Sie jederzeit ein saugfähiges Papiertuch bereit halten, um immer, wenn Sie eine feuchte Stelle bemerken, das Haar trocken zu tupfen. Das und zusätzlich die Verwendung eines Getreidemehls wird sicher helfen, den Tränenfluß in Grenzen zu halten.

Rüden beflecken ihr Haarkleid oft, wenn sie urinieren. Hierfür wurde ein spezielles Weiss-Shampoo entwickelt, welches bei diesem Problem zwischen den Ausstellungen Abhilfe schafft. Es wäre ein Fehler, das Haar an der Penisspitze des Hundes abzuschneiden, da es gerade dieses Haar ist, welches dabei hilft, den Urin vom Haarkleid selbst wegzuleiten.

Ihre Bürste oder Kamm sollte stets geschmeidig durch das Haar gleiten können. Wenn Sie vermehrt auf Widerstände stoßen, ist es an der Zeit, Ihren Hund zu baden.

DAS WICKELN DES HAARKLEIDES

Ein Haarkleid zu wickeln, ist Ansichtssache. Manche Aussteller halten dies für angebracht, andere wiederum ziehen es vor, nicht zu wickeln. Das Wickel soll dabei helfen, das Haar länger wachsen zu lassen und zu schonen. Ein Haarkleid, welches in seinem natürlichen Zustand belassen wird, kann - wenn es einmal bodenlang ist - von einem aktiven Hund sehr schnell beschädigt werden. Wenn man das Haar einölt und zusätzlich schmale Strähnen des Haares in Papier oder Plastik einwickelt, wird das Haar vom Boden weggehoben und gleichzeitig ist es gegen Verschmutzungen geschützt.

Für den unerfahrenen Betrachter mag diese Prozedur einfach aussehen und als ideal für ein ungestörtes Wachstum der Haare gelten. Es gehört jedoch Wissen und Erfahrung dazu, wenn man den angestrebten Nutzen daraus ziehen will und nicht statt dessen das Haar beschädigt. Bedenken Sie, daß jedes Haarkleid eine andere Textur hat und deshalb werden auch die anzuwendenden Mittel von Hund zu Hund unterschiedlich sein. Was für den einen Aussteller, dem Sie am Ende einer Ausstellung beim Wickeln zuschauen, richtig ist, muß nicht unbedingt auch für Ihren Hund gelten. Es ist eine Kunst, die zu erlernen man Zeit braucht. Es ist etwas, was zur Pflege hinzukommt und kein Ersatz für diese. Deshalb müssen die Wicklerpakete zumindest alle zwei Tage geöffnet und die Haare durchgebürstet werden. Bei einigen Haarqualitäten muß man dies sogar täglich machen, weil sonst das Haar verfilzen würde und ein Haarverlust beim Entfilzen wäre die unvermeidliche Folge. Ein Haarkleid, dessen Haartextur zu zerbrechlich ist, könnte ruiniert werden, wenn die falschen Wickel oder Gummibänder verwendet werden.

Die Auswahl an Wickelmaterial ist breit gefächert, angefangen von säurefreiem Seidenpapier, Plastik, gewaschenen Babywindeln bis hin zu leicht wachshaltigem Backwerkpapier (Anm. d. Ü.: In England nennt man es Doughnut-Paper), perforierten Streifen von Plastiktüten und ähnlichen Materialien.

Das Ziel sollte sein, sich ein Wicklermaterial auszusuchen, welches fest genug ist, das quadratische, mit einem Gummiband zusammengehaltene Päckchen zu halten, jedoch wiederum nicht so hart, daß es am Haar reiben und dieses zerschneiden könnte, wenn der Hund sich frei bewegt. Dabei spielt natürlich die Textur des Haares eine gewisse Rolle. Die Befestigungsbänder oder -gummis sind ebenfalls von wesentlicher Bedeutung, da diese stark genug sein müssen, um das Päckchen zu halten, andererseits aber auch nicht so stark, daß sie die ganze Geschichte dermaßen zusammenschnüren, daß das darin liegende Haar beschädigt wird. Heutzutage haben wir es etwas leichter, da man solche Gummiringe, die eigens zu diesem Zweck hergestellt wurden, in verschiedenen Größen und Stärken kaufen kann.

Auf jeden Fall sollten Sie lernen, wie man die Barthaare und das Haar an den Ohren wickelt, da dies ein guter Anfang ist, um praktische Erfahrung zu gewinnen. Wenn Sie einen Jungrüden besitzen, dann würde das Wickeln der Mittelsektion des Haarkleides verhindern, daß das Haar beschmutzt wird, wenn er das Bein hebt. Sie sollten es jedoch nicht übertreiben und Ihren Malteser mit kleinen Paketen überladen, da naturgemäß ein Hund schon eine gewisse Abneigung gegen diese fremden Objekte in seinem Haar hat. Ein daraus resultierendes Unwohlbefinden könnte ihn dazu ermutigen, das ärgerliche Paket los zu werden, indem er versucht, es an Möbeln oder Gitterstäben abzustreifen. Es wäre am besten, mit nur ein oder zwei Wickeln anzufangen, damit der Hund Zeit hat, sich an das Gefühl zu gewöhnen, bevor man daran geht, den ganzen Körper zu wickeln. Die ›Youngster‹ sind bekannt dafür, daß sie ein zu locker angebrachtes Paket als einen Fremdkörper betrachten, den es zu vernichten gilt - mit entsprechend verhängnisvollen Folgen - und einige bereiten sich ein großes Vergnügen daraus, das Päckchen von sich wegzuzerren, kaum daß Sie ihm den Rücken zugewendet haben.

Das Papier oder der Plastikwickel wird so geschnitten, daß er etwas länger ist als das darin einzuwickelnde

ES IST SOWEIT! SIE STELLEN IHREN EIGENEN MALTESER AUS

DAS WICKELN IHRES MALTESERS:

Photos: Steve Nash

Nehmen Sie einen Teil des Haares,....

...legen es auf einen Wickelstreifen....

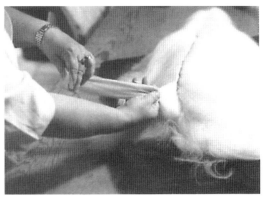

...und falten Sie die Haarsträhne mit drei Längsfalten.

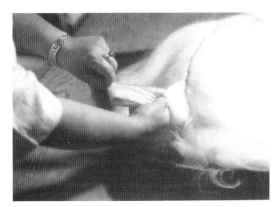

Falten Sie den Wickel in der Hälfte, in Richtung des Körpers des Hundes,...

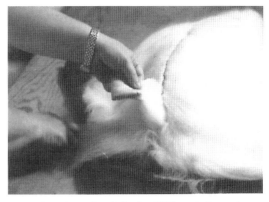

...danach nochmals in der Hälfte, wiederum in Längsrichtung.

MALTESER HEUTE

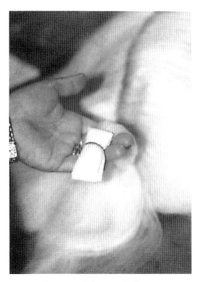

Gesichert wird der Wickel mit einem elastischen Gummiband oder- ring.

Ein fertig gewickelter Hund.

Fertig für den Ausstellungsring.

ES IST SOWEIT! SIE STELLEN IHREN EIGENEN MALTESER AUS

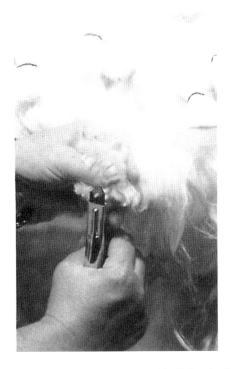

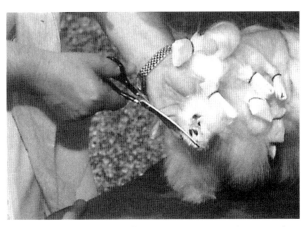

OBEN: Die Unterseiten der Pfoten müssen getrimmt werden, um zu langes, zwischen den Pfotenballen herauswucherndes Haar zu entfernen.

LINKS: Die Krallen müssen regelmäßig geschnitten werden, am besten mit einem Krallenschneider des Guillotine-Typs.

Haar. Die Breite wird unterschiedlich sein, in Abhängigkeit von der Dicke der Haarsträhne, die Sie einwickeln wollen, sollte aber ungefähr bei ca. 10 cm liegen. Man nimmt diesen Streifen längs in die Hand und faltet am Ende einen Querstreifen von ca. 2 fi cm und schlägt diesen nach innen ein. Damit vermeidet man, daß sich an der scharfen Abrißkante eventuell das Haar beschädigen kann. Danach wird der Streifen in drei gleich breite Längsabschnitte gefaltet. Sie haben nun einen schmalen dreilagig gefalteten Streifen vor sich. Diesen öffnen Sie jetzt wieder und legen die abgeteilte Haarmenge flach hinein. Achten Sie dabei darauf, daß die zuletzt erwähnte 2 fi cm-Querfalte sich an der Haarwurzel befindet. Schließen Sie nun die Streifen längsweise über dem Haar und falten dann den sich daraus wieder ergebenden schmalen Streifen mit Inhalt einmal in der Mitte zusammen und wahrscheinlich dann noch einmal, bis das quadratische Päckchen bequem am Körper sitzt bzw. anliegt (siehe Illustration). Wenn Sie die einzelnen Haarpartien aufnehmen, sollten Sie, in dem Sie die Beine des Hundes anheben, sich vergewissern, daß er nicht in seiner freien Bewegung behindert wird. Das gleiche Prinzip gilt bei den Ohren. Folgen Sie beim Aufnehmen der Haare der Form des Ohres, damit nicht Teile des Kopfhaares mit in das gleiche Päckchen hineingenommen werden. An zwei Stellen muß man ganz besonders achtgeben: Wenn man die Ohren wickelt, sollten Sie sich vergewissern, daß Sie das Ohrleder unterhalb des Haares fühlen können und schließen Sie das Päckchen so, daß der Gummiring gut ein bis eineinhalb Zentimeter vom Ohrleder weg angelegt ist. Wenn Sie die Rutenbehaarung wickeln, müssen Sie ebenfalls darauf achten, daß die Gummieinschnürung ein gutes Stück weg vom Knochen angebracht ist. Es besteht die Gefahr, einen Teil des Ohres oder der Rute zu verlieren, wenn diese mit einem solchen elastischen Band zu sehr ein- oder abgeschnürt werden.

DAS BADEN
Baden Sie niemals einen Malteser, der noch Verknotungen oder Verfilzungen im Haar hat. Wenn Sie zu flüchtig gearbeitet haben und Verknotungen oder Verfilzungen vorher nicht vollständig aufgelöst haben, werden diese sich im Wasser noch mehr zusammenziehen und wenn Sie diese dann hinterher entfernen müssen, werden Sie mit Sicherheit mehr Haar opfern müssen. Sie müssen all das bei der Hand haben, was Sie für die normale Pflege auch brauchen und darüberhinaus noch folgendes:
- Ein Baby- oder Welpenshampoo für Kopf und Gesicht.
- Ein Shampoo von hochwertiger Qualität, hergestellt aus Mandeln, Kokosnuß oder ein ähnliches Creme-Shampoo.

- Wenn das Haar zuvor in Öl war, benötigen Sie ein Shampoo, welches als erstes dieses aus dem Haar wäscht. Ich habe herausgefunden, daß sich dafür ein medizinisches Shampoo als ausgezeichnet geeignet erweist. Dieses sollte jedoch niemals am Kopf angewendet werden oder bei einer schwangeren Hündin.
- Eine Spülung.
- Krüge zum mischen.
- Viele Handtücher.
- Eine rutschfeste Unterlage oder Gummimatte.
- Einen Haartrockner. Ein Haartrockner mit Stativ ist ein Muß, wenn Sie ein Ausstellungshaar pflegen und beide Hände frei haben müssen.
- Mineralisches Öl (für die Augen).

Stellen Sie Ihre Pflegeutensilien in erreichbarer Nähe der Stelle zusammen, an der Sie fönen werden und falls das auf einem Tisch geschieht, legen Sie auf diesen eine dicke Lage Tücher, auf denen der Hund stehen oder liegen kann. Ferner sollten Sie ebenso die Shampoos, die Spülung und die Badetücher in greifbarer Nähe am Badeplatz haben. Nichts ist unangenehmer, als wenn man mit dem Baden fertig ist und feststellt, daß man die Handtücher in einem anderen Raum liegen hat. Achten Sie darauf, daß die rutschfeste Unterlage sich an ihrem Platz befindet.

Untersuchen Sie nun das Haarkleid und entfernen alle Verknotungen. Reinigen Sie die Zähne und wenn sich Zahnstein gebildet hat, entfernen Sie diesen vorsichtig mit Ihrem Zahnsteinschaber. In jedes Ohr stecken Sie einen kleinen Wattepfropfen um zu verhindern, daß zuviel Wasser hineinläuft, und in jedes Auge geben Sie einen Tropfen mineralisches Öl, um sie vor Seifenschaum zu schützen.

Wenn Sie Erfahrung darin haben, wie man die Analdrüsen entleert, wäre jetzt die richtige Gelegenheit dazu. Das ist nicht gerade eine angenehme Sache, denn man muß feststellen, ob die Analdrüse einer Entleerung bedarf. Stellen Sie den Hund in das Bad und weichen Sie die Anusgegend mit warmem Wasser ein. Schieben Sie das Haar zur Seite. Die Drüsen liegen direkt innen hinter der Analöffnung und wenn diese voll sind, fühlen sie sich an wie zwei feste kleine Murmeln.

Halten Sie nun die Rute hoch, plazieren Daumen und Zeigefinger zu beiden Seiten hinter die Schwellung und drücken Sie diese dann vorsichtig aber fest zusammen, bei einer gleichzeitig ziehenden Bewegung vom Körper weg. Diese Drüsen produzieren ein übelriechendes, flüssiges oder pastenartiges Sekret, welches aus dem Anus austritt. Es kann in Farbe (hellcreme bis dunkelbraun) und Konsistenz von Hund zu Hund unterschiedlich sein. Es versteht sich von selbst, daß Sie darauf vorbereitet sein müssen, dieses Sekret - welches sehr plötzlich ausspritzen kann - in einem Papiertuch oder etwas ähnlichem aufzufangen. Wenn Sie so etwas jedoch noch nie gemacht haben, sollten Sie, bevor Sie es selbst versuchen, fachmännischen Beistand suchen.

Nun wieder zur aktuellen Badeprozedur. Stellen Sie den Hund auf die Gummimatte bzw. die rutschfeste Unterlage und weichen Sie das Haar sorgfältig mit warmem Wasser ein. Vergewissern Sie sich, daß keine Stelle trocken geblieben ist.

Wenn Sie vorher das Haar geölt hatten, müssen Sie nun das Shampoo benutzen, welches das Öl herauszieht. Ich verdünne dieses dann mit etwas Wasser und arbeite es in das Haarkleid ein. Man sollte es niemals einreiben. Versuchen Sie, während des ganzen Badevorgangs den Scheitel an seinem Platz zu belassen.

Das Ganze wird nun gut ausgespült und anschließend nimmt man das Cremeshampoo zur Hand und arbeitet dieses auf die gleiche Weise ein.

Wenn das Haar vorher nicht geölt war, aber einfach schmutzig ist, können Sie es natürlich ein weiteres Mal mit dem Cremeshampoo behandeln. Zum Schluß wird das Shampoo sorgfältig ausgespült, bis nur noch klares Wasser abläuft.

Für den Kopf benutzen Sie das Baby- oder Welpenshampoo, da dies nicht in den Augen brennt. Achten Sie bei den Ohren darauf, daß hier das Haar im Normalfall fettiger ist als das Gesichtshaar. Einige Malteser mögen es gar nicht, wenn man Wasser über ihren Kopf gießt. In einem solchen Fall müssen Sie zum Schwamm greifen, um das Shampoo aus dem Gesicht zu entfernen.

Es gibt viele Spülungen (Conditioner) auf dem Markt und auch hier gilt es herauszufinden, welches Mittel das Beste für Ihren Hund ist. Welches auch immer Sie benutzen, das Haar muß mit dem Conditioner völlig durchtränkt sein. Einige Spülungen bleiben nur kurze Zeit im Haar, bevor sie ausgewaschen werden, sollten Sie jedoch zu der Meinung gelangen, daß das Haar sehr strapaziert wurde, könnten Sie aber auch zu einem Mittel greifen, welches länger im Haar einziehen muß. In diesem Fall sollten Sie, nachdem Sie das Haar mit der Spülung durchtränkt haben, Ihren Hund in warme Tücher einwickeln um dadurch die Wirksamkeit des Conditioners noch zu unterstützen. Sie sollten dazu, je nach der vom Hersteller angegebenen Einwirkungszeit, entweder zusätzliche warme Tücher bereitliegen haben oder das Gebläse des Haartrockners direkt auf das Tuch richten, mit dem Sie den Hund eingewickelt haben.

ES IST SOWEIT! SIE STELLEN IHREN EIGENEN MALTESER AUS

Schließlich spült man wie zuvor den Conditioner sorgfältig aus und preßt (keinesfalls sollte man versuchen, dies mit einem Handtuch durch Reiben oder Rubbeln zu erreichen) überschüssiges Wasser aus dem Haar, bevor der Hund dann in ein Badetuch gewickelt wird und fertig ist zum Fönen.

FÖNEN

Völlig unabhängig davon, ob ich meinen Malteser stehend oder liegend auf dem Tisch föne, oder gar auf meinem Schoß - auch hierbei gehe ich sektionsweise vor. Das bedeutet, daß man einen bestimmten Teilbereich des Haarkleides sorgfältig und vollständig trocknet, bevor man mit dem nächsten Bereich anfängt. Beginnen Sie, den Hund mit dem Kopf zur rechten Seite ausgerichtet, mit dem Fönen des Haares auf der Ihnen zugewandten Seite und heben Sie sich die von Ihnen abgewandte Seite bis zum Schluß auf, da dies die im Ring dem Richter zugewandte Seite ist.

Wenn Sie die liegende Methode wählen, richten Sie den Fön so aus, daß er auf das Haar herunterbläst, von der Wurzel in Richtung Haarspitzen. Heben Sie das Körperhaar weg von den Beinen und dem Bauch und decken Sie es mit einem feuchten Tuch ab. Mit der Bürste konzentrieren Sie sich nun zunächst auf Rute, Bauch und Beine, und erst wenn diese richtig trocken sind, wenden Sie sich dem Körperhaar zu. Nehmen Sie eine Lage Haar unter dem feuchten Tuch hervor und beginnen Sie, es mit der Bürste zu bearbeiten, angefangen von der Wurzel oder der Wirbelsäule bis hin zu den Haarspitzen. Das übrige Haar bleibt währenddessen von dem feuchten Tuch bedeckt. Nach und nach nehmen Sie dann weitere dünne Lagen des Körperhaares unter dem Tuch weg, bis die ganze Seite fertig ist.

Entfernen Sie nunmehr das Tuch, auf dem der Hund gelegen hat und welches mittlerweile feucht ist und ersetzen es durch ein trockenes. Nun legen Sie den Hund so, daß nunmehr die linke Seite zuoberst liegt. Achten Sie darauf, daß das bereits getrocknete Haar unter dem Hund glatt liegt. Verfahren Sie in gleicher Weise, wie zuvor geschildert.

Einige Leute ziehen es vor, den Hund im Stand zu fönen. Dies hat den Vorteil, daß es schneller geht. Andererseits könnte es aber sein, daß das ›Finish‹ schlechter ist, wenn der Fön zu dicht über dem Hund angewinkelt ist, was dazu führt, daß das Haar verwirbelt bzw. zu sehr auseinandergeweht wird. Um dieses Problem zu vermeiden, sollten Sie die Düse des Haartrockners in ausreichendem Abstand über dem Hund und leicht auf eine Seite ausgerichtet halten. Dann arbeiten Sie von der Rute in Richtung Kopf und lassen den warmen Luftstrahl dabei mitwandern, immer nur konzentriert auf die Stelle gelenkt, die Sie gerade bearbeiten. Wie bei allen anderen Dingen auch, liegt es an jedem selbst, herauszufinden, welche Methode für ihn persönlich die geeignetste ist.

Wenn Sie zu der Überzeugung gelangt sind, daß das ganze Haarkleid am Körper trocken ist, bringen Sie den Hund in eine sitzende Position und wenden Ihre Aufmerksamkeit dem Kopf zu. Die Augen werden mit der freien Hand vor direkter Hitze geschützt. Sie werden feststellen, daß es etwas länger dauert, die Ohren zu trocknen. Vergessen Sie danach nicht, die Wattepfropfen wieder aus den Ohren zu entfernen. Zu guter Letzt wird auf bewährte Weise wieder das Haar so gesichert, daß es nicht in die Augen hängt.

BEWAHREN SIE DIE RUHE!

Es ist wirklich nur von Vorteil, wenn man einige Ausstellungen als Zuschauer besucht hat, bevor man sich selbst in dieses Abenteuer stürzt. Sie können vorher beobachten und fragen, was da gerade vor sich geht. Dadurch bekommen Sie schneller einen Überblick über die manchmal scheinbar verwirrenden Dinge, die da beim Ausstellen eines Hundes vor sich gehen. Auf jeden Fall sollten Sie alles rechtzeitig im voraus planen, um nicht in letzter Minute in Panik zu geraten.

DER ABEND VOR DER AUSSTELLUNG

Ihr Malteser ist gebadet und zurechtgemacht. Als nächstes stellen Sie nun alles zusammen, was Sie am nächsten Tag auf der Ausstellung selbst brauchen, denn am nächsten Morgen müssen Sie genügend Zeit haben, auf Ihren Hund zu achten und ein gutes Frühstück einzunehmen.

Wirklich rechtzeitig vorher sollten Sie sich Gedanken darüber gemacht haben, was Sie selbst anziehen, denn die Aussteller legen heutzutage besonderen Wert auf das eigene äußere Erscheinungsbild. Deshalb an dieser Stelle ein paar Ratschläge, auf was man achten sollte, wenn man sein Outfit auswählt. Zuschauer wie Richter gleichermaßen mögen es, wenn ein Aussteller sich Gedanken bei der Auswahl seiner Kleidung insofern gemacht hat, daß sie in irgendeiner Form der Rasse schmeichelt. Versuchen Sie aber dabei, es nicht zu übertreiben, denn schließlich soll Ihr Hund die Aufmerksamkeit des Richters auf sich lenken und nicht Sie. Größte Beachtung sollte man der Kleiderlänge schenken. Ich bin sicher, daß ein Richter nichts gegen kurze Röcke hat, aber denken Sie daran, man muß sich bei dieser kleinen Rasse sehr oft bücken und die Zuschauer stehen manchmal dicht hinter Ihnen. Dann gibt es auch diese wadenlangen, weit ausgestellten Röcke, die dicht über Ihrem Malteser wehen, diesen bei seiner

MALTESER HEUTE

Arbeit behindern und sich störend auf den Gesamteindruck auswirken. Ich war sogar einmal auf einer Ausstellung und habe dort einen Malteser gesehen, der völlig von dem knöchellangen Kleid der Handlerin verdeckt wurde und nur die sich schnell bewegenden Füße ließen erkennen, daß da überhaupt ein Tier ausgestellt wurde. Blusen mit vorne aufgesetztem Kragen und Bändern - bei Männern Krawatten - können Ihnen ins Gehege kommen, wenn Sie sich über den Hund beugen. Man sollte diese also mit einer Brosche oder Krawattennadel befestigen. Tragen Sie keinen geräuschvoll klimpernden Schmuck oder herunterbaumelnde Ketten. Auch über das Schuhwerk sollte man sich Gedanken machen. Wenn es eine Ausstellung in geschlossenen Räumen mit Holzfußböden ist, wären schwere, klumpige Schuhe ganz sicher fehl am Platze, da man damit herumstampfen würde und die dabei verursachten Geräusche würden den Hund bestimmt ablenken. Auch zu hohe Stöckelschuhe sind in jedem Falle abzulehnen. Sie selbst mögen zwar der Überzeugung sein, daß Sie damit eine gute Figur machen, aber das Publikum und möglicherweise auch der Richter könnten mit den Augen an Ihren messerscharfen Absätzen hängen bleiben und sich dabei vorstellen, daß Sie damit unglücklicherweise auf einen lebhaften Hund treten könnten.

Wenn Sie demzufolge Ihre Kleidung ausgesucht haben, sollten Sie Ihren Wecker so stellen, daß Sie - bevor die Reise angetreten wird - genug Zeit haben, etwas zu essen und daß Ihr Hund sein Geschäft verrichten kann und sich dementsprechend wohlfühlt.

AUF DER AUSSTELLUNG
Sie sollten rechtzeitig am Ausstellungsort ankommen, Ihren Katalog kaufen und überprüfen, ob Ihr Hund in der richtigen Klasse aufgeführt ist. Wenn Sie feststellen, daß etwas nicht in Ordnung ist - und sei es auch nur eine Kleinigkeit - sollten Sie sich sofort an das Ausstellungssekretariat wenden und das Problem an Ort und Stelle aus der Welt schaffen. Ein Druckfehler oder ein fehlerhaftes Meldeformular kann Sie den Titel kosten.

Stellen Sie fest, wo sich die Ausstellungsringe befinden, welches der Ihre ist und suchen Sie sich dort einen Platz. Auf einigen Ausstellungen sind sogenannte Pflegezonen eingerichtet, in welchen Sie Ihren Hund zurechtmachen müssen. Normalerweise sind diese in der Nähe des betreffenden Ringes eingerichtet. Der Grund, warum Sie sich viel Zeit nehmen sollten ist der, daß Sie keinesfalls unter Druck geraten und dadurch Ihren Hund verunsichern. Bedenken Sie, daß Ihr Gefühlsleben sich auf den Hund überträgt und daß die Ausstellungsleine gewissermaßen eine Verlängerung Ihrer Nerven ist.

Bevor Sie zum Ring gehen, sollten Sie sich vergewissert haben, daß der Hund zuvor nochmals seinen natürlichen Bedürfnissen nachgekommen ist und gegebenenfalls sollten Sie die Spuren des Geschäftes beseitigen. Sie sollten Ihren Hund rechtzeitig fertig haben, bevor Sie aufgerufen werden und keine Verzögerung beim Ablauf der Dinge verursachen. Entweder sind am betreffenden Ring Duplikate der Ausstellungsnummern angebracht - und in diesem Falle ist eine dazu da, im Ring getragen zu werden - oder der Ringhelfer übergibt Ihnen diese Nummer, wenn Sie den Ring betreten oder bereits im Ring Aufstellung genommen haben. Befestigen Sie diese Nummer an sich selbst an einer Stelle, an der sie für den Ringhelfer, den Zuschauern oder den Richter klar erkennbar ist.

Falls es Ihre erste Ausstellung ist, dann achten Sie einfach darauf, was die anderen machen und machen es diesen nach. Wenn Sie aus irgendeinem Grund Ihren Hund zurückgezogen haben, sollten Sie das dem Ringhelfer mitteilen, da dies im Richterbuch vermerkt werden muß. Der Ringhelfer wird die Hunde in einer Reihe ausrichten, den ersten Hund in größter Nähe zum Richtertisch. Das ist der Zeitpunkt, wenn Sie Ihren Hund hinstellen - man nennt es in der Fachsprache auch ›den Hund aufbauen‹. Sie sollten erreichen, daß Ihr Hund absolut ruhig steht und dabei den besten Eindruck vermittelt, wenn der Richter die Reihe abschreitet, um sich ein erstes Bild der ausgestellten Hunde zu verschaffen. Alles, was am Haarkleid des Hundes in Ordnung zu bringen war, sollte fertig sein, bevor der Richter Sie beide erreicht hat.

Danach werden die Aussteller möglicherweise gebeten, in einem Kreis zu gehen und demzufolge werden sich die Hunde in Bewegung setzen, einer nach dem anderen in einer Reihe, kreisförmig im Ring herum. Dies ermöglicht es den Hunden, sich auf die Angelegenheit einzustimmen, besonders dann, wenn sie zuvor verkrampft in einer engen Reisebox gelegen haben. Sie sollten darauf achten, daß zwischen Ihrem und dem vorauslaufenden Hund ausreichend Platz bleibt. Der Richter wird irgendwann die Parade anhalten lassen und ein Zeichen geben, daß der erste Hund auf dem Richtertisch aufgestellt wird, um dann von ihm sorgfältig untersucht zu werden.

Wenn der Hund vor Ihnen diese Untersuchung auf dem Richtertisch hinter sich gebracht hat und nun nochmals eine individuelle Runde für den Richter läuft, stellen Sie Ihren Hund auf den Richtertisch, bauen ihn richtig auf und achten dabei auch darauf, daß die Leine nicht stört oder dem Richter im Wege ist. Stellen Sie sich etwas zur Seite, daß auch Sie selbst nicht zum Hindernis werden, andrerseits aber die Kontrolle über Ihren Hund behalten.

Der Richter erwartet, daß der Hund während der Untersuchung still stehen bleibt. Sie sollten die Prozedur verfolgen und falls notwendig eingreifen, um den Hund wieder richtig aufzubauen. Der Richter wird Sie wahrscheinlich darum bitten, ihm die Zähne des Hundes zu zeigen. Das ist allgemein üblich und Sie sollten die Lefzen des Hundes genügend hochstreifen, damit das ganze Gebiß zu sehen ist. Sprechen Sie erst dann mit dem Richter,

ES IST SOWEIT! SIE STELLEN IHREN EIGENEN MALTESER AUS

Eine typische Ausstellungsszene: Einige Hunde sind nach der Konkurrenz wieder in der Box untergebracht, andere warten auf ihren Auftritt im Ring.

Der Ausstellungshund muß daran gewöhnt sein, von einem Fremden untersucht zu werden. Auf diesem Bild hebt die Ausstellerin die Rute des Hundes an, damit der Richter die Rückenlinie beurteilen kann.

wenn Sie dazu aufgefordert werden.

Sie haben hoffentlich dem Aussteller, der vor Ihnen an der Reihe war, zugeschaut und haben sich gemerkt, was man von diesem verlangt hat. Einige Richter verlangen, daß Sie in einer geraden Linie mit dem Hund von ihm weggehen, damit er die Bewegung der Hinterhand beurteilen kann und dann wieder in gerader Linie zurück, um die Vorderhand in der Bewegung sehen zu können. Die Kunst dabei ist, den Schub, d. h. den Bewegungsablauf Ihres Hundes nicht zu unterbrechen, wenn Sie die Wendung machen, insbesondere in einem kleineren Ring. Bei einer schlechten Wende wird es Sie einige Mühe kosten, den Hund wieder in den richtigen Fluß zu bringen und es ist ausgesprochen wichtig, daß der Richter möglichst viel von einer guten Bewegung sieht. Sie sollten das also zu Hause gut geübt haben.

Falls man von Ihnen verlangt, ein Dreieck zu laufen, gehen Sie in einer geraden Linie vom Richter weg in Richtung der rechten Ringecke, von dort aus quer durch den Ring in die gegenüberliegende Ecke und von dort aus wieder in gerader Linie auf den Richter zu. Dabei müssen Sie darauf achten, daß die jeweiligen Wendungen weich verlaufen, damit wiederum der Bewegungsablauf des Hundes nicht unterbrochen wird. Bei dieser Abfolge zeigt sich Ihr Hund in der Bewegung auch im Profil, d. h. von der Seite. Auf keinen Fall sollten Sie sich selbst zwischen dem Hund und dem Richter befinden, d. h. Ihr Hund sollte zu Ihrer linken Seite laufen, wenn Sie dieses Dreieck abgehen.

Die Richter mögen es, Handler und Hund in einer harmonischen und gleichmäßigen Bewegung zu sehen. Der Kopf Ihres Maltesers sollte stolz getragen werden; der Bewegungsablauf sollte nicht so langsam sein, daß das Ganze depressiv wirkt. Möglicherweise wird dann dieser Eindruck noch verstärkt durch einen nach unten getra-

MALTESER HEUTE

Gewonnen oder verloren - Sie haben auf jeden Fall noch Ihren geliebten Malteser, den Sie wieder mit nach Hause nehmen.
NZ Ch. Villarose Sweet Sensation (Ch. Snowgoose Hot Toddy - Ch. Snowgoose Sweet September). Importiert aus England, gezüchtet von Chris Ripsher, im Besitz von Sheila Allen.

genen Kopf. Für den Richter ist es dann schwierig, die Front zu beurteilen. Die Bewegung sollte lebhaft und dynamisch wirken, dabei aber stets so kontrolliert, daß man gegenüber dem Richter den Hund stets vorteilhaft präsentiert. Wenn solch ein Hund mit seinem langen Haarkleid im Ring hin- und hertrippelt, kann sich dies im Gesamteindruck als störend erweisen. Wenn Sie Ihre »Runde« abgeschlossen haben, sollten Sie wieder vor dem Richter angekommen sein, Ihr Hund dabei absolut still stehend, Kopf oben, die Rute über dem Rücken. Ausnahmen werden natürlich bei den Welpen gemacht. Das eine oder andere kleine Mißgeschick ist verständlich und wird verziehen, denn niemand möchte unbedingt einen übertrainierten Welpen sehen.

Wenn Sie diesen Teil der Präsentation abgeschlossen haben, gliedern Sie sich wieder an gleicher Stelle wie vorher in die Reihe der anderen Aussteller ein, d. h. hinter dem Hund, der vor Ihnen lief. Wenn Sie versuchen würden, sich vor die bereits beurteilten Hunde zu stellen, könnten Ihre Mit-Aussteller Ihnen dies sehr übel nehmen.

Was Sie nun anschließend machen müssen, hängt von der Anzahl der in dieser Klasse ausgestellten Hunde ab. Wenn es eine zahlenmäßig große Klasse war, dann darf sich Ihr Malteser nun ein wenig entspannen. Es ist aber angeraten, sich genau daran zu erinnern, welcher Hund als letzter auf dem Richtertisch präsentiert werden muß. Wenn nämlich dieser Hund an der Reihe ist, sollten Sie Ihren Hund wieder vor sich aufgebaut haben. In den meisten Fällen ist es jedoch so, daß die Klassen verhältnismäßig klein sind und demzufolge bauen Sie Ihren Hund unmittelbar, nachdem Sie sich in die Reihe zurück eingegliedert haben, wieder auf - für die letzte abschließende Begutachtung durch den Richter.

Sie sollten jetzt sehr darauf achten, wo der Richter steht oder was er macht, sonst könnte es passieren, daß Sie gerade nervös am Haarkleid arbeiten und dabei die letzte ›goldene‹ Möglichkeit verpassen, Ihren Malteser nochmals wundervoll aufgebaut und zurechtgemacht vor den Augen des Richters zu präsentieren.

NÜTZLICHE TIPS

Ausstellen sieht einfach aus, aber es ist wirklich eine Kunst, die ganze Zeit über ein Auge auf dem Richter zu haben und gleichzeitig sicherzustellen, daß Ihr Hund superb aussieht. Ebenso kann es durchaus sein, daß der Richter sich gerade vermeintlich intensiv einen anderen Hund anschaut, dabei aber immer wieder seinen Blick auch über die anderen Hunde in der Reihe schweifen läßt, und wenn Sie dann gerade Ihren Hund in einer vernachlässigten, schlampigen Art vor sich herumstehen lassen, wird sich das ganz sicher zu Ihrem Nachteil auswirken, insbesondere, wenn der Hund neben Ihnen gut aussieht, wachsam um sich schaut und dadurch den Richter auf sich aufmerksam macht.

Wenn Sie Ihren Hund mit Gesten oder sogenannten ›Leckerchen‹ im Ring locken oder beloben, sollten Sie darauf achten, das sich das nicht störend oder ablenkend auf die Hunde neben Ihnen auswirkt. Lassen Sie im Ring kein Futter auf den Boden fallen, da so etwas die Chancen der anderen Aussteller beeinträchtigen kann. Halten Sie Ihren eigenen Hund stets unter Kontrolle, besonders aber, wenn Ihre Mitaussteller und -konkurrenten sich gerade ganz intensiv auf ihren Part konzentrieren müssen. Es ist auch nicht anzuraten, ein quietschendes Spielzeug mit in den Ring zu nehmen, weil ein solches nicht nur die Aufmerksamkeit Ihres eigenen Hundes auf sich ziehen würde, sondern auch die der anderen um ihn herum und das könnte dann zu einigem Ärger Anlaß geben.

ES IST SOWEIT! SIE STELLEN IHREN EIGENEN MALTESER AUS

NACH DEM RICHTEN

Wenn Sie zu den erfolgreich plazierten Kandidaten gehören, sollten Sie warten und sehen, ob sich der Richter noch Notizen machen möchte oder Bemerkungen hat. Verlassen Sie den Ring erst, wenn dazu eindeutig aufgefordert wird. Ob Erfolg oder Mißerfolg, zeigen Sie Größe - dies ist ein sportlicher Wettbewerb und jeder, der daran teilnimmt, hofft darauf, einen guten Tag erwischt zu haben. Wenn Sie glücklicherweise erfolgreich waren, nehmen Sie aufrichtig dankbar die Glückwünsche Ihrer Mitaussteller entgegen und lassen Sie auch Ihren Hund fühlen, daß Sie sich über den Erfolg freuen. Wenn es kein so guter Tag für Sie war, sollten Sie ihm trotzdem zeigen, daß Sie sich über seine Bemühungen gefreut haben und neidlos anerkennen, daß andere glücklich sind. Deshalb sollten Sie Haltung zeigen und entsprechenden Applaus spenden. Denken Sie daran, daß es diesmal die Meinung nur dieses einen Richters war und daß es beim nächsten Mal auf einer anderen Ausstellung anders verlaufen kann. Immerhin haben Sie noch immer Ihren wunderbaren Hund und Sie haben zweifellos aus dem Ganzen etwas gelernt.

Wenn Sie zusammenpacken um nach Hause zurückzukehren, sollten Sie darauf achten, daß Sie Ihren Platz sauber und aufgeräumt hinterlassen.

Zu guter Letzt sollten Sie, bevor Sie die Ausstellung verlassen oder sofort bei der Ankunft zu Hause die Pfoten Ihres Hundes mit einem milden Desinfektionsmittel abwischen, absprühen oder in eine Desinfektionslösung eintauchen. Wenn Sie noch mehr Hunde zu Hause besitzen, sollten Sie auch Ihre Schuhe ausziehen, bevor Sie das Haus betreten und diese ebenfalls desinfizieren. Ergreifen Sie jedenfalls alle Vorsichtsmaßnahmen, um nicht möglicherweise Ihre Hunde zu Hause mit eingeschleppten Krankheitserregern zu infizieren.

Eine kleine Malteser-Familie aus der Schweiz. V.l.n.r.: Der Malteserrüde Int. Ch. Marvess Dazzlyn Blaze (»Cracker«) (Mannsown Zebadee of Marvess - Marvess Dazzlyn Tinsel), Züchter: Mrs. Polly Reynolds, Besitzer: Zdenka und Vladimir Vanek-Jaeger, Hilfikon/Schweiz. Benji's Memorial Nut 'N' Honey (»Lola«) und Benji's Memorial Neat 'N' Sweet (»Sissy«) (Int. und NL Ch. Caramalta Motivator - Ultra Violettes Bioccolo de la Chrysalide). Züchter und Besitzer: Zdenka und Vladimir Vanek-Jaeger/Schweiz.

Kapitel 7

DIE ZUCHT MIT MALTESERN

Ich werde oft gefragt, wie ich dazu gekommen bin, Malteser zu züchten. Ich denke, wie bei vielen anderen auch, geschah das rein zufällig. Ich habe in der Vergangenheit einige Hunde unterschiedlicher Rassen besessen, aber hauptsächlich waren es Jagdhunde. Ungefähr vor dreißig Jahren erwuchs in mir der Wunsch, einen kleinen Hund ganz für mich alleine zu haben und nachdem ich mir die Annoncen in den lokalen Zeitungen angeschaut hatte, ging ich auf die Suche. In Wirklichkeit war es dann Mitleid, welches mich überwältigte, als ich diese kleine Hündin sah, die offensichtlich so unglücklich schien, daß ich nur noch von dem Gedanken besessen war, sie nach Hause mitzunehmen. Sie blühte auf wie eine Blume, aber mit fortschreitender Gesundung und Besserung der körperlichen Verfassung entwickelte sie auch eine geradezu besessene Anhänglichkeit mir gegenüber. Sie konnte es noch nicht einmal ertragen, mich nicht in Sichtweite zu haben, was dann irgendwann für uns beide zu einer unglücklichen Situation führte. Ich besprach dieses Problem mit meinem Tierarzt, welcher vorschlug - da diese Hündin sich zu einem sehr schönen Malteser in sehr gutem körperlichen Zustand gemausert hatte und dazu auch noch eine in der Tat vorzügliche Ahnentafel besaß - daß ich sie belegen und einen der Welpen behalten sollte. Sie würde dann die Zuneigung zwischen dem Nachwuchs und mir aufteilen.

Nicht nur, daß dies dann tatsächlich genauso eintraf, sondern etwas weiteres geschah auch noch: bei der Suche nach einem geeigneten Deckrüden für sie gewann ich einen Gesamteindruck über diese Rasse in England und war total berauscht. Ich behielt eine Hündin aus diesem Wurf und diese führte mich sozusagen als Gegenleistung in die Welt der Hundeausstellungen ein. In den meisten Fällen ist es eigentlich umgekehrt die Regel, nämlich daß der Aufbau einer Zucht sozusagen die natürliche Konsequenz einer erfolgreichen Ausstellungstätigkeit ist. Wollen wir doch einmal ehrlich sein, es ist schon ein stolzes Gefühl - obwohl es anfänglich wirklich nicht Ihre Absicht war, sich auch auf dieses Gebiet vorzuwagen - Besitzer eines wunderschönen, typischen Maltesers zu sein. Was könnte dann mehr Freude machen, als ernsthaft darüber nachzudenken, von ihr einmal Welpen zu haben.

DIE ENTSCHEIDUNG ZUR ZUCHT

Es ist ein Entschluß, bei dem man es sich nicht leicht machen sollte, denn es gibt vieles zu bedenken. Ganz abgesehen davon, daß die zur Mutter auserkorene Hündin von bestmöglicher Qualität sein sollte und weitestgehend dem Idealtyp und Standard der Rasse entsprechen sollte. Es könnte zum einen Ihre Ausstellungshündin sein, zum anderen aber auch einfach Ihr Familienhund, auch wenn der nicht ganz so perfekt ist und nicht alle an einen Ausstellungshund gestellten Erwartungen erfüllt. Die Hündin könnte auch durchaus einen Fehler haben, der eine Ausstellungskarriere nicht zugelassen hätte, aber so lange sie völlig gesund und fit ist, das echte Wesen eines Maltesers besitzt und auch in jedem anderen Aspekt dem Rassestandard entspricht, dann ist es wert, darüber nachzudenken, mit ihr zu züchten.

Mit einem minderwertigen Zuchtmaterial zu züchten ist nicht nur ein Selbstbetrug, sondern beweist auch eine Gleichgültigkeit, eine abwertende Einstellung zu dieser Rasse an sich. Ganz zu schweigen, daß es ein schier aussichtsloses Unterfangen ist, den Versuch zu unternehmen, Verbesserungen zu erreichen, wenn man minderwertige Hunde in der Zucht einsetzt. Es ist eine Zeit- und Kraftverschwendung. Man darf keinesfalls vergessen, daß die Belegung einer Hündin auch ein gewisses Risiko für diese bedeutet. Malteser haben nicht immer Geburten, bei denen die Welpen aus der Mutter ›herausfallen, wie Erbsen aus einer Schote‹. Es können Komplikationen auftreten - und diese meist zu mitternächtlicher Stunde!

Das ganze Unternehmen kann außerdem sehr kostspielig sein. Als erstes schlägt die Deckgebühr zu Buche, ferner muß man bedenken, daß man die Hündin vor und nach der Geburt besonders ernähren muß. Sie müssen sich eine Wurfbox anschaffen und, falls erforderlich, ein Beheizungssystem installieren. Ein gewisses Ausmaß an tierärztlicher Betreuung wird während und nach der Geburt ebenso zu berücksichtigen sein, wie schließlich auch noch die Kosten für die Fütterung und besondere Betreuung der Welpen selbst.

Das Glück spielt dabei eine nicht unwichtige Rolle. Insgesamt betrachtet ist die Hundezucht eine Mischung von Wissen, Intuition, Enthusiasmus und Glück. Diejenigen, die mit der Rasse über lange Jahre verbunden sind, haben den Vorteil, daß sie viele Hunde und deren Abstammung aus persönlicher Ansicht kennen und Sie sollten jeden Ratschlag, der Ihnen von dieser Seite erteilt wird, ernsthaft mit in Betracht ziehen. Sprechen Sie mit so vielen Leuten wie möglich, immer dabei bedenkend, daß die geäußerten Meinungen mit Vorurteilen behaftet sein

DIE ZUCHT MIT MALTESERN

können und es liegt bei Ihnen, dabei die Fakten von den persönlichen Neigungen zu trennen, wenn Sie Ihre Entscheidung treffen wollen. Ich bin allerdings auch der Meinung, daß Sie nicht zuletzt auch durchaus Ihrem instinktiven Gefühl, Ihrer persönlichen Eingebung folgen sollten. Dieser Instinkt könnte Ihnen einen Wurf bescheren, der aus den geborenen Gewinnern besteht. Natürlich kann es auch ebenso umgekehrt sein und Sie werden enttäuscht. Ich gebe Ihnen aber auf jeden Fall mein Wort darauf, daß Sie sehr viel lernen werden und dieses Erlernte wird von bleibendem Wert sein.

Ich persönlich hatte das Glück auf meiner Seite, als mich damals gerade eine gestandene Züchterin besuchte. Zu dieser Zeit besaß ich drei für mich vielversprechend aussehende Nachwuchs-Hündinnen und zwei davon entsprachen genau dem Typ, der damals auf den Ausstellungen zu sehen war; eine von den dreien war etwas größer. Meine Besucherin deutete auf die letztere und meinte: »Von dieser würde ich mich als erstes trennen, ihre Beine sind zu lang«. Ich hielt mich selbst damals natürlich nicht für besonders erfahren und hätte leicht diesen Ratschlag befolgen können. Ich mochte jedoch die Hunde, die in der Ahnenreihe hinter dieser speziellen Hündin standen und mein instinktives Gefühl riet mir, diese Hündin wegen ihrer Qualitäten insgesamt zu behalten und genau das tat ich dann auch.

Ich genoß es sehr, die beiden anderen Hunde auszustellen. Sie bereiteten mir viel Freude und beide hatten, als sie ihre Ausstellungkarriere beendeten, mehrere Champion-Anwartschaften gewonnen, eine hatte sogar das Reserve CC auf der Crufts erhalten. Allerdings hatte keiner ihrer Nachkommen irgendeinen Anteil an den Erfolgen meiner weiteren Zucht. Sie hatten beide sehr schöne Babys, aber aus dem einen oder dem anderen Grunde war es nie das, was ich suchte und mir vorstellte.

Die Hündin jedoch, von der mir geraten worden war, mich von ihr zu trennen, weil ihr Typ eben damals nicht gerade ›in Mode‹ war, hatte eben genau die Qualitäten. Beim ersten Mal, nachdem Sie von mir mit einem Rüden aus halb-englischem, halb-importiertem Blut belegt wurde, ging aus dem Nachwuchs ein Champion-Rüde hervor, der auf der Crufts Best of Breed wurde und dann später auch noch zum Besten Hund der ganzen Gruppe avancierte. Als ich beim nächsten Mal einen totalen ›Outcross‹ mit ihr machte, ging daraus eine Champion-Tochter hervor, die im Jahr darauf Best of Breed auf der Crufts wurde. Schließlich wurde sie mit einem sehr eng in Linie gezogenen Rüden verpaart und wieder ging aus diesem Wurf ein Champion-Rüde hervor. Dieser gewann das Reserve CC auf der Crufts, im folgenden Jahr das CC und schließlich wurde er im darauffolgenden Jahr Best of Breed und Finalteilnehmer in der Gesamtgruppe. Alle drei fuhren dann fort, Nachwuchs zu zeugen, aus dem hochkarätige Champions hervorgingen. Die Mutter wurde nach ihrem dritten Wurf aus der Zucht genommen, kastriert und blieb dann bis zu ihrem 17. Lebensjahr an meiner Seite.

Der Entschluß, damals nicht dem Rat der älteren Züchterin zu folgen, war sicher nicht meiner Erfahrung entsprungen, sondern aus dem instinktiven Gefühl, diese Hündin zu behalten. Hätte ich mich überreden lassen und mich nur auf die beiden Hündinnen konzentriert, die ich seinerzeit ausstellte, dann wäre konsequenterweise keiner meiner erfolgreichen Malteser seit jener Zeit je geboren worden.

Normalerweise ist es der Deckrüde, dessen Erbanlagen sich beim Nachwuchs durchsetzen und obwohl die drei - sehr unterschiedlichen - Rüden, die ich für den jeweiligen Deckakt ausgewählt hatte, alle sehr schön waren, beweist diese kleine Geschichte doch durchaus, daß auch eine Hündin die Anlagen haben kann, in starkem Maße gewisse Qualitäten weiterzugeben. Ich hatte großes Glück, da eine solche starke Vererbungskraft, wie man diese Fähigkeit nennt, sich nicht vorher in irgendeiner Form offenbart, sondern sich erst im Laufe der Zeit zeigt. Aber Intuition kann eben eine Rolle spielen. Es wäre vermessen, zu versuchen, heute einen Typ zu züchten, der gerade auf den Ausstellungen gefragt ist und gewissermaßen der aktuelle Gewinnertyp ist. Denn während Sie so denken und handeln, ist bereits ein Ausstellungsjahr vorbei, bevor Ihr Welpe soweit ist, vorgestellt zu werden und eben just dann könnten sich die subtilen Kriterien, die dem einen Hund den Vorzug vor dem anderen geben, geändert haben.

Also, hören Sie sich jeden erdenklichen Rat an, aber machen Sie gleichzeitig auch Ihre ›Hausarbeiten‹ und schauen sich die Hunde und ihre Ahnentafeln genau an. Suchen Sie die Qualitäten heraus, die Sie am meisten bewundern und stellen Sie hohe Ansprüche, auch an Ihre eigenen Ideale. Jeder kann einen kleinen weißen Hund züchten, der vier Beine hat und manche mögen auch ein wenig Erfolg im Ring haben, aber denken und planen Sie für die Zukunft und in längeren Zeiträumen. Betrachten Sie den ersten Ihrer Würfe als den Grundstock und als etwas, worauf Sie und vielleicht auch noch andere stolz sein können. Letztendlich sollten Sie es jedoch sein, der die Entscheidung trifft, welchen Rüden man nimmt und welchen Welpen man behält.

ZUCHTFÄHIGES ALTER

Die Zeit ist also gekommen, wo Sie daran denken, mit Ihrem wunderschönen und gesunden Malteser mit seinem typischen entzückenden Temperament zu züchten. Das Alter, in welchem eine Hündin ihre erste Hitze hat, kann individuell variieren. Sie könnte diese bereits mit 6 Monaten haben. Normalerweise wird dies jedoch irgendwann

MALTESER HEUTE

Mutter und Tochter: Dulc Tara's Triumph und Dulc La Heim Acer.
Züchter und Besitzer: Marie Harper.

zwischen dem 9. und dem 12. Monat der Fall sein. Vielleicht hat Ihnen irgendwann einmal jemand gesagt, daß die kleinen Schoßhunde schneller erwachsen sind, als Hunde größerer Rassen. Das ist zwar absolut richtig, es wäre jedoch keinesfalls ratsam, eine Hündin vor ihrer zweiten Hitze zu belegen. Dann erst dürfte sie wirklich erwachsen sein, sowohl physisch als auch mental. Belegt man eine Hündin zu früh, so kann sich dies wachstumsstörend auswirken.

Für den Fall, daß Sie die Hündin ausstellen und deshalb zunächst von einer Zucht Abstand nehmen, sieht der Zeitplan anders aus. Sie sollte dann aber spätestens im Alter von 3 Jahren ihren ersten Wurf haben, weil sich die Knochen mit zunehmendem Alter verhärten und es zu Komplikationen kommen könnte. Danach sollte bei weiteren Belegungen immer eine Hitze überschlagen werden, damit sich die Hündin zwischen den Würfen immer wieder vollständig regenerieren kann. In welchem Alter auch immer eine Belegung erfolgt, die Hündin sollte stets völlig gesund sein und kein Übergewicht haben.

DIE AUSWAHL DES DECKRÜDEN

Es gibt immer wieder Tendenzen, daß man den Rüden als Deckrüden ins Auge faßt, der gerade aktuell der erfolgreichste auf den Ausstellungen ist. Aber ist das auch wirklich der ideale Rüde für Ihre Hündin? Sie müssen es so sehen, daß der geplante Wurf der Grundstock für Ihre eigene Zucht, Ihre eigene Linie bilden sollte. Sie sollten sich schon Monate zuvor der Mühe unterziehen, sich eingehend mit den Ahnentafeln der Rüden zu befassen, an denen Sie Gefallen gefunden haben und sich auch ein Bild über bereits von solchen Rüden gezeugten Nachwuchs verschafft haben. Natürlich sollte der ausgesuchte Rüde selbst auch ein ausgezeichnetes Exemplar seiner Rasse sein, aber der beste Beweis für seine Qualitäten offenbart sich in seinem bereits gezeugten Nachwuchs. Falls Sie sich einen ganz bestimmten Rüden wünschen, dieser aber aus irgendeinem Grunde nicht zur Verfügung steht, könnten Sie daran denken, dessen Vater zu nehmen. Verfallen Sie nicht der Verlockung, einem gerade aktuellen Modetrend zu folgen, sondern geben Sie Ihren eigenen individuellen Vorstellungen den Vorzug. Auch die Mühe einer weiten Reise sollte Sie nicht davon abhalten, den Rüden zu nehmen, den Sie sich ausgesucht haben. Letztlich wird sich das einmal auszahlen. Wenn man

Ch. Snowgoose Hot Toddy: BIS auf der Club-Show des Maltese-Club 1985 und viele Jahre erfolgreichster Deckrüde.
Züchter und Besitzer: Vicki Herrieff.

Foto: Diane Pearce.

DIE ZUCHT MIT MALTESERN

Ch. Snowgoose First Love, Rekordhalter der Rasse in England, mit seinem Sohn, Benatone Love on the Rocks, welcher später Champion wurde und erfolgreichster Rüde des Jahres 1995.

sich bei dieser ganzen Sache zuwenig Gedanken macht, könnte man für diesen Fehler teuer bezahlen. Wenn Sie diese wichtige Entscheidung treffen, legen Sie damit nicht nur den Grundstein für Ihre eigene Zucht, sondern Sie tragen auch die Verantwortung für das neue Leben, was damit in die Welt gesetzt wird. Messen Sie diesen Dingen demzufolge auch die entsprechende Bedeutung bei.

ZUCHTPROGRAMME
Sicher werden Sie schon gehört haben, daß es bei der Zucht verschiedene Möglichkeiten gibt. Solche Begriffe wie Inzucht, Linienzucht und Outcross, die ich schon vorher benutzt habe, mögen verwirrend und kompliziert für Sie sein und deshalb möchte ich hierzu noch etwas Erklärendes sagen.

Der Begriff Inzucht wird benutzt, wenn direkte oder sehr enge Verwandte miteinander verpaart werden, wie z. B. Mutter und Sohn, Vater und Tochter oder Bruder und Schwester. Dadurch erreicht man auf dem genetisch schnellsten Wege ganz bestimmte Charaktere in den daraus resultierenden Welpen wiederzufinden. Erfahrene Züchter greifen zu dieser Methode jedoch nur dann, wenn sie persönliche Kenntnisse vieler Generationen haben, die hinter dieser Verpaarung in der Ahnenreihe stehen und absolut sicher die Fehler und die Qualitäten der dahinterstehenden Linien kennen und abwägen können. Diese Form der Inzucht könnte bei einem Neuling in der Rasse zu einem Desaster führen und deshalb sollte man so etwas nur erfahrenen und sicheren Händen überlassen.

Der Begriff der Linienzucht ist ein weiterer, oft zu hörender Ausdruck, der verwendet wird, wenn ein bestimmter Rüde sowohl in der Ahnentafel der Hündin als auch des Deckrüden wiederholt erscheint. Diese Linienzucht ist die gebräuchlichste und geeignetste Form, um Verbesserungen in der eigenen Zucht zu erreichen. Das Konzept ist dabei, eine Akkumulation der guten Qualitätskriterien in dieser ganz bestimmten Linie in den Welpen zu vereinigen. Die meisten der erfolgreichen Züchter haben ihre Linien auf diese Weise aufgebaut, aber nochmals, auch hierbei muß man sich darüber im klaren sein, daß Fehler auftreten können. Diese können sich natürlich ebenso akkumulieren bzw. verdoppeln.

Der Einfluß eines Rüden hängt sehr davon ab, wo, d. h. an welcher Stelle er in der Ahnentafel rangiert. Je näher er zu der potentiellen Zuchthündin oder dem Deckrüden steht, umso größer ist sein Einfluß. Umgekehrt selbstverständlich: je weiter er im Verwandtschaftsgrad entfernt ist, umso schwächer wird sein Einfluß.

Der Amerikanische Champion To The Victor of Eng: Top-Deckrüde in den USA, der im Verlauf seiner Karriere um die 80 amerikanischen Champions gezeugt hat.

Den Begriff Outcrossing wendet man auf den Fall an, bei dem zwei Hunde verpaart werden, die völlig unterschiedliche Ahnenreihen haben, d. h. keinerlei verwandtschaftliche Beziehung aufweisen. In der Malteserzucht wird diese Zuchtform eingesetzt, um einem begrenzten genetischen Pool aus dem einen oder anderen Grunde neue Kraft zuzuführen oder durch frisches Blut zu verstärken. Jeder, der seine eigene Linie aufbauen möchte, wäre schlecht beraten, wenn er diesen Weg gleich zu Beginn wählen würde, da aus einer solchen Zufallsverbindung noch kein bestimmter Typ von Nachwuchs hervorgeht. Am wertvollsten ist eine solche Sache, wenn sie in einer Zucht angewendet wird, bei der sehr eng in Linie gezogen wurde und man nun dadurch einige Anlagen zu verstärken sucht, was durch die Zufuhr von ergänzenden neuen Genen unterstützt wird. Aus einer solchen Verpaarung werden dann ausgesuchte Welpen wieder zurück in die ursprüngliche Linie der Zucht integriert und damit bleibt der eigentliche Typ von Maltesern in dieser Zucht erhalten.

GENETISCHE EINFLÜSSE
Ich habe bereits einmal erwähnt, daß in der Hundezucht auch eine gewisse Portion Glück eine Rolle spielt und das macht das Ganze so aufregend. Wie langweilig wäre es, wenn wir absolut genau vorausbestimmen könnten, was bei einem Wurf herauskommt. Die genetische Veranlagung wird den Genen des Hundes weitergegeben, verpackt in den Chromosomen. Menschen haben 23 Paar Chromosome, während Hunde dagegen komplexer erscheinen, da sie 39 Paar Chromosome besitzen, von denen 38 identisch sind, während das 39. das Geschlecht bestimmt. Der Rüde hat entweder ein X oder ein Y Sexual-Chromosom, aber nicht beide gleichzeitig, während die Hündinnen nur das X-Chromosom besitzen. Sollte das Sperma des Rüden das X-Chromosom tragen, dann wäre ein XX-Chromosom das Resultat der Befruchtung und damit eine Hündin. Wenn das Sperma das Y-Chromosom beinhalten würde, käme ein XY-Chromosom zustande und somit ein männlicher Welpe. Es ist kurios, daß das Y-Chromosom irgendwie kräftiger und beweglicher auf seiner Reise zur Ova ist, denn der Anteil an Rüden gegenüber Hündinnen ist in der Nachkommenschaft relativ höher.

Die Chromosomen in den Eierstöcken Ihrer Hündin und in den Hoden des Rüden teilen sich bei der Begattung, so daß die befruchtete Eizelle zur Hälfte die Erbinformationen aus der Veranlagung des Rüden tragen und zur Hälfte die der Hündin. Diese zufällige Vermischung von Genen ist für die Unterschiede zwischen dem einen und dem anderen Welpen verantwortlich. Daraus ist auch zu folgern, daß es ganz sicher keine Garantie dafür gibt, daß bei einer Wiederholung einer solchen Verpaarung ein identischer Wurf fallen würde.

Die Gene selbst werden in zwei Hauptgruppen unterteilt: *dominant* und *rezessiv*. Unter den Millionen von Genen, die an einer Verpaarung beteiligt sind, gibt es die dominanten Gene, die vielleicht nur von einem Elternteil stammen und die sich bei der Vererbung vorrangig auf dem direkten Wege durchsetzen und so direkt z. B. die Augenfarbe oder die Haartextur bestimmen. Daneben gibt es die rezessiven Gene, welche erst dann wirksam werden, wenn sie von beiden Elternteilen getragen werden. Das rezessive Gen ist im Normalfall verantwortlich für die Mehrzahl der unerwünschten Eigenschaften und Erbkrankheiten. Schwierigkeiten treten dann auf, wenn das dominante Gen das rezessive überdeckt.

Gestandene und seriöse Züchter sind natürlich viel besser in der Lage, eine Ahnentafel zu analysieren, da sie sich die offensichtlich vorhandenen dominanten oder rezessiven Gene, die sich über die Jahre für einige Vererber oder Blutlinien als charakteristisch erwiesen, gemerkt haben und sich daran erinnern.

An alle diese Dinge müssen Sie als Neuling unter den Ausstellern, die einigen Erfolg im Ring hatten, mit einer Hündin, deren Qualitäten insgesamt erfreulich sind und bei der sie sich nun entscheiden müssen, denken. Es wäre vorteilhaft, wenn der Deckrüde Ihrer Wahl in Linie gezogen worden wäre und daß diese mehr oder weniger auch noch mit den Linien der Ahnentafel Ihrer Hündin durch einen anerkannten und erfolgreichen gemeinsamen Vorfahren konveniert.

Also, nachdem Sie nunmehr alle Vor- und Nachteile des ausgesuchten Deckrüden gegeneinander abgewogen haben und sich völlig klar darüber geworden sind, wie Sie weiter vorgehen wollen, ist der Zeitpunkt gekommen, den Besitzer dieses Deckrüden anzusprechen und Einzelheiten mit ihm zu bereden. Wir wollen an dieser Stelle einmal annehmen, daß Ihre Hündin zum ersten Mal belegt wird. Sie sollten das auch erwähnen und demzufolge wird man etwas gefühlvoller an die Angelegenheit herangehen. Verabreden, bzw. besprechen Sie dies alles rechtzeitig und warten Sie nicht, bis die Hündin bereits heiß ist. Es könnte dann durchaus sein, daß der Deckrüde aus irgendeinem Grunde nicht verfügbar ist und das wäre natürlich katastrophal. Halten Sie die Deckgebühr und auch alles andere bereit, was erforderlich ist.

DER ZYKLUS DER HÜNDIN
Ein Anzeichen dafür, daß die Hündin heiß wird, ist ein Ausfluß, der farblich variieren kann und sich in starken Blutungen bis zu einem blaßrosa zeigt, wenn die Hündin sich sauberhält. Manche Junghündinnen zeigen sich manchmal geschockt, wenn sie ihre erste Hitze haben und verhalten sich dann sehr ruhig und zurückgezogen. Ein

DIE ZUCHT MIT MALTESERN

Die Früchte einer erfolgreichen Zuchtplanung - vier Generationen von Gewinnern. Von links nach rechts: Am. Ch. Stan-Bar's Spark of Glory, Am. Ch. Myi's Siin Seeker-Shinohara, Am. Ch. Myi's Ode to Glory und Am. Ch. Myi's Ode to Glory Seeker.

weiteres Indiz ist ein Anschwellen des Bereiches um die Vulva herum und der Vulva selbst. Es fällt auch auf, daß die Hündin viel öfter uriniert und das bleibt für gewöhnlich auch so während der ganzen Hitze.

Die Hitze wird in zwei Abschnitte eingeteilt. Zunächst wird die Vulva anschwellen und permanent Ausfluß absondern. Danach, nach etwa neun oder zehn Tagen hört dieser Ausfluß allmählich auf und die Vulva wird weich und empfangsbereit, was sich meist darin zeigt, daß sie die Rute anhebt und zur Seite streckt, wenn Sie sie im hinteren Bereich berühren.

Dummerweise treten jedoch bei einigen Hündinnen manchmal sogenannte trockene Hitzen auf. Dabei ist auch der Ausfluß, wenn überhaupt vorhanden, völlig farblos. Die Vulva allerdings ist geschwollen. In einem solchen Fall ist es ausgesprochen schwierig, den optimalen Decktag zu bestimmen. Man kann sicherer sein, wenn man einen Abstrich beim Tierarzt hat machen lassen und der Eisprung vorausberechnet wurde. Trotzdem sind Ihre eigenen Beobachtungen unersetzlich wichtig. Achten Sie auf jede Veränderung im Bereich der Vulva, wenn die Zeit gekommen ist, in der die Hündin normalerweise läufig werden sollte, sonst wäre es durchaus möglich, daß die Hitze schon wieder vorbei ist, bevor Sie es überhaupt bemerkt haben.

Die meisten Hündinnen werden alle sechs Monate heiß. Trotzdem gibt es auch hierbei Unregelmäßigkeiten. Ich hatte einmal eine Hündin, die nur einmal im Jahr heiß wurde. Wenn sie dann auch noch ein Typ gewesen wäre, der zu trockenen Hitzen tendiert, hätte das die ganze Sache natürlich fürchterlich kompliziert. Der Zeitpunkt der größten Empfänglichkeit läßt sich zumeist am besten durch die farbliche Veränderung des Ausflusses zwischen dem zehnten und dreizehnten Tag bestimmen. Trotzdem werden einige Hündinnen erfolgreich belegt, wenn der Ausfluß noch blaßrosa ist und manche Hündinnen akzeptieren den Rüden erst zum Ende der dreiwöchigen Hitze. Leider gibt es bezüglich des Zeitpunktes des Eisprungs keine festen Regeln und es ist bei jeder Hündin etwas anders. Ich kannte eine Malteserhündin, die bereits an ihrem achten Tag empfangsbereit war, aber dann auch nur die nächsten achtundvierzig Stunden über. Die Besitzerin dieser Hündin mußte ganz besonders achtsam sein, um nicht Gefahr zu laufen, daß es vorbei war und eine spätere Belegung erwies sich als erfolglos.

DER DECKAKT

Wenn nicht besondere Umstände dagegen sprechen, sollten Sie Ihre Hündin zum Deckrüden begleiten. Wenn Sie dazu eine weitere Reise machen müssen, sollten Sie sich viel Zeit nehmen, damit sich die Hündin in der neuen Umgebung eingewöhnen und entspannen kann. Einige Hündinnen, an erster Stelle die noch jungfräulichen, sind verständlicherweise nervös, wenn sie in eine ungewohnte Umgebung kommen. Wenn sie dann auch noch von einem liebesbedürftigen Rüden bedrängt werden, kann das einfach zuviel für sie sein.

MALTESER HEUTE

Falls Ihre Malteserhündin zu diesem Zeitpunkt noch im vollen Haarkleid ist, ist es ratsam, das Haar um den Bereich der Vulva herum zu beiden Seiten zu teilen und seitwärts an den Hüften mit einem Gummiband zu befestigen, oder in das andere Haar einzuflechten, um dem Rüden den Zugang zu erleichtern.

Es kann sein, daß der Besitzer des Deckrüden es lieber hat, daß Sie sich während des Deckvorganges in einen anderen Raum begeben, weil sich Ihre Hündin als launig erweist und sich an Sie klammert. Manche Hündinnen lassen sich viel besser von einem sachkundigen Fremden führen, der darauf achtet, daß das Ganze glatt und ohne viel Aufhebens vonstatten geht. In einem solchen Falle wird man Sie dann sicher etwas später, wenn der ›Bund‹ bereits geschlossen wurde, hereinrufen, damit Sie sich persönlich von dem Vollzug des Deckaktes überzeugen können. Es mag aber auch durchaus sein, daß man Sie bittet, hilfreich von Anfang an mit Hand anzulegen.

Bei der Ankunft beim Deckrüden sollte man nochmals überprüfen, ob die Hündin nach wie vor steht. Es ist sicher hilfreich, wenn man im Bereich der Scheide innen und außen etwas Vaseline verwendet, um das Eindringen zu erleichtern. Vor allen Untersuchungen und diesbezüglichen Handgriffen sollte man sich zuvor in jedem Falle sorgfältig Hände und Fingernägel gereinigt haben und falls man auch innere Untersuchungen durchführen muß, sollten die Fingernägel außerdem so kurz wie möglich sein.

Ich ziehe es vor, daß sich die Hündin vorher zunächst mit dem Raum und der Umgebung vertraut gemacht hat, bevor ich den Rüden zu ihr lasse und dann beobachte, wie die beiden aufeinander reagieren. Wenn sie miteinander spielen und flirten, erleichtert es den Deckvorgang enorm. Wenn die erste Begrüßung vorbei ist und man die beiden mit sich selbst beschäftigen läßt, werden diese anfangen, intensiv miteinander zu flirten, sich dabei gegenseitig zärtlich mit den Pfoten berühren und schubsen und mit den Nasen anstoßen. Die Hündin wird sich dann in eine empfangsbereite Position stellen, die Rute zur Seite liegend eingerollt und den Rüden damit ermuntern, aufzusteigen um dann sofort wieder zu entweichen, wenn er das dann auch versucht. Dieses Spielchen könnte sich durchaus einige Male wiederholen. Es stimuliert beide Tiere und wenn die Hündin dann wirklich empfangsbereit ist, wird sie dem Rüden die Vulva entsprechend darbieten.

Wenn der Rüde wesentlich mehr daran interessiert ist, die Hündin zu lecken, als sie zu besteigen, dann könnte das bedeuten, daß es für eine Belegung noch etwas zu früh ist. Auch eine untypische Aggressivität ihrerseits könnte dafür ein Anzeichen sein. Nur wenige Stunden können dann auf wundersame Weise eine knurrende und widerstrebende Hündin, die eben noch nichts von dem Rüden wissen wollte, verwandeln und sie dazu veranlassen, hingebungsvoll zu flirten und sich empfangsbereit zu zeigen. Sie müssen aber auch entscheiden, ob eine Aggressivität auf Nervosität zurückzuführen ist oder ob Sie vielleicht sogar zu spät gekommen sind. Wenn der Deckakt geklappt hat und die beiden aneinander hängen, sollte man dafür sorgen, daß die beiden ruhig stehen bleiben. Wenn zwei Personen anwesend sind, sollte einer in beruhigender Art die Hündin festhalten, während der Besitzer des Deckrüden sich um diesen kümmert. Die Vereinigung zweier Hunde zeigt sich normalerweise dadurch, daß sie hängen. Das geschieht dadurch, daß der Penis des Rüden anschwillt und von den Muskeln der Vagina der Hündin umklammert und festgehalten wird.

Die Ejakulation findet in drei Abschnitten statt: Der erste Erguß besteht in einer klaren Flüssigkeit, der zweite beinhaltet die Samenkörper und im dritten folgt abermals eine klare Flüssigkeit, die die Spermien vorwärts spült. Dieses Ganze findet während des sog. Hängevorganges statt, wobei allerdings die Dauer dieses Vorganges keinen Rückschluß auf den Erfolg des Deckaktes zuläßt. Es kann sogar sein, daß manche Hunde nie hängen.

Wenn der Rüde erfolgreich in die Hündin eingedrungen ist, wird er eine gewisse Zeit mit einer pumpenden Bewegung fortfahren. In diesem Stadium schwillt der Penis des Rüden kontinuierlich an. Das könnte für die Hündin ein unangenehmes Gefühl sein, aber man sollte dann freundlich und bestimmt jeden Versuch der Hündin unterbinden, aus der Verbindung auszubrechen, denn das könnte bei beiden zu Verletzungen führen. Wenn der Penis des Rüden in vollem Umfang eregiert ist und von den Muskeln der Hündin festgehalten wird, sind beide fest verbunden und man kann die beiden für einige Minuten loslassen. Es kann aber auch vorkommen, daß man bis zu einer Stunde lang eine wahre Knochenarbeit damit verbringen muß, die Hunde kontinuierlich festzuhalten. Der Rüde liegt in diesem Stadium auf der Hündin und umklammert mit den Vorderbeinen die Rippen der Hündin. Nach einer Weile wird der Rüde unruhig und zeigt damit an, daß er sich bewegen möchte. Heben Sie dann sein Hinterbein vorsichtig über den Rücken der Hündin weg, so daß die beiden nun Hinterteil zu Hinterteil zusammenstehen. Auch hierbei wird der Deckrüdenbesitzer sicherlich wieder helfen. Notieren Sie sich, wie lange dieser Begattungsakt gedauert hat, weil Sie das später vielleicht in Ihren Aufzeichnungen zu Hause vermerken wollen. Bei mir ist es einmal vorgekommen, daß sich beide niedergelegt und während eines langen Hängens fest eingeschlafen sind. Sie müssen allerdings trotzdem immer sehr genau auf Anzeichen achten, wann dieser Zustand endet, weil ein aufgeregtes Tier plötzlich wegspringen und dabei den Partner verletzen könnte.

Wenn die beiden sich schließlich vollständig voneinander gelöst haben, müssen Sie darauf achten, daß sich der Penis des Rüden wieder richtig zurückgezogen hat, ohne daß dabei lange Haare mit in den Schaft eingezogen wurden. Ist das der Fall, sollte man diese Haare wieder vorsichtig herausziehen. Mit einer Lösung aus warmem

DIE ZUCHT MIT MALTESERN

Wasser und einem milden Antiseptikum sollten Sie nun mit einem weichen Schwamm den Genitalbereich des Rüden säubern und ihm dann seine verdiente Ruhe gönnen. Das Sperma kann über einige Tage aktiv sein und manche Hündinnenbesitzer möchten den Deckakt 48 Stunden später nochmals wiederholen, um die gesamte Periode des möglichen Eisprunges abgedeckt zu haben.

DER DECKRÜDE

Wie bei der Zuchthündin auch, spielt die Gesundheit im Leben des Deckrüden eine wichtige Rolle. Wählen Sie keinesfalls einen Deckrüden aus, der auch nur im entferntesten Anzeichen von Unwohlsein zeigt, irgendwie nicht fit erscheint oder irgendwelche Medikamente nehmen muß.

Falls Sie selbst Besitzer eines solchen Deckrüden sind, sollten Sie darauf bedacht sein, daß der Rüde vor jeder Verpaarung gesundheitlich absolut auf der Höhe ist, indem Sie ihm viel Bewegung an der frischen Luft bieten und hochqualitatives Futter verabreichen. Im Idealfall sollte er mit anderen Maltesern aufgewachsen sein, da er dadurch Selbstvertrauen im Umgang mit anderen Hunden gewonnen hat und sich dann auch entsprechend verhält.

Als Besitzer eines Deckrüden haben Sie auch eine gewisse Verantwortung gegenüber der Rasse. Wenn Sie eine Anfrage auf einen Deckakt erhalten, sollten Sie darauf Wert legen, die Ahnentafel der Hündin einzusehen um herauszufinden, daß mit den beiden Hunden eine geeignete Verpaarung vorgenommen wird und dabei nichts geschehen könnte, was sich vielleicht in der Folge nachteilig auf die Rasse auswirkt.

So unangenehm das auch sein mag, aber Sie schulden es der Rasse auch, daß Sie bei untypischen oder nicht ganz gesund erscheinenden Hunden den Deckakt verweigern, selbst dann, wenn die Hündin bereits eingetroffen ist. Außerdem gibt es darüberhinaus auch solche Hündinnen, mit deren Zucht ein ganz anderes Ziel verfolgt wird. Das allerdings sollte man vorher bereits auf dem diskreten Wege herausgefunden haben. All das gehört jedoch dazu, wenn man als ein verantwortungsbewußt handelnder Deckrüdenbesitzer gelten möchte.

Die Diskussion und Einigung über die Decktaxe sowie alle mit der Belegung verbundenen sonstigen Bedingungen sollten rechtzeitig vorher geführt und die entsprechenden Vereinbarungen sollten schriftlich niedergelegt werden, damit es später keine Mißverständnisse gibt. Dabei sollte auch feststehen, ob der Deckakt unentgeltlich wiederholt wird, für den Fall, daß die Hündin nicht aufgenommen haben sollte. Grundsätzlich wird die Decktaxe für die Leistung des Rüden erhoben und nicht für das Ergebnis. Es liegt deshalb im Ermessen des Deckrüdenbesitzers, ob in solchen Fällen eine kostenlose Wiederholung des Deckaktes gewährt wird oder nicht.

Ein Deckrüde sollte ein möglichst ausgezeichneter Vertreter der Rasse sein, bei dem sich das liebenswerte und sanftmütige Wesen der Rasse auch in einer solchen aufregenden Situation in besonderem Maße widerspiegelt. Nehmen Sie niemals aus Bequemlichkeit irgendeinen Rüden, weil er z. B. ganz in der Nähe lebt oder weil Sie einen eigenen besitzen. Ein schlechter Rüde, der einfach wahl- und kritiklos eingesetzt wird, kann einer Rasse furchtbaren Schaden zufügen, ganz abgesehen davon, daß die ganze Angelegenheit für Sie selbst auch nicht besonders befriedigend ist, Sie nur Zeit und Geld kostet und Sie darüberhinaus auch höchstwahrscheinlich vom züchterischen Ergebnis nicht weiterbringt. Ein verantwortungsbewußter Deckrüdenbesitzer wird darüberhinaus das Ergebnis der Belegung in Form der Welpen sehen wollen, um an deren Qualitäten sorgfältig abzuwägen, ob er seinen Rüden auch anderweitig und weiterhin als Deckrüden anbieten kann.

Wenn ein Rüde einmal als Deckrüde eingesetzt worden ist, wird er sich im Wesen verändern. Sie haben in ihm etwas in Gang gesetzt, was ihm immer in Erinnerung bleiben wird - er ist sozusagen ›auf den Geschmack gekommen‹. Sein Selbstvertrauen hat einen gehörigen Wachstumsschub erhalten und jetzt wird er jeden Hund untersuchen wollen, der ihm über den Weg läuft. Einige Rüden entwickeln eine Geruchsveränderung im Urin. Dieser riecht dann streng, verunreinigt das Haarkleid und verbreitet einen unangenehmen Geruch. Wenn Rüden einmal eine Hündin belegt haben, sind sie auch umso häufiger darauf bedacht, ihren Geltungsbereich zu markieren, was sich bei einem als Familienhund gehaltenen Rüden als sehr störend erweisen könnte. Es ist deshalb für alle Betroffenen das beste, wenn nur solche Deckrüden eingesetzt werden, deren Besitzer diese Dinge kennen und akzeptieren.

Weil Zwerg- und Schoßhunde schneller erwachsen werden, sind solche Jungrüden zumeist schon geschlechtsreif, bevor sie ein Jahr alt sind und manche Züchter sind sogar der Ansicht, daß man einen Rüden wenigstens einmal eingesetzt haben sollte, bevor er dieses Alter erreicht hat. Sie mögen zwar Ihren Rüden noch als Welpen ansehen, aber man muß sich schon völlig darüber im klaren sein, daß er durchaus schon zeugungsfähig ist. Ich möchte an dieser Stelle eine Dame zitieren, die völlig überzeugt behauptete: »Mein Billy kann nicht der Vater dieser Welpen sein. Er war zu dieser Zeit ja noch ein Welpe von 10 Monaten«. - Und ob er konnte! - Er war wahrscheinlich bereits in diesem Alter schon sehr potent.

Jung-Rüden werden am ehesten und besten an ihre spätere Aufgabe als Deckrüden herangeführt, wenn man sie beim allerersten Mal an eine bereits erfahrene heiße Zuchthündin heranführt, deren abgeklärtes Verhalten ihm Sicherheit gibt und ihn ermutigt. Sie wird mit ihm flirten, ihn necken und seine amateurhaften, manchmal recht lustigen, plumpen Annäherungsversuche tolerieren. Ein Rüde, der zu sehr auf den Menschen fixiert wurde, könnte - obwohl dies eher nur bei schon etwas älteren Rüden vorkommt - selbst bei einer heißen Hündin keine Anstalten zeigen, sich mit dieser zu beschäftigen, selbst wenn sie mit ihm flirtet. Er wird eher versuchen, so schnell wie möglich vor diesem ›kecken‹ Mädchen Reißaus zu nehmen und sich zu seinem Besitzer flüchten. Dieses Problem tritt bei Rüden, die in einer Meute mit anderen Hunden aufgewachsen sind, viel seltener auf.

Ein erfahrener Deckrüde ist routinierter und kann Ihnen meist sogar durch sein Verhalten anzeigen, ob es gerade der richtige Tag für die Hündin ist, weil er sich anderenfalls eher desinteressiert zeigt. Allerdings, wenn ich sagte der ›erfahrenere‹ Rüde, so gibt es aber auch dabei Unterschiede. Ich habe einen Rüden, dessen Ungestümheit einer nervösen Hündin Angst machen würde, wenn ich nicht behutsam vorgehe. Er würde in das Zimmer hereingestürmt kommen und sich keinesfalls wie ein Kavalier nach dem Motto »Gestatten Sie bitte« verhalten! Sicher würde eine Hündin mit Erfahrung und Selbstvertrauen diese lärmende Art ihr den Hof zu machen, möglicherweise sogar mögen - bei einer jungfräulichen Hündin müßte ich in diesem Falle allerdings besondere Vorsicht walten lassen, wenn die Sache gelingen soll. Ein anderer meiner Rüden wiederum ist solch ein Gentleman, daß er auf seine Art die Hündin um ihre Einwilligung bittet. Er macht ihr auf sehr nette Art den Hof und schaut sie dabei immer an, als wenn er sich vergewissern wollte, daß sie auch glücklich ist. Wenn sie auch nur ein leisestes Grollen von sich gibt, dann war's das, er will nichts mehr von ihr wissen und wäre durch nichts zu überreden, sie zu besteigen.

Wenn man zu Hause eine Meute von Hunden hat, die so etwas wie familiäre Bande untereinander geknüpft haben, kann es sein, daß bestimmte Hündinnen Vorliebe für einen bestimmten Rüden entwickelt haben und umgekehrt. Das kann zu Schwierigkeiten führen, wenn man eine bestimmte Verbindung ins Auge gefaßt hat, die eben nicht mit dieser Vorliebe übereinstimmt.

TAKTVOLLE HILFE

Jeder hat seine eigene Art entwickelt, einen Deckakt durchzuführen. Einige lassen die Hunde auf dem Boden, wenn sie hängen und heben sie dann auf einen Tisch um den eigenen Rücken zu schonen, andere wiederum lassen die ganze Sache von Anfang an auf einem Tisch vonstatten gehen und wieder andere lassen, wie ich selbst auch, das Ganze von Anfang bis Ende auf dem Boden geschehen.

Weil Hunde schnell lernen und sich etwas merken, erkennen sie aus den routinemäßigen Vorgängen sofort, wenn sich etwas bestimmtes anbahnt und vor allem, wenn es darum geht, eine Hündin zu belegen. Ich habe einen großen Teppich, der, wenn einmal ausgelegt, meine Jungs in höchstes Entzücken versetzt. Weil sie diesen Teppich als festen Bestandteil des Rituals ansehen, kann es durchaus sein, daß sie sich weigern eine Hündin zu belegen, wenn sie eben nicht just in diesem Moment auf dem Teppich steht. Manchmal kann das einen in eine ganz schön mißliche Lage bringen. Selbst wenn eine Hündin auf dem Höhepunkt der Hitze war, habe ich es erlebt, daß der Rüde mit ihr flirtete, danach wieder auf den Teppich stürmte, mich herausfordernd anbellte und mir damit zu verstehen gab, daß ich die Sache doch gefälligst besser organisieren solle.

Es gibt keine Garantie dafür, daß alles wie geplant abläuft. Wenn die herbeigereiste Hündin seit der Zeit, wo ihr Besitzer sie erworben hat, nicht mehr mit anderen Hunden zusammen war und somit gewissermaßen entsozialisiert wurde, könnte das zu Schwierigkeiten führen. Es gibt Besitzer, die dafür bekannt sind, daß sie nicht den richtigen Tag vorherbestimmt haben, ebenso wie es Hündinnen gibt, die an einem Tag sich heftigst gegen die Annäherungsversuche ihres Liebhabers sträuben und sich nur vierundzwanzig Stunden später genau gegenteilig verhalten. Beim Umgang mit Tieren hilft eben manchmal nur Geduld und man sollte keinesfalls den Humor verlieren.

Es ist sicherlich hilfreich, wenn jemand beruhigend auf die Hündin einwirken kann und dieser auch hilft, die richtige Position beizubehalten, wenn der Deckrüde einmal soweit ist, daß er ernsthaft ›zur Sache kommt‹. Das hilft dann wiederum dem Besitzer des Deckrüdens besser zu beurteilen, ob die Angelegenheit auch rein physisch richtig verläuft. Wenn zum Beispiel Unterschiede in der Größe bestehen und die Hündin eventuell größer ist als der Rüde, dann sind große Bücher eine feste und solide Unterlage, auf der der Rüde stehen kann und somit den Größenunterschied ausgleichen kann. Die Bücher sollte man in einem solchen Falle mit einem Handtuch, einer Decke oder ähnlichem einschlagen, damit das Podest stabilisiert ist und der Rüde auch nicht abrutschen kann. Die Person, die die Hündin festhält, sollte auch darauf achten, daß das Haarkleid der Hündin nicht im Wege ist.

MACHEN SIE SICH NOTIZEN!

Sie sollten sich in diesem Zusammenhang sorgfältig Notizen machen. Alle Daten des Verlaufs der Hitze bei Ihrer Hündin sind von Anfang an wichtig: wann die Hitze begonnen hat; ob sie angeschwollen ist, welche Farbe der Ausfluß hat; ob und wann sie belegt wurde; an welchem Tag usw. usw. Im weiteren Verlauf der Zucht werden diese Daten von unschätzbarem Wert sein. Nicht nur für den einzelnen individuellen Hund, sondern auch um

DIE ZUCHT MIT MALTESERN

Vergleiche zu ziehen und letztlich auch einfach als statistische Aufzeichnung, weil man sich eben manchmal nicht nur auf sein Gedächtnis verlassen kann.

Während sich die Hunde nach einer Belegung ausruhen, sollte man die Papiere fertig machen. Der Besitzer des Deckrüden stellt Ihnen eine Deckbescheinigung aus, in der der Name der Hündin, der Name der Besitzerin oder des Besitzers, der Name des Deckrüden und das Datum des Deckaktes vermerkt ist. Sie sollten sich auch notieren, ob und wie lange die Hunde ›gehangen‹ haben. Rechnen Sie aus, wann der Wurf fallen müßte. Vergewissern Sie sich nochmals, daß alle mit dem Deckakt vereinbarten Bedingungen klar sind und schriftlich, von beiden Seiten gegengezeichnet, niedergelegt wurden. Jetzt ist es auch an der Zeit, die Deckgebühr zu entrichten und zu entscheiden, ob man den Deckakt in achtundvierzig Stunden nochmals wiederholt.

Als Eigentümerin oder Eigentümer der Hündin ist es ferner hilfreich, auf der Kopie der Deckbescheinigung zu vermerken, genau welcher Hitzetag der Hündin es war, wie sie sich verhalten hat und natürlich, wie später das Ergebnis war. Sollte die gleiche Hündin ein Jahr später nochmals belegt werden, können Sie sich schon wesentlich besser vorbereiten, denn dann wissen Sie ja, was Sie erwartet.

Es ist ein reiner Akt der Höflichkeit, daß man den Deckrüdenbesitzer informiert, wenn man sicher ist, daß die Hündin aufgenommen hat und natürlich auch, wenn der Wurf gefallen ist und mit welchem Ergebnis. Jedes Land hat seine eigenen Gepflogenheiten bei der Registrierung der Welpen. Sie sollten rechtzeitig die benötigten Papiere und erforderlichen Daten bereit haben.

»Hallo, ich heiße Ellie. Hört ihr auch das Läuten der Glockenblumen?«
Ch. Abbyat Cracklin Rose of Snowgoose (Ch. Snowgoose First Love - Abbyat Memphis Belle).
Züchter: Carol Hemsley, Besitzer: Vicki Herrieff. Foto: Chris Ripsher.

Kapitel 8

TRÄCHTIGKEIT UND GEBURT

DIE PFLEGE DES HAARKLEIDES

In den Wochen zwischen der Belegung der Hündin und dem voraussichtlichen Wurftag müssen Sie sich entscheiden, ob Sie die Hündin im vollen Haarkleid belassen, oder ob Sie das Haar herunterschneiden wollen. Es gibt einige gute Gründe, die für das letztere sprechen, aber Sie möchten vielleicht dennoch aus dem einen oder anderen Grunde die Haarlänge beibehalten, wissen allerdings nicht, wie Sie das Haar während der Geburt und danach zweckmäßigerweise zurecht machen sollten. Ich persönlich ziehe es vor, alle meine Hündinnen im langen Haarkleid zu lassen, jedoch einem in normaler Länge, nicht in Show-Länge. Das bedeutet zwar etwas mehr Arbeit zu haben, aber wenn Sie die Zeit dazu haben, ist das keine große Sache.

Das Haarkleid kann durchaus in seinem natürlichen, d. h. ungewickelten Zustand belassen werden, wenn es nicht zu lang ist und mit etwas Feingefühl wird die Pflege kein Problem sein. Es werden jedoch höchstwahrscheinlich einige Haare nach der Geburt verlorengehen. Dieses, wahrscheinlich hormonell bedingte Phänomen kann sehr unterschiedliche Ausmaße annehmen, von kaum nennenswertem bis hin zu beträchtlichem Haarverlust. Auf jeden Fall reicht es aus, wenn Sie täglich einmal bürsten und kämmen, um das Haar in Ordnung zu halten und dabei evtl. loses Haar zu entfernen. Die ganze Sache nimmt nur wenige Minuten Zeit in Anspruch. Ihre Hauptsorge, abgesehen davon die Hündin sauber zu halten, sollte sein, das Haar nicht verfilzen zu lassen. Indem man das Haar ungewickelt läßt, bietet sich natürlich auch für die Welpen der Vorteil, daß sie immer einen warmen und kuscheligen Platz haben.

Unmittelbar vor der Geburt flechte ich die Haare an der Rute und auch das Haar im hinteren Bereich oberhalb der Hüfte zusammen, damit es bei der Geburt nicht hinderlich im Wege ist. Wenn die Geburt vorbei ist, kann das Haar wieder gelöst werden.

Eine weitere Möglichkeit ist, das gesamte Haar ständig geflochten oder gewickelt zu halten. Dann allerdings muß man sehr darauf achten, daß sich die Welpen nicht an den Stellen, wo die Zöpfe oder die Wickler an der Haut aufsitzen, verfangen können. Außerdem sollte man während dieser Zeit keine fremden Substanzen, wie z. B. Öl verwenden.

Wie auch immer Sie es mit dem Haarkleid Ihrer Hündin, wenn diese Babys hat, halten wollen, hängt viel von Ihren persönlichen Lebensverhältnissen ab. Ich bin in der glücklichen Lage, ständig, ohne störend zu wirken, die Welpen unter Beobachtung zu halten, aber das ist nicht bei jedem möglich und Sie sollten im Zweifelsfalle kein Risiko eingehen. Das Wohlbefinden und die Sicherheit von Hündin und Welpen muß für Sie das oberste Gebot sein.

DIE TRÄCHTIGE HÜNDIN

Die Trächtigkeit, d. h. also die Zeitspanne zwischen der Belegung der Hündin und der Geburt der Welpen, beträgt ungefähr 63 Tage. Sie brauchen nicht beunruhigt zu sein, wenn der Wurf etwas früher oder etwas später erfolgt. Bei Maltesern ist es oft der Fall, daß sie früher werfen. Ich hatte einige Würfe, die fünf Tage vor dem errechneten Datum fielen, bei denen aber keinerlei gesundheitliche oder andere Schäden festzustellen waren. Auf der anderen Seite habe ich es zweimal bei einer Hündin erlebt, daß sie sich erheblich über den dreiundsechzigsten Tag hinaus verspätete und trotzdem jeweils einen perfekten und normalen Wurf hatte. Falls irgendwie möglich, sollte man jegliche Verabreichung von Medikamenten während der Schwangerschaft vermeiden.

Während der ersten Wochen der Schwangerschaft werden Sie kaum Veränderungen an Ihrer werdenden Mutter feststellen. Sie könnte vielleicht etwas ruhiger werden und diesen bestimmten sanften Ausdruck in ihren Augen haben. Im weiteren Verlauf werden ihre Brustwarzen wahrscheinlich etwas rosiger und ihre Vulva bleibt geschwollen, obwohl diese Anzeichen auch bei einer Scheinschwangerschaft auftreten. In den meisten Fällen müssen Sie ungefähr bis zur 5. oder sogar 6. Woche warten, bevor die Schwangerschaft auffällig wird. Bis zu diesem Zeitpunkt sollte man die Dinge wie immer mit ihr halten, einschließlich der Ernährung. Ab der 5. Woche sollte sie dann aber zwei kleinere Mahlzeiten pro Tag erhalten und das Futter sollte einen höheren Anteil Protein in Form von Fisch, Eiern, Käse oder Fleisch haben. Man sollte die Futtermenge langsam auf ungefähr das anderthalbfache der üblichen Menge steigern, aber auch nicht mehr. Wenn sie schwer an den Welpen zu tragen hat und sich dadurch naturgemäß etwas unwohl fühlt, sollten Sie die Futtermenge auf drei oder sogar vier kleinere Mahl-

TRÄCHTIGKEIT UND GEBURT

zeiten verteilen, damit sie sich nicht auch noch mit einem vollgeschlagenen Magen belastet.

In dieser Zeit stellt der Körper der Hündin höhere Ansprüche an das Futter. Manche Hündinnen verweigern sogar ihr normales gewohntes Futter und man muß ihnen etwas anderes anbieten, wobei manchmal merkwürdige Vorlieben entwickelt werden. Ich besaß einmal eine Hündin, die nur rohes Rindfleisch und Pansen fraß. Eine andere wiederum zeigte alle Anzeichen, sich zu Tode hungern zu wollen, bis ich aus lauter Verzweiflung etwas rohe Leber zu einer Art Paste verarbeitet hatte, die ich dann in einer dünnen Schicht auf das normale Futter verteilte. Ich konnte gar nicht so schnell zusehen, wie diese Schicht verschwand. Ich kannte auch eine Hündin, die sich weigerte, in der Schwangerschaft aus einem Napf zu fressen und das Futter nur vom Boden aufnahm. Nehmen Sie ihr all diese Marotten nicht übel, nachher wird alles wieder seinen gewohnten Gang gehen.

BADEN
Behalten Sie hierbei ruhig die übliche Routine bei und heben den gesamte Körper der Hündin wie sonst auch hoch - eine Hand unter dem Brustkorb und die andere unter der Hinterhand. Unmittelbar vor der Niederkunft wollen Sie sie vielleicht doch noch einmal baden. Keinesfalls sollte man in der Trächtigkeitszeit die medizinischen Shampoos anwenden. Nehmen Sie ihr übliches Shampoo, denn es wäre auch nicht ratsam, etwas neues auszuprobieren, da das möglicherweise allergische Reaktionen auslösen könnte. Bei dieser Gelegenheit sollten Sie auch überprüfen, ob die Krallen kurz genug sind um zu vermeiden, daß irgendetwas passieren kann, wenn sie, nachdem die Welpen geboren sind, daran geht, sich ihr Wochenbett ›zurechtzumachen‹. Ebenso sollten Sie jetzt vorsichtig das Haar um die Brustwarzen herum wegschneiden und diesen Bereich auch während der gesamten Zeit, in der die Welpen gesäugt werden, in einem haarlosen Zustand halten.

AUSLAUF UND BEWEGUNG
Es ist wichtig, daß die Hündin auch während der Schwangerschaft normalen Auslauf und Bewegung hat, damit die Muskulatur fit bleibt. Selbstverständlich sollte man zu wildes Spielen, verbunden mit dem Rauf- und Runterspringen auf Sessel oder andere Möbel, sowie auch Treppenlaufen vermeiden. Man sollte schon etwas vorsichtiger sein, wenn man eine schwangere Hündin hochnimmt. Unter keinen Umständen darf man sie nur an den Vorderbeinen anheben und man sollte peinlichst genau darauf achten, daß auch Gäste in dieser Beziehung nichts Unbedachtes tun.

Um dies einmal an einem Beispiel zu verdeutlichen: Es ist schon einige Jahre her, als ich mit meiner Malteserhündin, die zwei Wochen vor ihrer Geburt stand, zu Hause war und plötzlich unerwarteten Besuch erhielt. Nachdem ich den Raum verlassen hatte, um meinen Gästen einige Erfrischungen zurechtzumachen, hörte ich auf dem Rückweg einer der Gäste sagen: »... und wie geht es unserem kleinen schwangeren Mädchen?«. Meine ängstliche und sich hin- und herwindende werdende Mutter war an den Vorderbeinen bis in Gesichtshöhe des Gastes hochgehoben worden. Obwohl ich sofort den Körper mit meinen Armen unterstützend abfing, leitete sich zwei Tage später die Geburt ein und sie verlor die Babys. Man könnte dies natürlich als Zufall deuten, ich allerdings war davon überzeugt, daß es auf diesen Vorfall zurückzuführen war, denn ihre Würfe vorher und nachher verliefen absolut normal.

ENTWURMUNG
Obwohl Sie Ihren Malteser regelmäßig entwurmt haben, könnten doch noch einige Larven des Rundwurms Toxocara canis in inaktivem Zustand im erwachsenen Hund verblieben sein. Diese könnten nun durch die hormonellen Veränderungen, die in der Hündin ablaufen, wieder aktiviert werden. Um den vierzigsten Tag der Schwangerschaft herum können diese Larven dann auf die ungeborenen Welpen übergehen. Deshalb ist es geraten, rechtzeitig vorher mit dem Tierarzt darüber zu sprechen, wann und wie man am besten nochmals entwurmt.

DIE WURFKISTE
Machen Sie Ihre werdende Mutter ca. zwei Wochen vor der Niederkunft mit der Wurfkiste vertraut. Suchen Sie dafür einen Platz aus, der nicht zu hell ist und der etwas ruhiger liegt. Wenn sie schon sofort diese Wurfbox als Schlafplatz annimmt, umso besser, denn dann wird dies ein gewohnter und sicherer Platz sein, wenn sie einmal ihre Welpen bekommen hat.

Das Welpenquartier muß garantiert von Zugluft geschützt und geräumig genug sein, um es der Hündin zu ermöglichen, langgestreckt auf der Seite zu liegen, wenn sie ihre Welpen säugt. Das Vorderteil der Box sollte man teilweise herausnehmen können, um damit Zugang zu einem umgitterten Raum - vergleichbar einem Laufstall - zu ermöglichen, wenn die Welpen einmal älter sind. Während der ersten Tage bleibt natürlich alles verschlossen und ist somit für die neue Familie einen behaglicher, sicherer Platz. Wenn die Box aus Holz hergestellt wurde, ist es wichtig, sie vorher sorgfältig zu desinfizieren, wobei man sich strikt an die Anweisungen des Herstellers halten sollte, da einige der Desinfektionsmittel zu stark wirksam sein könnten, d. h. zu scharf sind. Vergewissern Sie sich, daß die Wurfkiste absolut trocken ist, bevor Sie der Hündin erlauben, darin zu schlafen. Wenn die Wurfkiste aus einem modernen Kunststoffmaterial hergestellt wurde, genügt es, wenn man sie mit einem gebräuchlichen Desinfektionsmittel abgewischt hat.

Welchen Typ Wurfkiste auch immer Sie auswählen, sie sollte jedenfalls einen warmen und gemütlichen Platz darstellen, an welchem die Hündin ungestört ist, ganz besonders während der ersten Tage nach der Geburt. Die Kiste kann entweder quadratisch sein, mit hohen Seitenwänden und einem Deckel, den man öffnen kann, oder aber mehr offen in der Gestaltung, ähnlich einem Hundebett, welches man in ein Laufgitter ausreichender Größe stellt. Wenn die Welpen einmal auf den Beinen stehen und anfangen, ihre Umgebung zu erkunden, will man diese natürlich vor unerwünschten Eindringlingen schützen. Dann ist es eben eine gute Lösung, entweder eine wie beschriebene Wurfkiste in ein umgittertes Gehege zu stellen oder sich eine dieser Wurfboxen angeschafft zu haben, die man später als Wurfgehege ausbauen kann.

Ich erinnere mich noch gut an eine tragische Erfahrung, die eine gute Freundin von mir vor einigen Jahren machen mußte. Einer der Familienhunde drehte völlig durch, als es eines Tages an der Tür klingelte. Sie raste völlig außer sich herum und bevor man sich versah, stürmte sie die Treppe nach oben in den Raum, wo die junge Mutter mit ihren Welpen lag. Ohne Vorwarnung schnappte sie sich das winzige Junge und verletzte es tödlich, um dann ebenso schnell wieder herunterzustürmen. Dies war ein ganz normaler Familienschoßhund, der überhaupt nicht aggressiv war und da die beiden Hündinnen ansonsten vorher die besten Freundinnen waren, konnte niemand ein solch fürchterliches Ereignis voraussahnen, aber es geschah.

Es passiert so schnell, daß man unbeabsichtigt eine Tür offenläßt und damit eine Hündin mit ihren Welpen ungeschützt allen möglichen Gefahren aussetzt. Wenn man sich aber vorher einige Gedanken gemacht und entsprechende Vorkehrungen getroffen hat, kann man in dieser Beziehung ganz beruhigt sein.

BEHEIZUNG

Sie werden fast mit Sicherheit eine zusätzliche Heizung benötigen, wenn der Wurf einmal gefallen ist, denn Neugeborene müssen sehr warm gehalten werden. Die unmittelbare Umgebungstemperatur um sie herum in den ersten Tagen sollte bei ungefähr 23,8°C liegen. Die Welpen können zu dieser Zeit sehr schnell abkühlen und für einen schwächeren Welpen, der soeben gründlich von seiner Mutter gesäubert worden ist und dann unbeabsichtigt ungeschützt liegt, kann es gefährlich werden, wenn die Umgebungstemperatur eben nicht in dieser Höhe gehalten wird. Allmählich kann man dann zum Ende der zweiten Woche diese Temperatur auf durchschnittliche 15,5°C absenken.

Wenn Sie sich für eine offene Wurfkiste entschieden haben, kann man eine zusätzliche Heizquelle entweder in Form einer Infrarotlampe an Ketten hängend über der Wurfkiste anbringen oder eine Heizplatte oder ein Heizkissen unter das Bettzeug direkt in die Box legen. Die Infrarotlampe hat einen Metallschirm, der die Hitze direkt nach unten strahlt. Dieser sollte selbstverständlich in einer Höhe über der Wurfkiste angebracht sein, bei der eine angenehme Wärme abgegeben und die Wurfstätte nicht überhitzt wird. Bedenken Sie dabei auch, daß sich die Hündin manchmal aufsetzen wird und dann mit dem Kopf näher an der Lampe ist. Wenn Sie den Winkel des Lampenschirms in einer gedachten Linie bis zum Boden fortziehen, wissen Sie ungefähr, welcher Bereich von der Lampe beheizt wird und der ist meist größer, als man denkt. Es sollte selbstverständlich eine Lampe sein, die mit einem Schutzgitter ausgestattet ist. Das Heizkissen gibt natürlich sofort die Wärme an das Bett weiter, aber man sollte sehr darauf achten, daß alle Verbindungen und Kabel hundesicher sind. Etwas, was man nicht als zusätzliche Wärmequelle einsetzen sollte, ist eine Wärmflasche, die mit heißem Wasser gefüllt wird. Tierärzte haben schon oft Welpen behandeln müssen, die auf diese Weise Verbrennungen erlitten.

Bevor die Welpen geboren werden, sollten Sie die Temperatur im Bereich der Wurfkiste gemessen haben, indem Sie, welche Heizquelle auch immer Sie verwenden, diese einschalten und ein Thermometer an den Platz legen, wo später einmal die Welpen liegen werden. Hierzu reicht eines der üblichen Thermometer, wie sie an der Hauswand oder im Gartenhaus hängen. Jetzt sollten Sie es eine Weile dort liegenlassen und dann die Temperatur feststellen. Auf gleiche Weise messen Sie nun auch den kühleren Teil der Wurfstätte und merken sich auch für diesen Bereich die Temperatur. Die erfahrene Mutterhündin wird sich über ihrem Nachwuchs kuschelig zusammenrollen, aber wenn das der erste Wurf für eine Hündin war, braucht sie meist etwas Zeit, um sich zu beruhigen und auf die neue Situation einzustellen. Dabei kann es geschehen, daß sie durch ihre Ruhelosigkeit die Welpen von dem erwärmten Platz wegrollt.

Wenn Ihre Wurfbox einen geschlossenen Deckel hat, der keine Öffnung in Form eines Metallgitters hat, bleibt Ihnen nur die Wahl eines Heizkissens oder einer Heizplatte.

DAS WURFBETT

Ich besitze eine Heizplatte, die mit einem selbstgenähten Bezug versehen ist und extra für solche Hundebetten

TRÄCHTIGKEIT UND GEBURT

bzw. Wurfboxen angefertigt wurde. Das Elektrokabel geht durch ein Loch in einer Wand der Wurfbox heraus, so daß die Platte eng an der Wand liegt und kein Kabel zu sehen ist, auf dem man herumkauen könnte. Diese Heizplatte erreicht - und hält dann auch - exakt im gesamten Bereich die Temperatur, welche ein Welpe haben sollte, der direkt darauf liegt. Wenn man diese Heizplatte unter einer Decke aus synthetischem Fell anbringt, das sich warm anfühlt und darüber hinaus die Feuchtigkeit durchleitet, verbreitet diese Heizung eine konstant angenehme Wärme.

Ein solches synthetisches Material läßt sich wunderbar waschen und ich halte immer einige Ersatzdecken bereit, sowie Austauschbezüge für die Heizplatte, um verschmutzes Bettzeug schnell wechseln zu können. Diese Art der Bettung wird auch gemeinhin bei Tierärzten verwendet, weil sie so vielseitig einsetzbar ist.

Heizung und Bett nehmen einen Teil der Wurfbox ein, während der andere Teil des Bodens zuerst mit einer Lage Papier und dann mit einer kühleren Unterlage belegt wird. Ich habe beim Herrichten dieses kühleren Teils der Wurfbox ganz gute Erfahrungen damit gemacht, daß ich einige Lagen kleinformatiger Zeitungen flach in einen Kissenbezug stecke.

Wenn es der Mutter einmal zu warm wird und sie ihre Welpen auf dem warmen Bett alleine zurückläßt, kann sie sich auf diese kühlere Unterlage legen und trotzdem dicht bei ihrem Nachwuchs bleiben. Falls ihr die Welpen folgen, haben auch diese auf einer solchen Unterlage beim Herumkrabbeln guten Halt. Ich habe herausgefunden, daß sich diese Art der Unterlage gut bewährt hat. Durch die dicke Lage Zeitungen im Kissenbezug bleibt diese Unterlage auch dann glatt und flach, wenn die Hündin, wie schon einmal gesagt, daran geht, instinktiv alles zusammenzuscharren. Sie sollten jedoch - lediglich zur Vorsicht - die offene Seite mit ein paar Fäden zunähen, um zu vermeiden, daß sich ein Welpe darin ›verstecken‹ kann.

VORBEREITUNGEN AUF DIE GEBURT

Eine Woche vor dem errechneten Wurftermin ziehe ich mit meiner werdenden Mutter in ein ruhiges, beheiztes Gästezimmer um. Dort habe ich dann eine große, geschlossene Wurfkiste an meinem Bett stehen, ausgerüstet mit einer wie oben beschriebenen Heizplatte. An die Box schließt sich ein kleiner, ebenerdiger Laufstall an, in dem ein mit frischem Wasser gefüllter Napf steht. Der gesamte Bereich ist mit weißem Papier ausgelegt. In erreichbarer Nähe steht ein Tisch, mit einer Nachttischlampe darauf, deren Glühbirne nur wenige Watt Leuchtkraft hat. Darüberhinaus ist im Zimmer ein Notlicht angebracht, welches ständig brennt und gerade eben soviel Licht spendet, daß ich beobachten kann, was in der Wurfbox vor sich geht, ohne daß die Mutter oder auch der Nachwuchs - wenn einmal geboren - gestört wird.

Sie sollten nicht vergessen, auch Ihren Tierarzt rechtzeitig zuvor von dem bevorstehenden Wurf zu unterrichten. Es sollte einfach alles gut vorbereitet sein. Dazu gehören u. a. auch eine große Rolle Küchen-Papier und einige alte, weiche Tücher. Ferner sollten Sie eine Schere mit abgerundeten Spitzen, sowie eine Arterienklemme durch 10-minütiges Auskochen in Wasser sterilisiert haben. Beides sind gegebenenfalls hilfreiche Instrumente. Darüberhinaus sollten Sie auch einen starken Faden Zwirn bereitlegen für den Fall, daß Sie die Nabelschnur abbinden müssen. Außerdem sollten eine Schüssel mit Wasser und ein Desinfektionsmittel vorhanden sein, denn selbstverständlich müssen Sie peinlichst genau darauf achten, daß Ihre Hände stets sauber sind. Ferner sollten Sie flüssiges Kalzium (in Ampullen erhältlich) und Vitamin D zur Verfügung halten und eine Injektionsspritze (natürlich ohne Nadel), um mit dieser gegebenenfalls oral Flüssigkeiten verabreichen zu können. Außerdem habe ich ständig ein homöopathisches Mittel zur Hand, welches ich gegebenenfalls solchen Welpen verabreiche, die nach der Geburt ausgesprochen schwächlich wirken. In manchen Fällen haben sich ein paar Tropfen davon, auf die Zunge des Welpen geträufelt, als sehr hilfreich erwiesen. Nicht zuletzt sollte man die Telefonnummer des Tierarztes immer an geeigneter Stelle bereit halten.

Eine genaue Waage zu haben, ist ein Muß. Eine digitale Waage ist sehr genau und deshalb ausgezeichnet zum Wiegen der Welpen geeignet. Es wäre auch nicht dumm, eine kleine Schachtel aus Karton mit einer Wärmflasche und Bettzeug darin bereitzuhalten, in welche Sie schnell einmal einen Welpen ablegen können, wenn unmittelbar darauf bereits ein weiterer auf dem Wege ist. Für die Hündin selbst sollte man eine Glukoselösung und Milch bereit haben, um ihr während der Geburt etwas Stärkung zukommen zu lassen. Wichtig für Ihre Vorbereitungen ist dann schließlich auch noch das Notizbuch, in welchem Sie einen detaillierten Bericht über den gesamten Geburtsverlauf, den Beginn und die Dauer der Wehen, welche Pausen zwischen der Geburt der einzelnen Welpen eingelegt wurden, deren Geschlecht, das Gewicht usw. eintragen. Diese Daten sind für Sie bei zukünftigen Würfen der Hündin interessant und im Falle eines Falles auch wichtige Informationen für einen evtl. zu konsultierenden Tierarzt.

KONTROLLE DER KÖRPERTEMPERATUR

Etwa zwei Wochen bevor Sie die Welpen erwarten, sollten Sie die Hündin an die eingerichtete Welpenstube gewöhnt haben und dann, etwa ab dem 10. Tag vor dem errechneten Geburtstermin, sollten Sie dazu übergehen, täglich morgens und abends die Körpertemperatur der Hündin zu messen. Ihre normale Körpertemperatur liegt bei 37,7 - 38°C. Wenige Tage vor der Geburt beginnt die Temperatur zu sinken. Dabei treten Schwankungen auf und sie geht mal wieder herauf und dann wieder runter, bis sie dann 24 Stunden vor der Geburt möglicherweise drastisch auf einen Wert um 36,6°C herum absinkt. Dieser Wert wird jedoch nur vorübergehend erreicht, ist aber auf jeden Fall ein Indiz dafür, daß die Geburt in den nächsten 24 Stunden bevorsteht. Deshalb sollte man also vorher schon regelmäßige Messungen vorgenommen haben. Ich persönlich habe allerdings die Erfahrung gemacht, daß die Geburt bereits wenige Stunden nach diesem drastischen Temperaturabfall erfolgte. Sie werden dann wahrscheinlich feststellen, daß sich die Hündin ruhiger als gewöhnlich verhält und daß der Körper auf einmal birnenförmige Konturen annimmt, da die Welpen gesunken sind und sich alles nach hinten drängt. Einige Hündinnen, aber durchaus nicht alle, verweigern kurz vor der Geburt auch die Nahrungsaufnahme.

DIE GEBURT
Wenn die Zeit gekommen ist, wird die Hündin vorher häufiger Blase und Darm entleeren. Sie beginnt dann auch, das Papier zu zerreißen und das Bettzeug zu einem Haufen zusammenzuscharren. Diese Aktivitäten können den ganzen Tag über andauern; schimpfen Sie deswegen nicht mit ihr, weil es wichtig ist, eine ausgeglichene Atmosphäre zu schaffen. Man sollte jedoch immer ein Auge auf sie haben, damit man nicht den Beginn der Wehen verpaßt. Es kann durchaus sein, daß es eine sehr introvertierte Hündin ist, die diese ersten Schübe sehr unterdrückt und damit natürlich Ihre Aufmerksamkeit bis an die äußerste Grenze beansprucht. Es kann aber auch durchaus sein, daß sie mit einem lauten, kehligen Schrei sofort die Aufmerksamkeit auf sich lenkt und das danach sich diese Schreie in ihrer Lautstärke steigern. Sie brauchen deshalb nicht in Panik zu geraten, denn das ist für manche Hündinnen ganz normal.

Das nächste Stadium wird erreicht, wenn die Wehen sich verstärken und zu sogenannten Preßwehen werden. Diese treten dann in regelmäßigen, immer kürzeren Abständen auf. Dabei werden die Welpen in den Geburtskanal Richtung Vagina gedrängt, d. h. in das Becken hinein, immer noch mit der Plazenta verbunden. Ihre Hündin könnte es vorziehen, bei diesen Wehenschüben zu liegen, oder zu stehen oder irgendeine ihr bequemere Stellung einzunehmen. Ich sorge immer dafür, daß meine Hündinnen auch ausreichend Platz zur Verfügung haben, um aufstehen und herumlaufen zu können, da die Bewegung das Zusammenziehen der entsprechenden Muskeln unterstützt. Aber auch dabei sollte man aufpassen - achten Sie darauf, daß die Hündin in der Nähe des vorgesehenen Wurfplatzes bleibt, es könnte sonst sein, daß Sie selbst sich dann unerwarteterweise auf dem Boden liegend wiederfinden, von wo aus Sie verzweifelt versuchen zu beobachten, was Ihre werdende Mutter unter irgendeinem schweren Möbelstück in einer für Sie unerreichbaren Position treibt.

Notieren Sie sich die Zeit, wenn Sie die erste Wehe bemerken und halten Sie ab diesem Zeitpunkt die Hündin unauffällig, aber ständig unter Beobachtung. Sorgen Sie auch weiterhin für eine ruhige und entspannte Atmosphäre. Ihre ständige Nähe wird entscheidend zur Beruhigung der Hündin beitragen.

Ein Welpe erscheint normalerweise mit dem Kopf zuerst (Vorderendlage), wobei der Kopf auch gleichzeitig der größte Körperteil ist. Wenn der Welpe aus den Gebärmutterhörnern durch den Gebärmutterhals gedrückt wurde und dann die Vagina erreicht hat, wird die Hündin mit einer letzten spontanen Preßwehe den Welpen herausdrücken.

Es scheint, als ob bei Maltesern häufiger sogenannte Steißlagen (Hinterendlage) auftreten, d. h., daß der Welpe mit den Hinterfüßen zuerst erscheint. Im Normalfall bedeutet dies keine Schwierigkeit, obwohl sich der Geburtsvorgang verzögern könnte, insbesondere bei einer Erstgebärenden. Bei der sogenannten Vorderendlage wird bei der Geburt das Becken gleich zu Beginn - durch den relativ festeren Kopf und dessen Form begünstigt - so erweitert, daß der Rest des Körpers, wie Brustkorb usw., problemlos nachfolgt und bei einer Steißlage ist es eben umgekehrt, so daß der eigentliche Geburtsvorgang etwas länger dauern könnte.

Diese beschriebene Steißlage ist nicht das gleiche, wie eine sogenannte Querlage. Bei dieser letztgenannten ist es so, daß die Hinterbeine unter dem Körper des Welpen zusammengefaltet liegen und dadurch mit dem eigentlichen Hinterteil einen relativ weichen, aber massigeren »Pfropfen« bilden, der durch das enge Becken gepreßt werden muß.

Die Hündin wird anfangen, sich intensiv zu lecken. Ein erstes Anzeichen dafür, daß die Geburt des Welpen unmittelbar bevorsteht, wenn die Fruchtblase entleert wurde und unmittelbar darauf der Welpe in der Fruchthülle erscheint. Im Normalfalle wird die Fruchthülle mit dem Welpen bei jeder Preßwehe weiter nach außen befördert. Ein Neuling könnte irrtümlich die Fruchthülle zerreißen und somit eine Trockengeburt verursachen. Lassen Sie den Dingen ihren Lauf, bis der Welpe vollständig erschienen ist, es sei denn, daß mit dem Welpen ein Problem auftritt, das ein rasches Eingreifen nötig machen würde. Die Hündin wird zwischen den Wehen Pausen einlegen und dann wird sie dankbar sein, wenn ihr etwas zu trinken verabreicht wird, am besten etwas Milch mit Glukose,

TRÄCHTIGKEIT UND GEBURT

oder noch besser mit Honig versetzt.

Es könnte sein, daß Ihnen einmal die Pause, die die Hündin einlegt, zu lang vorkommt. In einem solchen Fall könnte ein kurzer, aber intensiver angeleinter Ausflug in den Garten der Hündin gut tun und die Dinge beschleunigen. Wenn nach einer Stunde intensiver Wehen noch kein Welpe erscheint, sollten Sie vorsichtshalber Ihren Tierarzt informieren, damit für den Fall der Fälle Vorbereitungen getroffen werden können. Wenn die Hündin allerdings bereits überhaupt keine Anzeichen mehr von Wehen zeigt, dann sollten Sie sofort tierärztliche Hilfe in Anspruch nehmen.

Bei den meisten Geburten geht alles rasch vonstatten. Wenn allerdings ein richtiger »Brocken« von Welpe erscheint und dadurch eventuell sogar einmal ein Stillstand während des Geburtsvorganges eintritt, dann sollten Sie vorsichtig untersuchen, ob das vielleicht daran liegt, daß der Welpe nicht wie üblich mit seinem Rückgrat parallel zum Rückgrat der Hündin liegt. Wenn dem so ist, sollten Sie solange warten, bis der Körper soweit herausschaut, daß Sie ihn greifen und den Welpen ganz vorsichtig in die richtige Lage drehen können. Dabei kann eine kleine Spritze mit einer angewärmten Paraffinlösung oder ein anderes Gleitmittel - innen hinter der Vulva eingebracht - dieses Drehen erleichtern. Bedenken Sie dabei aber auch, daß der Welpe dadurch schlüpfriger wird und nicht mehr so leicht zu fassen ist.

Wenn sich der Welpe in der richtigen Lage befindet, nehmen Sie ein kleines Tuch oder einen Zipfel eines Handtuchs und nehmen damit den sichtbaren Teil des Welpen fest in den Griff. Warten Sie jetzt bis zur nächsten Wehe und ziehen dann den Welpen in einer kurvenförmigen Bewegung in Richtung der Hinterläufe der Hündin heraus. Lassen Sie den Welpen zwischen den einzelnen Wehen nicht wieder in die Hündin zurückgleiten, sondern behalten Sie den festen, ziehenden Griff bei. Versuchen Sie dabei immer mehr vom Körper des Welpen zu fassen. Das Wichtigste dabei ist, daß man mit den Wehen arbeitet und in einer kurvenförmig nach unten gerichteten Ziehbewegung.

Wenn allerdings die Hinterläufe des Welpen zuerst erscheinen und bereits die Fruchthülle durchstoßen haben, liegt eine Ausnahmesituation vor, bei der Sie keine Zeit verlieren dürfen. Fassen Sie die Füße mit der Hilfe eines dünnen Stofftuches - dabei nicht zu fest zupacken, denn es sind Fälle bekannt, bei denen Füße abgedreht wurden - jedoch immerhin fest genug, um zu verhindern, daß der Welpe zwischen den einzelnen Wehen wieder zurückrutscht. Jetzt muß man sich bemühen, ihn langsam, aber dennoch fest und stetig, herauszuziehen, indem man sowohl mit den Wehen arbeitet, aber auch - und das ist der Unterschied zur vorherigen Methode - zwischen den Wehen langsam und vorsichtig weiterzieht. Auch hierbei möchte ich nochmals betonen, folgt diese Zugrichtung einer kurvenförmigen Linie nach unten, zwischen den Hinterbeinen der Hündin in Richtung der Nase. Obwohl in einer solchen Situation die Zeit eine wesentliche Rolle spielt, sollte man nichts überstürzen oder in Panik geraten.

Wenn im Normalfall schließlich Welpe und Nachgeburt herausgekommen sind, wird die Hündin die Fruchthülle aufreißen und damit beginnen, den Welpen heftig abzulecken, um dessen Kreislauf zu stimulieren. Wenn die Hündin dies aus irgendeinem Grunde nicht selbst macht, müssen Sie das tun. Warten Sie damit nicht zu lange, denn sonst könnte das Kleine im Fruchtwasser ertrinken. Nehmen Sie die Hülle fest zwischen die Finger und reißen Sie sie so dicht wie möglich an der Schnauze des Welpen auf und streifen sie dann ganz ab. Öffnen Sie den Fang und entfernen Sie daraus alle Flüssigkeit, ebenso aus der Nase. Umschließen Sie den Welpen mit beiden Handflächen und mit dem Kopf nach unten gerichtet schütteln Sie mit vorsichtigen Bewegungen noch eventuell vorhandene Restflüssigkeiten aus. Während Sie ihn danach immer noch mit dem Kopf nach unten gerichtet halten, nehmen Sie nunmehr ein weiches, trockenes Tuch zur Hand und rubbeln den Körper des Welpen ab, rauf und runter am Rücken und an der Brust, bis man erkennt, daß er regelmäßig atmet. Vergewissern Sie sich, daß auch sonst alles an dem Welpen in Ordnung ist. Danach wenden Sie Ihre Aufmerksamkeit der Nachgeburt zu.

DIE PLAZENTA

Unmittelbar nach Geburt des Welpen wird auch die Plazenta, die Nachgeburt, herausgepreßt, mit welcher der Welpe noch verbunden ist. Ihre Hündin wird sich jetzt intensiv bemühen, die mit der Plazenta verbundene Nabelschnur zu zerbeißen um danach die Plazenta zu verschlingen. Früher, bei einem Hund in freier Wildbahn, würde dieses instinktive Verhalten der Hündin ihr sofort nach solchen Anstrengungen in Form der Plazenta sehr wichtige Nährstoffe zuführen und gleichzeitig würden damit die Spuren der Geburt vor irgendwelchen in der Nähe befindlichen Raubtieren beseitigt. Allerdings trifft keiner der beiden Fälle auf die heutigen Umstände zu. Das Verzehren der Plazenta ist nicht weiter gefährlich, außer daß die Hündin hinterher Durchfall haben könnte.

Es kann vorkommen, daß Welpen geboren werden, bei denen sich bereits die Plazenta abgelöst hat. In diesem Falle müssen Sie darauf achten, daß die Plazenta später abgestoßen wird. Wenn die Hündin die Geburt beendet hat und alle Welpen geboren sind, sollte auch für jeden Welpen eine Nachgeburt registriert worden sein. Wenn eine Nachgeburt in der Hündin verblieben ist, kann dies zu einer ernsthaften Vergiftung führen. Sie sollten in diesem Fall tierärztliche Hilfe in Anspruch nehmen und der Hündin eine Spritze geben lassen, mit der die unerwünschten Rückstände abgetrieben werden.

Es könnte einmal eine Situation auftreten, in welcher der frisch geborene Welpe dringender Fürsorge bedarf und zwar dann, wenn der Welpe schon draußen, jedoch mit der Plazenta verbunden ist, die noch in der Hündin verblieben ist und nicht gleichzeitig mit herausgepreßt wurde. In diesem Fall werden Sie dankbar sein, die Arterienklemme bereit zu haben. Befestigen Sie diese an der Nabelschnur so dicht wie möglich an der Plazenta, so daß mindestens 5 cm zwischen der Klemmstelle und dem Welpen sind. Obwohl Sie unter Zeitdruck arbeiten, sollten Sie darauf achten, dabei kein Scheidenhaar der Hündin mit einzuklemmen, da das schmerzhaft für die Hündin sein könnte. Danach haben Sie beide Hände frei um die Fruchthülle zu öffnen und, falls notwendig, jetzt den Welpen von der Plazenta zu trennen und die Nabelschnur fest abzubinden. Die Arterienklemme hat dann verhindert, daß die Plazenta in die Hündin zurückrutscht und nun kann man sie in einer festen ziehenden Bewegung abwärts herausziehen.

DIE NABELSCHNUR

Man kann es durchaus der Hündin selbst überlassen, die Nabelschnur durchzubeißen. Es mag jedoch sein, daß Sie dies nicht möchten, oder daß sogar bestimmte Gründe dagegen sprechen. Auf keinen Fall sollten Sie die Nabelschnur unmittelbar nach der Geburt durchtrennen, denn sonst könnte der Welpe an der Trennstelle zu bluten beginnen. Diese Sache hat keine Eile. Zwei Methoden werden bei der Abnabelung allgemein am häufigsten angewandt. Zunächst preßt man behutsam eventuell in der Nabelschnur noch vorhandenes Blut zurück in Richtung des Welpen. Danach drückt man mit Daumen und Zeigefinger der rechten Hand die Nabelschnur dicht an der Bauchdecke des Welpen zusammen. Mit der linken Hand klemmt man dann die Nabelschnur ebenfalls ab, und zwar so, daß zwischen den beiden Klemmstellen ein Stück Nabelschnur von ca. 0,5-1 cm Länge verbleibt. Während man nun die linke Hand völlig ruhig hält, zertrennt man jetzt dieses Zwischenstück mit dem Daumennagel der rechten Hand auf der Kuppe des Zeigefingers, und zwar in einer schabenden Bewegung, d. h. man kratzt praktisch mit dem Daumennagel in Richtung des Welpen, bis die Nabelschnur durchtrennt ist. Nabelschnüre können sich übrigens manchmal als recht widerstandsfähig erweisen. Hinterher verbleibt ein Stückchen Schnur von ca. 1 cm Länge am Welpen. Dieses schrumpft dann zusammen und wird in den nächsten Tagen abfallen. Auf keinen Fall sollten Sie während der ganzen Prozedur die Nabelschnur in einer Richtung vom Welpen weg ziehen, da dies einen Nabelbruch zur Folge haben könnte - also denken Sie bitte daran: alle Bewegungen immer in einer Richtung hin zum Körper des Welpen!

Bei der zweiten der beiden gebräuchlichsten Methoden verfährt man bezüglich des Zurückdrückens eventuell noch in der Nabelschnur befindlichen Blutes in gleicher Weise wie zuvor beschrieben und ebenso wird auch dann die Nabelschnur zwischen Daumen und Zeigefinger dicht an der Bauchdecke zusammengepreßt. Im Unterschied zur sogenannten ›schabenden‹ Trennung mit den Fingern, nimmt man jedoch nun anschließend eine sterile Schere zu Hilfe, mit der man dann die Nabelschnur vorsichtig mit einem ›schabenden‹ Schnitt durchtrennt.

Ganz gleich, welche Methode Sie anwenden - nach der Trennung wird das Stückchen Nabelschnur, das am Welpen verblieben ist, mit einem sauberen und sterilen Tuch einige Sekunden fest zusammengedrückt, bis kein Blut mehr austritt. Um ganz sicher zu gehen, können Sie dieses verbliebene Stückchen Nabelschnur dann auch noch mit einem Faden Nähgarn abbinden, wobei die zwischen Bauchdecke und Abbindeknoten verblieben Nabelschnur ebenfalls eine Länge von ca. 1 cm haben sollte. Die beiden Enden des Knotens sollten möglichst kurz abgeschnitten werden, damit die Hündin nicht erfolgreich versucht, diesen ›Fremdkörper‹ zu entfernen.

DER TRAUMATISIERTE WELPE

Es mag vielleicht so aussehen, als wenn die Hündin mit ihrem frisch geborenen Nachwuchs auf recht rauhe Weise umgeht, wenn sie den Welpen mit der Zunge beleckend hin- und herrollt. Es ist jedoch so, daß dadurch der Kreislauf des Kleinen angeregt und auch dafür gesorgt wird, daß sich die Lungen voll entfalten. Wenn der Welpe auf diese Behandlung nicht richtig und rechtzeitig reagiert oder gar nach wie vor einen apathischen Eindruck macht, ist es höchste Zeit, daß Sie selbst eingreifen.

Nehmen Sie ihn fest, aber behutsam in beide Hände, wobei vor allem der Kopf gut unterstützt wird, indem Sie zwei Finger parallel zueinander, praktisch wie eine Schiene über Nacken und Hinterkopf legen. Solchermaßen sicher unterstützt »schwingen« Sie jetzt den Welpen mehrmals in einer bogenförmigen abwärts gerichteten Bewegung von oben nach unten und stoppen dabei jeweils abrupt. Auf diese Weise schütteln Sie eventuell in den Atemwegen verbliebenes Fruchtwasser und vielleicht vorhandenen Schleim aus. Man sollte diese Methode jedoch nur dann anwenden, wenn der Welpe leblos erscheint oder kaum erkennbar atmet, denn es besteht bei dieser Prozedur die Gefahr, daß sich bei dem Welpen ein Gehirnödem bildet. Säubern Sie nun Nase und Mund von aller ausgetretenen Flüssigkeit und rollen Sie anschließend den Welpen in ihren Händen hin und her, wobei Sie ihn zusätzlich, z. B. mit einem kleinen Samtfrotteehandtuch, mit kräftigen, massierenden Strichen über den Rücken und über

TRÄCHTIGKEIT UND GEBURT

die Brust zwischen den Vorderbeinen abreiben und zwar solange, bis er erkennbar kräftig und regelmäßig atmet oder anfängt zu schreien. Jetzt ist auch der Zeitpunkt gekommen, an dem ich gegebenenfalls ein homöopathisches Mittel einsetzen würde, welches einem sehr schwachen Welpen in entsprechend dosierter Form alle zehn Minuten verabreicht wird. Jeder »Neuankömmling« sollte einer kurzen Untersuchung unterzogen werden. Öffnen Sie den Fang und schauen sich den Gaumen an um sich zu vergewissern, daß keine Gaumenspalte oder ein sogenannter Wolfsrachen vorliegt, und ob der Welpe irgendwelche anderen offensichtlichen körperlichen Mißbildungen hat. Prüfen Sie nochmals, ob der Welpe nicht an der abgetrennten Nabelschnur blutet, wiegen ihn und machen sich anschließend entsprechende Notizen.

DIE ZUSÄTZLICHE WELPENBOX

Ich halte für alle Fälle immer eine zusätzliche kleine Welpenbox aus Karton bereit (z. B. einen Schuhkarton), in die zuunterst eine stoffbezogene Wärmflasche gelegt wird. Dies erweist sich für den Fall recht nützlich, wenn Sie es mit einem schwächlicheren Welpen zu tun haben, um den man sich besonders kümmern muß, oder wenn einmal zwei Welpen kurz nacheinander geboren werden. Dann konnte möglicherweise der erste noch nicht richtig versorgt werden, weil der nächste schon unterwegs ist und die Hündin sich bereits auf die entsprechenden Wehen konzentriert. Die zeitlichen Abstände zwischen den einzelnen Geburten hängen wesentlich vom individuellen Verhalten der jeweiligen Hündin ab.

Damit es jedoch bei einer sich abzeichnenden, rasch aufeinanderfolgenden Geburt eines nächsten Welpen nicht zu unnötigen Verzögerungen kommt, muß man die Aufmerksamkeit der Hündin von dem gerade zuvor geborenen Welpen ablenken. Genau in diesem Fall ist die Zusatzbox sehr nützlich und Sie können der Hündin dann hinterher, in einer Ruhepause, den Welpen wieder zuführen. Natürlich sollten Sie ihr, damit sie beruhigt ist, zwischendurch den Welpen immer wieder zeigen und zwar so, daß sie gar nicht merkt, daß der Kleine in dieser Zusatzbox separiert wurde. Wenn Sie allerdings feststellen, daß die Hündin, wenn Sie ihr den Welpen zeigen, sich eher beunruhigt, wäre es besser, ihn von vornherein in seiner Zusatzbox zu belassen, vorausgesetzt, er ist dort warm und wohlbehütet aufgehoben. Im Prinzip ist es allerdings schon so, daß ein saugender Welpe die Wehentätigkeit der Hündin für eine nächste Geburt anregt. Ein kräftiges und munteres Kleines kann also durchaus wesentlich dazu beitragen, daß sich die gesamte Geburt nicht unnötig hinzieht. Für einen schwächlichen oder instabilen Welpen ist Wärme lebenswichtig. Sie sollten diesen dann in diese Box, auf die mit Stoff abgedeckte Wärmflasche legen und zusätzlich noch mit einem weichen Tuch zudecken. Dabei müssen Sie natürlich darauf achten, daß trotzdem eine ausreichende Luftzufuhr gewährleistet ist. So versorgt, ist der Welpe gut und sicher aufgehoben und wird sich ruhig verhalten.

DAUER DER GEBURT

Selbstverständlich spielt die physische Kondition Ihrer Hündin bei der Geburt ein große Rolle. Aber auch der Körperbau, eventuell fehlerhafte Knochenstruktur und das Alter der Hündin können großen Einfluß haben. Eine durchtrainierte und gut genährte Malteserhündin, die mit einem entsprechend gut gebauten Becken ausgestattet ist, kann durchaus die Welpen im Abstand von nur 15 Minuten zur Welt bringen, während dies bei einer anderen Hündin in vergleichbarer körperlicher Kondition wesentlich länger dauert. Wenn jedoch nach der Geburt des letzten Welpen eine Stunde oder mehr vergangen ist, Sie sich aber sicher sind, daß eigentlich noch ein oder mehrere weitere Welpen kommen müßten, sollten Sie die Situation mit Ihrem Tierarzt besprechen. Es könnte durchaus sein, daß diese Wehenschwäche (lat.: Inertia uteri) - ein Zustand, bei dem die Hündin überhaupt keine Anzeichen zeigt, daß die Geburt eines weiteren Welpen eingeleitet wird und auch die Wehen völlig ausgesetzt haben - auf eine Erschöpfung der Hündin zurückzuführen ist.

Es ist manchmal schwierig zu beurteilen, ob die Hündin alle Welpen geworfen hat. Wenn Sie mit den Fingern den Bauch abtasten und dabei noch eine größere Masse erfühlen, könnte das zwar noch ein Welpe sein, ebensogut aber auch die Gebärmutter, die oft noch für Stunden nach der Geburt vergrößert bleibt.

NACH DER GEBURT

Wenn schließlich alle Welpen das Licht der Welt erblickt haben, wird die Hündin sich fürsorglich über ihrer neuen Familie zusammenrollen. Vorher aber sollten Sie sie dazu veranlassen, sich draußen zu lösen. Währenddessen können Sie das verschmutze Bettzeug des Wochenbettes entfernen und durch frisches ersetzen. Falls erforderlich, sollten Sie natürlich auch die Mutter selbst säubern. Vergewissern Sie sich nochmals, daß mit den Welpen alles in Ordnung ist. Danach versorgen Sie die Mutter, die jetzt sicher müde ist, noch mit einem angewärmten Milch-Honig-Getränk und überlassen Sie anschließend ihrer wohlverdienten Ruhe.

Es ist durchaus nicht ungewöhnlich, wenn eine Hündin auch nach der Geburt damit fortfährt, sich ihr Bett mit samt allem Inhalt, d. h. auch der Welpen, »selbst zu machen«, d. h. entsprechend zusammenzuscharren. Sie sollten zwar einerseits immer ein wachsames Auge auf dieses Treiben werfen, ihr aber andererseits auch auf diese Weise ausreichend Zeit und Gelegenheit geben, sich zu sammeln und wieder zu beruhigen.

HECHELN

Bei vielen Hündinnen kann es vorkommen, daß sie in den ersten Tagen nach einer Geburt stark hecheln. Wenn Sie darauf nicht vorbereitet sind, könnte Sie das möglicherweise beunruhigen. Rechtzeitig vor der Niederkunft sollten Sie deshalb ihren Tierarzt bitten, Ihnen ein Rezept für ein Kalzium- oder Vitamin-D-Präparat auszustellen, um es dann in einem solchen Fall zur Verfügung zu haben. Ich hatte bereits zu Anfang diese Mittel schon einmal unter den Dingen aufgelistet, die zu den Vorbereitungen auf einen Wurf gehören. Durch die Verabreichung von einem Teelöffel flüssigen Kalziums und Vitamin D täglich, wird das Hecheln - das an sich völlig normal ist - allmählich wieder aufhören. Sie sollten außerdem nicht vergessen, regelmäßig die Raumtemperatur im Bereich der Wurfbox zu kontrollieren und - auch auf die Gefahr hin, mich zu wiederholen - denken Sie daran, wenn Sie eine Heizlampe oder einen -strahler über der Wurfbox angebracht haben, dabei darauf zu achten, daß die Hündin auch in sitzender Position mit ihrem Kopf nicht zu nahe an die Heizquelle kommen kann.

ANZEICHEN VON EKLAMPSIE

Sollte das oben erwähnte Hecheln allerdings einhergehen mit Schüttelanfällen oder taumelnden Bewegungen, oder sollte die Hündin depressiv und teilnahmslos erscheinen und darüber hinaus auch noch starke Schwankungen der Körpertemperatur - von anfänglichem Fieber bis zu anschließenden Untertemperaturen - aufweisen, dann sollten Sie sofort Ihren Tierarzt verständigen. Diese Symptome könnten ein Hinweis darauf sein, daß die Hündin unter einer Eklampsie leidet - eine Komplikation, die auftritt, wenn der Kalziumspiegel im Blut auf einen gefährlich niedrigen Wert gefallen ist. Falls dem so ist, machen Sie auf jeden Fall zunächst einmal nichts falsch, gewissermaßen als eine Erste-Hilfe-Maßnahme sofort eine zusätzliche Dosis flüssigen Kalziums zu verabreichen. Das wird zumindest für kurze Zeit helfen. Die Hündin benötigt jedoch in jedem Fall unverzüglich eine große Menge Kalzium, die intravenös vom Tierarzt verabreicht werden muß. Handeln Sie also sehr rasch und nehmen sofort tierärztliche Hilfe in Anspruch, denn mit einer Eklampsie ist ganz gewiß nicht zu spaßen.

DIE ERSTE NAHRUNG

Eine Hündin, die zum ersten Mal Mutter wurde, wird sich nach der Geburt nicht so schnell wieder beruhigen und fassen können. Sie müssen dann dafür sorgen, daß sie trotzdem lange genug ruhig liegen bleibt, daß die Welpen die erste Nahrung zu sich nehmen können. Wenn die Kleinen es noch nicht sofort schaffen, an eine Zitze zu gelangen, müssen sie angelegt werden.

Nehmen Sie in einem solchen Fall die Zitze zwischen Daumen und Zeigefinger und drücken Sie sie behutsam so zusammen, daß der Welpe sie leicht ins Maul nehmen und sich daran festsaugen kann. Nehmen Sie dann die Hand nicht sofort wieder weg, sondern nehmen Sie mit der anderen Hand den Welpen so, daß Sie mit einem Finger den Nacken und Hinterkopf abstützen und ihn solange an die Zitze drücken, bis diese vom Maul ganz fest umschlossen und somit der Saugreflex automatisch ausgelöst wird. Ein gesunder und kräftiger Welpe wird dann mit seiner Zunge die Zitze und auch einen Teil des Hofes um die Zitze fest umklammern und auf diese Weise perfekt saugen können. Ob der Welpe tatsächlich saugt, können Sie dadurch feststellen, daß bei jedem Saugvorgang auch die Haut des Zitzenhofes mit hochgezogen wird.

Es kann schon einmal vorkommen, daß der Welpe, weil er hungrig war, seine Zunge bereits am Gaumen festgesaugt hat. Achten Sie also darauf, daß die Zitze auf der Zunge liegt und nicht darunter. Ein schwacher Welpe wird die Zitze lediglich festhalten und darauf herumkauen oder -lutschen. Das sieht dann zwar so aus, als ob er trinken würde, aber in Wirklichkeit erhält er auf diese Weise keinen einzigen Tropfen Milch. Wenn Sie auf diese Dinge nicht sorgfältig achten, könnte es geschehen, daß der Welpe allmählich immer schwächer wird, sogar eventuell verhungert und stirbt.

Wenn Sie einen solchen Welpen im Wurf haben, sollten Sie sich sehr darum bemühen, daß er die Zitze immer richtig im Maul hat und ansonsten so verfahren, wie ich es im Kapitel 9 »Pflege der Welpen« beschrieben habe, denn diese Maßnahmen könnten sich auch jetzt als hilfreich erweisen.

Nicht bei jeder Hündin schießt die Milch sofort ein, jedoch unterstützt und beschleunigt das Saugen der Welpen die Sache auf jeden Fall.

Die erste Milch, die die Welpen ansaugen, hat eine ganz besondere Zusammensetzung. Man nennt sie auch Kolostrum oder Kolestral-Milch. Diese wird von der Hündin in dem Zeitraum unmittelbar nach der Geburt bis 3 oder vier Tage danach abgegeben. Sie ist besonders reichhaltig an Fetten und Proteinen, enthält darüber hinaus in konzentrierter Form Vitamin A und D sowie Wirkstoffe, die das Immunsystem der Welpen aufbauen, damit ein erster, vorläufiger Schutz der Welpen vor Infektionen gebildet wird.

TRÄCHTIGKEIT UND GEBURT

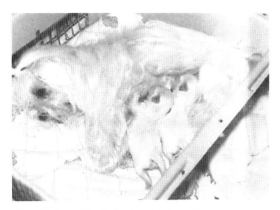

Eine Malteserhündin in der richtigen Lage ausgestreckt, um ihre Welpen zu säugen.

Dieser kleine Welpe saugt gesund und kräftig, weil seine Zunge die Zitze fest umklammert.
Die Mutter ist Ch. Whitesilk Showpiece (importiert aus Australien). Aus diesem Welpen wurde später der Ch. Milky Way's Fair Dinkum. Züchter und Besitzer: Carin Larson (Schweden).

DIE VERSORGUNG DER MUTTERHÜNDIN

Sie werden wahrscheinlich feststellen, daß Ihre Hündin während einer gewissen, allerdings relativ kurzen Zeitspanne nach der Geburt, ziemlich dünnflüssigen Kot absetzt und auch ein vaginaler Ausfluß ist über einige Tage nach der Geburt durchaus nichts Ungewöhnliches. Außerdem wird die Körpertemperatur auch am Tag nach der Geburt noch erhöht sein. Während dieser Zeit sollte man die Hündin mit einer eiweißreichen, leichten Kost ernähren. Es muß immer genügend Wasser bereit stehen, da die Milchproduktion der Hündin in einem direkten Verhältnis zur aufgenommenen Flüssigkeit steht. Ab dem zweiten Tag nach der Geburt wird sie wieder gerne kleinere Mahlzeiten zu sich nehmen, und die Futtermenge wird dann je nach Appetit und Wurfstärke allmählich erhöht.

Man sollte der Hündin ungefähr viermal täglich Gelegenheit geben, sich draußen zu lösen. Sie wird sich zwar nur widerstrebend von ihrer Familie trennen, und man sollte sie deshalb auch jedes Mal nur für wenige Minuten heraussetzen. Um während dieser kurzen Zeit die Welpen vor einem Wärmeverlust zu schützen, sollte man sie mit einem leichten Tuch bedecken, dabei aber wieder darauf achten, daß genügend Atemluft zugeführt wird. Denken Sie hinterher daran, bevor die Mutter zurückgesetzt wird, daß dieses Tuch vorher wieder entfernt wird. Sie sollten das anfänglich immer so machen, bis Sie den Eindruck gewonnen haben, daß die Welpen alt genug sind und sich während dieser Zeit trotz fehlender Mutterwärme wohlfühlen.

NOTIZEN

Aus Ihren schriftlichen Aufzeichnungen sollte sich ein möglichst vollständiges Bild über alle mit dem Wurf zusammenhängenden Dinge ergeben, angefangen vom Zeitpunkt des Einsetzens der Wehen bis zum Erscheinen des ersten Welpen, Geschlecht und Gewicht der Welpen, Ihre persönlichen Eindrücke zu bestimmten Situationen usw. Eine solche Dokumentation ist mit Sicherheit sehr interessant und darüber hinaus evtl. von großer Wichtigkeit für den Fall, daß die Hündin nach einer gewissen Zeit ein weiteres Mal belegt wird - obwohl ich aus eigener Erfahrung eigentlich sagen muß, daß bei meinen Hunden nicht eine Geburt gleich war wie eine andere, nicht einmal bei ein- und derselben Hündin.

KAPITEL 9

AUFZUCHT DER WELPEN

Es gibt ohne Zweifel keinen schöneren Anblick als den einer stolzen Mutterhündin mit ihrem satten und zufriedenen Nachwuchs. Dabei spielt es keine Rolle, wie viele Würfe man schon im Laufe der Jahre hatte. Die immer mit einer bevorstehenden Geburt verbundene Aufregung und das sich immer wieder offenbarende Wunder verliert nie seinen Zauber. Die gewonnenen Eindrücke werden Ihren Lebensablauf in den nächsten Wochen vollends beeinflussen und dieser Einfluß wird sich noch verstärken, je weiter sich der Nachwuchs entwickelt. Insgesamt betrachtet sind Malteser-Mütter relativ problemlos, was die Versorgung ihrer Welpen anbelangt. Dennoch ist es rein zur Vorsicht empfehlenswert, ein speziell für Hundewelpen geeignetes Trockenmilchpräparat bereit zu haben für den Fall, daß man in den ersten Wochen doch einmal gezwungen sein sollte, darauf zurückzugreifen.

DIE SÄUGENDE HÜNDIN

Malteserhündinnen sind ausgezeichnete Mütter, die sich mit großer Aufmerksamkeit und Hingabe um ihre Welpen kümmern, manchmal sogar solange, bis diese fast erwachsen sind. Eine erfahrene Hündin wird sich, von Ihnen entsprechend gut versorgt, sehr schnell nach der Geburt wieder gefaßt haben und sich entspannen. Bei einer Erstgebärenden kann das schon einmal etwas länger dauern, und man muß vielleicht des öfteren beruhigend auf sie einwirken. Letztlich wird aber Ihre persönliche Nähe und Fürsorge Wunder wirken. Es kann auch hin und wieder vorkommen, daß der natürliche Instinkt in den Vordergrund tritt und - obwohl Ihre Zuwendungen widerstrebend akzeptiert werden - würde eine solche Mutterhündin völlig außer sich geraten, wenn andere Außenstehende auch nur in ihre Nähe kämen. Man sollte ein solches Verhalten dann auch respektieren und sie entsprechend abgeschirmt halten. Der Beschützerinstinkt ist bei den meisten Hunden stark ausgeprägt, und es kann durchaus sein, daß die Hündin Ihre Hand wegzudrücken versucht oder ihren Kopf schwer auf Ihre Hände drückt um dadurch zu verhindern, daß Sie z. B. einen Welpen wieder anlegen wollen. Sie will Ihnen in einem solchen Fall dann mit ihrem Verhalten nur klar machen, daß dies ihre Welpen sind und daß Sie vorsichtig damit umgehen sollen.

Anfänglich wird eine nervöse, übersensible Hündin vielleicht nicht lange genug ruhig liegen bleiben, um die Welpen ausreichend saugen zu lassen, sondern sich stattdessen immer wieder auf die Beine stellen und alle paar Minuten ihre Position verändern, selbst dann, wenn die Welpen bereits angefangen haben zu saugen. Sie ist dann möglicherweise zu ängstlich und besorgt. In einem solchen Fall müssen Sie ihr aber begreiflich machen und beibringen, daß sie lange genug ruhig liegenbleiben muß, bis die Welpen satt geworden sind. Allerdings werden Sie dann schon nach kurzer Zeit feststellen, daß die Hündin schließlich zu einem entsprechenden Rhythmus gefunden hat.

Wenn Sie sich vergewissern wollen, ob die Hündin auch tatsächlich Milch hat, könnten Sie evtl. zu Ihrem Entsetzen zunächst feststellen, daß keine Milch da ist. Sie sollten dann allerdings nicht sofort in Panik geraten, denn bei den meisten Hündinnen schießt die Milch erst nach einer gewissen Zeit ein, bei der einen Hündin früher und bei einer anderen eben später. Auf jeden Fall wirken sich zum Ingangsetzen der Milchproduktion konstant und kräftig saugende Welpen als stimulierend aus. Wenn sich dann trotzdem nach einer gewissen Zeit noch nichts tut, sollten Sie zur Vorsicht Ihren Tierarzt konsultieren. In der Zwischenzeit versorgen Sie die Welpen mit einem der entsprechenden Trockenmilchpräparate, die eigens für diese Fälle entwickelt und hergestellt worden sind. Im Notfall können Sie auch, bis Sie sich ein solches Präparat besorgt haben, auf eine Lösung zurückgreifen, die aus abgekochtem und abgekühltem Wasser besteht, in dem je nach Belieben ein wenig Glukose oder Traubenzucker hinzugefügt wurde, denn Sie müssen in jedem Falle darauf achten, daß bei den Welpen kein Flüssigkeitsverlust, eine sogenannte Dehydration eintritt. Dies kann man feststellen, indem man die Haut am Nacken oder Rücken des Welpen zwischen Daumen und Zeigefinger behutsam anhebt und sofort wieder losläßt. Sollte die Haut daraufhin nicht sofort wieder geschmeidig in die ursprüngliche Lage zurückgleiten, sondern wie ein kleiner spitzer Hut stehen bleiben, könnte dies auf eine Dehydration hinweisen.

NAHRUNGSBEDARF

In den Wochen nach der Geburt ihrer Welpen benötigt die Mutterhündin mehrere kleinere Mahlzeiten pro Tag. Sie hat natürlich durch die Schwangerschaft und die Geburt eine beträchtliche Menge ihrer Kraftreserven verbraucht, und das Stillen der Welpen kostet sie nun weitere Energie. Die Mindestmahlzeiten, auch wenn sie nur einen

AUFZUCHT DER WELPEN

Welpen hat, sollten morgens aus einem Hafermilchbrei bestehen, einem »Mittagessen« aus leichter Fleischfutterkost, gleiches nochmals am späten Nachmittag und am Abend, zur Zeit des Schlafengehens wiederum aus einem Milchbrei. Mit dem Wachstum der Welpen wächst auch der Nahrungsbedarf der Mutterhündin, deshalb ist es von größter Wichtigkeit, daß sie regelmäßig und mit einem qualitativ besonders hochwertigen Futter ernährt wird, in einer Menge, die der Wurfstärke angemessen ist. Zusätzlich sollte man ihr außerdem jeden Tag einen Teelöffel flüssiges Kalzium und Vitamin D, beides beim Tierarzt erhältlich, verabreichen.

Ferner ist die ausreichende Versorgung mit Flüssigkeit von vitaler Bedeutung, ganz besonders, wenn die Hündin mehrere Welpen großziehen muß. Es muß stets frisches Wasser bereit stehen und - falls die Hündin Milch vertragen kann - sollte man ihr diese morgens und abends in den verschiedensten Zubereitungen anbieten. Kuhmilch kann bei manchen Hündinnen zu Verstopfungen führen. Wenn solche Probleme auftreten, würde ich empfehlen, auf Ziegenmilch zurückzugreifen. Diese ist in den meisten Reformhäusern erhältlich. Ich persönlich habe immer frische Ziegenmilch verwendet, da ich in der glücklichen Lage bin, diese aus einer kontrollierten Viehhaltung ganz in meiner Nähe zu beziehen. Ziegenmilch ist sehr leicht verdaulich und ist in ihrer Zusammensetzung der Milch der Hündin ähnlicher als Kuhmilch. Ich habe mit Ziegenmilch nie Verdauungsprobleme gehabt, weder bei erwachsenen Hunden noch bei Welpen in der Entwicklungsphase.

KONTROLLE DER MILCHVERSORGUNG

Da Malteser keine großen Würfe haben, müssen Sie in den allerersten Tagen ein wachsames Auge auf die ausreichende Milchproduktion der Hündin haben. Wenn der Wurf sehr klein war oder gar nur aus einem einzigen Welpen bestand, sollten Sie den Milchfluß zweimal täglich kontrollieren. Es besteht die Gefahr, daß sich in den Zitzen ein Milchstau bildet. Dadurch würde sich der Bereich hinter der Brustwarze extrem verhärten, was wiederum für die Hündin sehr schmerzhaft wäre, besonders dann, wenn es die Brustwarzen im hinteren Teil des Gesäuges betrifft, unmittelbar zwischen den Hinterbeinen. Sie müssen unbedingt darauf achten, daß sich bei einer unvermindert hohen Milchproduktion der Hündin keine der Brustwarzen zu sehr verhärtet.

Das Problem bei Einzelwelpen ist, daß ihm ganz einfach alle Zitzen gefüllt zur Verfügung stehen, und er diese natürlich nicht alle leersaugen kann. Wenn der Bereich hinter einer bestimmten Zitze zu sehr verhärtet ist, wird dies den Welpen davon abhalten, an dieser Zitze zu saugen, da er sie einfach nicht mehr richtig in den Mund nehmen kann. Demzufolge wird er sich eine andere, weichere aussuchen, die ihm »bereitwilliger« seine Milch spendet.

Um dieser Situation richtig zu begegnen, können Sie entweder mit den Fingern den Bereich hinter der Zitze vorsichtig etwas zurückpressen und dabei den Welpen fest an die Zitze drücken, so daß er beginnt, an der übervollen Milchquelle zu saugen und dadurch die Schwellung abgebaut wird, oder aber Sie entleeren diese Zitze selbst, indem Sie das betreffende Gesäuge mit einem Wattebausch massieren, und zwar in einer abwärts zur Zitze hin gerichteten Bewegung. Das wird dann Abhilfe schaffen, bis eine natürliche Reaktion in Gang gesetzt wird - und das wird früher oder später der Fall sein - und die Milchproduktion der Wurfstärke angepaßt wird; allerdings kann dies zwei oder drei Tage dauern. Wenn trotz alledem weiterhin die Milchproduktion nicht entsprechend nachläßt, die Zitze rot und heiß wird und sich das Gesäuge verhärtet, dann sollten Sie Ihren

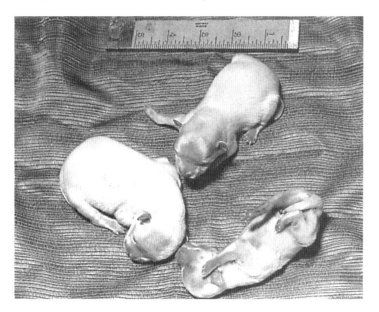

Dieser Wurf ist gerade einmal zwei Tage alt.

Foto: F. C. Sturgiss.

MALTESER HEUTE

RECHTS: *Wenn es Probleme mit der Milchversorgung der Welpen durch die Mutter gibt, müssen die Kleinen eventuell mit der Flasche aufgezogen werden.*

UNTEN: *Dieser neun Tage alte Welpe hat seine Augen noch nicht geöffnet. Er wurde von Hand aufgezogen, und zwar mit Hilfe einer Pipette, über die ein sogenanntes »Katzennippel« gestülpt wurde. Als dieses Foto aufgenommen wurde, war dieser Welpe sehr krank und sein schlechter Gesundheitszustand ist auch daran deutlich erkennbar, daß das Haar struppig und stumpf wirkt. Letztlich hat sich die kleine Hündin jedoch wieder völlig erholt.*
            Foto: Pierre Bourque.

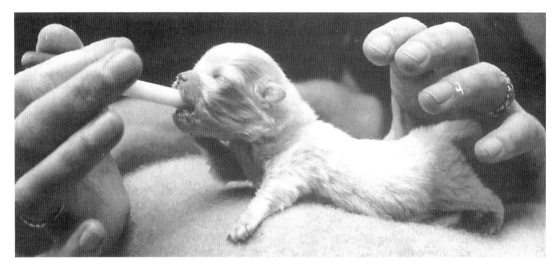

Tierarzt hinzuziehen, denn diese Symptome könnten auf eine Mastitis hindeuten.

In den Tagen unmittelbar nach der Geburt wird Ihre Hündin wahrscheinlich weiterhin einen rötlichen Ausfluß haben (manchmal mit grün vermischt). Dies ist ganz normal. Es besteht nur dann Anlaß zur Sorge, wenn dieser Ausfluß wesentlich dunkler wird und anfängt, übel zu riechen. In diesem Fall müssen Sie unbedingt fachlichen Rat suchen.

HYGIENE UND SAUBERKEIT

Erlauben Sie niemals, daß Besucher die neue Familie stören. Ihre Hündin wird sich viel schneller beruhigen und auf ihre neue Aufgabe konzentrieren, wenn man sie in Ruhe läßt und nur Sie alleine sich um sie kümmern, zumindest in den ersten Tagen. Wenn es dann soweit ist, daß Sie Ihre kleine Familie vorzeigen wollen und die Welpen ruhig, satt und zufrieden in ihrem ›Nest‹ liegen, sollten Sie es den Besuchern erst dann erlauben, die Kleinen anzufassen, wenn diese sich zuvor die Hände gewaschen haben. Es kann so leicht geschehen, daß unbeabsichtigt Infektionen von irgendwoher auf die empfindlichen und ungeschützten Welpen übertragen werden.

Es ist ebenso wichtig, daß die Hündin sauber gehalten wird, sowohl was die Hygiene anbelangt als auch das Wohlbefinden der Hündin selbst. Wenn sie draußen war, um sich zu lösen, sollten Sie immer nachschauen, ob sie sauber ist, bevor Sie sie zu den Welpen zurücklassen. Auch wenn Sie die Hündin natürlich nicht überbeanspruchen wollen, sollten Sie darauf achten, daß das Haar gepflegt und zweckentsprechend in Ordnung gehalten wird. Wenn Sie die Mutter für die entsprechenden Pflegemaßnahmen von den Welpen entfernen, könnten diese manch-

AUFZUCHT DER WELPEN

mal anfangen zu schreien. Denken Sie also daran, die Kleinen wie im vorangegangenen Kapitel beschrieben zuzudecken und hinterher auch wieder das Tuch zu entfernen.

EKLAMPSIE

Obwohl die Symptome bereits unter Kapitel 8 beschrieben wurden, ist es wichtig, daß Sie sich nochmals darüber im klaren sind, daß dieses ernste Problem jederzeit auftreten kann. Eine Eklampsie kann plötzlich auftreten, wenn die Welpen gerade mal eine Woche alt sind, die meisten Fälle treten jedoch bei den Hündinnen auf, wenn die Welpen drei bis vier Wochen alt sind. Deshalb ist es wichtig, daß eine Mutterhündin unter ständiger Beobachtung sein sollte und flüssiges Kalzium und Vitamin D stets griffbereit sind, um dieses zunächst im Notfall bei ersten Anzeichen von Zittern oder unkoordinierten Bewegungsabläufen als Sofortmaßnahme zu verabreichen, bis die dringend erforderliche tierärztliche Hilfe gegeben wird. Wenn diese nicht unverzüglich erfolgt, könnte dies fatale Folgen haben.

Wenn die Welpen einmal vollständig entwöhnt sind, ist es ganz richtig, wenn die Flüssigkeitsversorgung der Hündin reduziert wird, denn nun ist es nicht länger nötig, die Milchproduktion der Hündin anzuregen. Frisches Wasser sollte allerdings nach wie vor in ausreichender Menge zur Verfügung stehen. Trotzdem benötigt ihr Körper weiterhin Aufbaustoffe, da die Welpen und die Zeit des Stillens sie viel Kraft gekostet haben. Die besonders eiweißreiche Ernährung sollte zumindest noch einen Monat beibehalten werden und darüber hinaus in Abhängigkeit davon, wie schnell sie zu ihrer früheren Form und Kondition zurückfindet.

Nachdem man die gesamte Familie in den Wochen zuvor hygienisch einwandfrei gehalten hat, sollte Ihre Hündin jetzt, vorausgesetzt, sie ist wieder in entsprechender Kondition, nochmals entwurmt werden.

FÜRSORGE DER WELPEN

Wichtig ist die tägliche Inspektion, um rechtzeitig eventuell aufkeimende Probleme zu entdecken. Welpen sind recht widerstandsfähig und deshalb sollten Sie nicht zu zimperlich mit ihnen umgehen. Sie haben sich schon vorher vergewissert, daß keine Mißbildungen vorhanden sind und nun sollten Sie sich nur noch einmal davon überzeugen, daß die Nabelschnur richtig abgeheilt ist.

Wenn die Hündin die Welpen stillt, sollten Sie gelegentlich darauf achten, welches die stärkeren und die schwächeren sind. Den oder die stärkeren Welpen sollten Sie an die weniger vollen Zitzen legen, da sie dort immer noch ausreichend satt werden. Den schwächeren Welpen sollten Sie möglichst in Richtung der Zitzen ›bugsieren‹, die zwischen den Hinterbeinen liegen, da diese normalerweise immer die sind, die die meiste Milch abgeben. Schwächere Welpen werden in der Regel auch schneller müde und schlafen über dem Saugen ein. Sie sollten darauf achten und gegebenenfalls den Kleinen ab und zu anstoßen, bis Sie zu der Überzeugung gelangt sind, daß der Kleine satt sein müßte. Um einen schlafenden Welpen wieder zum Trinken zu animieren, kann man auch durchaus einen Tropfen Milch aus der Zitze drücken und auf die Zunge des Welpen träufeln. Solche schwächlicheren Welpen sind es auch, bei denen sehr schnell eine Dehydration eintreten kann. Sie sollten also immer wieder den bereits beschriebenen Hauttest durchführen. Sie sollten, falls erforderlich, jedoch auch darauf achten, nicht zuviel der bereits erwähnten Wasser-Zucker- bzw. -Honig-Lösung zu verabreichen, sondern bedenken, daß solch ein Welpe doch noch einen recht kleinen Magen hat. Vorrangig sollte die Ernährung mit Milch sein. Die Wasserlösung sollte nur ein Zusatz sein, wenn man dies für unbedingt erforderlich hält. Man könnte anderenfalls den kleinen Magen sehr schnell überfüllen. Das wiederum könnte den Welpen noch mehr schwächen, weil das Gefühl satt zu sein, ihn davon abhalten wird, sich selbst um Milch von seiner Mutter zu bemühen; deshalb ist es das Beste, wenn man lediglich einige Tropfen in regelmäßigen Intervallen zwischen den Säugephasen verabreicht. Man kann zu diesem Zweck entweder eine Pipette oder eine Spritze (natürlich ohne Nadel) verwenden. Diese Prozedur sollte man solange beibehalten, bis die Haut beim Hauttest wieder sofort geschmeidig zurückgleitet. Die Hauptsache ist, daß man bei dieser Sache schnell handelt. Außerdem muß man sehr darauf achten, wenn man diese Maßnahmen bei sehr kleinen Welpen ergreifen muß, daß dabei keine Flüssigkeit in die Lunge inhaliert wird. Träufeln Sie einen Tropfen auf die Zunge und lassen Sie den Welpen dann zunächst einmal schlucken.

Es gibt gute Gründe, die Fütterung der Welpen in den ersten Lebenstagen sehr genau zu überwachen und auch die Welpen immer wieder zum Säugen anzuregen. Selbst wenn ein Welpe die Zitze im Mund hält und seine Kiefer bewegt, kann man nie sicher sein, daß er auch Milch erhält. Erst wenn Sie sehen können, daß die Zitze mit der rosa Zunge fest umschlossen wird und die Haut hinter der Zitze erkennbar beim Saugvorgang mit hochgezogen wird, kann man in der Regel davon ausgehen, daß der Welpe Milch trinkt.

Gesunde und kräftige Welpen kneten und pressen das Gesäuge der Hündin mit ihren Pfoten, wenn sie trinken und arbeiten dabei recht kräftig, um den Milchfluß zu erhöhen. Der Erfolg dieser Bemühungen wird daraus ersichtlich, daß die Welpen mit dem Kneten des Gesäuges aufhören und sich die kleinen Schwänzchen in die Höhe richten, während sie hörbar schmatzend unter ihrer Milchquelle liegen. Diese Welpen dann in einer Reihe liegend zu sehen, alle das Schwänzchen in gleicher Weise im Bogen in die Höhe gestreckt, ist ein unglaublich befriedigender Anblick. Ein kräftiger und gieriger Welpe strengt sich gewaltig an, um seine Ration Milch abzubekommen, und damit unterstützt er auch noch sehr die neben ihm saugenden, insbesondere solche, die sich weniger geschickt anstellen. Durch seine Bemühungen wird der Milchstrom letztlich angeregt und dann an alle Zitzen, an denen die Welpen saugen, gleichmäßig verteilt. Der Milchstrom hält dann ein oder zwei Minuten an, um danach durch das Pumpen der Welpen erneut angeregt zu werden oder zu versiegen, wenn die Welpen schließlich satt sind und einschlafen. Wenn Sie auf diese Vorgänge ein waches Auge werfen, werden Sie schnell herausfinden, daß ein schwächerer Welpe genau dann rechtzeitig angelegt wird, wenn durch einen der oben beschriebenen starken und gierigen Welpen die Milchproduktion in Gang gesetzt worden ist.

WIEGEN DER WELPEN
Die sicherste Methode um festzustellen, ob Fortschritte im Wachstum erreicht worden sind, ist, die Welpen täglich zur gleichen Zeit zu wiegen. Wenn ein Welpe bei der Geburt ungefähr 120 Gramm wiegt, würde ich erwarten, daß er danach täglich ca. 7-8 Gramm zunimmt. Hin und wieder ist bei dem einen oder anderen Welpen auch zwischendurch einmal ein Wachstumsschub zu verzeichnen, d. h. daß er an einem Tag 15 oder sogar 30 Gramm zunimmt. Die Hauptsache ist jedenfalls, daß eine stetige Gewichtszunahme registriert werden kann. Ich wiege die Welpen am Anfang jeden Abend über einen Zeitraum von zwei Wochen (manchmal noch länger, wenn ich auch nur den geringsten Anlaß zur Sorge habe). Danach wiege ich einmal wöchentlich und später nur noch einmal im Monat.

Man kann leicht feststellen, wenn sich ein Welpe nicht wohlfühlt. Er sollte ein hübsches, kugelrundes, pralles, aber trotzdem weiches Bäuchlein haben. Wenn dieses jedoch flach und schlaff ist, so ist dies ein Zeichen dafür, daß der Welpe nicht genug Milch bekommt. Ein weiteres äußerliches Anzeichen dafür, daß etwas nicht in Ordnung ist, ist wenn das Haar nicht geschmeidig am Körper anliegt, sondern absteht und struppig aussieht. Wenn alles normal verläuft, sollte sich das Geburtsgewicht der kleinen Malteserwelpen nach ca. 8 Tagen verdoppelt und im Alter von ca. drei Wochen vervierfacht haben.

ENTLEERUNG VON DARM UND BLASE
Es kann des öfteren vorkommen, daß Sie selbst Darm und Blase des Welpen entleeren müssen. Zum Glück ist dies eine relativ einfache Sache. Man nimmt dazu einen Wattebausch, der leicht mit warmem Wasser angefeuchtet wurde und massiert damit behutsam den Bereich um den Anus herum, bis Kot abgesetzt wird. Um einen Rüdenwelpen zum urinieren zu veranlassen, wischt man mit diesem Wattebausch am Penis entlang in einer Richtung von der Rute nach vorne. Bei einer Hündin macht man das genau umgekehrt, indem man vom Bauch in Richtung der Rute streicht. Die feuchtwarme Baumwolle stimuliert den Welpen, sich zu lösen, ähnlich wie dies im Normalfall die Mutterhündin mit ihrer Zunge macht.

WARMHALTEN DER WELPEN
Wie ich bereits schon einmal ausgeführt habe, ist Wärme lebenswichtig, und die Temperatur im ›Wochenbett‹ sollte in den ersten beiden Wochen bei ca. 24°C gehalten werden, danach kann man sie allmählich auf 21°C absenken. Ein ungeschützt liegender Welpe verliert sehr schnell seine Körpertemperatur und es sterben mehr Welpen an Hypothermie (Unterkühlung) als aus irgendeinem anderen Grund. Es liegt einzig und allein in Ihrer Hand, diese Dinge unter Kontrolle zu haben.

Wenn Welpen sich aneinander und übereinander drängen ist dies meist ein Zeichen dafür, daß sie Wärme suchen. Wenn sie nebeneinanderliegen, ist wahrscheinlich temperaturmäßig alles in Ordnung und sie fühlen sich wohl. Sie werden zweifelsohne auch bemerkt haben, daß sehr junge Welpen manchmal im Schlaf heftig zusammenzucken. Das ist freilich ganz normal und wird allmählich in den folgenden Wochen verschwinden.

DAS SCHNEIDEN DER KRALLEN
Auch auf die Krallen der Welpen sollte man achten. Eine nähere Untersuchung wird ergeben, daß sich an jeder Krallenspitze winzige Häkchen gebildet haben, die - wie man sich leicht vorstellen kann - der Mutter einige Probleme bereiten könnten, wenn man nicht darauf achtet. Deshalb sollte man ab dem zehnten Tag die Spitzen der Krallen beschneiden. Denken Sie aber daran, daß, obwohl dies noch winzige Welpen sind, diese dennoch Leben in den Krallen haben. Wenn Sie also zu weit herunterschneiden, ist das für den Kleinen schmerzhaft und es beginnt zu bluten.

ENTWURMEN
Möglichst bald nachdem der Wurf gefallen ist, sollten Sie mit Ihrem Tierarzt Rücksprache nehmen und festlegen,

AUFZUCHT DER WELPEN

wann Sie mit dem Entwurmen beginnen, und welches Mittel Sie zweckmäßigerweise anwenden. Wahrscheinlich wird er Ihnen empfehlen, daß Sie die Welpen das erste Mal im Alter von ca. 2 Wochen entwurmen und danach weitere Male in regelmäßigen Abständen, bis sie völlig entwöhnt sind und anfangen selbständig zu werden.

DAS SAUBERHALTEN DER WELPEN

Vergewissern Sie sich auf jeden Fall, daß Ihre Mutterhündin die Welpen richtig sauber hält. Wenn sie das nicht macht, kann das für den Welpen sehr qualvoll werden, weil der Anus möglicherweise mit den Abgängen der letzten Darmentleerung verklebt und dadurch verstopft ist. Durch konstantes Pressen will dann der Welpe versuchen, gegen diese Blockade anzugehen. Das wiederum kann zu ernsthaften Gesundheitsschäden und in extremen Fällen sogar zum Tod führen. Erstgebärende Mütter sind manchmal etwas nachlässig in dieser Hinsicht oder der Welpe leidet an einer Verstopfung, bei der die Mutterhündin machtlos ist - in diesem Fall nehmen Sie wieder einmal Watte zur Hand und eine Schüssel warmes Wasser und wischen und tupfen solange, bis die Verhärtung aufgeweicht ist und sich nun leichter entfernen läßt. Trocknen Sie hinterher den Welpen immer sorgfältig mit Papiertüchern oder einem weichen Handtuch ab, und wenn der Anus wund geworden ist, sollten Sie ihn mit etwas Vaseline einreiben.

ENTWICKLUNGSSTADIEN

Nicht ein Wurf und oft auch nicht einmal zwei Welpen aus dem gleichen Wurf sind in der Entwicklung gleich oder lassen sich miteinander vergleichen. Im Durchschnitt kann man jedoch sagen, daß sich die Augen eines Welpen nach zehn Tagen zu öffnen beginnen und einige Tage danach öffnen sich auch die Ohren. Im Alter von etwa drei Wochen versuchen sie sich auf die wackligen Beinchen zu stellen und fangen an herumzukrabbeln. Mit ungefähr einem Monat fangen sie an, kleine Entdeckungsreisen in die unmittelbare Umgebung zu unternehmen, und jetzt ist es auch an der Zeit, die vordere Trennwand der Wurfbox zu entfernen, damit die Kleinen Zugang zum umgitterten ›Laufstall‹ haben. Schon erscheinen im Zahnfleisch die ersten Zähnchen und man zeigt erstes ernsthaftes Interesse am Futter der Mutter.

In dieser Phase ist es sehr wichtig für die Welpen, zu spielen und demzufolge sollte man eine Menge von leichten, interessanten Spielzeugen bereithalten. Sie werden nun feststellen, daß Sie der Nachwuchs mehr Zeit als je zuvor kostet, da Sie einfach nicht in der Lage sind, am Welpengehege vorbei zu gehen, ohne dort für kürzere oder längere Zeit zu verweilen und mit den Kleinen zu sprechen oder zu spielen. Die wiederum reagieren jetzt auch sehr lebhaft auf Ihre Anwesenheit.

DIE ENTWÖHNUNGSPHASE

Es ist schwierig, genau zu bestimmen, wann man mit der Entwöhnung der Welpen beginnen sollte. Normalerweise fangen die Kleinen im Alter von drei bis vier Wochen an, am Futter der Mutter zu kosten oder an was auch immer Sie jetzt eigens für die Welpen zubereitet haben. Sie sollten nicht entsetzt darüber sein, wenn die Mutterhündin jetzt kurz nach der Mahlzeit das Futter wieder herauswürgt. Dies geschieht nicht etwa, weil sie sich unwohl fühlt, aber bei einigen Mutterhündinnen tritt nun der uralte und perfekte Naturtrieb zutage, mit dem sie ihren Nachwuchs mit halb-vorverdauter Nahrung versorgen will. Ein solches Verhalten tritt nicht bei jeder Hündin auf, aber es könnte häufiger sein, wenn Sie mit der Entwöhnungsphase zu spät beginnen.

Mit der Fütterung der Welpen sollte man allmählich beginnen und dann nach und nach die Portionen erhöhen, indem man mit einer Mahlzeit am ersten Tag anfängt, später dann auf zwei erhöht usw. Ganz zu Anfang könnten Sie einen Babymilchreisbrei anbieten, leicht mit Honig gesüßt. Verwenden Sie immer eine fettreiche Milch (von Jersey-Kühen oder Ziegen), da die Welpen an die hochfettreiche Milch ihrer Mutter gewöhnt sind.

Alternativ können Sie den Welpen auch feingehacktes Rindfleisch (Tartar) oder eine gut eingeweichte Vollwertkost oder auch ein Welpenfertigfutter zu den anfänglichen Mahlzeiten anbieten.

Um sicherzustellen, daß jeder Welpe gleichermaßen an die neue Kost herangeführt wird und diese akzeptiert, sollten Sie die Welpen nacheinander auf Ihren Schoß nehmen und nun dort, sagen wir zum Beispiel - den Reisbrei - anbieten. Wenn der erst einmal akzeptiert wurde, können Sie auf die gleiche Weise Fleischnahrung anbieten oder eingeweichtes Markentrockenfutter. Das ist zwar eine zeitraubende Angelegenheit, aber wenn die Welpen sich erst einmal mit dem jeweiligen neuen Geschmack vertraut gemacht haben, werden sie hinterher sehr schnell gemeinsam aus einem kleinen Napf fressen. Wenn die Welpen anfangen aus einem Napf zu fressen, ist es recht lustig zu beobachten, wie sie des öfteren das Gleichgewicht verlieren und kopfüber in das Futter fallen und sich danach glücklich gegenseitig das Gesicht waschen. Wenn man nicht darauf achtet, Futterreste, insbesondere Reste von Milchbrei, sofort von den Gesichtern der Welpen abzuwaschen, muß man diese, wenn sie bereits eingetrocknet sind, gut einweichen, bevor man daran geht, sie sorgfältig zu entfernen.

Wenn man Welpen aus einem gemeinsamen Napf fressen läßt, hat dies den Vorteil, daß durch den dabei ent-

MALTESER HEUTE

Es dauert nicht lange, bis jeder Welpe seinen eigenen individuellen Charakter entwickelt hat. Dieser Kleine ist Foursome's Surround by Love (Ch. Su Le's Cordon Bleu - Ch. Foursome's Loving You), eine Kreuzung aus Kontinentaleuropäischen und Amerikanischen Linien. Züchter und Besitzer ist Ingela Gram.

OBEN: Welpen aus einem Tamilay-Wurf, gezüchtet von Maureen Foley.

UNTEN: Malteserhündinnen sind ganz allgemein sehr gute Mütter. Hier ist Vicbrita Delectabell mit ihren Welpen abgebildet. Leider war dies der letzte Wurf, der unter dem berühmten Namen Vicbrita gezüchtet wurde.

Foto: Sally Anne Thompson.

AUFZUCHT DER WELPEN

stehenden Futterneid zügig gefressen wird. Sie sollten natürlich immer wieder darauf achten, daß die stärkeren Welpen nicht gleich zu Anfang alles verschlingen und dabei den schwächeren nichts mehr übriglassen. Wenn Ihre kleine Familie etwas älter ist, sollten Sie eventuell dazu übergehen, die Welpen einzeln zu füttern und das möglichst so, daß die Geschwister dies sehen und dadurch auch die schwächeren Fresser möglicherweise animiert werden, aktive Teilnehmer an den Mahlzeiten zu werden.

Dadurch, daß so viele ausgezeichnete Welpenfertignahrungsprodukte auf dem Markt sind, ist das Entwöhnen der Welpen in den letzten Jahren wesentlich einfacher geworden. Die Kleinen benötigen vier oder fünf kleinere Mahlzeiten am Tag - zwei davon sollten in irgendeiner Form Milch beinhalten und vorzugsweise jeweils als erste und als letzte Mahlzeit verabreicht werden. Selbstverständlich steht den Kleinen in dieser Zeit auch noch die mütterliche Nahrungsquelle zur Verfügung. Die Mutterhündin wird jedoch allmählich immer weniger erfreut über das entsprechende Verlangen der Welpen sein, da deren Zähne allmählich immer mehr durchkommen, und das wird dann für sie immer unangenehmer. Jetzt ist es an der Zeit, daß man die Welpen in ihrem Gehege immer dann füttert, wenn die Mutter sich draußen aufhält, um ihr ›Geschäft‹ zu verrichten. Ganz allmählich sollte man den Zeitraum der Abwesenheit der Hündin verlängern. Achten Sie unbedingt darauf, daß Sie alles Futter, was von den Welpen nicht gefressen wurde, restlos entfernen. Wenn Sie nämlich der Hündin erlauben, nach ihrer Rückkehr die Futterreste zu fressen, wird sie sich das sehr schnell merken und statt sich bei ihren Aufenthalten draußen etwas von ihren Welpen zu erholen, sich beeilen, so schnell wie möglich wieder zurückzukommen.

Neben den Milchbreigerichten sollte das etwas festere Futter je nach Belieben aus einem der Markentrockenfutter für Welpen bestehen oder aus feingemahlenem Rinderhackfleisch, entweder pur, im rohen Zustand oder untereinander mit feingeschnittenem Gemüse gekocht und mit etwas Fleischbrühe vermischt. Auf jeden Fall sollte das Futter, was Sie den Welpen anfänglich anbieten, doch noch sehr breiige Konsistenz haben. Es gibt heutzutage keine Entschuldigung dafür, wenn sich Welpen in einem schlechten Ernährungszustand befinden, denn die erhältlichen Markenfertigfutter sind völlig ausgewogen in der Zusammensetzung und man braucht nichts mehr hinzuzufügen. Sie werden bei der regelmäßigen Gewichtskontrolle sehr schnell feststellen, welches Futter Ihren Welpen am besten bekommt. Es könnte sein, daß zu Beginn der Entwöhnungsphase zunächst ein leichter Gewichtsverlust zu verzeichnen ist, der jedoch in der Regel in sehr kurzer Zeit wieder aufgeholt wird.

Mit dem nun auch einsetzenden schnellen Wachstum der Milchzähne müssen Sie auch dafür sorgen, daß die Welpen möglichst viele geeignete Kauhilfen erhalten. Durch das Kauen wird auch das Zahnfleisch massiert und dadurch besser durchblutet; ebenso wird die Kiefernmuskulatur gestärkt.

Sie sollten sich an tägliche regelmäßige Fütterungszeiten halten. Wenn die Kleinen fünf Wochen alt sind, sollten Sie mit einer Hauptmahlzeit früh morgens beginnen und eine solche auch um fünf Uhr nachmittags verabreichen. Den Milchbrei könnten Sie dann mittags und als letzte Mahlzeit etwas später am Abend füttern.

Tritt bei einem Welpen eine Verstopfung auf, so könnte dies möglicherweise auf eine zu proteinhaltige Nahrung zurückzuführen sein. Das passiert zumeist, wenn das Futter selbst zubereitet wurde, und ein gefräßiger Welpe mit zuviel irgendeines Lieblingsfleisches verwöhnt worden ist. Wenn so etwas auftritt, sollte man für den Welpen eine Mahlzeit ausfallen lassen und stattdessen eine kleine Dosis Milchzucker (wie auch zur Anwendung bei Säuglingen und Kleinkindern empfohlen) verabreichen. Dies wird im Normalfall das Problem beheben, falls nicht, müssen Sie ärztliche Hilfe in Anspruch nehmen. Sowohl bei Verstopfung als auch bei Durchfall ist eine Dehydration die größte Gefahr für Ihren Welpen und man sollte rechtzeitig die Behandlung mit einer Glukoselösung beginnen. Selbstverständlich sollte auch immer frisches Wasser bereitstehen. Wenn die Welpen angefangen haben, sich wie oben beschrieben regelmäßig zu ernähren, werden Sie feststellen, daß sich die Mutter auch nicht mehr konsequent um das Sauberhalten der Welpen bemüht. Deshalb ist es wichtig, daß Sie die Welpen diesbezüglich mindestens zweimal pro Tag inspizieren und besonders darauf achten, daß sich das Haar, welches jetzt recht schnell wächst, nicht im Anusbereich verklebt und dadurch verhindert, daß der Welpe seinen Darm entleeren kann.

Diese täglichen Routineinspektionen oder auch das regelmäßige Wiegen gehört im übrigen mit zum Sozialisierungsprozeß der Welpen. Zwischen der 4. und der 7. Lebenswoche ist das Verhältnis zwischen Mensch und Hundewelpe kritisch. In diesem Lebensabschnitt macht der Welpe viele negative Erfahrungen mit seiner Außenwelt und dadurch könnte der kleine Malteser sehr schnell ängstlich oder nervös werden und in ihm wächst nicht dieses gefestigte Wesen eines Welpen heran, der umsorgt und behütet mehrheitlich gute Erfahrungen gemacht hat, verbunden mit vielen spielerischen und liebevollen Zuwendungen seitens seiner menschlichen Gefährten. Daraus ist resümierend festzuhalten, daß nur durch eine wohlbehütete Entwicklung, aufopfernde Pflege und liebevolle Aufzucht ein charakterstarker und im Wesen freier Malteser heranwachsen kann.

DIE BEWERTUNG EINES WURFES

Natürlich haben Sie, als Sie den Wurf planten, eine bestimmte Absicht damit verfolgt, zumeist, weil Sie sich daraus einen Welpen versprochen haben, den Sie einmal ausstellen können. Mir selbst geht es so, daß ich die Welpen

MALTESER HEUTE

Malteserwelpen aus Kanada - Kuri Bola de Nieve und Kuri Copo de Nieve. Gezüchtet von Flora Mackenzie aus der englischen Floriana-Linie.

bereits vom ersten Tag an versuche einzuschätzen. Für denjenigen, der nichts von diesen Dingen versteht, sehen die Welpen in diesem Alter wahrscheinlich alle gleich aus, und sie sind natürlich auch alle gleichermaßen bezaubernd - aber es gibt schon Unterschiede. Nachdem sie auf die Welt gedrückt und gequetscht worden sind und man ihnen Zeit gelassen hat, sich von dem Trauma der Geburt zu erholen, werden sie sich schon kurz danach zu niedlichen Welpen entwickelt haben und ich greife dann zu meinem Notizbuch, in welchem ich schon Gewicht, Geschlecht usw. eingetragen habe.

Diesen Daten füge ich nun meine spontan gewonnenen Eindrücke hinzu, wie z. B. die Form des Schädels - ist er eher schmal, eng oder breit? Ich vergleiche die Länge des Fangs. Außerdem kann man jetzt auch schon die Körperform beurteilen: Ist der Körper eher rund und gedrungen, oder ist er schmaler und länger? Fühlen Sie den Körper ab - vergleichen Sie den Körperbau mit dem der Wurfgeschwister und notieren Sie sich alle besonderen individuellen Merkmale. Vielleicht ist die Rute des einen besonders lang oder bei dem anderen dick und kurz. Ist einer der Kleinen besonders lärmend oder lebhaft? Nach dem Wiegen der Welpen sollten Sie sich Notizen über deren weitere Entwicklung machen, z. B. wann die erste Pigmentierung erscheint und deren Intensität. Ist sie schwarz oder braun oder gräulich oder sogar nur stellenweise vorhanden? Vergleichen Sie das Wachstum des Haarkleides und dessen Textur.

Im Alter von fünf bis sechs Wochen sind die Welpen bereits Wesen, die eine eigene Persönlichkeit entwickelt haben.

Was man erreichen möchte, ist, daß ein Welpe zutraulich ist, gleichzeitig keck und lebhaft, dabei aber nicht aggressiv; seine Rute schön über dem Rücken trägt und der, wenn er ganz natürlich dasteht und seinen Kopf stolz aufgerichtet trägt, bereits eine gewisse Ausstrahlung hat.

Mit zehn oder zwölf Wochen kann man die Welpen schon genauer beurteilen. Verbringen Sie so viel Zeit wie möglich damit, sie ganz einfach nur im Spiel in einem größeren Freiraum zu beobachten, sich das allgemeine Erscheinungsbild und den Bewegungsablauf eines jeden einzelnen anzusehen; Sie werden nach einiger Zeit feststellen, daß ein bestimmter Welpe immer wieder Ihre besondere Aufmerksamkeit auf sich lenkt.

Wenn Sie sich dann Ihre Familienmitglieder einzeln genau anschauen, sollten Sie darauf achten, daß der Fang genügend breit ist, um den Zähnen ausreichend Platz zu bieten und daß das Gebiß eine Schere aufweist. Der Kiefer kann sich während des weiteren Wachstums noch verändern. Ich habe Welpen gesehen, die in diesem Alter einen Rückbiß hatten, letztendlich aber, wenn sie ausgewachsen waren, ein perfektes Gebiß hatten. Umgekehrt kann dies gleichermaßen für einen Vorbiß gelten. Ich erinnere mich noch ganz gut an einen Welpen, der zunächst einen Rückbiß zu haben schien, ein paar Wochen später wiederum einen Vorbiß, um schließlich das Wachstum mit einem perfekten Gebiß abzuschließen. Es gibt hierfür keine letzte Gewißheit und Garantie, ehe nicht die zweiten Zähne durchgekommen sind.

Auch die Länge des Fanges ist unterschiedlich. Sie wünschen sich weder einen zu langen noch zu kurzen Fang. Am Profil des Kopfes können Sie erkennen, ob der Stop gut und deutlich angesetzt ist. Ein zu flacher Stop,

AUFZUCHT DER WELPEN

Bereit, die Welt im Sturm zu erobern: Tenessa's Smashing in White (Am. Ch. Tenessa's Jon B of Hyler - Ch. Tenessa's Gladabout Glamour. Gezüchtet von Annette Feldblum.

der dem Schädel ein fliehendes Profil verleiht, ist sicher nicht wünschenswert, aber ein zu hoher und zu stark abfallender Stop würde dem Kopf ein völlig falsches Aussehen verleihen. Schaut man sich den Kopf von vorne an, sollte der Schädel sanft und gleichmäßig gerundet sein und nicht die Form eines Apfels haben. Wir wollen hoffen, daß die Ohren ausreichend tief und nicht mehr zur oberen Kopfmitte hin angesetzt sind. Bedenken Sie dabei jedoch, daß die Welpen zu einer bestimmten Zeit mit dem Zahnwechsel beginnen und vielleicht deshalb die Ohren vorübergehend höher tragen. Sie sollten Wert auf dunkle Augen von guter Größe legen; zu kleine Augen haben nicht diesen gewissen sanftmütigen Gesichtsausdruck, während wiederum runde, hervorquellende, sog. ›Glubschaugen‹ völlig fehlerhaft wären. Ferner sollte bereits eine deutlich erkennbare Pigmentierung vorhanden sein. Diese sollte an den Lidrändern der Augen nicht unterbrochen sein und es wäre erstrebenswert, wenn sich um die Augen herum auch schon sogenannte ›Halos‹ - eine dunkle Pigmentierung der Haut des Augenhofes - gebildet hätten. Je nach Jahreszeit dürfen Sie jedoch in dieser Beziehung Abstriche gelten lassen, denn die Pigmentierung schwankt in ihrer Intensität, je nachdem, ob es Sommer oder Winter ist, aber es wäre nicht schlecht, wenn man zumindest Ansätze zur Bildung dieser Halos erkennen könnte.

Bei manchen Welpen dauert die Pigmentierung länger als bei anderen. Es kann sogar durchaus sein, daß die Pigmentierung noch fleckig, also unvollständig ist, letztendlich diese Welpen jedoch ebenso schwarze Nasen, Schnauzen und Pfotenballen aufweisen, wie ihre schnelleren Wurfgenossen. Bei dieser Angelegenheit sind Aufzeichnungen von früheren Würfen von unschätzbarem Wert, um sich möglicherweise den einen oder anderen ›Spätzünder‹ wieder vor Augen führen zu können, aus dem später eine Schönheit wurde.

Auch wie der einzelne Welpe sich in diesem Alter bewegt und wie seine Kopfhaltung ist, kann sehr aufschlußreiche Eindrücke vermitteln. Schauen Sie sich das Gebäude der Welpen an, wenn sie nach einem Bad noch naß sind. Vergleichen Sie es mit dem Standard der Rasse. All das, was unter Kapitel 5 beschrieben wurde, sollte im positiven Sinne auf Ihren Welpen anwendbar sein. Machen Sie sich völlig mit den Eigenschaften Ihres Nachwuchses vertraut. Die Ruten können manchmal Anlaß zur Skepsis geben, wenn diese steil himmelwärts gerichtet sind, statt im Bogen über dem Rücken getragen zu werden. Wenn das jedoch alles ist, was Sie stört, dann sollten Sie dies nicht so tragisch nehmen, denn solange der Rutenansatz korrekt ist, besteht durchaus die Chance, daß später allein durch das Gewicht der Behaarung bzw. Befederung die Rute in die gewünschte Position bogenförmig über den Rücken fällt. Wenn Sie sich einen männlichen Welpen ansehen, sollten Sie sich vergewissern, daß alle wichtigen Attribute vorhanden sind. Auch in dieser Beziehung können zwischen einzelnen Welpen Unterschiede in der Entwicklung bestehen, d. h. manche sind diesbezüglich noch viel weiter zurück, allerdings wäre es schon wünschenswert, daß ein männlicher Welpe in diesem Alter in Bezug auf die Geschlechtsmerkmale keine Fehlentwicklung aufzuweisen hat. Treffen Sie jedoch keine voreiligen negativen Entscheidungen, insbesondere nicht, wenn es sich um einen Welpen handelt, den Sie sich vorgenommen hatten, zu behalten, da es sich durchaus um einen der sogenannten Spätentwickler handeln könnte.

Zu guter Letzt sollten Sie das Haarkleid einer kritischen Bewertung unterziehen. Bei allen jungen Hunden ist das Haarkleid noch weich, aber es treten durchaus schon unterschiedliche Texturen auf. Es gibt Haare, die 7-8 cm perfekt gerade wachsen, um dann plötzlich eine fürchterliche Welle zu bilden, die dann ebenso unvermittelt im weiteren Wachstum wieder verschwindet.

MALTESER HEUTE

Ihr ausgesuchter Ausstellungswelpe sollte eine annähernd quadratische Form des Gebäudes aufweisen und der Nacken sollte fließend in die Schultern übergehen und nicht etwa abrupt. Der Gesamteindruck sollte der eines substanzvollen Körpers sein, der dennoch dabei eine gewisse Feinheit aufweist. Das Temperament ist selten ein Problem. Ein Malteser sollte frei und offen im Wesen und dabei dennoch liebevoll und zutraulich sein.

Behalten Sie nur das Beste, insbesondere wenn Sie die Absicht haben, später mit diesem Nachwuchs einmal weiterzuzüchten. Das ist natürlich manchmal leichter gesagt, als getan, da es durchaus passieren kann, daß Sie aus einer gewissen Sentimentalität heraus keine objektive Entscheidung treffen können oder gar wollen. Auf keinen Fall sollten Sie einfach alles behalten, denn je später Sie sich entscheiden, umso schmerzhafter wird dann die Trennung. Für einen Welpen, der objektiv nicht den Anforderungen des Rassestandards entspricht, ist es ganz sicher das Beste, wenn er frühzeitig als Familienhund in liebevolle Hände gegeben wird. Das oberste Gebot bei der Zucht und dem Ausstellen von Hunden sollte sein, daß das wahre Bild der Rasse vermittelt und erhalten wird und dabei auch noch möglichst die eigene Zucht zu verbessern. Es sollte das Anliegen jedes ehrlichen Züchters sein - völlig unabhängig davon, ob man nur in kleinem Umfang züchtet oder auch noch wenig Erfahrung hat - etwas zu züchten, was der Rasse entspricht und - wer weiß - sogar möglicherweise ein Gewinn für die gesamte Rasse darstellt.

DER VERKAUF DER WELPEN
Nun sind wir an dem Punkt angelangt, zu dem Sie sich von den Welpen trennen, die Sie nicht behalten wollen. Nehmen wir wieder einmal an, daß dies Ihr erster Wurf war, und es Ihre Absicht ist, diese Welpen zu verkaufen. Denken Sie dabei daran, daß Sie noch unerfahren sind und das wahre Potential eines Welpen noch nicht richtig beurteilen und voraussagen, denn das ist selbst für einen erfahrenen Züchter schwer genug. Hierbei sollten Sie sich also Zurückhaltung auferlegen. Natürlich ist für Sie selbst jeder Ihrer Welpen schön, und deshalb sollte es Ihre innerste Angelegenheit sein, daß jeder Welpe, von dem Sie sich trennen wollen ein bestmögliches neues Zuhause erhält.

Ich erinnere mich daran, wie einmal eine Anfängerzüchterin jeden Welpen aus ihrem Wurf mit dem Prädikat ›Ausstellungsqualität‹ zum Kauf anbot, weil eben aus ihrer Sicht diese Babies perfekt waren. Einige Monate später, als diese Welpen dann in Konkurrenz im Ring ausgestellt wurden, geriet sie in eine sehr peinliche Situation. Das Problem dabei ist, daß der Käufer oft dermaßen enttäuscht ist, daß er sich sofort wieder von diesem Hund trennt und in seiner Verärgerung überhaupt keinen Gedanken daran verschwendet, ob dieser Hund dann trotzdem in gute Hände kommt. Wären diese Welpen als das verkauft worden, was sie wirklich darstellten, nämlich entzückende Schmusehunde, wären sie mit größter Wahrscheinlichkeit für immer in einem liebevollen und fürsorglichen, sicheren Zuhause untergebracht worden und darüber hinaus hätte auch der Ruf des Züchters keinen Schaden erlitten. Selbst wenn es möglicherweise tatsächlich ein Wurf von Hunden in Ausstellungsqualität war, so war es doch unklug, diese mit einem solchen Qualitätsmerkmal zu verkaufen, bevor sich dies als zutreffend erwiesen hat. Ich halte in unserem Malteserklub die Funktion eines »Rescue and Welfare«-Officers inne und habe schon des öfteren junge Hunde, denen ein solches Schicksal widerfahren war, bei mir aufgenommen. Sie waren nach solchen Vorfällen einfach gedankenlos an völlig ungeeignete neue Besitzer ›verhökert‹ worden. (Anmerkung d. Ü.: In dieser Funktion kümmert sich Vicki Herrieff um in Not geratene Malteser, die von ihren Besitzern verstoßen oder ausgesetzt wurden oder deren Besitzer vielleicht plötzlich verstorben oder schwer erkrankt sind. Solche Hunde werden dann von ihr vorübergehend zu Hause aufgenommen, falls erforderlich gesundheitlich und pflegerisch versorgt und dann nach einer gewissen Zeit bei sorgfältig ausgesuchten neuen Besitzern untergebracht.)

Das Schicksal Ihrer Welpen liegt also völlig in Ihrer Hand, und Sie sollten bei der Auswahl eines neuen Heimes genauso anspruchsvoll sein, als wenn es um Sie selbst ginge, der das erste Mal in eine neue Welt eintritt. Stellen Sie sich eine Liste mit Anforderungen zusammen, die Sie an das neue Zuhause stellen. Fragen Sie die eventuellen neuen Besitzer nach den Wohnverhältnissen, wie groß die Familie ist und falls Kinder zur Familie gehören, wie alt diese sind. Steht ein Garten zur Verfügung, ist das Grundstück gesichert, geht der oder die neue Besitzerin nebenbei noch arbeiten und falls ja, wer kümmert sich in dieser Zeit um den Hund? Sind noch andere Haustiere vorhanden, ist sich der neue Besitzer darüber im klaren, wieviel Pflege ein Malteser benötigt und so weiter und so weiter. Ich habe im Grunde genommen keine Einwände, daß Malteser auch an ältere Menschen abgegeben werden, da ich der Meinung bin, daß - natürlich innerhalb vernünftiger Grenzen - das Alter kein Hinderungsgrund sein sollte, sofern für den Hund gewisse Vorkehrungen getroffen worden sind, falls einmal Schwierigkeiten eintreten. Auch junge Menschen können krank werden, geschieden werden oder sogar sterben. Also, insofern ein - wenn auch älterer neuer Besitzer - noch in der Lage ist, sich richtig um den Hund zu kümmern und auch gleich von Anfang an entsprechende Vorkehrungen für den Fall getroffen hat, daß etwas geschieht, womit man immer in einem bestimmten Alter rechnen muß, d. h. daß bereits jemand da ist, der den Hund in einem solchen Fall zu sich nimmt, warum sollte dann das Alter ein Problem sein? Sie sollten sich natürlich auch darüber im kla-

AUFZUCHT DER WELPEN

ren sein, daß Sie als Züchter in einem solchen Fall immer mit Rat und Tat zur Stelle sein müssen.

Sie haben vielleicht bereits meinen Äußerungen in der Einführung zu diesem Buch entnommen, daß ich eine gewisse Abneigung habe, Hunde in Familien mit zu kleinen Kindern zu verkaufen oder zu vermitteln, ganz besonders dann, wenn dies für eine solche Familie der erste Hund ist. Manche Elternpaare sind sich nicht bewußt, daß sich ein Malteserwelpe sehr schnell bewegen kann und manchmal ohne jede Vorwarnung wie der Blitz vom Arm eines unachtsamen Kindes springen kann. Kleine Kinder tollen manchmal herum und sich schnell bewegende Kinderbeine üben eine magische Anziehungskraft auf Welpen aus, und es besteht dann immer die Gefahr, daß solch ein kleines Kind auf den Welpen tritt und dabei könnten sich sowohl der Welpe als auch das Kind verletzen. Jedenfalls sind Malteser eine sehr freundliche, duldsame Rasse und gerade deswegen besteht immer eine große Gefahr, daß man ihnen Verletzungen zufügt, auch wenn das von diesen Hunden begeisterte Kind dies noch nicht einmal absichtlich tut. Aus diesen genannten Gründen bin ich also immer etwas vorsichtiger, wenn junge Familien einen meiner Welpen haben möchten. Grundsätzlich kann man natürlich sagen, daß wenn gewisse Voraussetzungen auch bei jungen Kindern vorhanden sind, es keinen geeigneteren Hund als Gefährten für heranwachsende Kinder gibt, als einen Malteser.

Bereiten Sie rechtzeitig die notwendigen Papiere vor, und erstellen Sie für den neuen Eigentümer auch eine schriftliche Anleitung für die Fütterung des Welpen. Ebenso sollten Sie schriftlich einige Anweisungen für die Pflege zusammenstellen, einschließlich der notwendigen Informationen über die Wiederholungsimpfungen, Entwurmung und die zukünftige generelle gesundheitliche Fürsorge. Auch die offiziellen Papiere, wie z. B. eine deutlich handgeschriebene oder maschinengeschriebene Ahnentafel (Anm. d. Ü.: In England ist es üblich, meist eine solche vorläufige Ahnentafel auszustellen, da die echte Ahnentafel erst sehr spät ausgestellt wird.) und nicht zuletzt auch eine vertragliche Vereinbarung, die alle notwendigen Daten und auch die speziellen Nebenabreden oder besonderen Vereinbarungen in schriftlicher Form beinhalten sollte. Dieses Dokument sollte dann von beiden Seiten unterschrieben werden. Eine Kopie davon behalten Sie dann für Ihre Unterlagen.

Denken Sie daran, dem neuen Besitzer eine bestimmte Menge des Futters mitzugeben, welches der Welpe zuletzt gefressen hat, so daß die eventuelle Umstellung auf eine andere Ernährung nicht zu abrupt erfolgt. Machen Sie den Käufern deutlich, daß Sie an dem weiteren Wohlergehen des Kleinen interessiert sind und daß Sie für den Fall, daß Fragen auftauchen, jederzeit erreichbar sind und mit Rat und Tat zur Seite stehen. Ich fixiere in den Kaufdokumenten auch immer einen Punkt, der besagt, daß ich ein Vorrecht habe, jeden meiner Welpen zurückzunehmen für den Fall, daß der neue Besitzer in irgendwelche Schwierigkeiten gerät und sich eventuell von dem Hund trennen müßte. Die Sorge um ein neues Heim würde dann in meiner ausschließlichen Verantwortung liegen.

*Ein vielversprechendes Pärchen im Alter von 6 Wochen!
Rechts: Babsy vom Wassergarten.
Links: Benji vom Wassergarten (Annsarah's Hi-Flyer - Xenia vom Wassergarten).
Züchter und Besitzer: Renate Moll, Mönchengladbach.*

KAPITEL 10

GESUNDHEITSFÜRSORGE

Im allgemeinen ist der Malteser ein zäher kleiner Bursche, was die gesundheitliche Kondition und die natürlichen Widerstandskräfte anbelangt. Wenn einmal irgendetwas sein sollte, ist es anzuraten, so wenig Medikamente wie möglich zu verabreichen. Aber es wäre natürlich töricht zu behaupten, daß nicht auch bei dieser Rasse gelegentlich einmal mehr oder weniger große Probleme auftreten könnten. Viele der nachfolgend aufgelisteten Krankheiten oder Krankheitssymptome können allgemein bei solchen kleinen Hunderassen auftreten und müssen deshalb Erwähnung finden; sie sind also nicht unbedingt rassetypisch für die Malteser.

Malteser sprechen im allgemeinen recht gut auf pflanzliche Heilmittel und homöopathische Behandlungsmethoden an. Deshalb wurden einige solcher Heilmittel mit in die Auflistung aufgenommen. Diese sollten gegebenenfalls nützliche Ergänzungen Ihrer Erste-Hilfe-Ausrüstung oder einer entsprechenden Hausapotheke sein (siehe hierzu die Abschnitte »Empfehlenswerte Naturheilmittel« und »Homöopathische Medizin«).

ALLGEMEINE GESUNDHEITSKONTROLLE

TEMPERATUR: Die Körpertemperatur eines Hundes sollte normalerweise zwischen 38,3 und 38,7°C betragen. Üblicherweise wird diese mit einem geeigneten Thermometer rektal gemessen. Wenn die Hündin nicht belegt ist, wäre eine Temperatur von über 39°C ein Anzeichen dafür, daß der Hund krank ist.

PULS: Die normale Pulsschlagfrequenz eines Zwerghundes liegt bei 100 Pulsschlägen pro Minute. Man mißt sie, indem man einen Finger an die Innenseite eines Hinterbeines legt. Im Krankheitsfalle kann sie sich bis auf 150 Schläge pro Minute erhöhen oder aber auch unter der normalen Frequenz liegen.

SCHLEIMHÄUTE: Diese sind im Normalfall hellrosa und man prüft dies am Zahnfleisch unter den oberen Lefzen oder innerhalb der Augenlider.

ÄUSSERE KÖRPERTEILE: Ohren und Pfoten sollten sich warm anfühlen.

KRANKHEITSZUSTÄNDE UND KRANKHEITSBILDER

ALLERGIEN: Ebenso wie Menschen können Hunde gegen ein breites Spektrum aller möglichen Substanzen allergisch sein, angefangen vom Futter bis hin zu frischem Grasschnitt, Hausstaub oder Flohbissen. Es ist sehr schwierig herauszufinden, was die genaue Ursache des Problems ist und in der Zwischenzeit kann man nur mit kühlenden Zink-Schwefel-Verbänden bzw. -umschlägen ähnlicher Zusammensetzung, direkt angewandt auf die befallenen Körperstellen oder mit einem der verschiedenen, vom Tierarzt verordneten Cortison- oder Antihistaminpräparate vorübergehende Abhilfe verschaffen. Wenn Sie bemerken, daß sich Ihr Hund an einer bestimmten betroffenen Körperstelle ständig leckt und beißt, sollten Sie ihm einen bei einem Tierarzt erhältlichen Halskragen anlegen. Dieser trichterförmig zugeschnittene Halskragen verhindert, daß der Hund die befallene Stelle mit seiner Schnauze erreichen kann und dadurch der Zustand verschlimmert wird.

ANALDRÜSEN: Auf jeder Seite des Anus liegt jeweils eine Drüse unter der Haut. Wenn ein Hund genügend ›grobkörnige‹ Zusätze im Futter hat, sollte im Prinzip aus dieser Sache kein Problem entstehen. Manchmal kann jedoch eine Verstopfung dieser Analdrüsen auftreten und sie müssen dann, wenn man Ihnen nicht gezeigt hat, wie das gemacht wird, von einem Tierarzt oder einer Person, die in solchen Dingen Erfahrung hat, ausgedrückt werden. Auf jeden Fall sollte man vermeiden, daß eine Entzündung entsteht (siehe auch: Empfehlenswerte Naturheilmittel).

ANALABSZESS: Durch eine übervolle Analdrüse kann eine Infektion entstehen und sich dadurch ein einseitiger Abszeß am Anus bilden. Dies ist möglicherweise nicht gleich zu Anfang zu erkennen. Das erste Indiz, daß ein Abszeß in der Entstehung begriffen ist, könnte sein, daß sich Ihr Hund auf einmal ungewöhnlich ruhig verhält.

GESUNDHEITSFÜRSORGE

Kurz darauf erscheint wahrscheinlich eine beulenartige Geschwulst direkt am Anus. Wenn Sie das Problem sofort erkannt haben und die unvermeidliche Entwicklung der Dinge beschleunigen wollen, dann sollten Sie diesen Abszeß bereits in diesem frühen Stadium mit warmem (nicht heißem!) Wasser abtupfen. Das hilft zunächst einmal. Wenn der Abszeß dann ausgewachsen ist, wächst auf ihm, meist nach einem Bad eine punkt- oder kopfförmige Erhebung. Wenn dieser Abszeß dann schließlich reif ist und platzt, wird es zu einer heftigen und reichlichen Entleerung kommen. Danach müssen Sie diesen Abszeß durch häufiges Baden mit warmem Wasser und einer milden antiseptischen Lösung oder Salzwasser sauber halten und vor Verkrustungen schützen. Sollte es dann zu einer spontanen Entleerung kommen, wird das helfen, den restlichen Bereich vor einer fortschreitenden Infektion zu bewahren. Es ist eine unangenehme und schmutzige Angelegenheit, aber keineswegs lebensgefährlich. Danach könnte Ihr Tierarzt noch eine kurze Antibiotika-Medikation verschreiben (siehe hierzu auch: Homöopathische Medizin).

AUGENGESCHWÜRE: Diese entstehen meist durch unfallbedingte Verletzungen (Kratzen, Schlag- oder Stoßfolgen) beim Spielen und müssen durch einen Spezialisten behandelt werden. Ihr Tierarzt ist in der Lage, die Schwere der Verletzung zu beurteilen, indem er ein Kontrastmittel in das Auge tropft. Entsprechend wird dann eine Behandlung erfolgen.

AUTO- BZW. REISEKRANKHEIT: Diese äußert sich durch Erbrechen, übermäßigen Speichelfluß und starkes Hecheln. Gewöhnen Sie die Welpen so früh wie möglich an das Wageninnere. Wenn dabei ein Welpe überängstlich reagiert, sollten Sie sich die Zeit nehmen und sich mit ihm im stehenden Wagen spielerisch beschäftigen. Das wird dann bei ihm den Eindruck hinterlassen, daß dies eine Umgebung ist, in der er sich wohlfühlen kann. Vor Antritt einer Reise sollte man ihm am besten nichts mehr zu fressen geben. Wenn Sie bereits vorher wissen, daß Ihr Welpe entsprechende Reaktionen zeigt, sollten Sie außerdem vor dem Beginn der Reise oder Fahrt das normale Trinkwasser gegen eine kleinere Menge Flüssigkeit austauschen, die aus Wasser, versetzt mit Glukose besteht. Ein Teelöffel Magnesiamilch oder irgendein anderes Magenberuhigungsmittel könnte zusätzliche Hilfe bringen. Wenn das alles trotzdem nichts bringt, könnte man eventuell eine halbe Tablette eines Medikamentes, das auch gegen Reiseübelkeit bei Kindern eingesetzt wird, verabreichen. Das wird den Welpen beruhigen und ihn schläfrig machen. Stärkere Beruhigungsmittel sollte man nur in Absprache und nach Anweisung eines Tierarztes einsetzen. Sie sollten außerdem in solchen Fällen immer einen gewissen Vorrat an Küchenrollen und Tüchern zur Hand haben. Außerdem ist mit Erbrechen und erhöhtem Speichelfluß auch immer ein Flüssigkeitsverlust verbunden und es ist wichtig, dem rechtzeitig mit einer Wasser-Glukose- oder Wasser-Traubenzucker-Lösung vorzubeugen (siehe hierzu auch unter Naturheilmittel und Homöopathie).

BLÄHUNGEN: Ungewöhnlich starke Absetzung von Gasen ist normalerweise ein Zeichen von schlechter Verdauung. Abhilfe könnte geschaffen werden durch Holzkohlepulver in Form von Biskuits, Körnern oder Tabletten. Die Ursache könnte in einem zu hohen Fettgehalt des Futters liegen. Auch ein Teelöffel Soda-Bicarbonat, in etwas warmem Wasser aufgelöst, könnte hilfreich sein.

DIARRHOE (DURCHFALL): Hierfür kann es viele Gründe geben: Wurmbefall, eine Infektion, eine Futterumstellung, zu viel Eiweiß im Futter, sogar Stress. Eine sofortige Behandlung ist unbedingt erforderlich. Verabreichen Sie dem Hund dreimal täglich einen speziell für diese Zwecke zusammengestellten Heilerdenextrakt und setzen Sie mit der Fütterung zunächst aus. Sie müssen jetzt unbedingt auf den Flüssigkeitsverlust achten und für den Notfall eine Salz-Glukose-Lösung bereithalten. Diese besteht aus 5 Gramm Salz und 30 Gramm Dextrose, aufgelöst in gut einem halben Liter abgekochtem und danach abgekühltem Wasser. Bei jungen Welpen könnte manchmal auch ein halber Teelöffel voll Maismehl oder Pfeilwurzelmehl - unter das Futter gemischt - Abhilfe schaffen. Wenn der Durchfall nicht verschwindet oder wenn sich Blut darin befindet, sollten Sie sofort tierärztliche Hilfe in Anspruch nehmen. Wenn in einem Zeitraum von 24 Stunden nach einer Behandlung das Problem nicht wieder aufgetreten ist, sollten Sie dazu übergehen, wieder kleinere Futterportionen zu verabreichen - dabei jedoch ein oder zwei Tage auf Milchprodukte verzichten. Da eventuell eine Infektionsgefahr besteht, sollte man in einer solchen Situation den Hund möglichst von anderen Hunden solange isoliert halten, bis sich der Stuhl wieder normalisiert hat (siehe hierzu auch Naturheilmittel und Homöopathie).

EKLAMPSIE: Man bezeichnet sie manchmal auch als Milchfieber (siehe hierzu Kapitel 8).

ENZEPHALITIS: Ein Begriff, mit dem eine Entzündung des Gehirns benannt wird, die möglicherweise durch ein Virus oder eine Infektion hervorgerufen wurde, manchmal aber auch, wie aus heiterem Himmel, ganz plötzlich auftritt und bei der der Hund krampfartige Anfälle hat. Wirken Sie dann beruhigend auf ihn ein und bringen Sie ihn in einem abgeschirmten, ruhigen, möglichst verdunkelten Raum oder Zimmer unter und bitten Sie sofort den Tierarzt um Hilfe.

FLÖHE: Der Hundefloh (Ctenocephalides canis) vermehrt sich sehr rasch, indem er seine Eier im Hundebett, am Hund selbst, an den Ecken und Kanten von Teppichen ablegt - eigentlich fast überall. Aus den Eiern schlüpfen schließlich kleine Larven, die sich sehr schnell verpuppen und zwei Wochen später - manchmal kann das auch erst nach einem Jahr oder sogar noch später sein - erscheint der fertige Floh. Es ist ein sehr kleiner Parasit mit einem flachen Körper, der springend weite Entfernungen überwindet und sich vom ausgesaugten Blut seines Hundewirtes ernährt. Abgesehen davon, daß dies sehr unangenehm ist, überträgt die Larve des Flohs die Eier des Bandwurms. Diese wiederum können, wenn der Hund sie bei seiner ›Flohsuche‹ hinunterschlingt, selbstverständlich Infektionen und noch andere Probleme verursachen. Es läßt sich relativ leicht feststellen, wenn ein Malteser von Flöhen befallen ist, da die dunklen Körner des Flohkots sehr schnell auf dem weißen Haar entdeckt werden. Wenn man dann diese Körner auf feuchtes Papier legt, hinterlassen sie verräterische kleine braune Flecken. Es gibt heute viele Mittel, mit denen man dieses Problem behandeln kann, aber es sollte der Grundsatz gelten, daß Vorbeugen besser ist als heilen. Wichtig ist die sorgfältige Pflege und außerdem sollte auch die Hundebettwäsche regelmäßig gewaschen werden. Zentralheizung und ausgelegte Teppiche sind für Flöhe ein ›Geschenk des Himmels‹, deshalb sollte man von Zeit zu Zeit alle weichen, stoffähnlichen Ecken von Möbeln und die Teppichkanten mit einem Mittel besprühen, welches Ihnen von Ihrem Tierarzt empfohlen wurde. Bei Flohbefall sollten Sie statt Ihres normalen Shampoos vorübergehend ein eigens gegen Insektenbefall wirkendes Spezialshampoo einsetzen, dies aber auf jeden Fall von den Augen fern halten. Außerdem sollten Sie ein solches Shampoo niemals bei einer schwangeren Hündin anwenden. Solange Sie routinemäßig solche Vorsorgemaßnahmen treffen sollte sich die Verwendung eines sog. Flohhalsbandes erübrigen, denn es ist bekannt, daß dieses bei Maltesern Hautreizungen und allergische Symptome hervorrufen kann. Heute sind außerdem neue Produkte auf Basis der Gentechnologie entwickelt worden und auf dem Markt, deren Anwendung die erwachsenen Flöhe unfruchtbar macht - ein weiterer großer Fortschritt im Kampf gegen diese Plage.

GASTRITIS (MAGENSCHLEIMHAUTENTZÜNDUNG): Diese ist oft auf Überfressen zurückzuführen oder auf eine Nahrung, die dieser individuelle Hund einfach nicht verträgt. Sie äußert sich in Durchfall. Der Hund sollte 24 Stunden nichts zu fressen bekommen. Trinken hingegen darf er und zwar vorzugsweise eine Saline/Dextrose-Lösung, wie sie bereits unter dem Stichwort Diarrhö beschrieben wurde. Danach beginnen Sie wieder leicht verdauliches Futter zu verabreichen, meiden jedoch Milchprodukte, bis die Symptome verschwunden sind. Ist das nicht der Fall, sollte tierärztlicher Rat eingeholt werden (siehe auch Naturheilmittel und Homöopathie).

GAUMEN: Der sog. weiche Gaumen liegt hinter den oberen molaren Zähnen und reicht hinunter bis in den Rachen. Es ist ein Muskel, dessen Funktion darin besteht, bei der Futteraufnahme die Nasenhöhlen zu verschließen und dabei das Futter in Richtung Schlund zu befördern. Bei einem Hund ist dieser Teil des Gaumens besonders lang, und wenn ein Hund übererregt ist, kann es hin und wieder vorkommen, daß dieser Muskel zeitweise die Luftwege versperrt. Der Hund gibt dann recht seltsame »schnarrende« Geräusche von sich oder hustet laut. Es hat in diesem Falle auch keine Bedeutung, ob der Hund angeleint ist oder nicht. Sie sollten dann Ihre Hand leicht über die Nase des Hundes legen und ihm zu verstehen geben, einen Moment ruhig stehen zu bleiben; dadurch wird sich der Muskel wieder entspannen und die Luftwege werden wieder frei. Dieses »schnarrende« Röcheln hört sich schlimmer an als es ist.

GAUMENSPALTEN: Dies ist ein angeborener Defekt, bei dem die beiden oberen Gaumen nicht zusammengewachsen sind. Manchmal tritt dabei auch noch eine sog. Hasenscharte auf. Dieser Defekt entsteht meist dadurch, daß zwei rezessive Gene aufeinandertreffen und man nimmt an, daß diese Mißbildung erblich bedingt ist. Es gibt jedoch auch Theorien, die diese auf eine mangelhafte Ernährung zurückführen. Man sollte mit einem Welpen, der mit solchen Mißbildungen geboren wird, niemals weiterzüchten und die Mutterhündin bei einer nochmaligen Belegung in jedem Falle einem anderen Deckrüden zuführen.

GINGIVITIS (ZAHNFLEISCHENTZÜNDUNG): Leider treten diese und ähnliche Krankheiten bei Kleinhunden sehr häufig auf. Meist hängen diese Dinge mit der Fütterung von zuviel Weichfutter oder einem zu starken Befall von Zahnstein zusammen. Gingivitis ist die Bezeichnung für eine Entzündung des Zahnfleisches: sie zeigt sich in Form eines dunkelrot verfärbten Bereichs unmittelbar an den Zähnen. Wenn man das Zahnfleisch berührt, kommt es sehr leicht zu Blutungen, und das Ganze wird manchmal begleitet von einem üblen Mundgeruch. Es handelt

GESUNDHEITSFÜRSORGE

sich hierbei um eine Infektion, die mit Antibiotika behandelt werden muß. Zur Vorbeugung und Vermeidung empfiehlt es sich, zusätzlich zum Weichfutter auch ein Hartfutter zu verabreichen. Auch Kauhilfen können hierbei hilfreich vorbeugen. Ferner empfiehlt es sich, die Zähne regelmäßig zu pflegen und dadurch den Zahnstein auf ein Minimum zu beschränken. Es gibt heutzutage ausgezeichnete Zahnpasta, die nicht nur die Zähne reinigen, sondern die zusätzlich wertvolle Enzyme zur Stärkung des Zahnfleisches enthalten. Auch die Säuberung der Zähne mit einer Wasser/Salz-Lösung oder einer zu gleichen Teilen aus Wasser und Hydrogenperoxyd bestehenden Lösung ist recht nützlich. Jeder Hund hat zwei Drüsen im Rachen, direkt hinter dem Ende des Kiefers. Wenn eine Infektion vorliegt, sind diese Drüsen geschwollen und fühlen sich wie zwei kleine harte runde Klumpen an. Dies weist eindeutig darauf hin, daß ein Problem vorliegt, welches behandelt werden muß (siehe auch Stomatitis).

GRAS FRESSEN: Diese Angewohnheit ist bei Hunden weit verbreitet, da sie instinktiv wissen, daß das gut für sie ist. Besonders gerne fressen sie das sogenannte Queckengras. Dadurch wird ein spontanes Erbrechen herbeigeführt, wodurch automatisch die Galle gereinigt wird; keinesfalls ist es also ein Anzeichen irgendeiner Krankheit. Ein Hinweis zur Vorsicht: Die Grasflächen in öffentlichen Anlagen sind höchstwahrscheinlich in der Regel mit einem Unkrautvernichtungsmittel gespritzt worden und wenn Ihr Hund dieses beim Grasfressen mit aufnimmt, könnte er daran erkranken. Man sollte also sehr auf solche Dinge achten und möglichst den Hund davon abhalten, auf solchen Flächen sein Gras zu verzehren. Naturheilkundler setzen seit Jahrhunderten auf die Verwendung von Queckengras als Beruhigungsmittel bei leichten Harnwegproblemen.

GRASSAMEN (BZW. GRANNEN): Besonders bei Maltesern können lange, gerstenartige Grassamen bzw. Grannen problematisch werden, wenn diese sich im Haarkleid oder den Ohren verfangen. Man findet solche Gräser sowohl in öffentlichen Anlagen, als auch auf dem Lande. Es erreicht im Wachstum die Höhe eines Hundes. Man findet es häufig unter Hecken, und es gedeiht auf jedem Boden. Diese Grassamenart ist im Spätsommer und Herbst am gefährlichsten, wenn die braunen, widerborstigen Samen ausfallen und sich dabei sehr schnell im langen Haarkleid eines Hundes verfangen. Die nadelspitzen Borsten dringen mit jeder Bewegung tiefer in das Haarkleid des Hundes ein. Sie können sich sogar zwischen den Pfoten einnisten, in die Haut eindringen, von dort aus sogar direkt in den Körper gelangen und dort innerlich weiterwandern. Wenn der Körper dann versucht, diese lästigen Eindringlinge abzuwehren, können manchmal kleine Abszesse entstehen. Diese harten, spitzen und scharfen Samen werden bekanntermaßen auch mit den Nasenlöchern aufgenommen und sammeln sich im Innern der verwundbaren Hängeohren an, von wo aus sie direkt in den Gehörgang gelangen. Das ist für den Hund sehr schmerzhaft und es empfiehlt sich, einen Tierarzt aufzusuchen. Sollte sich also Ihr Malteser nach einem Spaziergang merkwürdig verhalten und erkennbar unwohl und elend fühlen, dann sollten Sie sich die eben genannten Körperstellen genauer anschauen. Auch bei der regelmäßigen normalen Pflege müssen Sie in dieser Jahreszeit auf diese Dinge besonders achten.

HÄMATOME: Dies sind Blutgeschwulste (manchmal auch mit Wundwasser gefüllte Geschwulste), die sich häufig an den Ohren von Hunden mit Hängeohren bilden. Sie werden verursacht durch intensives Kratzen oder heftiges Schütteln des Kopfes, oft bedingt durch eine Reizung im Ohrinneren. Hämatome können auch durch einen Stoß oder Schlag auf irgendeine Körperstelle entstehen und müssen gegebenenfalls auf chirurgischem Wege beseitigt bzw. trockengelegt werden.

HEPATITIS (LEBERENTZÜNDUNG): Dies ist eine Erkrankung der Leber und der Zellen um die Blutgefäße. Äußerliche Anzeichen sind hohes Fieber, Ödeme und Blutungen. Besonders anfällig hierfür sind Welpen und ältere Hunde. Es besteht hohe Ansteckungsgefahr durch das Absetzen von infiziertem Urin. Gegen diese Krankheit kann man den Hund durch eine Impfung schützen.

HERNIEN (BRÜCHE): Mit diesem Sammelbegriff bezeichnet man das Heraustreten eines Organes oder von Teilen eines Organes aus seiner ursprünglichen Umgebung. Nabelbrüche treten normalerweise bei Welpen auf, ersichtlich durch eine aus Fettgewebe bestehende kugelförmige Geschwulst an der Stelle, wo der Bauchnabel sitzt. Solange dies relativ klein bleibt, braucht man das nicht weiter zu beachten. Wenn dieses allerdings bereits größer ist oder zu einer größeren Geschwulst heranwächst, muß es auf chirurgischem Wege entfernt werden. Auch wenn der Hund sich an dieser Stelle verletzt oder die Geschwulst sich drastisch in der Farbe ändert, sollte man den Tierarzt aufsuchen. Wenn auf einer Seite der Leisten eine Schwellung auftritt, spricht man von einem Leistenbruch, der zumeist beim erwachsenen Hund vorkommt. Hodenbrüche treten hauptsächlich bei älteren Rüden auf und sind erkennbar durch eine weiche Schwellung dicht am Anus. Auch hier ist ein chirurgischer Eingriff erforderlich.

MALTESER HEUTE

HITZSCHLAG: Auch weiße Hunde können unter großer Hitze leiden, wenn sie der prallen Sonne ausgesetzt sind. In einem Notfall sollte man dafür sorgen, daß der Hund sich abkühlen kann, indem man mit ihm einen schattigen Platz aufsucht und Nacken, Kopf und Schulterpartie mit kalten, feuchten Tüchern bedeckt. Noch besser wäre es, wenn Sie einen Ventilator hätten, der in Verbindung mit lauwarmem Wasser dem aufgeheizten Körper am ehesten Hilfe bringt. Eis und sehr kaltes Wasser können Gefäßverengungen hervorrufen. Dadurch wird der Abkühlungsprozeß verlangsamt, und es könnte sogar zu einer Erhöhung der Körpertemperatur führen. Niemals und unter keinen Umständen sollten Sie bei heißem Wetter einen Hund in einem abgestellten Auto lassen. Innerhalb kürzester Zeit kann aus einem solchen Auto ein Backofen werden und selbst wenn die Fenster geöffnet sind, kann ein Hund bei dieser Art intensiver Hitze zusammenbrechen und das hätte fatale Folgen.

HUSTEN: Malteser neigen nicht besonders zu Hustenerkrankungen. (Ausnahme ist der sogenannte Zwingerhusten, der möglicherweise aus einer Tierpension oder einem Tierheim eingeschleppt werden kann.) Deshalb sollte man darauf achten, ob der Husten andauert. Falls ja, sollte man den Tierarzt konsultieren. Außerdem kann Husten auch ein äußerliches Zeichen verschiedener anderer Krankheiten sein, einschließlich eines Herzproblems, obwohl so etwas eher beim älteren Hund auftritt. Auf jeden Fall ist Husten ein Symptom, dem man Beachtung schenken sollte. Manchmal wird auch der vorübergehende Verschluß der Atemwege durch das sogenannte Gaumensegel für Husten gehalten (siehe hierzu auch unter Gaumen sowie unter Naturheilmittel und Homöopathie).

INSEKTENSTICHE: Leider passiert es sehr häufig, daß ein Hund von Insekten gestochen wird, meist im Kopfbereich und an den Lefzen.
Bienenstiche: Bei einem Bienenstich wird der Stachel immer in den Hund »verpflanzt«. Falls man ihn erkennt, sollte er mit den Fingern oder einer Pinzette entfernt und der gesamte Bereich um die Einstichstelle mit einer Bicarbonat-Soda-Lösung abgerieben werden (ein gehäufter Teelöffel auf ca. fi Liter Wasser).
Wespenstiche: Diese sollten mit Essig behandelt werden. Wenn sich die Schwellung im Mund oder Rachen befindet, oder wenn sich der Zustand des Hundes in den folgenden Stunden verschlechtert (manche Hunde erleiden einen Schock), müssen Sie einen Tierarzt konsultieren, da möglicherweise ein Antihistamin-Präparat verabreicht werden muß. Auch der Kontakt mit Brennesseln kann für Hunde sehr schmerzhaft sein. Wie beim Menschen auch, vergehen diese Schmerzen nach einer gewissen Zeit wieder (siehe auch unter Homöopathie).

KASTRATION: Eine Kastration ist selten notwendig, es sei denn, man möchte dadurch einen Rüden möglichst schnell unfruchtbar machen. Wenn diese jedoch aus anderen Gründen ratsam erscheint und durchgeführt wird, sollte man einige Monate Geduld haben, bis sich der beabsichtigte Erfolg einstellt.

KOLITIS: Darunter ist eine Dickdarmentzündung zu verstehen, die als Diarrhoe auftritt oder sich in einem häufig mit schleimigem oder mit Blut durchsetztem Stuhl äußert. Gewichtsverlust, Schmerzen im Unterleib oder Fieber sind in einem solchen Fall die Begleiterscheinungen. Eine akute Kolitis tritt sehr plötzlich auf und ist nur von kurzer Dauer. Eine chronische oder Langzeitkolitis muß man viel ernster nehmen. Diese kann Ihren Liebling oft Jahre belasten, manchmal sogar sein Leben lang. Die wirkliche Ursache für dieses Leiden wird man wahrscheinlich nie finden. Im Falle der akuten Kolitis mag es unter anderem futterbedingt sein oder bakterielle Ursachen haben. Die chronische Kolitis könnte durch Allergien, Fremdkörper, Tumore usw. entstanden sein - es gibt noch viele andere Möglichkeiten. In einem solchen Fall ist die Ernährung von größter Bedeutung. Sie sollte sehr niedrig im Fettgehalt sein, aber besonders reich an Ballaststoffen. Heute gibt es ausgezeichnete Diätfutter, die besonders leicht verdaulich sind und in einem solchen Falle sehr empfehlenswert sind. Ihr Tierarzt wird möglicherweise den Krankheitsverlauf des Hundes über einen gewissen Zeitraum beobachten, um zu erkennen, wie dieser auf die verabreichten Medikamente reagiert (siehe hierzu auch Homöopathische Medizin).

KONJUNKTIVITIS (BINDEHAUTENTZÜNDUNG): Anzeichen dafür sind entzündete und tränende Augen. Der Grund hierfür sind möglicherweise eine Infektion, Staub oder andere feine Fremd-Partikelchen, die in das Auge gelangt sind. Als erstes kann man das Auge mit einer salzhaltigen Lösung ausspülen. Wenn daraufhin keine Besserung zu verzeichnen ist, wird Ihnen Ihr Tierarzt ein entsprechendes Rezept ausstellen (siehe auch Homöopathische Medizin).

KREBS: Da Malteser regelmäßig gepflegt werden, entdeckt man sehr schnell, wenn sich Beulen oder Knoten gebildet haben. Ein Wachstum solcher Geschwulste sollte man keinesfalls unbeachtet lassen. Vor allem die Milchdrüsen einer Hündin sollten des öfteren untersucht werden, da dort am häufigsten Krebs auftritt.

GESUNDHEITSFÜRSORGE

LECKEN: Wenn sich ein Hund leckt, so ist das bis zu einem gewissen Grade ganz normal und akzeptabel. Es kann jedoch mit einer kleineren Reizung beginnen und dann zu einer Gewohnheit werden. Die Folge sind dann meist häßlich aussehende Körperstellen, und es können sogar Verletzungen daraus entstehen. Wenn der Hund sich auffällig die Pfote leckt, sollte man zunächst einmal untersuchen, ob es dafür einen bestimmten physischen Grund gibt, wie z. B. Pilzbefall oder eine verletzte Kralle. Sollte es notwendig werden, den Hund davon abzuhalten, sich bestimmte Körperstellen oder Körperteile ständig zu lecken, so kann man einen der beim Tierarzt erhältlichen, trichterförmigen Halskrausen aus steifem Kunststoff anlegen. Dadurch wird der Hund daran gehindert, die betroffenen Stellen zu erreichen. Es sind auch verschiedene, bitter schmeckende Präparate auf dem Markt, manche kann man sogar direkt auf eine offene Wunde sprühen, um zu vermeiden, daß der Hund weiterhin diesen Bereich leckt.

LEPTOSPIROSE: Diese tritt in zwei Formen auf. Die eine ist eine Entzündung der Nieren, oft auch »Laternenpfahlkrankheit« genannt, weil sie durch den Urin bereits befallener Hunde relativ schnell verbreitet wird. Die andere Form ist eine Erkrankung der Leber und wird im allgemeinen durch infizierte Ratten übertragen. Äußerliches Anzeichen ist die Absonderung von dafür charakteristischem gelblichen Sekret der Nasenschleimhäute, sowie Erbrechen und möglicherweise auch Durchfall. Schützen kann man den Hund durch eine Impfung.

MUNDGERUCH: Wie bei vielen anderen Kleinhunderassen, tritt dies auch bei Maltesern relativ häufig auf und kann auf eine Verdauungsschwäche zurückzuführen sein. Sehr oft hängt dieses Problem mit den Nieren zusammen, aber noch häufiger liegt die Ursache in Zahnproblemen (dieses Thema wird noch unter den Stichworten Gingivitis und Stomatitis behandelt). Wenn Verdauungsprobleme für diesen Mundgeruch verantwortlich sind, können manchmal Kohletabletten oder Körner Abhilfe schaffen. Auch Chlorophyll-Tabletten können den üblen Geruch mildern (siehe hierzu auch Pflanzliche Heilmittel und Homöopathie).

OHRZWANG ODER -MILBEN: Dieser Begriff wird im allgemeinen angewendet, um ein bestimmtes Ohrleiden zu beschreiben. Wenn sich der Hund kratzt oder seinen Kopf an allen möglichen festen Einrichtungsgegenständen scheuert, ihn möglicherweise auch ständig schief geneigt trägt, dann sind das Anzeichen dafür, daß mit den Ohren etwas nicht in Ordnung ist. Bei einer näheren Untersuchung wird sich wahrscheinlich im Bereich des Innenohres eine Rötung oder sogar eine Schwellung zeigen, verbunden mit einem dunklen, übelriechenden Belag. In diesem Fall wird das Innenohr vorsichtig mit Wattetupfern bzw. Wattestäbchen, die mit einem milden Antiseptikum oder einer warmen Paraffinlösung getränkt wurden, gereinigt. Besser noch wäre es, wenn Sie ein eigens zu diesem Zweck im einschlägigen Fachhandel oder beim Tierarzt erhältliches Spezialmittel verwenden würden. Man sollte dabei nicht zu tief in den Gehörgang eindringen, sondern zusätzlich auf Körpertemperatur aufgewärmte Tropfen anwenden. Wenn diese Maßnahmen keine Abhilfe bringen, sollte man den Tierarzt einschalten. In den Sommermonaten kommt es häufig vor, daß sich Grassamen im Ohrinnern festsetzen. Dies bedarf einer sofortigen Behandlung (siehe hierzu auch unter Homöopathie).

PARVOVIROSE: Hierbei handelt es sich um eine (relativ neue) Virusinfektion, die sehr schnell von einem Hund auf den anderen übertragen werden kann. Es ist eine Erkrankung des Darmtraktes und ein eindeutiges Anzeichen ist stark mit Blut durchsetzter Durchfall, der sehr schnell zur Dehydration und zum Kollaps führt. Dieses Virus ist sehr widerstandsfähig und kann sich im Gras von Wegesrändern oder auf Bürgersteigen, an oder auf denen ein infizierter Hund sein »Geschäft« verrichtet hat, festgesetzt haben. Selbst an solchen Stellen können diese Viren über einen Zeitraum von bis zu 12 Monaten überleben, d. h. infektiös wirksam bleiben. Einer Dehydration muß man wiederum mit einer Lösung aus Dextrose, Salz und Wasser entgegenwirken. Gegen Parvovirose gibt es eine Schutzimpfung.

PATELLA: Hierbei handelt es sich um eine Dislokation der Kniescheibe (oft bezeichnet man es auch als eine bewegliche oder luxierende Patella), die entweder angeboren ist oder durch eine Verletzung hervorgerufen wurde. Bei einer gesunden Kniescheibe liegt der kleine ovale Knochen in einer Rille am unteren Ende des Oberschenkelknochens und wird durch die Patellasehne an Ort und Stelle gehalten. Ist diese Rille zu flach ausgebildet, kann dieser ovale Knochen permanent seitwärts weggleiten, wodurch eine Überbeanspruchung der Sehne eintritt. Dieser Zustand tritt nicht immer deutlich sichtbar zutage und viele Hunde können damit ganz normal leben. Man kann eine luxierende Kniescheibe leicht feststellen, wenn sie sich durch physischen Druck hin- und herbewegen läßt (Anm. d. Ü.: man spricht dann von der sogenannten palpatorischen Untersuchung). Dieser Defekt ist zumeist angeboren, d. h. vererblich. Die schwereren Fälle zeigen sich darin, daß der betroffene Hund entweder gelegentlich hinkt oder humpelt oder einen der Hinterläufe ständig angewinkelt trägt, d. h. also sozusagen ›auf drei Beinen‹ läuft. Man kann diesen Schaden operativ beheben. Eine Dislokation kann aber auch die Folge eines Unfalles sein, bei dem die Kniescheibe gewaltsam aus ihrer ursprünglichen Lage gedrückt wurde und dann meist erst durch einen chirurgischen Eingriff wieder in die richtige Stellung zurückgebracht werden kann.

PERTHES-KRANKHEIT (OSTEOCHONDRITIS): Diese Krankheit ist charakterisiert durch eine Lahmheit der Hinterläufe, verursacht durch eine unterbrochene Blutversorgung des Oberschenkelhalses oder -halskopfes, wodurch eine Reibung entsteht, die sehr schmerzhaft ist. Perthes tritt meist bei Kindern und jungen Tieren auf. Deshalb sollte man einen Hund, der im Alter von ungefähr 10 Monaten deutlich sichtbar lahmt oder hinkt und bei dem zusätzlich auch noch eine erkennbare Muskelschwäche am Oberschenkel vorhanden ist, tierärztlich untersuchen lassen. Dieser Zustand wurde entweder durch ein rezessives Gen, möglicherweise aber auch durch eine Unfallverletzung hervorgerufen. Von Perthes befallene Hunde können operiert werden. Es sind allerdings auch Fälle bekannt, wonach Hunde diese Krankheit von selbst überstanden haben und bei denen sich der betroffene Oberschenkel wieder regeneriert hat. Bei erwachsenen Hunden können in den späteren Jahren allerdings auch die Gelenke, respektive die Gelenkpfannen von dieser Krankheit betroffen werden. Befallene Hunde sollten nicht zur Zucht eingesetzt werden.

PYOMETRA: Hierunter versteht man eine Eiteransammlung in der Gebärmutter, hervorgerufen durch eine Infektion. Meist tritt dies bei älteren Hündinnen auf (häufig auch bei Hündinnen, die noch nie Welpen hatten), kann im Prinzip jedoch bei jeder Hündin auftreten. Normalerweise beginnt diese Infektion schleichend während einer Läufigkeit und wird erst später erkennbar durch hohe Körpertemperatur, Teilnahmslosigkeit, Futterverweigerung und starkem Ausfluß einige Wochen nach der Hitze. Es ist eine lebensgefährliche Erkrankung, die sofort tierärztlich behandelt werden muß. Im allgemeinen wird man bei solchen Hündinnen die Gebärmutter und die Eierstöcke entfernen lassen müssen (siehe auch Homöopathie).

RÜCKGRATVERLETZUNGEN: Obwohl dies selten vorkommt, ist es dennoch bei dieser lebhaften und aktiven Rasse möglich, daß Hunde sich eine Rückgratverletzung zuziehen. Dadurch können sich später zwischen den einzelnen Wirbeln, besonders im Nacken- und Lendenbereich Kalkablagerungen bilden. Dies ist sehr schmerzhaft und hat manchmal auch noch komplexe Begleiterscheinungen. Durch die Rückgratwirbel führen zahlreiche Nervenstränge. Wenn deren Funktion durch die Folgen einer Verletzung beeinträchtigt werden, kann das zu einer beträchtlichen Zahl sogenannte Folgeschäden führen, angefangen von einer einfachen Steifheit, d. h. Beeinträchtigung der Bewegung, bis hin zu neurologischen Problemen. Alles, was mit der Wirbelsäule zusammenhängt, muß man sehr ernst nehmen und gehört in die Hände von Experten.

STAUPE: Ein hochgradig ansteckender Virus, der die Atemwege und das Nervensystem eines Hundes befällt. Im allgemeinen wird sie durch die Atemluft übertragen. Der einzige Schutz besteht durch frühzeitige Impfung.

STERILISATION/KASTRATION: Darunter ist die Entfernung der Eierstöcke und der Gebärmutter einer Hündin zu verstehen. Es handelt sich um einen größeren operativen Eingriff, der häufig und erfolgreich durchgeführt wird. Er kann im Leben einer Hündin jederzeit vorgenommen werden. Es ist zumeist üblich, diese Operation noch in jüngeren Jahren durchzuführen, möglichst jedoch frühestens, wenn die Hündin ausgewachsen ist. Der erste günstige Zeitpunkt für eine solche Operation wäre entweder in der Mitte zwischen der ersten und zweiten oder der zweiten und dritten Hitze.

STOMATITIS (ENTZÜNDUNG DER MUNDSCHLEIMHAUT): Dies ist eine sehr unerfreuliche Angelegenheit; eine Krankheit, die mit den Zähnen zusammenhängt und für die einige der Klein- und Schoßhunde besonders empfänglich sind. Mit ihr verbunden ist ein übler Mundgeruch. Im schlimmsten Falle bilden sich am Zahnfleisch, der Innenseite der Wangen und der Zunge Geschwüre und aus den Mundwinkeln fließt ein gräulicher, ekelhaft riechender Speichel. Den Ursprungsherd für diese Krankheit hat man bis heute noch nicht herausgefunden. Ausgelöst wird dieser Zustand oft durch eine Streß-Situation. Jedenfalls ist dieses Leiden infektiös bedingt und man nimmt an, daß sie mit einer Schwäche des Immunsystems zusammenhängt. Tiere, die von Stomatitis befallen sind, leiden sehr, besonders bei der Futteraufnahme und wenn man dies nicht rechtzeitig erkennt und behandelt, wird der Körper langsam vergiftet. Zumeist wird in solchen Fällen Antibiotika verabreicht. Diese sind allerdings kein Allheilmittel, da manche Hunde resistent gegen solche Medikamente werden können. Aus der Praxis ist bekannt, daß das Ziehen sämtlicher Zähne - einschließlich der gesunden - sofortige Abhilfe schafft, der Mund abheilt und der Hund sich erkennbar schnell erholt. Manche Tierchirurgen lassen zunächst einmal die vier Schneidezähne stehen und warten dann die weitere Entwicklung zunächst einmal ab. Selbst wenn es notwendig ist, alle Zähne zu entfernen, wird ein solcher Hund trotzdem noch bis an sein Lebensende normal fressen können. Bevor nicht end-

GESUNDHEITSFÜRSORGE

gültige Forschungsergebnisse in dieser Sache vorliegen, sollte man solchermaßen befallene Tiere von der Zucht ausschließen. Auch wenn Ihr Malteser gesunde Zähne hat, sollten Sie gewisse Vorsorge treffen, daß dies auch so bleibt, indem Sie diese durch einfache Hygienemaßnahmen regelmäßig pflegen. Das würde zum Beispiel bedeuten, daß Zähne und Zahnfleisch einmal wöchentlich, entweder mit einer milden antiseptischen Lösung oder einer Salz-Wasser- bzw. einer verdünnten Wasserstoffperoxydlösung ab- bzw. eingerieben werden. Am besten wäre es, wenn Sie das zum festen Bestandteil Ihrer routinemäßigen Pflegemaßnahmen machen würden. Darüber hinaus könnten Sie sich von Ihrem Tierarzt auch eines der neuen Reinigungsmittel mit Langzeitwirkung und ein Enzympräparat verschreiben lassen (siehe auch unter Gingivitis).

STRESS - BZW. SPANNUNGSSITUATION: Ein solcher Zustand ist sehr schwierig zu definieren, weil die Auswirkungen sich von Hund zu Hund unterschiedlich zeigen. Im Grunde genommen ist es eine Situation, in der ein bestimmtes Tier einfach überfordert ist und das kann individuell unterschiedlich sein. Sie ist darüber hinaus schwer zu beurteilen, weil das Ganze auf der Gefühlsebene stattfindet. Ein einfaches Beispiel für eine solche Streßsituation wäre, wenn ein Malteser in einen Zwinger gesperrt würde, weil sein Besitzer plötzlich in ein Krankenhaus eingeliefert werden mußte und er nun seinen Besitzer vermißt (siehe auch pflanzliche Heilmittel).

UNFÄLLE: Seien Sie sich immer darüber bewußt, daß ein verletztes oder ängstliches Tier Sie beißen könnte - selbst Ihr ergebenster Gefährte. Um ein verletztes Tier zu bewegen, schiebt man eine Decke unter den Körper, so daß das Tier auf der Seite liegt. Vergewissern Sie sich, daß die Atemwege frei sind. Wenn der Hund bewußtlos ist, ziehen Sie ihm die Zunge nach vorne. Kopf und Nacken sollten ausgestreckt liegen. Bei Blutungen sollten Sie den betreffenden Bereich mit einem sterilen Tuch abdecken, darauf dann Verbandwatte legen und das Ganze fest bandagieren. Wenn damit die Blutung nicht zum Stillstand gebracht werden kann, sollten Sie diese erste Bandage nicht wieder entfernen, sondern eine zweite darüber anlegen und sofort ärztliche Hilfe anfordern.

WÜRMER: Es gibt zwei bekannte Arten von innerem Wurmbefall. Zum einen sind dies die **Spulwürmer** und als vorbeugende Maßnahme sollten alle Welpen vor der Entwöhnung, nach der Entwöhnung und dann nochmals nach 2 bis 3 Monaten entwurmt werden. Danach sollte es zum festen Bestandteil des Hundes werden, entweder monatlich oder alle 4 bis 6 Monate, je nachdem, welches Mittel verwendet wird. Die vielen Mittel die es zu diesem Zweck gibt, werden ständig verbessert.

Zum anderen sind dies die **Bandwürmer,** die etwas schwieriger abzutöten sind und zur Behandlung sind stärkere Mittel einzusetzen. Das 1. Anzeichen für einen Wurmbefall sind reiskornähnliche Sekrete im Anusbereich. Der Zwischenwirt dieses Parasites ist üblicherweise der Floh. Um den Bandwurm letztendlich wirklich zu vernichten, ist es unbedingt erforderlich darauf zu achten, daß auch der Kopf mit ausgeschieden wird. Auch gegen Bandwürmer sind ausgezeichnete Entwurmungspräparate erhältlich.

ZECKEN: Dieser Parasit ist in England, USA und Westeuropa weit verbreitet. Er verbeißt sich mit seinen Scheren in die Haut des Hundes, um sich mit dessen Blut vollzusaugen. Zecken besitzen große Hinterleiber, die sich während der Blutaufnahme vergrößern. Wenn man eine Zecke entfernt, ist es wichtig, nicht den Kopf abzureißen, da sich sonst ein entzündlicher Abszeß bilden könnte. Am besten entfernt man die Zecke mit Hilfe einer Zeckenzange. Sie wird möglichst nah an der Haut des Hundes angesetzt und die Zecke dann vorsichtig drehend herausgezogen. Haben Sie keine Zeckenzange zur Hand, erfüllen zwei angefeuchtete Finger den selben Zweck. Seien Sie jedoch vorsichtig und drehen nicht zu stark, da sonst der Kopf abreißt und in der Haut verbleibt. Die auf diesem Wege entfernte Zecke wird abgetötet und der Bereich des Bisses wird desinfiziert.

ZWINGERHUSTEN: Dies ist eine Infektion der Atemwege, die besonders dann auftritt, wenn viele Hunde zusammen in einem Gehege untergebracht sind. Daher stammt auch der Name. Er wird durch ein Virus hervorgerufen, das durch die Luft übertragen wird. Äußerliches Anzeichen ist ein sehr hartnäckiger Reizhusten, der ein oder zwei Wochen anhält. Ein gesunder Hund wird sich bei entsprechender Pflege davon wieder erholen, eventuell wird zusätzlich ein reizmilderndes Mittel von Ihrem Tierarzt verabreicht. Ein älterer Hund hingegen ist schon etwas mehr gefährdet.

ZYSTITIS (BLASENENTZÜNDUNG): Hierbei handelt es sich um eine Entzündung der Blase, zumeist durch eine Infektion hervorgerufen. Man kann dann beobachten wie der Hund häufig erfolglos versucht, Urin abzusetzen, oder aber auch jedes Mal nur kleine Mengen absetzt, die manchmal mit Blut vermischt sind. Dieses Problem tritt bei Hündinnen im allgemeinen öfter auf als bei Rüden. Es ist anzuraten, in einem solchen Fall eine Behandlung mit Antibiotika durchzuführen. Ihr Tierarzt wird sich vorher jedoch sicher vergewissern wollen, ob nicht ein

Harnröhrenverschluß (bedingt durch Blasensteine) vorliegt, bei dem man zu Sofortmaßnahmen greifen müßte (siehe hierzu auch Naturheilmittel und Homöopathie).

ZUSAMMENFASSUNG: Diese Auflistung von Krankheiten und Leiden mag für viele vielleicht sehr abschreckend wirken, dennoch sollte man nicht überbesorgt reagieren. Der Malteser ist im Grunde genommen ein gesunder und widerstandsfähiger Hund, der relativ selten tierärztliche Hilfe benötigt. Außerdem beinhaltet die Auflistung auch Probleme, die generell bei Hunden, gleich welcher Rasse auftreten können und nicht nur bei Maltesern.

DIE WICHTIGSTEN VITAMINE UND IHRE BEDEUTUNG:

A: Dieses Vitamin kommt hauptsächlich vor in Fischlebertran, Säugetierleber, Nieren, Milchprodukten, Margarine, Gemüse und Karotten. Vitamin A ist wichtig für: Augen, Knochen, Zähne, Haut und den Aufbau der Schleimhäute. Anzeichen für einen Vitamin A-Mangel sind z. B. Bindehautentzündungen, Appetitlosigkeit, geringe Widerstandskraft gegen Infektionen, häufige Erkrankungen der Atemwege und Anfälligkeit für Geschwüre. Ein Mangel an Vitamin A kann außerdem zu Zahnfleischentzündungen oder ernsthaften Knochenschäden führen.

B1: Kommt hauptsächlich vor in Hefe, Weizenkeimen, Fleisch, Bohnen und Vollkorn. Es wirkt positiv bei nervösen Störungen und Unruhezuständen. Neben diesen nervösen Störungen würde ein Vitamin B1-Mangel auch zu einer unausgeglichenen Magensäureproduktion führen.

B2: Kommt hauptsächlich vor in Eiern, Milch, Käse, Gemüse, Hefe, Fleisch, Weizenkeimen und tierischen Nebenprodukten. Dieses Vitamin wirkt sich günstig aus für das Zellenwachstum, allgemeine gesundheitliche Stabilität, Mund, Augen, Haut und allgemein für sämtliche Wachstumsprozesse. Aus einem Mangel kann zu trockenes Haar und zu trockene Haut resultieren, ferner kann Mundweh entstehen, die Widerstandskräfte können geschwächt werden, Nervosität und Appetitlosigkeit auftreten und bei Welpen könnte sich das Wachstum verlangsamen.

B12: Kommt am häufigsten vor in Leber, Fleisch, Eiern und tierischen Nebenprodukten. Dieses Vitamin dient zur Stärkung der Nerven, des Gewebes, Blut und Haut und ermöglicht dem Organismus die volle Ausnutzung der Proteine. Ein Vitamin B12-Mangel kann Anämien sowie Haut- und Nervenleiden hervorrufen.

C: Häufigstes Vorkommen in rohem Gemüse und Früchten. Positive Auswirkungen für Zahnfleisch und Zähne sowie auf den Heilungsprozess bei Wunden. Mangel an Vitamin C kann zu schmerzendem Zahnfleisch, weniger Widerstandskraft gegen Infektionen, Verlangsamung von Heilungsprozessen und Gelenkschmerzen führen.

D: Vitamin D kann sich durch Sonneneinwirkung auf der Haut bilden. Außerdem ist es am häufigsten in Fischlebertran, Fischfett, Butter, Margarine und Eiern zu finden. Es ist wichtig für den Knochenaufbau der Welpen, für die Zähne und bei der Abheilung von Frakturen. Wenn es dem Körper im Übermaß zugeführt wird, kann das allerdings auch sehr negative Folgen haben. Typische Mangelerscheinungen sind: Rachitis, Knochenkrankheiten, Zahnfäule und Muskelschwäche.

E: Angereichert zu finden in Weizenkeimen, Vollkornbrot, Eigelb, Grüngemüse und Pflanzenöl. Dieses Vitamin wirkt sich positiv auf die Fruchtbarkeit aus, die Gesundheit der Muskulatur, auf den Aufbau von Fetten und auf den Aufbau des körpereigenen Abwehrsystems. Ein Mangel macht sich bemerkbar durch eine Schwäche bei Wiederaufbauprozessen, zu geringer Spermienproduktion, Muskelschwäche, Nervosität und schwache Welpen.

K: Ein Vitamin, das vorzugsweise in Hefe, Leber, Vollkornbrot, braunem Reis und Eiern vorzufinden ist. Es wird benötigt beim Aufbau von Fetten und Kohlenhydraten für eine gesunde Haut und das Wachstum der Haare. Es ist ferner wichtig für die Blutgerinnung und wirkt außerdem Mißbildungen entgegen. Offensichtliche Mangelerscheinungen sind in erster Linie: Haarausfall bzw. krankhafter oder angeborener Haarmangel, Geschwüre im Magen-Darm-Trakt, Leberleiden und trockene Haut.

Niazin (Nikotinsäure): Diese ist vorzugsweise in Fleisch, Fisch und Vollkorn zu finden. Wichtig ist dieser Stoff für eine gesunde Haut, die Verdauung von Kohlenhydraten und für das allgemeine Nervensystem. Mangelerscheinungen sind entzündliche Prozesse im Mundbereich sowie Geschwüre auf der Zunge und im Bereich der Mundschleimhäute, Blähungen und Hautprobleme.

GESUNDHEITSFÜRSORGE

Zink: Dieses Mineral ist vor allem in Fleisch, Leber, Nieren, grünem Gemüse und Getreide enthalten. Es wirkt vorbeugend bei Hautproblemen, unterstützend beim Aufbau von Gewebe und Körperzellen. Ein Mangel kann sich in vielfältiger Form zeigen, vor allem aber auch am Haar und der Haut. In zu hohen Mengen verabreicht würde es allerdings schädlich wirken.

Folinsäure: Vorkommend in Fleisch, Innereien, grünem Gemüse, Hefe, Weizenkeimen und Sojamehl. Sie ist wichtig für jegliches Wachstum, Aufbau und Gesundheit der roten Blutkörperchen und für die Fruchtbarkeit. Störungen bzw. Mangelerscheinungen treten in Form von Blutarmut, Durchfall und allgemeiner körperliche Schwäche auf.

Biotin: Biotin findet man vor allem in Leber, Nieren, Weizenkeimen, Kleie, Hafer und Eiern. Gut ist dieser Stoff für eine gesunde Haut, das Nervensystem und die Muskulatur. Mängel zeigen sich in trockener, schuppiger Haut, Haarausfall und Ekzemen.

Cholin: Dieser Wirkstoff ist in qualitativ hochwertigen Proteinen zu finden. Er ist zuständig für den Abbau von Fetten. Ein Mangel kann zu Fettleber und Stoffwechselstörungen führen.

EMPFEHLENSWERTE NATURHEILMITTEL
Bei der Anwendung von sog. Hausmitteln sollte man zuvor fachlichen, bzw. ärztlichen Rat eingeholt haben!
(Anm. d. Ü.: Über Tierhomöopathie sind einige ausgezeichnete Bücher erhältlich, deren Studium empfehlenswert ist, bevor man eventuell daran geht, selbst zu experimentieren. Außerdem sollten bei den nachstehend aufgeführten Mitteln die Dosierungsanleitungen sorgfältig beachtet werden.)

Analdrüsenentzündung: Empfehlenswert wäre eine Knoblauchkur oder die Verabreichung von Knoblauch- und Bockshornkleetabletten - außerdem kann man Greenleaf-Tabletten (Anm. d. Ü.: Dies sind Tabletten, die aus verschiedensten Kräutern hergestellt wurden und unter diesem Namen in England erhältlich sind.) geben. Falls keine Besserung eintritt, sollte der Tierarzt hinzugezogen werden. Ferner kann man zusätzlich diesen Bereich mit Knoblauchsaft baden.
Appetit: (zur Anregung). Gemalzte Riementangasche, Zink, Holunder.
Arthritis: Dies ist ein Leiden, das nicht heilbar ist. Mit Knoblauch und Bockshornkleetabletten, Seetang und Greenleaf (Kräuter-)Gemüse oder -tabletten kann man etwas Erleichterung in der Bewegung erreichen und die Schmerzen lindern.
Ausstellungsangst: Helmkraut und Baldriankapseln oder Hefe.
Blasenbeschwerden und Blasenentzündung: Mischgemüsetabletten. Barley-Wasser.
Diarrhoe: Knoblauch-/Bockshornkleetabletten und Baumrindenpulver - vor dem Fressen.
Geburt: Himbeertabletten.
Geschwüre zwischen den Zehen oder Krallen: Baden in Knoblauchsaft; Knoblauch/Bockshornkleetabletten.
Hautbeschwerden: Knoblauch und Bockshornkleetabletten, getrocknete Petersilie oder Brunnenkresse, in schwereren Fällen sollte man jedoch zu Mischgemüse- oder Greenleaftabletten übergehen. Seetangaschepuder oder -tabletten fördern neues Haarwachstum.
Katarrh und Husten: Knoblauch und Bockshornkleetabletten. Lobelia.
Mundgeruch: Knoblauch oder Bockshornkleetabletten, Holzkohlen-Granulat.
Pigmentierung: Seetangaschetabletten oder Holundertabletten.
Reisekrankheit: Helmkraut und Baldriankapseln.
Rheumatismus: Knoblauch, Bockshornkleetabletten und Mischgemüsetabletten. Jüngeren Hunden kann man statt der Mischgemüsetabletten auch Schwarzwurzeltabletten verabreichen.
Schnitte, Bisse und Kratzer: Kleinere Wunden mit Knoblauchsaft abreiben bzw. abtupfen.
Schuppen: Knoblauch, Seetangasche und Holunder.
Stumpfes Haar oder Schuppenbefall: Weizenkeimöl oder Primelöl (im Sommer) oder Kabeljauleberölkapseln (im Winter) und Seetangasche.
Verstopfung: Rhabarber-Tabletten oder Naturkräutertabletten.
Wurmbefall: Knoblauch und Bockshornkleetabletten. Regelmäßig verabreicht, wird Wurmbefall vermieden.

HAUSMITTEL
Dextrose(Glukose)- und Salz-Lösung: Um Flüssigkeitsverlust (Dehydration) nach einer Diarrhoe oder Erbrechen wieder wettzumachen. Man kocht dazu ca. fi Liter Wasser ab und läßt es abkühlen. Dann werden 5 Gramm

Salz und 30 Gramm Dextrose verrührt. Dies ist dann der Ersatz für das sonst übliche Trinkwasser.
Gersten-Wasser: Ein sehr gesundes Getränk, besonders für Tiere, die unter Nieren- und Blasenbeschwerden leiden. Gut bei allen Hautproblemen, da blutreinigende Wirkung. Bringen Sie ca. einen halben Liter Wasser zum Kochen und fügen Sie einen Eßlöffel Gersten-Körner hinzu. Das ganze ca. 20 Minuten köcheln lassen, dann absieben und Honig hinzufügen.
Honigwasser: Ein vorzügliches Erfrischungsmittel. In ca. einem halben Liter abgekochtem und auf lauwarme Temperatur abgekühltem Wasser sollte mindestens ein gehäufter Teelöffel Honig eingerührt und aufgelöst werden. Dann vor Gebrauch kühlen.
Seegras- und Knoblauchbrei: Damit kann man vorzüglich Verletzungen und Wunden heilen. Knoblauchsaft langsam erwärmen und mit Seegrasaschepulver zu einer weichen Paste vermischen. Abkühlen lassen. Danach wird diese Paste auf die betroffene Stelle aufgetragen und mit Verbandsgaze umwickelt.

HOMÖOPATHISCHE MEDIZIN
Heutzutage wenden immer mehr Tierärzte homöopathische Mittel an. Bevor Sie aber selbst zu irgendwelchen solcher Mittel greifen, sollten Sie vorher fachlichen Rat einholen. Homöopathische Tabletten sollten unter der Zunge aufgelöst oder auch einfach nur zerkaut hinuntergeschluckt werden. Man sollte solche Tabletten nicht in die Hand oder mit den Fingern verabreichen, da die Dosierung immer sehr gering ist und sie dabei kontaminiert werden könnten. Deshalb sollte man die Pillen auf einen Löffel (Anm. d. Ü.: möglichst nicht aus Metall, sondern aus Plastik) geben und unter Zuhilfenahme eines zweiten Löffels zerdrücken, auf jeden Fall aber dabei vermeiden, daß das Medikament mit den Fingern in Berührung kommt. Homöopathische Mittel kann man nicht überdosieren.
Aconitin: Gut bei Auftreten jedweder Krankheit. Für emotionale Schockzustände, Furcht und Panik.
Acid-Benzoicum: Bei scharfem Uringeruch, starker Harnsäure und Geschwüren.
Arnika: Die Nummer 1 unter den Heilmitteln, das bei Verletzungen, physischen Schockzuständen, vor Operationen und auch bei Wunden eingesetzt wird, die unter der Haut liegen, wie z. B. Quetschungen und Prellungen. Ist auch in flüssiger Form erhältlich. Sehr vielseitig anwendbar und sollte deshalb auch in keiner Erste Hilfe- oder Hausapotheke fehlen.
Bryonia (Zaunrübe): Wirksam gegen Zwingerhusten, bei Bronchialinfekten, Verstopfung und Arthritis.
Cantharides: Für Verbrennungen und Verbrühungen (anzuwenden bevor sich Blasen bilden), Sonnenbrand, Brennen in der Blase, Dermatitis, Ekzeme bedingt durch einen unausgeglichenen Hormonhaushalt, Insekten-Stiche und Mundgeschwüre.
Caulophyllum: Zur Geburtserleichterung, wirksam bei schwierigen Geburten. Das Mittel sollte 7 Tage vor dem erwarteten Wurftag verabreicht werden.
Cocculus: Wird bei Reisekrankheit verabreicht.
Euphrasia: Wirksam bei Bindehautentzündungen, entzündeten und brennenden Augen.
Graphit: Zur Behandlung von fauligem Mundgeruch und Bläschen auf der Zunge.
Hepar Sulph: Ein hilfreiches Medikament bei Geschwulsten zwischen den Zehen oder Abszessen im Analbereich oder anderen Ausschlägen.
Hypericum: Hilft zur Schmerzlinderung bei Schnitten und Wunden. Ebenso ein gut wirkendes Nervenheilmittel.
Merc cor: Hilfreich bei der Behandlung von Darmstörungen.
Merc sol: Zur Anwendung bei Mundgeruch, Körpergeruch, Diarrhoe und Abszessen, ferner bei Entzündungen und Geschwüren im Mundbereich, Nierenentzündungen. Darüber hinaus wirksam bei Haut- und Ohrproblemen sowie Arthritis.
Nux. vom.: Magenbeschwerden, Blähungen, Verstopfungen, Koliken und Gallenbeschwerden nach schwer verdaulichen Speisen.
Physostigma: Hilfreich bei Problemen der Wirbelsäule.
Pulsatilla: Ein sehr gutes Heilmittel bei Hündinnen, die Zyklusprobleme haben oder Scheinschwangerschaften. Auch anwendbar bei Hautproblemen infolge von hormonellen Störungen; ferner bei Autoreisekrankheiten und abstoßendem Mundgeruch. Ein sehr nützliches und vielseitiges Mittel.
Rhus-Tox: Bei Arthritis und rheumatischen Beschwerden, hilfreich bei Muskel- und Gelenkschmerzen sowie Ekzemen.
Sulfur: Wird meist bei Hautproblemen eingesetzt, wie z. B. bei Ekzemen usw. Auch anwendbar zur Förderung des Haarwuchses und bei Durchfall.
Thuja: Für die Behandlungen von Warzen und Hautproblemen, die nach Impfungen auftreten.

DIE FÜRSORGE FÜR DEN ÄLTEREN HUND
Diese wunderbare Rasse hält noch ein zusätzliches Geschenk für uns bereit: Sie hat eine hohe Lebenserwartung.

GESUNDHEITSFÜRSORGE

Viele Malteser bleiben bis ins hohe Alter aktiv, wachsam und haben manchmal sogar mit 15 oder 16 Jahren noch eine relativ hohe Lebensqualität. Mir ist sogar ein Malteser in England bekannt, der 1995 im Alter von 21 Jahren starb - aber so etwas halte ich schon für ungewöhnlich.

Ein Malteser kann sein zunehmendes Alter sehr geschickt verbergen. Wenn Sie ihn jedoch ständig um sich haben, nehmen Sie dennoch allmählich die kleinen Veränderungen wahr. Sie sind manchmal nicht sofort offensichtlich, aber es sind eben die kleinen Feinheiten, an denen Sie dann erkennen, daß Ihr Gefährte älter wird und die Jahre nicht spurlos an ihm vorüberziehen. Diese kleinen Veränderungen können sich zum Beispiel darin äußern, daß er sich nicht mehr so tolerant gegenüber jüngeren Hunden und Kindern zeigt, deren Annäherungsversuche und Aufmerksamkeiten auf einmal nicht mehr so erwünscht sind wie früher. Wir wissen nie ganz, wie ein Hund empfindet und fühlt, und wenn ein Hund sich sehr ruhig verhält, fühlt er sich vielleicht in der einen oder anderen Weise nicht ganz so wohl. In diesem Fall will sich der ältere Hund zurückziehen und Bequemlichkeit und friedliche Ruhe haben für ihn Priorität. Dieser Hund bestimmt dann von sich aus, wann er spielen möchte und wann er seine Ruhe haben will und vertraut voll und ganz darauf, daß Ihre Liebe und Fürsorge etwas Selbstverständliches in seinem Leben ist. So wie sich die Begeisterung für gewisse Aktivitäten allmählich legt, nimmt das Ruhe- und Schlafbedürfnis zu. Das Nachlassen dieses Aktivitätstriebes kann auch bedeuten, daß weniger Nahrungsbedarf besteht. Andererseits müssen Sie jetzt natürlich darauf achten, nicht zu viele Leckereien nebenbei zu verabreichen, denn Sie sollten stets das Gewicht im Auge behalten.

Sie dürfen jetzt, wie man so schön sagt »Ihren Hund nicht zu Tode füttern«, denn Fettleibigkeit ist sowohl des Menschen als auch des Tieres größter Feind und führt sofort und unmittelbar zu einer Verkürzung der natürlichen Lebenserwartung. Anstatt einmal täglich zu füttern, sollten Sie jetzt vielleicht dazu übergehen, diese Mahlzeit auf zwei Portionen zu verteilen und dann die eine morgens und die zweite am frühen Abend zu verabreichen. Das ist besser für die Verdauung und Ihr Hund kann sich auf einen zweiten »Höhepunkt« des Tages freuen.

Sie werden feststellen, daß Ihr Hund, z. B. nach einer Krankheit oder einer Operation, anfängt wählerisch zu werden, was das Futter anbelangt. In dem Fall sollten Sie das Futter möglichst »wohlriechend« anbieten, indem Sie kleine Mengen Gehacktes oder Leberstückchen mit unter das andere, vorgewärmte Futter mischen. Wenn der Hund völlig desinteressiert an seinem Futter ist und statt dessen nur trinkt, sollten Sie es vielleicht mit einer Flüssignahrung versuchen, wie sie auch für den menschlichen Genuß angeboten wird oder mit frischem Joghurt, unter den man etwas reinen, nicht pasteurisierten Honig mischt. Auf jeden Fall sollten Sie, was immer der Hund auch annimmt, kleinere Mengen, dafür aber umso nahrhafteres Futter anbieten.

Manche Malteser verlieren mit zunehmendem Alter an Gewicht und wirken dann etwas knochiger. Wenn Sie sich vergewissert haben, daß Ihr Hund nicht krank ist, können Sie unbesorgt sein und davon ausgehen, daß er sich auch nach wie vor wohlfühlt, gut frißt und gesund und munter bleibt. Natürlich werden ihm nun bestimmte Wetterbedingungen mehr zu schaffen machen, denn bei Kälte hat er jetzt nicht mehr die gewisse schützende Fettschicht wie in früheren Jahren. Bei kaltem Wetter könnte man dann dazu übergehen, ihm ein leichtes Mäntelchen überzuziehen, bevor man mit ihm Spaziergänge im Freien unternimmt, oder er sich draußen im Hof oder Garten bewegt.

Auch die übliche Pflegeroutine, vor allem was das regelmäßige Bürsten, Kämmen und Baden anbelangt (auch wenn das Haarkleid nicht schmutzig erscheint), sollte beibehalten werden, denn all diese Maßnahmen regen den Kreislauf an, was wiederum gesundheitsfördernd ist. Sollten Sie feststellen, daß die Haut trocken und schuppig wird, fügen Sie der letzten Spülung nach dem Bad etwas Apfelessig hinzu. Außerdem sollten Sie darauf achten, ob sich an irgendwelchen Stellen unter der Haut Geschwulste oder Knoten gebildet haben, vor allem nicht-sterilisierte Hündinnen neigen zu Tumorbildungen an den Milchleisten. Auch auf die Krallen muß man jetzt etwas mehr achten, da sie sich, bedingt dadurch, daß der Hund weniger aktiv ist, nicht mehr so schnell auf natürliche Weise abnutzen. Ferner sollte man auch den Analdrüsen mehr Aufmerksamkeit schenken, da diese sensibel auf Futterumstellungen reagieren.

Es ist durchaus möglich, daß Sie im Verlauf der Jahre auch an den Augen Ihres Hundes eine Veränderung wahrnehmen. Sie sind dann irgendwann nicht mehr so dunkel wie früher und es entwickelt sich ein milchig, trüber Schleier. Das muß nicht immer der sogenannte graue Star sein, aber Sie sollten doch Ihren Tierarzt bitten festzustellen, ob es sich lediglich um eine Linsentrübung handelt oder ob vielleicht doch etwas anderes dahintersteckt. Man muß nunmehr außerdem die Augen täglich reinigen. Hierbei erweist sich die Verwendung eines Naturheilmittels als recht nützlich. Kamille- oder Fencheltee z. B. sind in einem solchen Falle als eine ausgezeichnete und milde Spülung zu empfehlen.

Auch die Hörkraft läßt sehr oft nach, wenn der Hund älter wird - manchmal sogar recht unvermittelt. Darauf muß man achten, wenn man mit dem Hund auf öffentlichen Wegen und Plätzen spazierengeht und ihn dementsprechend in Reichweite halten. Wenn Sie eine dieser Aufrolleinen benutzen, sollten Sie ihm lieber etwas mehr angeleinten Freiraum geben und besonders vorsichtig beim Überqueren von Straßen sein, denn über ein Tier mit

MALTESER HEUTE

Glücklicherweise sind die Malteser im allgemeinen eine langlebige Rasse. Quincey, Benjamin und Saucey sind alle über zwölf Jahre alt.

Snowgoose Quincey (Ch. Snowgoose Dark Horse - Burwardsley Stephiy Jayny of Snowgoose) im Alter von 13 Jahren. Sie ist die Mutter von drei Champions, die auch alle drei auf der Crufts Rassebeste (BOB) wurden.

Gehörschwächen haben Sie weniger Kontrolle. Außerdem besteht immer die Gefahr, daß ein taubes Tier sich von hinten nähernde Fahrzeuge etc. nicht bemerkt.

Bedenken Sie auch stets, daß ein älterer Hund nicht mehr in der Lage ist, ebenso ausgedehnte Ausflüge und Spaziergänge wie früher zu machen. Ungeachtet dessen, ist Bewegung natürlich trotzdem wichtig, damit die Glieder nicht steif werden und außerdem wird dadurch der Kreislauf ›auf Trab gehalten‹. Man sollte also alles mit dem Hund in maßvollen Grenzen halten. Es wäre sicher nicht richtig, mit einem solchen Hund zuviel zu unternehmen, wenn es draußen sehr heiß ist. Man sollte sich dann auf Spaziergänge an der Leine am frühen Morgen und abends beschränken. Es ist sicher müßig zu sagen, daß man einem älteren Hund bei heißem Wetter auch keine Autofahrten mehr zumuten darf. Wenn es sich jedoch einfach nicht vermeiden läßt, sollten Sie viel Wasser mitnehmen um dann gegebenenfalls dem Körper des Hundes mit feuchten Tüchern Abkühlung verschaffen zu können. Um es nochmals zu sagen - es ist grundsätzlich abzulehnen, einen Hund, gleich welchen Alters, bei heißem Wetter im Wagen zurückzulassen, selbst wenn die Fenster geöffnet sind. Ein solches Verhalten führt mit Sicherheit zu Problemen und man muß bedenken, daß solche Tiere sehr schnell einem Hitzschlag erliegen können.

Mit zunehmendem Alter wird sich Ihr Malteser auch etwas langsamer von seinem Lager erheben und auch seine Blase wird schwächer werden. Jetzt ist von Ihrer Seite Toleranz gefragt, insbesondere, wenn durch diese Altersschwäche bedingt auch mal unbeabsichtigt die eine oder andere Pfütze an nicht gewollter Stelle hinterlassen wird. Jetzt ist es an der Zeit, daß Sie sich noch intensiver um Ihren Hund kümmern, um im Zweifelsfalle solche Probleme im voraus zu erkennen und vermeiden zu können, damit für Sie beide das Leben lebenswert bleibt und es nicht zu einer unerträglichen Situation kommt.

TESTAMENTSVERFÜGUNGEN

Wenn Sie sich einen Hund anschaffen, denken Sie natürlich kaum gleichzeitig darüber nach, bereits eine testamentarische Verfügung hinsichtlich der Fürsorge des Hundes für den Fall zu hinterlassen, daß Ihnen persönlich unerwarteterweise etwas zustößt. Solche Tragödien kommen jedoch immer wieder im Leben vor. Deshalb sollte man sich schon rechtzeitig ernsthafte Gedanken machen und entsprechende Anweisungen hinterlassen, die dann die Zukunft Ihres Lieblings, im Grunde genommen aller von Ihnen gehaltenen Haustiere, absichern.

Dies gilt natürlich in erster Linie für Ihren Hund, der wie kaum ein anderes Wesen dem Menschen so nahe steht und es ist wichtig, daß Sie Ihre Vorstellungen mit der Familie und gegebenenfalls auch Freunden besprechen. Sie sollten dabei versuchen herauszufinden, wer für Ihre Ansichten Verständnis zeigt und auch gegebenenfalls bereit und in der Lage wäre, für Ihre kleinen Lieblinge bis zu deren natürlichem Lebensende weiter zu sorgen. Sie sollten auch finanziell eine entsprechende Vorsorge getroffen haben und klare Anweisungen hinterlassen, wie und wofür das Geld zu verwenden ist und falls noch etwas übrig bleibt, was mit dem Rest geschehen soll.

GESUNDHEITSFÜRSORGE

Wenn Sie verreisen, sollte sichergestellt sein, daß der Hund immer ein Identifikationsmerkmal mit sich trägt, entweder nur für diese bestimmte Zeit, z. B. in Form eines Anhängers, der am Halsband befestigt ist oder durch eine ständige Markierung wie z. B. einer Tätowierung.

Auch für den Fall, daß Sie ältere Verwandte haben, die einen Hund besitzen, sollten Sie mit diesen sprechen - falls notwendig - dazu überreden, doch möglichst einige Karten oder Zettel z. B. direkt am Telefonapparat sowie zusätzlich in der Hand- oder Brieftasche zu hinterlassen, auf denen in möglichst gut lesbaren Druckbuchstaben steht, an wen man sich in einem Notfall wenden soll und auf denen auch z. B. die Telefonnummer des Tierarztes vermerkt sein sollte. Das hört sich im ersten Moment vielleicht schrecklich an, aber Sie werden höchstwahrscheinlich feststellen, daß man Ihnen sogar dankbar für diesen Hinweis ist, da es ältere Menschen eher beruhigt, zu wissen, daß für ihren Liebling gesorgt werden kann, wenn sie einmal plötzlich krank werden oder ihnen etwas zustößt.

Auch Sie selbst sollten einige solcher Anweisungen hinterlassen, wenn Sie einmal einen Hund aus bestimmten Gründen alleine zu Hause zurücklassen müssen und selbst irgendwo hinfahren. Eine dieser »Notfallkarten« sollten Sie im Auto hinterlassen und eine weitere sollten Sie bei sich tragen. Es würde bereits der Hinweis genügen: Im Notfall wenden Sie sich bitte an... oder... (mit einem entsprechenden Vermerk der Telefonnummern). Die aufgeführten Personen können Freunde oder Verwandte sein, die sich bereits zuvor einverstanden erklärt hatten, für Ihren Hund zu sorgen, für den Fall, daß Ihnen einmal unverhoffter Weise etwas zustoßen sollte. Sie dürfen dann beruhigt sein, daß somit für Ihren Hund gesorgt wird.

ABSCHIED NEHMEN

Wir alle wünschen uns, daß unser kleiner Liebling zu seiner letzten Reise ins Jenseits möglichst in seinem eigenen Bettchen und zu Hause friedlich einschläft, aber das wird nicht immer möglich sein. Bei einem älteren oder dahinsiechenden Hund könnte ein Zustand eintreten, bei dem Sie eine Entscheidung treffen müssen. Natürlich könnte Ihnen diese auch von einem Tierarzt abgenommen werden, falls Ihnen dieser dazu rät, Ihren Hund völlig schmerzlos einzuschläfern.

Es ist nie leicht, zum letzten Mal von einem liebevollen Gefährten Abschied zu nehmen. In einem solchen Moment werden Ihnen jedoch das Mitleid und Ihre Liebe die Kraft geben, um zu wissen, daß es das Beste war, was Sie für ihn tun konnten. Während Ihr Hund langsam und friedlich in den immerwährenden Schlaf fällt, sollten Sie noch einmal die schönen Erinnerungen Ihres gemeinsamen Weges an sich vorüberziehen lassen, mit dem guten und sicheren Gefühl, daß Sie Ihrem treuen Gefährten mit dieser uneigennützigen Entscheidung ein würdevolles Ende bereitet haben.

Ich meine, daß der Tod ein Thema ist, über das nur schwer zu diskutieren ist, da jeder auf seine eigene Art und Weise auf den Tod seines geliebten vierbeinigen Gefährten reagiert. Da gibt es solche, die mit einer unnatürlichen, fast stoischen Ruhe reagieren, während andere wiederum von ihren Gefühlen überwältigt werden und damit nicht fertig werden, gleichgültig, ob der Tod altersbedingt eintrat oder auf Unfall oder Krankheit zurückzuführen war. Was für eine Lücke der Verlust einer geliebten Kreatur in Ihrem Leben hinterlassen hat, ist für Außenstehende nur schwer nachvollziehbar, insbesondere, wenn diese Menschen vorher noch nie das Privileg hatten, von einem solchen vierbeinigen Wesen auf einzigartige Weise geliebt und verehrt worden zu sein. In neuerer Zeit haben jedoch Studien ergeben, daß die traumatischen Erlebnisse in diesem Fall durchaus mit denen vergleichbar sind, die auch beim Tod eines geliebten Menschen und engen Familienangehörigen auftreten können. Daraus folgernd wurde die Notwendigkeit erkannt, auch hierbei dem Betroffenen zu ermöglichen, durch entsprechende Beratung und psychologische Unterstützung wieder zu sich selbst zu finden und den Schmerz mit der Zeit zu überwinden.

Auch über die letzte Ruhestätte für Ihren vierbeinigen Gefährten sollten Sie sich rechtzeitig Gedanken gemacht haben. Ihre Lebensumstände mögen es mit sich bringen, daß Sie vielleicht nie lange Zeit an einem Ort leben und keinesfalls ist jeder in der glücklichen Lage, seinen Liebling an einem entsprechenden und geeigneten Ort zu begraben. Es gibt jedoch noch einige andere ausgezeichnete Alternativen.

Betreiber von Tierfriedhöfen zum Beispiel haben sich darauf spezialisiert, die Tiere bei Ihnen Zuhause oder beim Tierarzt abzuholen. Das hat darüber hinaus den Vorteil, daß Sie es mit Menschen zu tun haben, die Ihre Nöte verstehen. Diese Tierfriedhöfe bieten gegen Entgelt entsprechende Grabstätten an, auf denen das Tier sofort beerdigt werden kann. Für jemanden, der an solche Dinge im voraus denkt, besteht auch die Möglichkeit, eine Grabstätte zu reservieren und dann im Testament detaillierte Anweisungen bzw. Verfügungen zu hinterlassen.

Außerdem kann man in solchen Einrichtungen auch eine Feuerbestattung in einem Krematorium durchführen lassen. Man hat dann die Möglichkeit, die Asche an einem schönen Platz entweder zu verstreuen oder zu vergraben, die Grabstätte mit einem Grabstein zu versehen oder hübsch zu bepflanzen. Sie können jedoch auch, wenn Sie das wünschen, die Asche mit nach Hause nehmen. In diesem Fall erhalten Sie einen beschrifteten Schmuckkasten oder ähnlichen Behälter. Es gibt einen solchen Tierfriedhof ganz in der Nähe von London, in einem wun-

MALTESER HEUTE

derschönen Waldgelände gelegen; es ist dort so ruhig und friedlich, eine Umgebung mit einer andachtsvollen Stille und Atmosphäre von Beständigkeit inmitten einer ansonsten hektischen Welt.

Ihr Hund, der von Ihnen gegangen ist, ist durch nichts zu ersetzen. Diese einzigartige Persönlichkeit hat Ihr Leben mit einer Fülle von Erlebnissen und bleibenden Erinnerungen bereichert. Sie sollten sich jedoch jetzt, gleich in welchem Alter, nicht innerlich vor einer möglichen neuen liebevollen Partnerschaft verschließen, wobei ein neuer Hund natürlich nicht den vorherigen ersetzen kann. Er wird sicher eine eigene, völlig andere Persönlichkeit haben, aber er wird auf seine Weise dazu beitragen, Ihre Trauer zu lindern und die Fürsorge für dieses neue Lebewesen wird Ihnen allmählich über den schmerzlichen Verlust hinweghelfen.

Nach 70 Jahren zum ersten Mal wieder Malteserblut aus Deutschland nach England:
Abbyat Secret Liaison (»Sissi«), geb. 12.11.1997 (auf dem Bild im Alter von 4 Monaten).
Diese junge Dame entstand aus einer künstlichen Befruchtung! Vater ist der im Besitz von Frau
Scheurer (»of Scalnitas«) befindliche Deckrüde Pillowtalks Show N'Tell. Mutter ist die englische
Malteserhündin Abbyat Memphis Belle, Top-Zuchthündin des Maltese Club of England 1996/97.

Kapitel 11

DER MALTESER ALS KOSMOPOLIT

Alle diejenigen unter uns, die alle Stadien mit dieser Rasse erlebt haben, d. h. sowohl Malteser besessen haben, sie ausgestellt und auch mit ihnen gezüchtet haben, werden zweifelsohne eine so tiefe Beziehung zu ihr entwickelt haben, daß sie an allem interessiert sind, was mit dieser Rasse verbunden ist, wo auch immer auf dieser Welt.

Der Malteser war, wie die Geschichte beweist, immer ein vielgereister Zeitgenosse und es gibt nicht viele Länder, in denen er nicht bekannt war. In diesem Kapitel möchte ich nur an einigen Beispielen meinen Lesern ein wenig Einblick in die Bemühungen geben, die man sich mit dieser Rasse in weit von uns entfernt liegenden Ländern macht. Die Beliebtheit dieser Rasse unter Kennern bringt es mit sich, daß heutzutage ein reger Austausch über alle Grenzen hinweg stattfindet, sei es, um einen bestimmten Qualitätsstandard beizubehalten oder möglichst sogar den einheimischen Gen-Bestand zu verbessern. Obwohl es kleine Unterschiede im rassetypischen Erscheinungsbild einzelner Nationen gibt, finden Züchter, die Erfahrung haben und der Rasse sehr zugetan sind, immer wieder Wege, um durch einen solchen »Blutaustausch« die eigene Zucht zu verbessern.

In den meisten Ländern ist ein solcher reger An- und Verkauf bzw. Austausch von Hunden nicht mit besonderen Schwierigkeiten verbunden. In unserer heutigen Zeit ist es mit dem Flugzeug nur eine Sache von wenigen Stunden, um einen Hund von einem Ort zu einem anderen, weit entfernten zu transportieren und auf keinen Fall mehr mit den anstrengenden und oft auch gefahrvollen Seereisen früherer Zeiten zu vergleichen. Es gibt allerdings immer noch einige Länder, wie z. B. England, Australien und Hawaii, die an ihren Quarantäne-Bestimmungen festhalten und damit von Züchtern erstrebte Verbesserungen in der Zucht erschweren. Trotz solcher Schwierigkeiten haben die Malteser solche Hindernisse von der Vergangenheit bis Heute immer mit Bravour überstanden und ich möchte hier, an dieser Stelle nur einige wenige - und es sind wirklich nur einige wenige von vielen - Beispiele anführen, bei denen aus solchen Verbindungen vielversprechender und erfolgreicher Nachwuchs entstand.

DIE INTERNATIONALE ZUCHT

Das beste Beispiel für einen solchen Zuchterfolg läßt sich am ehesten an den Erfolgen eines Maltesers illustrieren, dessen Schicksal mir sehr am Herzen lag. Er stammte nicht aus meiner Zucht - ich hatte nur das Vergnügen, mich einmal aus gegebener Veranlassung 6 Monate um ihn kümmern zu dürfen. Dieser kleine Kerl wurde mir vorgestellt als der Amerikanische Champion Su-Le's Great Egret, besser noch mit seinem Rufnamen ›Houdini‹. Eine australische Freundin von mir hatte ihn gekauft und seinerzeit gab es die Auflage der australischen Behörden, daß alle in Amerika gekauften Hunde ein Jahr entweder auf Hawaii oder in England leben mußten, bevor sie nach Australien eingeführt werden durften, da diese beiden Länder tollwutfrei waren.

›Houdini‹ kam pünktlich in England an, nachdem er zuvor auch noch in den USA für Champion-Nachwuchs gesorgt hatte. Hier mußte er natürlich seine sechsmonatige Quarantäne antreten und während dieser Zeit besuchte und kümmerte ich mich um ihn. Nach Beendigung der Quarantäne lebte er für den Ablauf der erforderlichen weiteren 6 Monate bei mir und zeugte in dieser Zeit mit meinen Hündinnen ein oder zwei Würfe. Von den Welpen, die daraus entstanden, gewann einer nicht nur den Titel eines englischen Champions, sondern gewann auch das BOB auf der Crufts. Ein weiterer Welpe, eine Hündin, bildete die Grundlage eines der derzeit erfolgreichsten englischen Zwinger und eine weitere Hündin aus dieser englisch/amerikanischen Verbindung ging nach Südafrika, wo aus deren Nachwuchs ein südafrikanischer Champion und einer der Top-Gewinner des Landes wurde.

Nach Beendigung seines Zwischenaufenthaltes setzte ›Houdini‹ seine Reise nach Australien fort, wo er die australische Meisterkrone errang. Dieser kleine Hund wurde nun mit englisch/australischen und rein australischen Linien verpaart. Aus diesen Verbindungen entstanden weitere Champions und einige Hunde aus dem Nachwuchs wurden nach Neuseeland verkauft, wo sie weitere Erfolge erzielten. Houdini war kein besonders außergewöhnlicher oder berühmter Deckrüde, sondern einfach nur ein wirklich schöner Malteser mit sehr guten Qualitäten, der, wenn er mit entsprechenden und schönen Hündinnen verpaart wurde, diese guten Eigenschaften dann in der Rasse weitervererbte und das in all diesen verschiedenen Ländern. Ich persönlich werde seiner Züchterin, Barbara Bergquist, für das, was er in meiner Zucht hinterlassen hat, immer dankbar sein.

Manchmal verliefen die Wege der Malteser auch umgekehrt. Ingela Gram zum Beispiel besaß in Norwegen eine sehr erfolgreiche Malteserzucht, aus der viele Champions hervorgingen. Später importierte Sie auch Hunde

MALTESER HEUTE

OBEN LINKS: Aust. Champion Jamabeco Narayana im Besitz von Lee David. Dieser Malteser ist ein Enkel des Aust. Am. Ch. Su Le's Great Egret. In ihm sind australische, neuseeländische, amerikanische und englische Linien vereint.

OBEN RECHTS: Ch. Villarose Sweet 'n Saucey und Ch. Villarose Chocolate Charmer. Eine Verbindung englischer und amerikanischer Blutlinien. Züchter und Besitzer: Chris Ripsher.

LINKS: S. A. Ch. Northwards Collington Diplomat (Vicbrita Maximillion - Vicbrita Judy Garland).

Malteser aus dem australischen Snowsheen Zwinger. In diesen Hunden sind englische und amerikanische Linien vereint (Hunde aus drei verschiedenen Würfen). Mutter von allen ist Oelrich Fantasia (Dritte von links, importiert aus Neuseeland). Dahinter steht die englische Vicbrita-Linie.
Erster von links: Aust. Ch. Snowsheen Skidadle. Vierter von links: Snowsheen Splendifrus. Fünfte von links: Snowsheen Scrumptious. Sechste von links: Aust. Ch. Snowsheen Twinkle Star. Alle wurden gezeugt von dem Aust. Championrüden Vicbrita Avalanche (importiert aus England). Zweite von links: Snowsheeen Sumwun Nice, gezeugt von dem Aust. Ch. Boreas Bonitatis (importiert aus den Vereinigten Staaten).

DER MALTESER ALS KOSMOPOLIT

OBEN: Aust. Ch. Malthaven Su Leanne
(Aust. Am. Ch. Su Le's Egret - aus Amerika importiert von Manalee Tamela).

UNTEN: Australischer und NZ Ch. Patrician Pistachio (importiert aus Neuseeland). Besitzer: Robin Hurford, Züchter: Patricia Nicholson.

Schwedischer, Norwegischer und Amerikanischer Ch. Barbarella Dixie, importiert aus England (Ch. Barbarella Enchanteur - Barbarella Dallas). Gezüchtet von Barbara Miller. Besitzer und Handler: Ingela Gram.

(Ashbey Fotos).

OBEN: Schwedischer Ch. Milky Way's Fair Dinkum (Ch. Twin Tops Only the Lonely - Ch. Whitesilk Showpiece (Import aus Australien).
Züchter und Besitzer: Carin Larson.

LINKS: Int. Nord. und Am. Ch. Foursome's Extremely Lovable, im Alter von neun Jahren. (Nord. Ch. Barbarella Xandoo (importiert aus England) - Int. Nord. Ch. Gosmore Snowdrop (importiert aus England).
Züchter und Besitzer: Ingela Gram.

MALTESER HEUTE

Ch. Naysmith's Strut 'n Gabriel. Besitzer: Juan Cabrera, Del Zarzoso Zwinger, Spanien. Gezüchtet von Beatrice Naysmith, USA.

Lamsgrove Thistle Down (Ch. Snowgoose Hot Toddy - Riells Annabel of Lamsgrove), importiert aus England und im Besitz von Renato Gogna, Minuetto Zwinger, Italien. Gezüchtet von Tom und Eva Lamb.

aus englischen Linien (Brantcliff und Barbarella) und hatte damit ebenso Erfolge. Als sie dann nach Amerika auswanderte, nahm sie natürlich ihre Hunde mit und führte ihren erfolgreichen Weg fort, indem nun auch noch amerikanische Blutlinien eingekreuzt wurden. Aus diesen erfolgreichen Verbindungen können heute weitere Liebhaber und Züchter der Rasse ihren Nutzen ziehen.

DIE EUROPÄISCHEN VERBINDUNGEN
Die Züchter und Rasseliebhaber auf dem Kontinent sind in der glücklichen Lage, daß man problemlos mit den Hunden von Land zu Land reisen kann. Von diesem internationalen »Austausch« können alle profitieren. Ein gutes Beispiel hierfür ist der erfolgreiche Del Zarzoso Zwinger von Juan Cabrera in Spanien, der mit Maltesern aus englischen und amerikanischen Linien gegründet wurde. Es dauerte nicht lange, bis durch gezielte und wohldurchdachte Zucht qualitativ hochwertige Hunde entstanden. Gleichzeitig liefert er ein Beispiel dafür, wie ein Rüde erfolgreich in der Zucht mehrerer Länder eingesetzt werden kann. Dieser Malteser trägt den stolzen Titel eines Finnischen, Luxemburgischen und Internationalen Champions. Die Rede ist hier von dem Ch. Del Zarzoso Papanatas. Er ist ein eleganter spanischer Malteserrüde, der aus seiner Heimat die Reise zu Tarja und Maki Kulmala, den Besitzern des Maldonnas Zwingers, nach Finnland antrat. Diese stellten ihn auf Ausstellungen in diesem Land aus und erreichten es, daß er zum Top-Winner des Landes gekürt wurde. Darüberhinaus machte er sich auch einen Namen als erfolgreicher Deckrüde. Im darauffolgenden Jahr setzte er seine Karriere bei Wil und Harry van den Rijk, den Besitzern des einflußreichen Voorne's Home Malteserzwingers in Holland fort. Auch in diesem Zwinger wurden Malteser aus importierten Blutlinien mit Bedacht und großem Geschick erfolgreich miteinander verpaart. Bei den van den Rijks zeugte Papanatas ebenfalls einige wunderbare Welpen. Darüberhinaus setzte er seine Ausstellungserfolge fort und erhielt den Titel eines holländischen Champions, sowie weitere Titel in verschiedenen anderen Ländern, bevor er schließlich wieder nach Hause zurückkehrte. Seine Erbanlagen wirkten sich in beiden Zwingern positiv aus, das beste Beispiel ist seine finnische Tochter Ch. Maldonnas My Reflection, die in ihrer Karriere ebenfalls zahlreiche Titel gewann. Der Zwingername von Papanatas ist heute in vielen Ahnentafeln europäischer Länder zu finden (Anm. d. Ü.: Seine bereits erwähnte Tochter Maldonnas My Reflection erhielt auf der Weltsiegerausstellung 1995 in Brüssel den Titel des Weltsiegers bei den Hündinnen; sein in Holland bei Wil und Harry van den Rijk gezeugter Nachwuchs war ebenfalls sehr erfolgreich: Die Hündin Ginny Snowflower v'Voornes wurde Niederländischer und Internationaler Champion, der Rüde Timothy Snowflower v'Voornes Home wurde ebenfalls niederländischer und Internationaler Champion. Weiterer erfolgreicher Nachwuchs ersten Grades waren: NL Ch. Brandon Snowflower v'Voornes Home, Int. Ch. und Top-Toy von Belgien Tantaliser Des Super-Supers' und der Ch. Snowflower Magic Man v'Voornes Home, der in Südafrika 1997 den Titel eines Top-Toy und den des Zweitbesten aller Rassen erhielt).

Weil es, wie bereits gesagt, auf dem Kontinent relativ einfach ist, mit Hunden von einem Land ins andere zu reisen, haben die Züchter natürlich ausgezeichnete Möglichkeiten, aus einer Vielfalt von Blutlinien das für sie

DER MALTESER ALS KOSMOPOLIT

richtige auszuwählen. Dies gilt auch bei der Gründung neuer Zuchten, wie z. B. bei zwei neuen Zwingern, die vor kurzem auf den Kanarischen Inseln angefangen haben. Der eine basiert auf der spanischen Del Zarzoso Linie und der andere begann mit Maltesern aus dem sehr anerkannten italienischen Minuetto Zwinger. Eine ebenso erst vor kurzem hinzugekommene Züchterin in Spanien wiederum importierte ihre erste Hündin aus Frankreich und fügte dann im weiteren Verlauf der Zucht holländische, spanische und englische Linien hinzu.

DIE ZUCHT IN NEUSEELAND

Auch wenn man in einem Inselstaat lebt und der Import von Hunden durch bestimmte Auflagen sehr erschwert wird, beobachten die wirklich an der Rasse interessierten Züchter genau, was in der Malteserszene weltweit vor sich geht und wenn sie zu der Ansicht gekommen sind, daß der genetische Einfluß einer bestimmten Linie sich vorteilhaft in der eigenen Zucht auswirken könnte, setzen sie alles daran, um an diese Linien heranzukommen. Ein klassisches Beispiel hierfür ist Patricia Nicholson mit ihren Patrician Maltesern in Neuseeland. Sie empfand irgendwann, daß sie in der Zucht zu sehr auf bestimmte Linien beschränkt war und begann sorgfältige Nachforschungen nach alternativem »Material« in Übersee, welches zum einen äußerlich ihrem gewünschten Typ entsprach und zum anderen ganz bestimmt, von ihr gesuchte Qualitäten mit sich brachte.

Patricia hatte ihren ersten Malteser 1969 gekauft und in wenigen Jahren eine Zucht aufgebaut, auf die sie durchaus stolz sein konnte. Ihr fehlten jedoch bestimmte Dinge, um ihre eigentlichen Ziele zu verwirklichen. Sie kaufte daraufhin einen wundervollen Hund in England, den Championrüden Vicbrita Park Royal, ein Enkel des berühmten Ch. Vicbrita Tobias (ein Rüde, der seinerzeit in der englischen Zucht sehr einflußreich war).

Einige Zeit später kam eine entzückende englische Hündin, die Aust./NZ Ch. Ellwin Crown Jewel hinzu, eine Tochter des Vicbrita Maximillion. Crown Jewel hatte ein prächtiges Haarkleid von absolut korrekter, seidiger Textur - eine sehr wertvolle Eigenschaft. Vier weitere Hunde aus verschiedenen englischen Zwingern folgten, immer aber gingen diese Hunde in der Ahnenreihe zurück auf bestimmte Vicbrita-Linien. Zum Glück konnte Patricia auch noch mit Ray und Joyce Powell, den Besitzern des Caregwen Zwingers in Australien zusammenarbeiten, die ebenfalls mit Vicbrita-Hunden züchteten, allerdings aus unterschiedlichen Linien.

Nach einiger Zeit schien es angeraten, einen weiteren »Outcross« zur Blutauffrischung vorzunehmen. Natürlich wollte Patricia dabei nicht ihren Typ Malteser verlieren. Sie war damals sehr beeindruckt von der Eleganz und der stolzen Kopf- und Nackenhaltung der amerikanischen Hunde und nahm dann Kontakt zu Gerda Shaw auf, die ihr dann zuvorkommenderweise den Ch. Shaws Top Hat Amee verkaufte. Dies war der Anfang einer fruchtbaren freundschaftlichen Beziehung zwischen diesen beiden Zwingern, und Patricia importierte vier weitere Hunde von

OBEN: NZ Ch. Shaws Top Hat Amee (importiert aus den USA). Besitzerin: Patricia Nicholson. Züchterin: Gerda Shaw, USA.

RECHTS: NZ Ch. Shaws Stars and Stripes (importiert aus den USA). Im Besitz des Patrician Zwingers, Neuseeland, gezüchtet von Gerda Shaw, USA.

MALTESER HEUTE

Gerda, die den Patrician Zwinger bereicherten und aus denen wunderschöne Welpen entstanden, die bald darauf erfolgreich Karriere machten. Umgekehrt überließ Patricia dann Gerda Shaw Hunde aus der direkten Nachzucht, die ebenso schnell ihre Titel in Amerika gewannen.

Was Patricia seinerzeit durchführte, als sie ihre neuseeländischen Linien mit englischen, amerikanischen und australischen Linien kreuzte, war mit Sicherheit eine recht aufregende und spannende Angelegenheit, ganz besonders, wenn dann gute Zwinger einander respektieren und eng zusammenarbeiten.

ZUSAMMENFASSUNG

Natürlich ist es eine gute Sache, wenn man es sich erlauben kann, viel zu reisen und sich für die eigene Planung ein persönliches Bild von Maltesern in anderen Ländern zu machen. Aber auch wenn man das aus bestimmten Gründen heraus vielleicht nicht kann, dann ist es immer noch möglich, sich durch eine Mitgliedschaft in den entsprechenden Malteser-Klubs dieser Länder ein Bild über die Zucht in diesen Ländern zu verschaffen. Man sollte selbstverständlich auch soviel wie möglich der einschlägigen Literatur, die in diesen Ländern über die Rasse erschienen ist, gelesen haben.

Ich würde mir wünschen, daß das in diesem Kapitel Geschriebene, in Verbindung mit Abbildungen einiger - wenn auch nur weniger Hunde - die aus solchen interessanten internationalen Verbindungen hervorgegangen sind, Sie dazu veranlaßt, sich doch auch einmal etwas näher mit den Geschehnissen in der gesamten Welt der Malteser, d. h. auch der, die hinter den Grenzen Ihres eigenen Landes liegt, zu befassen. Es wird für Sie mit Sicherheit ein faszinierender Ausflug werden.

Wenn es einem Züchter erst einmal gelungen ist, aus den verschiedensten Hunden eine eigene, starke Linie aufzubauen, was könnte dann noch aufregender und interessanter sein, als mit einem völlig fremden Hund etwas völlig neues in die Zucht hineinzunehmen. Das Studieren der Ahnentafeln, das Anbahnen entsprechender Kontakte und die gespannte Erwartung was wohl dabei herauskommt - all das ist an sich schon ein wahnsinnig interessantes Unternehmen. Das ganze kann nur noch übertroffen werden von der Begeisterung, wenn es dann endlich soweit ist und Sie schließlich Ihre aufregende Neuerwerbung in Empfang nehmen können. Glauben Sie mir, ich weiß wovon ich rede, denn ich spreche aus Erfahrung.

»Spieglein, Spieglein an der Wand, wer ist die Schönste im ganzen Land?« Ch. Abbyat Royal Rascle of Snowgoose (»Speedy«) (Ch. Snowgoose Kings Ransome - Abbyat Mint Julip).
Züchter: Carol Hemsley, Besitzer: Vicki Herrieff. Foto: Chris Ripsher.

Kapitel 12

DER MALTESER IN ENGLAND

Es wäre einfach unmöglich, an dieser Stelle alle diejenigen namentlich aufzuführen, die in den letzten 20 Jahren Malteser auf Ausstellungen gezeigt haben. Deshalb werde ich im Folgenden nur in kurzer Form auf die Zwinger eingehen, die einen gewissen Grad an Einfluß auf den heutigen Stand der Rasse ausgeübt oder die in den letzten Jahren die Ausstellungsszene wesentlich mitgeprägt haben.

Obwohl es wirklich große Zwinger wie in der Vergangenheit nicht mehr gibt, sind wir recht froh darüber, heute mehr individuellere, dafür aber der Rasse ebenso zugetaner Züchter, zu haben, die immer nur mit relativ wenigen Hunden züchten. Ich sagte züchten, da zahlenmäßig die Sache vielleicht hier und da noch etwas anders aussieht, da viele dieser Züchter auch ihre alten Hunde, die nicht mehr zur Zucht eingesetzt werden, trotzdem als Gefährten behalten.

Diese Züchter beschränken sich darauf, ein oder vielleicht zwei Würfe im Jahr sorgfältig aufzuziehen und dabei trotzdem sehr darauf achten, daß dabei selbst höchsten Ansprüchen an die geforderten Eigenschaften dieser Rasse genüge geleistet wird. Konsequenterweise scheut man sich auch nicht davor, dies in der Konkurrenz auf Ausstellungen mit sehr hohem Niveau unter Beweis zu stellen. Außerdem wird vor allem sehr darauf geachtet, daß auch die sogenannten »inneren Werte«, d. h. das unvergleichliche und einzigartige wahre und liebevolle Wesen des Maltesers erhalten und bewahrt bleibt.

Die heutigen Verehrer dieser Rasse streben danach, ihre individuellen Ziele und Vorstellungen, sowohl in der Zucht als auch auf den Ausstellungen zu verwirklichen. Wenn man in England sich einmal dafür entschieden hat, einen Hund auf Meisterschaftsniveau auszustellen, wird das Ziel angestrebt, einen solchen Hund letztlich auch für die Crufts zu qualifizieren - die einzige Meisterschaftsausstellung für die man in einem Hund einen bestimmten Standard erreicht haben muß, um überhaupt dort ausgestellt werden zu dürfen. Das ist eben *die* Show, auf der jeder Aussteller seinen Hund zu höchsten Ehren bringen möchte und dieser Weg kann ein sehr, sehr mühsamer sein, weil man das ersehnte CC auf dieser Ausstellung erst dann erhält, wenn man jeden anderen der Championhunde, zu denen man in diesem Tag in Konkurrenz steht, geschlagen hat. Dann aber ist die Süße dieses Erfolgs unvergleichlich - und insgeheim hat jeder, der dort ausstellt nichts anderes im Kopf, als einmal dieses Traumziel zu erreichen und dieses Gefühl genießen zu können.

DIE BASIS DER GESAMTEN MALTESERZUCHT
Die wunderbare Basis für die gesamte Malteserzucht in unserem Lande wurde durch solche Zwinger wie **Harlingen, Sucops, Invicta, Fawkham, Gissing, Burwardsley** usw. gelegt. Alle wurden in den 30er und 40er Jahren dieses Jahrhunderts gegründet und bildeten den Ursprung der Blutlinien, die noch heute in den Ahnentafeln zu finden sind.

LAMSGROVE
Dieser Zwinger wurde in den 50er Jahren von Eva und Tom Lamb ins Leben gerufen. Er begann ganz am Anfang mit Sucops-Hunden. Später kamen die Burwardsley-Blutlinien hinzu. Der bemerkensweteste Hund in den älteren Ahnentafeln ist Lamsgrove White Wonder, der in seiner Karriere zwei CCs und dreizehn Reserve CCs gewann. Dreizehnmal so nahe dem Ziel gewesen zu sein, die begehrte Meisterschaftskrone dann aber letztendlich doch nicht erhalten zu haben muß sehr enttäuschend gewesen sein. Damit möchte ich nicht die Verehrer dieses Hundes vor den Kopf stoßen, denn immerhin erscheint der Name dieses Rüden seinerzeit in praktisch allen Ahnentafeln des englischen Nordens. Die Lamsgrove-Zucht war immer klein, aber beständig und man findet diesen Zwingernamen auch in den Ahnentafeln einer beträchtlichen Zahl Champions in Übersee wieder. Auch heute noch beliefern Eva und Tom Aussteller und Anfänger und aus ihrer Zucht entstehen Hunde, die sowohl in den Händen von Ausstellungsneulingen als auch gestandenen Ausstellern, und ob zu Hause oder auch in Übersee ihre Titel gewonnen haben.

VICBRITA
Zweifelsohne ist dies einer der bekanntesten und geachtetsten Zwinger. Er wurde im Jahre 1953 gegründet und die ersten der damaligen Hunde wurden von Margaret White aus den Invicta, Harlingen und Gissing-Linien

MALTESER HEUTE

Ch. Lamsgrove Charmers Shadow im Alter von 8 Monaten (Ch. Villarose Chocolate Charmer - Riels My Opinion of Lamsgrove). Züchter: Eva und Tom Lamb. Besitzer: Jean und Fred Mann.

gekauft. Obwohl leider heute in diesem Zwinger nicht mehr aktiv gezüchtet wird, ist sein Einfluß immer noch sehr groß, denn die Vicbrita Hunde sind auch heute noch in vielen Ahnentafeln der Hunde enthalten, die derzeit im Ring stehen. Viele der Vicbritas sind in die Geschichte eingegangen, besonders in den Aufzeichnungen der Crufts - angefangen mit Ch. Vicbrita Spectacular, der 1962 sowohl Rassebester als auch Gewinner der gesamten Gruppe wurde. Im folgenden Jahr gewannen die Championzwillinge Fidelity und Frivolity die beiden CCs auf diesem bedeutenden Ereignis und Frivolity gewann dann auch noch das BOB. 1964 war es dann Fidelity, der das BOB gewann und Reserve-Gruppensieger wurde. 1965 wurde Fidelity nochmals auf der Crufts ausgestellt und diesmal machte er es noch besser, indem er Sieger der gesamten Gruppe wurde. Dieser qualitativ hochwertige Rüde erwies sich auch als herausragender Deckrüde. Sein Nachwuchs gewann in drei aufeinanderfolgenden Jahren, 1966, 1967 und 1968, jeweils das BOB auf der Crufts.

Der Ch. Vicbrita Sebastian machte 1970 mit einer beeindruckenden Siegesserie auf sich aufmerksam, einschließlich eines Reserve-BIS in Hove (heute Southern Counties) und er wurde schließlich zum Top Toy des Jahres erkoren. Aus diesem Zwinger gingen in der Tat viele herausragende Champions hervor und die Hunde, die aus dieser Zucht in die ganze Welt exportiert wurden, verhalfen ihren jeweiligen Besitzern ebenfalls zu Ansehen und Erfolg. Alle Hunde in England aus diesem Zwinger wurden auf ihrer Karriere in unvergleichlicher und perfekter Weise von Gilean White für die Ausstellungen vorbereitet und vorgeführt.

Ch. Vicbrita Tobias (Ch. Vicbrita High Society - Vicbrita Stitches). Dieser Malteser gewann 1968 das Rüden-CC auf der Crufts. Gezüchtet von Gilly White.

DER MALTESER IN ENGLAND

*Ch. Vicbrita Sebastian
(Vicbrita Gambore -
Ch. Vicbrita Samantha)
Top Toy des Jahres 1970. Züchter und
Besitzer Margaret White.*

Foto: Sally Anne Thompson.

IMMACULA
Dieser Zwinger wurde von Ina Kirk in den 50er Jahren gegründet und die Zucht begann erfolgreich mit Gissing und Sucops Hunden. Ina's erster eigener Wurf erwies sich bereits als vielversprechend und aus ihm ging der Ch. Immacula Choirboy hervor, dessen Name dann auch hinter vielen guten Ausstellungshunden zu finden ist. Darüberhinaus wurde seine kleine Wurfschwester, Immacula Chanteuse gemeinsam mit Immacula Isola Bella von Muriel Lewin als Grundstock für ihren Ellwin Zwinger gekauft. Isola Bella war die Mutter des Ch. Ellwin Melusine, der 1967 von May Roberts auf der Club Show des Maltese Club ausgestellt und dort Bester Hund der Ausstellung wurde. Zu nennen wäre auch noch der Rüde Immacula Soloist, der ein sehr erfolgreicher Deckrüde war, weil er neben anderen guten Eigenschaften, auch die Fähigkeit besaß, Erbanlagen für eine verbesserte Pigmentierung weiterzugeben. Sein Vater war der Ch. Immacula Cantoris, allerdings gewann er selbst in seiner Karriere zwar ein CC und sieben Reserve-CCs, jedoch leider nie die Krone eines Champions.

Sein Sohn jedoch, Ch. Snowgoose Dark Horse gewann 1975 das Rüden CC auf der Crufts und sorgte dann mit seinen genetischen Erbanlagen für weiteren Champion-Nachwuchs. Im Hinblick auf die Crufts wäre als letzte der Immacula-Hunde Ch. Immacula Dawn Chorus of Snowgoose zu nennen, die 1975 die meisten CCs gewann, nachdem sie gleich zu Anfang des Jahres das Reserve-CC für Hündinnen auf der Crufts erhalten hatte.

ELLWIN
Muriel Lewin's Zwinger wurde Anfang der 60er Jahre gegründet und zwar mit Vicbrita Jasmine und den beiden oben erwähnten Immacula-Hündinnen. Es dauerte nicht lange, bis sich dieser Zwinger einen Namen in der Zucht verschaffte, besonders auf der Crufts, auf der Ch. Ellwin Marietta 1965 das CC für Hündinnen erhielt und Ch. Ellwin Pippelo 1967 das CC für Rüden. Der Ellwin Zwinger arbeitet mit einer Kombination aus den frühen Lamsgrove und Vicbrita Linien. Marietta wurde später mit dem Ch. Vicbrita Fidelity belegt und aus dieser Verpaarung entstand Ch. Ellwin Victoriana, die noch mehr zum Ruhm des Zwingers beitrug, indem sie 1968 auf der Crufts das CC erhielt, BOB wurde und darüberhinaus auch noch den Titel des Besten Hundes der gesamten Toy-Gruppe gewann. Sie trug mit ihren, mit großer Perfektion dargebotenen »Ballerina«-Tanz-Einlagen, bei denen Sie in jeder Ringecke ihr Haarkleid herumwirbeln ließ, zu jedermanns Erheiterung bei.

Ch. Ellwin Leppu Zaza und Ch. Ellwin Gay Adventure gelangten 1971 bzw. 1972 auf der Crufts zu höchsten Ehren, aber es war Ch. Ellwin Sue Ella, die alle überstrahlte. Diese Hündin stellte mit 23 gewonnen CCs einen (Nachkriegs-) Rekord in dieser Beziehung auf und sie behielt diesen sage und schreibe von 1973 bis 1994. Sue Ella gewann 1973 auf der Crufts auch den Titel des Reserve Best Toy der Gruppe. Als Champions der neueren Zeit wären noch Ch. Ellwin Touch of Magic und Ch. Ellwin September Song zu nennen. Nicht zu vergessen sind die Hunde, die unter diesem Zwingernamen im Ausland ihre Championtitel erlangten. Muriel Lewin ist seit über 30 Jahren die Vorsitzende des Britischen Malteser-Klubs und hält auch heute noch dieses Amt inne. Auch mit ihrer Zucht ist sie weiterhin erfolgreich.

(Anm. d. Ü.: Mrs. Lewin trat 1997 von diesem Amt zurück und übergab es an Maureen Fowley, Besitzerin des Tamilay Zwingers.)

MALTESER HEUTE

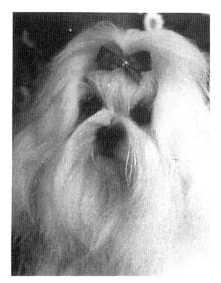 

OBEN LINKS: Ch. Ellwin Sweet Charity (Ellwin Little Jewel - Ellwin Albina Mia), Gewinnerin des Hündinnen CCs auf der Crufts 1983. Gezüchtet und im Besitz von Muriel Lewin, Foto: Dave Freeman.

OBEN RECHTS: Ch. Ellwin Touch of Magic (Ellwin Royal Envoy - Midnight Star of Ellwin). Gezüchtet und im Besitz von Muriel Lewin.

FRANCOOMBE

Der allererste Malteser im Besitz von Peggy Sturgiss war ein Sohn des Rüden Invicta Stormcock. Obwohl dieser Hund von Peggy nie ausgestellt wurde, sagt sie von ihm, daß es niemals einen Malteser gegeben hat und auch nicht geben wird, der ihn in Bezug auf Persönlichkeit und Intelligenz je übertreffen könnte. 1961 erwarb Peggy die Hündin Space Charm of Gissing, eine Tochter des Ch. Spaceman of Gissing und belegte diese mit den seinerzeit besten Vicbrita Zuchtrüden. 1963 erschien sie dann zum ersten Mal auf den Ausstellungen.

Im Jahre 1967 kam Vicbrita Fancy Work hinzu und erhielt zwei Jahre später ihren Championtitel. Nach ihrem ersten Wurf wurde sie wieder ausgestellt und zwar dieses Mal auf der Crufts 1970. Sie gewann auf dieser Ausstellung das BOB. Weiterhin auf den Vicbrita-Linien basierend, stellte Peggy dann den Ch. Francoombe Pas Seul und später den Ch. Fancy Me Too, gefolgt von Ch. Francoombe Fancy Stitches und dessen Wurfbruder Ch. Francoombe Fancy Star Turn vor. Als von diesem Deckrüden gezeugten Nachwuchs möchte ich u. a. die Champions Snowsilk Othello und Snowsilk Iolanthe besonders erwähnen. Peggy Sturgiss hat immer begeistert im Komitee des Maltese Club mitgearbeitet und wurde 1985 zur stellvertretenden Vorsitzenden gewählt. 1987 wurde sie auf Lebenszeit zur Ehrenpräsidentin ernannt und dieses Amt hielt sie bis zu ihrem Tode im Jahre 1994 inne.

QUANTOS

Als Christine Turner daran ging, aktiv ins Zuchtgeschehen einzugreifen, besaß sie als Gründungshündin Vicbrita Regina. Aus ihrem ersten Wurf ging die Championhündin Quantos El Muneca hervor. Diese kleine Hündin gewann 1967 ihren Titel auf der Birmingham National unter Muriel Lewin als Richterin, ein Kunststück, welches Christine später, nämlich 1973 an gleicher Stelle wiederholte und diesmal mit der Hündin Quantos Con Vivacita den Championtitel gewann.

Con Vivacita stammte ebenfalls von Regina ab, der Vater war Ch. Ellwin Gay Adventure. Sie begann eine aufregende Karriere in den Ausstellungsringen, wobei sie unter May Roberts als Richterin bereits im Alter von gerade mal 11 Monaten ihr erstes CC gewann. 1973 fügte Con Vivacita ihren Titeln außerdem noch Gruppensiege und Reserve BIS Gewinne hinzu und wurde schließlich am Ende des Jahres zum Top Winning Malteser des Jahres gekürt. Mit einem großen Tusch verabschiedete sie sich 1975 von der Ausstellungsbühne, nachdem es ihr gelungen war, auf der Crufts das BOB zu erhalten und darüberhinaus auch noch Gruppensieger zu werden.

DER MALTESER IN ENGLAND

Ch. Quantos Con Tutto Chiaro JW (Ch. Maytheas Delmont - Quantos Con Tutti Finezza): Top-Malteser des Jahres 1983. Züchter und Besitzer: Christine Turner.

Ch. Quantos Con Vivacita JW (Ch. Ellwin Gay Adventure - Quantos Vicbrita Regina): Bester aller Toy-Hunde auf der Crufts 1975. Züchter und Besitzer: Christine Turner.

Christine hat mit großer Beständigkeit Qualitätshunde gezüchtet, von denen viele auch im Ausland zu höchsten Ehren kamen. Zu Hause werden alle Quantos-Hunde von ihr selbst ausgestellt und bei der Präsentation im Ring kann ihr so schnell niemand etwas vormachen. 1983 avancierte der Championrüde Quantos Con Tutto Chiaro zum Top-Winning-Malteser des Jahres und er setzte seine Erfolgsserie 1984 mit der Verleihung des Rüden CCs auf der Crufts fort. Der Vater dieses kleinen Rüden war Ch. Maythea's Delmont und die Mutter war Quantos Con Tutto Finezza. Er hat für immer einen besonderen Platz in Christines Herz eingenommen. Unter anderen zeugte er auch den Int. Ch. Quantos Elizabeth, die auch den jeweiligen Titel eines nationalen Champions in Italien, Österreich, Dänemark, Spanien, Finnland, Luxemburg, Jugoslawien und der Republik San Marino erreichte. Sie gewann unter 34 Richtern in 13 verschiedenen Ländern. Dieser große Erfolg ist sogar 1994 im Guiness-Buch der Rekorde verzeichnet.

MALTESER HEUTE

MAYTHEA'S

Ungefähr zur gleichen Zeit als der Quantos Zwinger gegründet wurde, verfiel auch Dot Clarke dem Zauber der Rasse und kaufte von Marion Crook die Hündin Rhosneigr Ballet Shoes, entstanden aus einer Kombination von Immacula und Rhosneigr Linien. Mit der Registrierung des ersten Wurfes von Ballet Shoes entstand dann praktisch der Maythea's Zwinger. Eine Hündin aus diesem Wurf wurde behalten und später mit dem Ch. Immacula Cantoris belegt. Daraus ging dann der allererste Maythea's Champion hervor, ein Rüde namens Zarrie. Er war übrigens der Vater von Dawn Chorus, die bereits früher einmal erwähnt wurde.

Später stießen Vicbrita Zoffany und ihr Sohn Vicbrita Vitesse zu diesem Zwinger hinzu. Dieser belegte dann die Hündin Maythea's Ablench Lilly of the Valley. Aus dieser Verpaarung ging eine der denkwürdigsten Hündinnen der Rasse hervor, Ch. Maythea's Delilah. Diese Hündin schrieb zweifelsohne Geschichte, indem sie 1975 das Reserve BIS in Leicester und das BIS auf der Birmingham National gewann (Ausstellungen für Hunde aller Rassen). Sie beendete dieses Jahr mit dem Titel des zweitbesten Tophundes aller Rassen. Danach kam die Crufts 1976 und Dot führte Delilah zum BOB, gewann danach die Gruppe und stand schließlich als zweitbester Hund der Show ganz oben mit auf dem Podium. Als sich die Fotografen um die Gewinner scharten, fiel ein größerer Ausrüstungsgegenstand zu Boden und verursachte dabei einen furchtbaren Lärm. Alle Hunde fingen daraufhin an zu bellen, nicht jedoch Delilah, der wahre Profi - sie zuckte nicht einmal mit der Wimper.

Als nächstes trat der Champion Maythea's Delmont auf den Plan und gewann das BOB auf der Crufts 1978, dicht gefolgt von Ch. Maythea's Misty Chimes, der seinen Titel ein Jahr später auf der Meisterschaftsausstellung des Maltese Club erhielt. Durch den frühzeitigen Tod von Dot's Ehemann Harry wurden Zucht und Ausstellungstätigkeit über einige Jahre sehr beeinträchtigt, obwohl es schließlich Freunde schafften, sie wieder für eine Weile in das aktive Geschehen zurückzuholen. 1984 führte sie Gosmore Janson bis hin zum Titel des BIS auf der Ausstellung anläßlich des Goldenen Jubiläums des Maltese Club, um damit allen zu zeigen, daß sie noch nichts verlernt hatte! Dot Clarke wurde die Ehre zuteil zweimal auf der Crufts richten zu dürfen, das erste Mal 1982 und dann noch einmal im Jahre 1992.

SNOWGOOSE

Mein Zwinger wurde in den 60er Jahren mit Gissing-Linien ins Leben gerufen obwohl der erste Wurf erst drei Jahre später erfolgte. Danach wurde eine Tochter meiner Gründungshündin mit dem Rüden Ch. Joga Camino of Zurvic belegt (unter dessen Vorfahren sich auch einige amerikanische Hunde aus der Fairy Fay's-Linie befanden). Aus dieser Belegung ging dann die Hündin Snowgoose Bewitched hervor, welche später mit dem Rüden Immacula Soloist verpaart wurde. Daraus entstand dann der Ch. Snowgoose Dark Horse, Gewinner des Rüden CCs auf der Crufts 1973 unter Gilean White als Richterin. 1976 und 1979 holten zwei weitere Hündinnen aus meinem Zwinger jeweils das Reserve CC auf der Crufts.

Im Jahre 1982 errang Ch. Snowgoose Valient Lad seinen Titel und er wurde auch der Top Winning Malteser des Jahres. Im darauffolgenden Jahr erhielt er das BOB auf der Crufts und es gelang ihm dann auch noch Gruppensieger zu werden. Auch Valient Lad hat amerikanisches Blut in seinen Adern und zwar durch den ameri-

*Ch. Snowgoose Valient Lad JW
(The Migrant Snowgoose -
Snowgoose Quincey):
BOB-Sieger und Gruppengewinner der
Crufts 1983.
Züchter und Besitzer: Vicki Herrieff.*

DER MALTESER IN ENGLAND

*Ch. Snowgoose Apple Pie
(Ch. Tennessa's Dancing Flurry of
Snowgoose - Snowgoose Anna Marie).
Sie war die erfolgreichste CC Gewinnerin
des Jahres 1990 und 1991.*

kanischen Champion Al-Dor Little Rascal. Die Champion Töchter von Valient Lad erreichten alle hohe Auszeichnungen. Ch. Snowgoose Buff Beauty errang auf der Championship-Ausstellung des Maltese Club 1991 den Titel BBIS (Beste Hündin der Ausstellung). Im Jahre 1984 errang seine Halbschwester Ch. Snowgoose Exquisite Magic, gezeugt von dem Am. Ch. Su Le's Egret, das BOB auf der Crufts.

Als nächstes betrat Ch. Snowgoose Firebird die Szene (ein Sohn von Nivatus Mr. Chips, hinter dem wiederum Burwardsley-Linien standen) und gewann 1985 das Reserve CC auf der Crufts, an gleicher Stelle dann 1986 das Rüden CC und im darauffolgenden Jahr gewann er die Gruppe und wurde Finalteilnehmer. Sein Halbbruder, der ebenfalls von Chips gezeugt wurde, Ch. Snowgoose Hot Toddy, wurde 1985 auf der Club Show des Maltese Club BIS. Er ist in vielen der heutigen Ahnentafeln zu finden, da er über mehrere Jahre der Top-Deckrüde bei den Maltesern war. Sein Nachwuchs errang jedes Jahr zwischen 1988 und 1992 auf der Crufts entweder BOB, CCs oder Reserve-CCs. Er war auch der Vater des mehrfachen Gruppensiegers Ch. Snowgoose Kings Ransome, dem Besten Malteser der Rasse im Jahr 1987, der mit jedem CC auch das BOB gewann, mehrfacher BIS-Sieger auf Ausstellungen aller Rassen wurde, BOB Sieger und Gruppenfinalist der Crufts 1988 und Reserve Top Winning Toy Großbritanniens. Hot Toddy war der Vater der Hündin Ch. Snowgoose Cori Magic, die 1992 auf der Crufts das BOB gewann und darüberhinaus Gruppensieger wurde.

Ch. Tennessa's Dancing Flurry of Snowgoose (US-Import, in Linie gezogen mit Great Egret) kam hinzu und er holte sich sehr schnell seine britische Krone. Seine Tochter, Ch. Snowgoose Apple Pie wurde 1990 und 1991

*Ch. Abbyat Royal Rascle of Snowgoose:
Gewinner des Reserve CC auf der Crufts 1991.*

*Ch. Snowgoose Cori Magic (Ch. Snowgoose Hot
Toddy - Fondant Frivolus Snowgoose):
BOB, Crufts 1992.*

MALTESER HEUTE

Ch. Snowgoose First Love (Ch. Villarose Chocolate Charmer - Snowgoose Paper Moon): Mehrfacher BIS Sieger auf Ausstellungen aller Rassen, Reserve Top Winning Toy in Großbritannien und CC Rekordhalter der Rasse.

die erfolgreichste CC Gewinnerin bei den Hündinnen. Im gleichen Jahr wurde Ch. Abbyat Royal Rascle of Snowgoose der erfolgreichste Malteser des Jahres und er gewann auf der Crufts das Reserve CC.

Der hier nun zuletzt vorgestellte Snowgoose-Champion könnte möglicherweise auch wirklich der letzte aus meiner Zucht sein, da gesundheitliche Probleme in der Familie es mit sich brachten, diesen den Vorrang einzuräumen und alle anderen Aktivitäten drastisch einzuschränken. Nun, dieser letzte meiner ›Jungs‹, der mehrfache Gruppensieger Ch. Snowgoose First Love, hatte tatsächlich eine spektakuläre Karriere mit Sarah Jackson als Handlerin und jetziger Mitbesitzerin. First Love wurde mehrfach Bester Hund der Show und Reserve BIS auf Ausstellungen für Hunde aller Rassen.

Ferner wurde er Reserve Top Winning-Toy von ganz Großbritannien, CC Rekordhalter seiner Rasse und er war zwei Jahre lang der Top Winning Malteser. Auf der Crufts 1994 erhielt Pickle, wie er zu Hause gerufen wird, das BOB und wurde Zweitbester der Gruppe. Als er sich dann »zur Ruhe setzte«, hinterließ er aus seinem Champion-Nachwuchs den Gruppensieger Ch. Benatone Love on the Rocks, gleichzeitig auch den Top Winning Malteser des Jahres 1995.

VILLAROSE

Chris Ripsher begann 1970 mit ihrer Zucht und auch bei ihr dauerte es nicht lange, bis ihr Nachwuchs auf den Ausstellungen zu finden war. Sie waren dort sehr erfolgreich und später erlangten dann zwei dieser Hunde den Meistertitel. Richtig ins Rampenlicht trat dieser Zwinger dann aber erst mit der halb-amerikanisch gezogenen Hündin Snowgoose Calipso Magic of Villarose (Aust. Am.Ch. Su Le's Great Egret - Ch. Snowgoose Slightly

Ch. Villarose Sweet September (Ch. Snowgoose Firebird - Snowgoose Calipso Magic of Villarose): Gewinnerin des Hündinnen CCs auf der Crufts 1988. Gezüchtet und im Besitz von Chris Ripsher.

DER MALTESER IN ENGLAND

Villarose Valentina (Ch. Snowgoose Dark Horse - Chryslines My Polonaise of Villarose). Züchter und Besitzer: Chris Ripsher.

Saucey). Calipso erwies sich als eine hervorragende Zuchthündin. Bei ihrem ersten Wurf wurde sie mit Ch. Snowgoose Firebird (Chris war Mitbesitzerin und stellte diesen Rüden auch aus) belegt und aus dieser Verbindung entstand Ch. Villarose Sweet September, eine Reserve-Gewinnerin der Toy-Gruppe und gleichzeitig Top-Hündin des Jahres 1987, Gewinnerin des CCs für Hündinnen auf der Crufts 1988, wo sie gerade mal erst vier Monate nach ihrem ersten Wurf ausgestellt wurde. Im gleichen Jahr erlangte dann eine Tochter aus Calipso Magic's zweitem Wurf, Ch. Villarose Mischief Maker (gezeugt von Valient Lad) ihre Championkrone und beendete das Jahr als Top-Hündin des Jahres.

Als Sweet September mit Ch. Snowgoose Hot Toddy verpaart worden war, ging aus dieser Verbindung eine Tochter Villarose Sweet Sensation hervor, die den Titel eines Neuseeländischen Champions errang. Gleichzeitig wurde sie dort auch Gruppengewinnerin mit 52 CCs auf ihrem Konto! Aus einer Wurfwiederholung ging später Villarose Hot Chocolate hervor, Gewinnerin des Reserve CCs auf der Crufts 1990, die dann die Mutter des Ch. Villarose Chocolate Charmer wurde, dem besten Rüden auf der Crufts 1992 und Top-Deckrüden der Jahre 1994/95. Unter seinem Champion-Nachwuchs ist auch der Ch. Snowgoose First Love zu finden.

Im gleichen Jahr, als Charmer, ein Sohn von Ch. Mannsown Remote Control, seinen Championtitel errang, machte Ch. Villarose Sweet & Saucey auf sich aufmerksam, indem sie zweimal Reserve Bester der Gruppe und Top-Malteser des Jahres 1992 wurde. 1993 wurde sie zur Top-Hündin des Jahres erkoren. Dieses kleine Mädchen ist eine Sweet September Tochter, der Vater war Royal Rascale.

GOSMORE

Dieser Zwinger ist auch sehr bekannt durch seine Champions in anderen Rassen. Audrey Dallison's Wagnis mit Maltesern begann 1969 mit einer kleinen Vicbrita Hündin. Es kamen weitere Hunde hinzu und mit dem Champion Gosmore Vicbrita Tristan stellte sie dann den Top Winning Rüden des Jahres 1976 vor. Dann wurde Ellwin Petite Chanteuse, die bereits Champion war, in den Zwinger aufgenommen und belegt mit dem Ch. Shenala Hamish, dem Top-Deckrüden des Jahres 1975. Daraus entstand der Ch. Gosmore Le Petit Chanteur. Als später Chanteuse mit Tristan verpaart wurde, war das Resultat ein weiterer Champion, Gosmore His Majesty. 1982 gewann Gosmore Maythea's Janette das CC für Hündinnen auf der Crufts und im folgenden Jahr errang Gosmore Fairy Footsteps das Reserve CC. 1983 erwies sich als ein gutes Jahr für diesen Zwinger, in dem auch Ch. Gosmore Tobias seinen Championtitel erhielt. Sein Sohn, Gosmore Janson gewann dann 1984 die Ausstellung anläßlich des Goldenen Jubiläums des Maltese Club. Der Zwingername Gosmore ist auch in den Ahnentafeln von Sieger-Hunden auf dem Kontinent, Australien und Neuseeland wiederzufinden.

MALTESER HEUTE

Ch. Gosmore Maythea's Janette (Vicbrita Vitesse - Malcolms Miracle of Barbarella): Reserve CC Crufts 1982. Gezüchtet von Dot Clarke und im Besitz von Audrey Dallison.

Gosmore Busybody (Ch. Gosmore Tobias - Ch. Gosmore Maythea's Jannette). Züchter und Besitzer: Audrey Dallison.

BARBARELLA
Dieser Zwinger ist das Zuhause des ersten in Schottland aus eigener Zucht hervorgegangenen Championpärchens, einem stattlichen jungen Mann namens Ch. Barbarella Enchanteur (einem weiteren Chips Sohn) und einer kleinen Hündin namens Ch. Barbarella Little Gem (Deckrüde war Gosmore Juniors Menace of Barbarella). Beide gewannen ihren Titel 1984, ausgestellt und vorgeführt von ihrer Züchter-Besitzerin Barbara Miller. Die Barbarella-Hunde entstanden aus einer Kombination von Maythea's, Vicbrita und Burwardsley Linien und der Zwingername steht auch in den Ahnentafeln von Maltesern auf dem Kontinent und jetzt auch in einigen in Amerika gezüchteten Hunden.

BLAIRSKAITH
Es ist gewiß nicht leicht für Rassebegeisterte in Schottland, ihre Hunde im Wettbewerb auszustellen, da sie weite Entfernungen zurücklegen müssen und dabei auch noch mit schwierigen Straßenverhältnissen und schlechten Wetterverhältnissen zu kämpfen haben. Trotzdem hat es ein weiterer Unentwegter aus diesem Teil der Welt, nämlich Stephanie Flemming gewagt, fast wie selbstverständlich ihren ersten selbstgezogenen Champion, Fiddlestick, auf der Crufts 1990 auszustellen, um dort auch prompt ihr erstes CC zu gewinnen. Fiddlestick stammte von Snowgoose Smokey Joe of Monalea, einem Kings Ransome Sohn. Im darauffolgenden Jahr wiederholte seine elegante Tochter, Ch. Blairskaith Touch and Go (sowohl der Deckrüde als auch die Mutterhündin stammten aus der Blairskaith-Zucht) dieses Kunststück, nachdem sie zunächst im vorausgegangenen Jahr BIS auf der Championausstellung des Maltese Club geworden war.

MOVALIAN
Der Movalian Zwinger wurde von Val und Ian Blore auf der Basis von Rhosneigr und Ablench Linien aufgebaut. Dabei erwies sich der entzückende kleine Ablench Camino of Movalian, Gewinner von 2 CCs und 7 Reserve CCs als wertvoller Deckrüde. Er wurde der Top-Deckrüde des Jahres 1980. Er war der Vater des Ch. Movalian Rhinestone Cowboy, der 1979 seinen Championtitel errang, dann das Jahr auch als Top Winning Malteserrüde abschloß und auf der Crufts im nächsten Jahr das CC gewann. 1980 gewann eine Camino-Tochter, Ch. Movalian Sugar and Spice das CC für Hündinnen auf der Championshow des Maltese Club. 1983 schloß eine Tochter von ihr, Ch. Movalian Sugar Puff (ihr Vater war der Ch. Snowgoose Valient Lad) das Jahr erfolgreich unter Eva Lamb als Richterin ab, mit dem Titel für die Hündin, die die meisten CCs gewonnen hatte.

DER MALTESER IN ENGLAND

Ch. Movalian Sugar and Spice (Ablench Camino of Movalian - Rhosneigr True Star): Beste Hündin auf der Championats-Ausstellung des Maltese Club 1980. Züchter und Besitzer: Val Blore.
Foto: Diane Pearce.

Ch. Movalian Sugar Puff (Ch. Snowgoose Valient Lad - Ch. Movalian Sugar and Spice): Beste Hündin auf der Championats-Ausstellung des Maltese Club 1983. Züchter und Besitzer: Val Blore.
Foto: Diane Pearce.

Ch. Movalian Pierrot (Barbarella Polar Bear of Movalian - Movalian Super Trouper): Züchter und Besitzer: Val Blore.

Foto: Diane Pearce.

1986 war das Jahr von Ch. Movalian Troubadour, der von Ausstellung zu Ausstellung jeweils das CC »abkassierte« einschließlich des Reserve CCs auf der Championshow des Maltese Club. Er schloß dann das Jahr erfolgreich mit dem Titel des Top Winning Malteser des Jahres ab. Im Jahr darauf begann er dann mit dem Gewinn des Reserve CCs auf der Crufts. Troubadours Vater war der Rüde Ch. Movalian Pierrot, dem erfolgreichsten Malteser des Jahres 1984, der auch den Ch. Movalian Eburacum Pantaloon zeugte. Der Name des Movalian-Zwingers ist in vielen Ahnentafeln zu finden, sowohl in unserem Lande als auch im Ausland. Ganz besonders erfolgreich waren die aus diesem Zwinger nach Australien exportierten Malteser.

WEITERE EINFLUSSREICHE ZWINGER
Nicht unerwähnt bleiben sollten vier Zwinger die zwar heute nicht mehr aktiv sind, in den 70er und 80er Jahren jedoch ebenfalls herausragende Malteser vorstellten. Dies waren **Snowsilk, Brantcliffe, Labellas** und **Vairette**.

Jean Winkworth (später Kellard) war eine Künstlerin was das Präsentieren ihrer Hunde betraf. Ihr erster Champion, Snowsilk Yum Yum, wurde von dem Rüden Ch. Brantcliffe Snow Prince gezeugt, die Mutter war Snowgoose Distant Hope, eine Wurfschwester von Dark Horse. 1977 gewann diese Hündin fast alles, was es zu gewinnen gab, beginnend mit der Crufts. 1980 stellte Jean den Ch. Snowsilk Othello vor, der sehr schnell seinen Titel errang, die Championausstellung des Maltese Club gewann und dann 1981 das Reserve CC auf der Crufts erhielt. Im gleichen Jahr betrat auch der Ch. Snowsilk Iolanthe die Ringe (ein Sohn von Yum Yum, gezeugt, wie auch Othello, von dem Ch. Francoombe Fancy Star Turn). Dieser entzückende kleine Rüde wurde auf der Ausstellung für alle Rassen in Richmond Best in Show und er wurde schließlich auch der Top Malteser des Jahres.

MALTESER HEUTE

Ch. Snowsilk Yum Yum (Ch. Brantcliffe Snow Prince - Snowgoose Distant Hope): Top Winning Malteser des Jahres 1977. Züchter und Besitzer: Jean Winkworth (Kellard).

1985 errang Ch. Snowsilk Pitti Sing diesen Titel und später erhielt sie auch das Hündinnen CC auf der Crufts.

Jane Murphy's herausragendste Hunde waren zum einen Ch. Brantcliffe Snow Prince, der 1976 zum Deckrüden des Jahres erklärt wurde und in diesem Jahr auf der Crufts auch das Reserve CC erhielt und zum anderen Ch. Brantcliffe Cherub, der zwei Jahre hintereinander an der Spitze der Rasse stand, 1979 das CC auf der Crufts gewann und dann auch das BOB erreichte. Auch die Brantcliffe-Malteser hatten zu dieser Zeit einen bedeutenden Stellenwert in Ahnentafeln auf dem Kontinent.

Auch Sharon Johnson züchtete unter ihrem Zwingernamen Labella einige überdurchschnittlich gute Hündinnen. Ihre Gruppensiegerin Ch. Labellas Dream Baby wurde 1982 auf der Crufts BOB. Ihre Malteserhündin Labellas Pearly Princess konnte in ihrer Karriere 18 CCs erringen. Ihr Champion Labellas Petit Pearl trug zu den Erfolgen mit je einem Reserve CC auf der Klubmeisterschaftsausstellung 1981 und der Crufts 1982 bei und die Championhündin Labellas Love Pearl fügte schließlich noch das Hündinnen CC der Crufts 1987 hinzu. Auch Sharon war eine Ausstellerin, die ihre Hunde mit absoluter Perfektion präsentieren konnte. Eunice Bishop's Vairette-Malteser gingen auf die Francoombe-Linie zurück. Ihr erster selbstgezüchteter Champion war Vairette Truly Scrumptious, die auf der Klubmeisterschaftsausstellung 1983 das Hündinnen CC errang und ein solches Kunststück dann nochmals auf der Cruft 1985 vollbrachte. Ferner ist auch noch der Championrüde Vairette Mr. Pastry zu erwähnen, der der Vater des Ch. Vairette Angel Delight war.

MANNSOWN

Jean und Fred Mann gründeten ihren Zwinger Anfang der 70er Jahre und machten sich zunächst einmal mit dem Ch. Ablench Zaphni of Mannsown (Ablench Shamus - Rosanna of Yelwa) einen Namen. Zaphni wurde 1975 Siegerin der Toy-Gruppe in Windsor und sie war auch die Mutter des Ch. Mannsown Roman Warrior. Als nächstes erhielt Ch. Mannsown Don't Wanna Dance die Championkrone. Sie war eine Tochter aus der Verbindung Bleathwood Bobby Dazzler of Mannsown - Snowgoose Penny Farthing und wurde der Top Malteser des Jahres 1984. Die Championhündin Mannsown Special Delivery (gezeugt von Ellwin Royal Encore of Mannsown) wurde ihrem Namen als special girl - einem besonderen Mädchen - gerecht, indem sie 1989 und 1990 BOB auf der Crufts wurde.

In der Zwischenzeit war auch die Hündin Movalian Movie Queen in den Zwinger aufgenommen worden und aus ihr ging der Ch. Mannsown Pause for Thought hervor, Sieger der Championship Show des Maltese Club im

DER MALTESER IN ENGLAND

OBEN: *Ch. Mannsown Remote Control (Ellwin Royal Encore of Mannsown - Mannsown Sudden Impact). Züchter und Besitzer: Jean und Fred Mann.*

LINKS: *Ch. Mannsown Don't Wanna Dance (Bleathwood Bobby Dazzler - Snowgoose Penny Farthing): Reserve CC Crufts 1984. Züchter und Besitzer: Jean und Fred Mann. Foto: Thomas Fall.*

Jahre 1989. Dieses Jahr 1989 war überhaupt ein gutes Jahr für diesen Zwinger, da der sehr erfolgreiche Deckrüde Mannsown Remote Control ebenfalls zum Champion gemacht werden konnte und sich dann auch den Titel des Top-Deckrüden der Jahre 1991-93 sicherte. Remote Control ist ein Sohn von Royal Encore und er zeugte auch den Ch. Mannsown Nearly Missed It, der später ins Ausland verkauft wurde.

PALDORMA

Dorothy Palmer richtete ihren Zwinger in den 70er Jahren ein. Sie züchtete einen sehr schönen kleinen Rüden, der 1979 die Ausstellungsringe betrat. Harvey kam immer in die engere Wahl der Richter, aber es gelang ihm einfach nicht die erforderlichen CCs für den Titel zusammenzutragen. Er gewann ein CC und nicht weniger als 12 Reserve CCs, bevor er sich aus den Ausstellungsringen verabschiedete. Aber er machte das alles wieder wett, indem er als Deckrüde die beiden Championhündinnen Paldorma Fancy Playgirl und Paldorma Fancy Showgirl zeugte. 1989 begann für seinen Enkel, Ch. Paldorma Fancy Dylan das Jahr mit einem Reserve CC auf der Crufts und später in diesem Jahr erlangte er

Ch. Paldorma Fancy Doll (Shenala Ambassador of Ablench - Playhouse Snow Queen). Züchter und Besitzer: Dorothy Palmer.

MALTESER HEUTE

*Ch. Paldorma Fancy Showgirl (Paldorma Fancy Harvey - Emacee Babbette at Paldorma): Reserve CC Crufts 1986.
Züchter und Besitzer: Dorothy Palmer.*

auch seinen Titel. Der Erfolg dieses Tages wurde noch verschönert durch einen Reserve-Titel in der Gruppe. Auf der Championship-Ausstellung des Maltese Club gelang es ihm dann auch noch, das Rüden Reserve CC zu gewinnen. 1988 verbesserte er dieses Vorjahresergebnis durch einen Sieg bei den Rüden und einem Reserve BIS.

Später wurde auch noch Ch. Vairette Angel Delight in den Zwinger aufgenommen. Derzeit ist Ch. Paldorma Fancy High Society der aktuelle Champion dieses Zwingers (gezeugt von Remote Control). Das Jahr 1994 gehörte ihr, indem sie u. a. das BIS auf der Diamantenen Jubiläumsausstellung des Maltese Club erreichte und das Jahr mit dem Titel der erfolgreichsten Hündin beendete.

CARAMALTA

Anfang der 80er Jahre kaufte Marlene Townes die Hündin Movalian Sugar Frosting und belegte sie mit dem Ch. Snowgoose Firebird. Der daraus resultierende Wurf begründete den Caramalta Zwinger. Aus diesem Wurf ging dann die sehr hübsche Hündin Ch. Caramalta Sheer Delight hervor. Sie wurde die Top-Malteserhündin des Jahres 1986 und gewann das CC für Hündinnen auf der Klub-Meisterschaftsausstellung, auf der ihr im Jahr zuvor das Reserve CC zugesprochen worden war.

Marlene Townes erwarb dann die Hündin Scenefelda Sweet Titania at Caramalta und nachdem sie mit dem Ch. Snowgoose Hot Toddy belegt worden war, ging daraus der Ch. Caramalta Creshendo hervor, der 1989 und 1990 zum Top-Malteser des Jahres avancierte. Neben mehrfachen Gruppensiegen wurde Creshendo auch Reserve

*Ch. Caramalta Sheer Delight (Ch. Snowgoose Firebird - Movalian Sugar Frosting).
Züchter und Besitzer: Marlene Townes.*

DER MALTESER IN ENGLAND

*Caramalta Creshendo
(Ch. Snowgoose Hot Toddy - Scenefelda Sweet Titania of Caramalta).
Gewinner des Rüden-CCs auf der Crufts 1989.
Züchter und Besitzer: Marlene Townes.*

Eine hübsche Gruppe von Scenefelda-Maltesern, im Besitz von Jean Leggett.

*Ch. Caramalta Max in a Million
(Ch. Mannsown Remote Control - Carmidannick Justa Jewel at Caramalta):
Best of Breed Crufts 1993. Züchter und Besitzer: Marlene Townes.*

MALTESER HEUTE

Ch. Marvess Silver Nugget (Francoombe James - Francoombe Fairy Snow). Züchter und Besitzer: Polly Reynolds.

BIS auf einer Championausstellung für alle Hunderassen, BIS auf der Championausstellung des Maltese Club 1988 und Bester Rüde auf der Crufts 1989.

Creshendo's Wurfschwester ging nach Holland, wo sie sehr schnell ihren Titel gewann und, gemeinsam mit anderen Caramalta-Hunden begründete sie den sehr erfolgreichen Voornes Home Zwinger. Das Jahr 1991 sah den Champion Caramalta Calisto (einen Sohn von Sheer Delight und Hot Toddy), im Besitz von Denise Vernon und Doreen Nixon, als den Gewinner des Rüden CCs auf der Crufts. Im gleichen Jahr erwarb auch der Gruppensieger Caramalta Max in a Million seinen Championtitel und wurde zum erfolgreichsten Rüden des Jahres. Er verabschiedete sich dann von den Ausstellungsringen mit einem BOB auf der Crufts 1993. Max stammt väterlicherseits von Remote Control und mütterlicherseits aus einer Carmidannick-Hündin.

MARVESS

Dies ist ein weiterer erfolgreicher Zwinger, der in den 80er Jahren ins Leben gerufen wurde. Die Linie wurde hauptsächlich auf Francoombe und Mannsown-Hunden aufgebaut, aus deren Nachwuchs Polly Reynolds ihren ersten selbstgezüchteten Champion mit Marvess Jubilant Chiquitita vorstellte, die 1987 ihren Titel gewann. Dann folgte ein Rüde, Ch. Marvess Silver Nugget, der 1991 Champion wurde, dicht gefolgt in 1992 von Ch. Marvess Dream Dazzler (einem Sohn aus der Verbindung der Hündin Chiquitita mit dem Rüden Ch. Francoombe Star Performer). Dieser sehr schöne Rüde wurde von Sarah Jackson (Benatone Zwinger) ausgestellt und hin zum Championtitel geführt und er ist auch in deren Besitz. Silver Nugget stammt sowohl väterlicher als auch mütter-

Ch. Marvess Jubilant Chiquitita (Francoombe Tambourine Man of Regency Lodge - Mannsown Roman Lady of Marvess). Züchter und Besitzer: Polly Reynolds.

DER MALTESER IN ENGLAND

licherseits rein von Francoombe ab und seine Tochter, Ch. Marvess Silver Sparkler, die 1994 auf der Crufts das Reserve CC gewann, stammt aus der Verbindung mit einer Barbarella-Hündin. Marvess Dazzlyn Tinsel wurde im Jahre 1994 die führende Zuchthündin. Sie ist die Mutter von Ch. Marvess Dazzlyn Starlet (Vater ist Mannsown Zebadee of Marvess), die 1995 zur Top-Winning-Hündin aufstieg.

BOB GEWINNER DER CRUFTS:

1975: Ch. Quantos Con Vivacita (Gruppensieger)
1976: Ch. Maythea's Delila (Reserve Best in Show)
1977: Ch. Shenala Renoir
1978: Maythea's Delmont (später auch Champion)
1979: Ch. Brantcliffe Cherub
1980: Ch. Labellas Dream Baby (Finaleteilnehmer um den Gruppensieg)
1981: Lilactime Love in a Mist (Reserve Gruppensieger, später auch Champion)
1982: Ch. Snowsilk Iolanthe
1983: Ch. Snowgoose Valient Lad (Gruppensieger)
1984: Snowgoose Exquisite Magic (später auch Champion)
1985: Ch. Vairette Truly Scrumptious
1986: Ch. Snowsilk Pitti Sing
1987: Ch. Snowgoose Firebird (Gruppensiegfinalist)
1988: Ch. Snowgoose Kings Ransome (Gruppensiegfinalist)
1989: Ch. Mannsown Special Delivery
1990: Ch. Mannsown Special Delivery
1991: Ch. Blairskaith Touch and Go
1992: Snowgoose Cori Magic (später auch Champion)
1993: Ch. Caramalta Max in a Million (Gruppensiegfinalist)
1994: Ch. Firenzas Back with a Vengence
1995: Ch. Snowgoose First Love (Reserve Gruppensieger)

»Bin ich nicht ein Schmuckstück!?« of blue line Jana, 12 Wochen (of blue line Ohara - Lady Bianca von Brucella). Züchter: Erika Bosnyak, Besitzer: Familie Jelinek.

Kapitel 13

ERINNERUNGEN AUS DER VERGANGENHEIT

Wir, die wir uns heute mit Maltesern befassen, schulden all jenen großen Dank, die sich in der Vergangenheit in selbstloser Weise stets um eine Verbesserung der Rasse bemüht haben. Die größten Verdienste erwarb sich dabei, wie wir schon gelesen haben, ohne jeden Zweifel May Roberts, deren vorausschauendes Denken und entschlossenes Handeln der Rasse zu einer Zeit, als diese sehr im Niedergang begriffen war - und das nicht nur in Großbritannien, sondern weltweit - entscheidende Impulse für eine Regeneration vermittelte.

Ein gezeichnetes Portrait von ihr vermittelt den Eindruck einer standhaften und entschlossenen Persönlichkeit, die sie auch war, insbesondere wenn sie sich vorgenommen hatte, ein bestimmtes Ziel zu erreichen. Trotzdem standen die Hunde bei ihr immer an erster Stelle. 1910 begann sie mit ihren beiden Maltesern Frisky und Barnet Jill zu züchten. Drei Jahre später kaufte sie den Rüden Snowflake of Esperance, den sie bald darauf zum Champion machte. Sie war jedem mit Rat und Tat behilflich, gleich ob es sich um Malteser oder irgendeine andere Rasse handelte. Seit ihrer Kindheit war sie sowohl mit der Zucht von Maltesern als auch Neufundländern vertraut, da ihre Eltern beide Rassen besaßen. Sie arbeitete unermüdlich im Komitee des Malteserclubs, wurde dann auch dessen Präsidentin und blieb in diesem Amt bis zu ihrem Tod im Jahre 1977.

Ihre Tochter Alice Kempster ist heute noch sehr aktiv in der Hundeszene und Herausgeberin der Neufundländerklub-Nachrichten. Ich halte es deshalb für angebracht, ein oder zwei Anekdoten von Alice hier an dieser Stelle wiederzugeben. Es handelt sich dabei um einige ihrer Erinnerungen von früher, aus dem gemeinsamen Leben mit den Hunden. Sie schreibt: »Wenn ich Passagen in *Hutchinson's Dog Encyclopaedia* lese, wie etwa: ›Die Launen des Wetters scheinen diese Hunde (Malteser) nicht zu berühren, da ihnen sowohl extreme Kälte als auch Hitze nichts auszumachen scheint‹, so erinnert mich das in diesem Moment an einige von Mutters Harlingen-Malteser«. Alice fährt dann fort, eine nette Geschichte zu erzählen, die deutlich macht, wie abgehärtet einige dieser Hunde waren.

May Roberts (geborene van Oppen), Besitzerin des berühmten Harlingen Zwingers mit ihren Maltesern. Das Bild stammt aus dem Jahre 1928.

Eine aus dieser früheren Malteser-Familie, Leckhampton Blossom, war eine Hündin, die sich fast ausschließlich draußen aufhielt und nur bei bestimmten Gelegenheiten ins Haus kam. Aber selbst dann dauerte es nicht lange, bis sie verlangte, daß man sie wieder raus ließ. Dort geschah es dann auch, daß sie in einer Februar-Nacht, früher als erwartet, ihre Welpen zur Welt brachte. Sie regelte das alles selbst, völlig auf sich allein gestellt. Als man dann die ›Bescherung‹ am nächsten Morgen entdeckte, wurde sie natürlich aus der Kälte heraus und schnell ins Haus gebracht. Damit war sie jedoch offensichtlich nicht einverstanden, also richtete man ein schönes kuscheliges ›Wochenbettchen‹ für sie her und stellte ihr das in den Außenzwinger, wo sie sich sofort glücklich und zufrieden über ihren Welpen zusammenrollte, die alle vorzüglich gediehen. Es war tatsächlich so, daß sie bereits im Alter von 5 Wochen draußen im Schnee herumliefen und offensichtlich ihrer Entwicklung weit voraus waren.

May Roberts erzählte auch gerne die Geschichte aus der Zeit, als Alice noch ein Baby war und eine Dame an den Kinderwagen herantrat, sich über die Kleine beugte und sie liebkosend mit den Fingern berührte, wie das Menschen manchmal so machen. Tommy jedoch (Ch. Harlingen Snowman), der ebenfalls im Kinderwagen lag, setzte sich auf und schnappte nach ihr. Die Dame war natürlich völlig außer sich, aber May Roberts sagte ihr, sie solle eben keine fremden Babies

ERINNERUNGEN AUS DER VERGANGENHEIT

Einer von Alice Kempster's Maltesern im Sprung.

anfassen, worauf diese erwiderte: »Ich wußte doch nicht, daß das ein Hund war, ich hatte angenommen es sei nur eine Decke!«

Die Familie besaß auch einen sehr mutigen kleinen Rüden, Ch. Harlingen Moonbeam, genannt Teddy. Es war wohl so, daß der Nachbar Ratten züchtete, von denen einige ins Freie entkommen konnten. Entsprechend wurde es zum Vergnügen für Teddy, unter dem Schuppen zu graben, um an sie heranzukommen und er war ein sehr guter Rattenfänger. Aber man stelle sich vor, wie sein Haarkleid hinterher aussah! Bedauerlicherweise hatte Teddy die Angewohnheit, die Ratten nie ganz zu töten und Alice erzählte uns, daß dann immer ihr Vater gerufen werden mußte, um ihnen den Gnadenstoß zu versetzen. Selbstverständlich wurden dann Schritte eingeleitet, um die Ratten auszurotten, was Teddy wiederum sehr mißbilligte.

Die nächste Geschichte ist so ganz typisch für einen Malteser: In ihr geht es um eine kleine Hündin, Ch. Harlingen Mystic Moon, genannt Flicka. Flicka besaß ein ganz besonderes Wesen! Einmal hatte sie gerade einen Wurf gehabt, der aus nur einem Welpen bestand und sie war bestens versorgt mit ihrem Baby in ihrem Bettchen in der Küche untergebracht. Offensichtlich aber hatte sie etwas dagegen, alleine gelassen zu werden. Sie erschien dann plötzlich im Gesellschaftszimmer, den Kopf des Welpen ganz in der Schnauze, der restliche Körper hing schlaff herunter. Sie legte sich zu Alice's Füßen nieder und verhätschelte und koste dort sichtlich zufrieden ihr Baby. Als ihr Welpe dann größer wurde, schleppte sie den Welpen hinter sich her und brachte ihn unter Aufbietung aller Kräfte dorthin, wo sich auch die Familie befand.

Gegen die Hündin Impish Flicka erging eines Tages eine Anzeige bei der Polizei ein, in der sie als gefährlicher Hund bezeichnet wurde. Es stellte sich heraus, daß der Postbote kein tierliebender Mensch war, insbesondere Hunde verabscheute und dies vor allem dadurch offen bekundete, indem er mit seiner schweren Tasche nach ihnen schlug. In diesem Fall war Flicka offenbar vor seiner Ankunft aus dem Haus geschlüpft und ›empfing‹ ihn nun entsprechend, indem sie ihn in den Knöchel kniff. Auf die Anzeige hin erschien dann auch ein Polizeibeamter, der sich den ›Verbrecher‹ ansehen wollte. Flicka stürmte herein, sprang sofort auf den Platz neben ihm auf der Couch, rollte sich auf den Rücken und zeigte damit an, daß sie am Bauch gestreichelt werden wollte. Alles war vergeben und vergessen und er ging wieder, nachdem er sie als einen »sehr gefügsamen und gelehrigen Hund« betitelt hatte.

Schlußendlich können Sie auf einem der Bilder sehen, daß diese Hunde auch sportlich veranlagt waren. Ich glaube nicht, daß es zu jener Zeit für solche Hunde so etwas wie Gehorsamkeitsprüfungen gab und auch Agility war damals sicher noch kein Begriff. Ihrem Temperament entsprechend liebten die Harlingen-Malteser es jedoch sehr, Dressurübungen zu verrichten. Wenn in einem Kreis Hindernisse aufgebaut worden waren, rannten sie los und sprangen über alles, was ihnen dabei in den Weg kam, um letztendlich mit einem Schokoladenplätzchen oder

MALTESER HEUTE

Die heutigen Malteser haben ihre einmaliges Wesen und bezauberndes Aussehen behalten.
Ch. Paldorma Fancy Dylan (Paldorma Fancy Lahdeedah - Paldorma Fancy Stargirl): Gewinnerin des Reserve CC auf der Crufts 1989. Züchter und Besitzer: Dorothy Palmer.

einem ähnlichen Leckerchen belohnt zu werden. Flicka jedoch, obwohl sie sicher in der Lage gewesen wäre, das gleiche wie die anderen zu vollbringen, hielt sich zurück und sprang dann ganz zum Schluß nur schnell einzig über das letzte Hindernis. Anschließend war sie sofort wieder unter den anderen, um ihre Belohnung zu kassieren. Was für ein intelligentes kleines Mädchen!

Wir, die wir das Privileg haben, uns mit dieser Rasse befassen zu dürfen, sollten niemals vergessen, daß wir nur für eine relativ kurze Zeitspanne eine treuhänderische Aufgabe übernommen haben, uns um das Wohlergehen dieser Rasse zu kümmern, sie zu beschützen und zu bewahren und unbeschadet einer neuen, kommenden Generation nach uns zu übergeben.

Kapitel 14

DER MALTESER IN DEN VEREINIGTEN STAATEN

von Jacqueline L. Stacy

Dieses Kapitel ist den Maltesern in den Vereinigten Staaten gewidmet, den Top-Zwingern, bedeutenden Züchtern, den Top-Ausstellungshunden der Vergangenheit, die einen Einfluß auf die heutigen Hunde hatten und ferner generell den Top-Ausstellungshunden der letzten zwanzig Jahre.

Man sollte bei denjenigen anfangen, deren Verdienst es ist, daß unsere über alles geliebten Malteser auf zuverlässige Weise gehütet und bewahrt wurden - den Züchtern. Ohne deren hingebungsvolle Bemühungen gäbe es keine Deckrüden mit überdurchschnittlich wertvollen Erbanlagen oder herausragende Ausstellungshunde.

DIE AENNCHEN LINIE

Offensichtlich begann die Zucht einiger wichtiger Malteser-Zwinger der letzten zwanzig Jahre in den Vereinigten Staaten kurioserweise mit dem Ende einer bedeutenden Zucht-Linie, bedingt durch den Tod von Aennchen Antonelli am 2. Februar 1975. Aennchen und ihr Mann Tony, aus Waldwick/New Jersey, werden auch heute noch von vielen als diejenigen angesehen, die bis Mitte der 70er Jahre den größten Einfluß in der Zucht ausübten und auch den Ausstellungen wesentliche Impulse gaben sowie Maßstäbe setzten. Mit Aennchens Tod endete auch Tony's aktives Engagement für die Rasse. Trotzdem ist der Einfluß des Zuchtpotentials aus dem **Aennchen's Dancers** Zwinger noch heute ersichtlich. Der Name Aennchen erscheint in der einen oder anderen Form immer noch in vielen Zwingern. Die Antonellis standen in so hohem Ansehen, daß im Gedenken an Aennchen viele Züchter diesen Namen in ihren eigenen Zwingernamen integrierten. Als feststand, daß Aennchen in absehbarer Zeit sterben würde, wurden die meisten der jüngeren Hunde an Freunde gegeben. Der vor kurzem verstorbene Mr. Nicholas Cutillo, ein langjähriger Freund der Familie, Bewunderer und ständiger Reisebegleiter von Aennchen, übernahm auf Aennchens Wunsch hin den Zwingernamen in seiner eigenen Zucht. Zu den berühmten Hunden aus dem Aennchen-Zwinger gehörte u. a. auch der Ch. Co-Ca-He's Aennchen Toy Dancer, die zu ihrer Zeit, d. h. Mitte der 60er Jahre, den Rekord an BIS-Auszeichnungen innehielt. Darüberhinaus gewann sie als erster Malteser überhaupt die Toy-Gruppe auf der Ausstellung des Westminster Kennel Clubs. Toy war im Besitz von Anna Marie und Gene Stimmler aus Pennsylvania. Sie wurde auch von Anna Marie selbst ausgestellt.

Es gibt praktisch kaum einen der ›Oldtimer‹ unter den Malteserexperten, der sich nicht mehr an den berühmten Champion Aennchen's Poona Dancer, als den größten Champion aller Zeiten erinnert. Sie war im Besitz von Frank Oberstar und Larry Ward aus Ohio, **Starward** Zwinger. Poona errang Ende der 60er Jahre in ihrer kurzen, zweijährigen Show-Karriere 37mal den Titel des BIS und einen Gruppensieg auf der Ausstellung des Westminster Kennel Clubs. Frank Oberstar, der heute ein sehr respektierter AKC-Richter für mehrere Hunderassen ist, war damals auch gleichzeitig ihr Handler. Frank hat auch zweimal, 1977 und 1993, auf der AMA (American Maltese Association) gerichtet. Als Menschen und Züchter, die sich zu ihrer Zeit in ganz besonderem Maße um die strikte Einhaltung des Rassestandards bemühten, waren die Antonellis auch dafür bekannt, daß sie die Rasse in der Zucht sehr klein hielten (unter 3 pounds), mit wunderschönen Gesichtern. (Anm. d. Ü.: Dies würde umgerechnet einem Gewicht von unter 1350 Gramm entsprechen! Für viele von uns kaum vorstellbar, aber dieses Gewicht wird tatsächlich in dem Original-Artikel, den Jacqueline C. Stacey für Vicki Herrieffs Buch verfaßte so angegeben und dieses Gewicht entsprach offensichtlich auch dem damaligen amerikanischen Standard für die Malteser.)

DIE JOANNE-CHEN MALTESER

Die Aennchen-Blutlinien waren es, auf denen auch der Zwinger **Joanne-Chen Maltese** von Joanne Hesse begründet wurde. Ursprünglich benutzte sie als Zwingernamen Co-Ca-He's Aennchen, in Ableitung des Namens im Besitz der Stimmlers oben beschriebenen weltberühmten Championrüden Co-Ca-He's Aennchen Toy Dancer. Später wandelte sie ihn ab in Jo-Aennchen und schließlich wurde Joanne-chen daraus. Sie züchtete viele BIS- und

MALTESER HEUTE

Am. Ch. Joanne-Chen's Maya Dancer: 43maliger BIS-Gewinner.

Gruppensiegerhunde, der berühmteste war Ch. Joanne-Chen's Maya Dancer. Maya wurde damals von der professionellen Handlerin Peggy Hogg, die jetzt eine bekannte Richterin ist, für Mamie Gregory aus Kentucky ausgestellt. Maya hielt mit 43 BIS-Titeln auf Ausstellungen für alle Rassen bis 1992 in dieser Beziehung einen Rekord. Er war überall bekannt und wurde von vielen geliebt. Ich sehe ihn noch heute vor mir im Ring stehen. Sobald seine Pfoten den Boden berührten, rannte er los. Neben der Tatsache, daß er ein wunderschöner kleiner Hund war, setzte er auch Maßstäbe in Bezug auf das, was es bedeutete ein wirklicher Show-Malteser zu sein. Er gewann 1971 und 72 auch die Quaker Oats Ausstellung, die AMA National Specialty 1972 und darüberhinaus die gesamte Toy-Gruppe auf der Westminster 1972 und 73. Peggy fühlte sich dann geehrt, als sie 1981 gebeten wurde, die Sweepstakes auf der AMA-Specialty zu richten.

DIE PENDLETON MALTESER
Wenn man anerkennt, daß einige berühmte Zwinger der Vergangenheit einen bedeutenden Einfluß auf die Hunde von heute hatten, muß man auch die Zuchten des Zwingers **Pendleton Maltese** von Ann und Stewart Pendleton erwähnen. Sie züchteten einen der führenden Top Winning Malteser in der Geschichte der Rasse in den Vereinigten Staaten. Das war der Ch. Brittigan's Sweet William. Sein Rekord wurde dann später von dem Ch. Aennchen's Toy Dancer gebrochen. Der Ch. Brittigan's Dark Eyes war ebenfalls eine zeitlang der Rekordhalter bei den BIS-Siegen. Schließlich wurde dieser Rekord von Ch. Aennchen's Poona Dancer gebrochen. Der berühmteste Malteser jedoch, der von den Pendletons gezüchtet wurde, war Ch. Pendleton's Crown Jewel, Besitzer und Handler war Dorothy White, die dann auch **Crown Jewel** als ihren Zwingernamen wählte. Ch. Jewel gewann die AMA National Specialty an drei aufeinanderfolgenden Jahren: 1969, 1970 und 1971, ferner die Quaker Oats 1969 und 1970 und darüberhinaus 29 BIS-Titel auf All Breed Ausstellungen. Dorothy ist ein ehemaliger Präsident der AMA und 1985 wurde sie auserwählt, um auf der AMA National Specialty die Sweepstakes zu richten.

Darlene Wilkinson aus Illinois fand sich zu einer Partnerschaft mit Shirley Hrabak zusammen und man gründete den **Gayla** Zwinger. Nach Shirley's Tod züchtete Darlene weiter unter diesem Zwingernamen. Später verband sie sich dann mit Joanne Hess und danach wurde der Zwingername in **Gayla-Joanne-Chen** geändert.

Freeman und Mary Purvis aus Iowa kauften dann von Darlene den Ch. Gayla Joanne-Chen's Muskrat Luv und begannen mit ihm ihren sehr erfolgreichen Zwinger **Melodylane Maltese**. Aus dieser Melodylane-Linie gingen eine ganze Menge erfolgreiche BIS und Gruppensieger-Malteser hervor, viele davon gezeugt von Muskrat, der ein sehr guter und dominater Vererber war. Darunter waren Ch. Melodylane's Raggedy Any Luv, im Besitz von Norman Patton und Chip Constantino mit Tim Lehman als Handler und auch Ch. Melody Lane Lite N' Lively Luv (Lisa).

DER SAND ISLAND ZWINGER
Nach einem erfolgreichen Ausstellungs-Feldzug mit Freeman wurde Lisa von der kürzlich verstorbenen Carol Frances Andersen aus St. Paul, Minnesota für ihren Zwinger **Sand Island** erworben. Unter meiner Regie fuhren wir dann fort, Lisa auszustellen. Ich begann als Handler und bin jetzt ein Richter. Lisa's Austellungskarriere war sehr erfolgreich und sie errang mehrfache BIS und Specialty-Erfolge. Sie wurde auch in der Geschichte der Rasse

DER MALTESER IN DEN VEREINIGTEN STAATEN

Am. Ch. Melody Lane Lite N' Lively Luv: Mehrfache BIS und BISS Siegerin, Mutter von vielen späteren Champions, einschließlich Am. Ch. Sand Island Small Kraft Lite, Top Winning Malteser der Vereinigten Staaten.

als eine der Top-Malteserhündinnen im Verzeichnis der Rekorde aufgenommen, als Mutterhündin des Rüden, welcher als der bisherige Top-Winning Malteser überhaupt zu verzeichnen ist: Ch. Sand Island's Small Kraft Lite, allgemein bekannt unter dem Namen Henry. Carol Frances Andersen war eine passionierte Hundeliebhaberin. Ihre erste und immerwährende Liebe galt den Skye-Terriern, nachdem sie von Walter Goodman (Glamoor) und Annie Boucher (Roblyn) bei dieser Rasse auf einen erfolgreichen Weg geführt worden war. Ich handelte (von ›Handler‹ abgeleitet, nicht von dem Begriff ›Handel‹ - Anm. d. Ü.) ihre Skyes und erreichte mit ihnen mehrfache BIS-Siege und Gewinne auf National Specialties. Mit den Erfolgen bei diesen Hunden wuchs Carol's Passion und sie entschied, sich eine weitere Rasse zuzulegen.

Da sie einmal dem Zauber der Langhaarhunderassen erlegen war, war es kein Wunder, daß sie sich für die Malteser entschied. Ich kaufte von Mollie und Jeff Sunde für sie einen wunderbaren kleinen Rüden mit einer prachtvollen Haartextur und einer hervorragenden Frontpartie. Sein Name war Ch. Keoli's Small Kraft Warning. Er wurde als Ricky bekannt und setzte tatsächlich die Maßstäbe für Carols Zuchtprogramm. Er besaß die von vielen gesuchte Feinheit und die Kleinheit der Aennchen-Hunde, verbunden mit dem herrlichen Haarkleid der Myi's-Malteser und den Ausstellungsqualitäten eines Maya Dancer. Obwohl er den Keoli-Zwingernamen trug, standen hinter ihm Myi's-Hunde. Er errang mehrere BIS-Siege, sowie das BOB und ein Gruppenfinale auf der Westminster. Der Höhepunkt seiner Show-Karriere war 1987 der Gruppensieg in der Konkurrenz von ca. 1000 anderen Toy-Hunden auf der Ausstellung zum 100jährigen Bestehen des AKC (American Kennel Club, als Institution etwa vergleichbar dem Kennel Club in England oder dem VDH in Deutschland - Anm. d. Ü.) unter dem hochverehrten Richter Melbourne T. Downing.

Am. Ch. Sand Island Small Kraft Lite: Top Winning Malteser der USA mit 82 BIS-Erfolgen, über 250 Gruppensiegen und zwei Siegen auf National Specialties.

MALTESER HEUTE

Am. Ch. Keoli's Small Kraft Warning, ausgestellt von Jaqueline Stacy, Gruppensieger auf der Ausstellung zum 100jährigen Bestehen des AKC.

Als der Deckrüde Ricky Lisa belegte, entstand daraus Henry, Ch. Sand Island's Small Kraft Lite. Zusammen mit meiner Assistentin, Jere Olson, war ich in jener Zeit Carol's Kennel-Manager, zu der aus diesem Zwinger neben Henry noch mehr als 30 weitere Champions hervorgingen. Nachdem ich mich von meiner Tätigkeit als Handler zurückzog, engagierte Carol Vicki Martin Caliendo Abbott als Handlerin um Henry auszustellen. Sie waren beide höchst beeindruckend. Unter Vicki's wunderbarer Präsentation gewann Henry nicht nur zweimal die National Specialty und wurde auch zum Top Winning Malteser aller Zeiten geführt, sondern er errang darüberhinaus auch noch den Titel des Top Winning Toys aller Zeiten mit 82 BIS Siegen und über 250 Gruppensiegen. 1991 und 1992 gewann er die Quaker Oats und 1992 gelang es ihm auch, die gesamte Toy Gruppe auf der Westminster zu gewinnen.

Carols Beitrag zur Welt der Malteser wird als bemerkenswert in die Geschichtsbücher eingehen. Leider endete die Zucht in diesem Zwinger abrupt, als sie 1992 an Brustkrebs starb. Ihr Mann Bill war nicht in der Lage, Carols Zuchtprogramm weiterzuführen, da er mit der enormen Verantwortung zurückgelassen worden war, drei kleine Kinder großzuziehen, die er und Carol in dem Jahr, bevor sie starb, aus Rumänien adoptiert hatten. Deshalb wurden die Sand Island Malteser an Züchter überall in den Vereinigten Staaten, Südamerika und dem Fernen Osten verkauft. Wir alle wollen hoffen, daß sie auch dort weiterhin in der Rasse Zeichen setzen. Jedes Jahr wird von der AMA der Carol F. Andersen- Ehrenpreis für Züchter verliehen, um die Züchter zu ehren, aus deren Zucht in dem jeweiligen Jahr der Top-Winning-Malteser entstammt.

BIENAIMEE; MARTIN UND BAR NONE

Auch Blance Tenerowicz aus Massachusetts konnte mit ihrem **Bienaimee**-Zwinger viele Erfolge verbuchen. Sie kaufte auch den sehr schönen Ch. Joanne-Chen's Mino Maya Dancer von Joanne Hess. Mino wurde dann unter den sehr fähigen Händen von Daryl Martin als Handlerin zum Top Toy Dog und 29 BIS-Erfolgen auf All Breed Shows geführt. Sie gewannen 1980 und 1981 zusammen die National Specialty. Daryl züchtet und zeigt immer noch erfolgreich Malteser unter ihrem Zwingernamen **Martin**. Auch in ihrer Zucht kann man wieder den Einfluß der Aennchen Dancers feststellen.

Ein weiterer Nebentrieb der Aennchen Dancers sind die **Bar None Maltese** von Michelle Perlmutter. Michelle erwarb die Aennchen-Blutlinie ebenfalls von Joanne Hesse. Die 80er Jahre waren gute Jahre für die Bar Nones: Da waren Ch. Bar None Popeye, vorgeführt von dem Handler Timothy Brazier, Ch. Bar None Electric Horseman, vorgeführt von dem kürzlich verstorbenen Gus Gomez und Ch. Bar None Electric Dreams, vorgestellt von dem ebenfalls erst vor kurzem verstorbenen Dee Shepherd. Die Bar None Linien wurden dann ebenso in anderen Zwingern, wie auch dem der ebenfalls kürzlich verstorbenen Brenda Finnegan aus Oklahoma, insbesondere jedoch an der Ostküste weitergeführt. Sie waren weithin bekannt für ihre hübschen Köpfe und ausgeprägte Pigmentierung.

MARCH'EN UND AL DOR

Ebenfalls mit rein auf den Aennchen's Dancers Linien basierendem Blut, erhalten durch den Joanne-Chen Zwinger, züchtet Marcia Hostetler aus Iowa. Unter dem Zwingernamen **March'en** erhielt sie für ihre Hunde (sowohl

DER MALTESER IN DEN VEREINIGTEN STAATEN

Deckrüden wie auch Zuchthündinnen) einige Züchter-Ehrenpreise von der AMA verliehen.
　　Auch Mrs. Dorothy Tinker aus Nevada hatte einen großen züchterischen Einfluß auf die Malteser von heute. In den Anfängen ihrer Malteserzucht Ende der 50er Jahre, führte sie englisches Blut aus der Vicbrita Linie Margaret White's nach Amerika ein. Ihre **Al Dor** Malteser bildeten die Basis mehrerer anderer wohlbekannter Malteser-Zwinger, einschließlich Ann Glenn's **Rolling Glenn** und Agnes Cotterell's **Cotterell's**. Sie kombinierte die Villa Malta mit den Al Dor Linien und daraus entstand der Ch. Cotterell's Love of Tenessa, welche im Besitz von Annette Feldblum war und von ihr auch ausgestellt wurde. Diese hübsche Hündin produzierte sieben Champions und errang das MMA-Zertifikat von der American Maltese Association. Agnes Cotterell kaufte von Trudie Dillon aus Washington auch den berühmten Deckrüden und BIS-Sieger, Am. und Can. Ch. Coeur-De-Lion. Dieser wundervolle kleine Rüde war sehr dafür bekannt, daß er wunderbare Haartextur vererbte. Nachdem er 1974 elf Champions gezeugt hatte, wurde er von der Fachzeitschrift *Kennel Review* zum Top-Deckrüden gewählt.

MYI'S UND SCYLLA

Der Ch. Coeur-de-Lion war der Vater vieler ausgezeichnet vererbender Deckrüden, einschließlich Beverly und Dean Passe's Ch. Myi's Richard the Lion Hearted und Ch. Myi's Bit of Glory. Beverly sollte ein Denkmal dafür gesetzt werden, daß ihre **Myi's Maltese** seidiges, gerades Haar und lange, wohlgeformte Nackenpartien in der Zucht weitergaben. Beverly begann Ende der 70er Jahre in etwas größerem Stil zu züchten, unter Zuhilfenahme von einigen Aennchen-Blutlinien. Ein herausragender, wichtiger Deckrüde für ihre Zucht war der Ch. Stan-Bar's Spark of Glory. Er war mehrfacher BIS-Gewinner und Top-Deckrüde. 1984 gewann er auf der AMA National Specialty im Alter von 10 Jahren die Veteranen-Klasse. Er war auch der Ur-Großvater von dem Rasse Top Winning Malteserrüden Ch. Sand Island Small Kraft Lite. Vicki Martin (Abbot), die ich zuvor bereits einmal im Zusammenhang mit den Sand Island Maltesern erwähnte, präsentierte ihn bei seinen glänzenden Erfolgen in wundervoller Art. Sie züchtet selbst Malteser unter ihrem Zwingernamen **Scylla**. Ihre Linien basieren ebenfalls auf der Joanne-Chen (Aennchen) Linie. Ihr berühmtester Malteser ist Ch. Scylla's Mino Maya Starfire, der von Vicki selbst als Besitzerin Mitte der 80er Jahre ausgestellt wurde und mehrere BIS-Titel errang. Vicki richtete 1988 die Sweepstakes-Klassen auf der AMA National Specialty.

VILLA MALTA UND MALONE'S

Während man es Aennchen Antonelli zugute halten kann, daß sie sich bemühte, die Rasse klein zu halten - nämlich unter drei Pound (d. h. umgerechnet ca. 1350 Gramm), wie es der Standard bis in die 60er Jahre auch verlangte - war es das Verdienst von Dr. Vincenzo Calvaresi, Besitzer des Zwingers **Villa Malta**, daß er dafür sorgte, daß von 1930 bis 1950 in der Zucht mit der Rasse sehr auf Ausgewogenheit und Gesundheit geachtet wurde. Als er sich aus dem aktiven Zuchtgeschehen zurückzog, wurden seine züchterischen Ambitionen von Marge Rozik aus Pennsylvania weiterhin wahrgenommen. Die Villa Malta-Linien wurden mit anderen ausgezeichneten Linien gekreuzt und man findet sie oft in den Ahnentafeln einer ganzen Reihe sehr berühmter Malteser wieder, unter anderem in den Maltesern aus der **Su-Le** Linie von Bob und Barbara Bergquist aus Michigan und aus dem **Malone's** Zwinger der vor kurzem verstorbenen Jenny Malone, Züchterin des Ch. Malone's Snowie Roxann. Roxann war im Besitz von Mrs. Nancy Shapland aus Illinois, ihr Handler war Peggy Hogg - beide sind heute anerkannte Richter.
　　Roxann wurde nur einmal mit dem Ch. Su-Le Flamingo belegt und starb dann bei der Kaiserschnitt-Geburt. Die drei verwaisten Töchter wurden von Peggy Hogg aufgezogen. Sie verliebte sich in Roseann, die mehrfacher Gruppensieger wurde und auch mehrere BIS-Erfolge errang. Peggy behielt sie schließlich als ihren persönlichen Liebling. Die beiden anderen Mädchen gingen an Beverly Passe von Myi's, die sie beide zu Champions machte und danach beide an Carol Andersen vom Sand Island Zwinger verkaufte.
　　Das Team Shapland/Hogg hatte auch großen Erfolg mit Champion Maree's Tu-Grand Kandi Kane, der auf seiner ersten Show das BIS errang, den Titel des Top Toy Dog auf der Quaker Oats in 1978 und insgesamt 11 Best in Show-Erfolge auf Ausstellungen für Hunde aller Rassen errang.

DER SU-LE UND DER ENG ZWINGER

Bevor wir uns mit dem Su-Le-Zwinger beschäftigen, ist es notwendig die Hintergründe kennenzulernen. Das Zuchtprogramm dieses Zwingers basierte auf dem berühmten Deckrüden Champion To The Victor of Eng und der BIS-Hündin Champion Su Le's Robin of Eng und Champion Su Le's Wren of Eng. Der **Eng** Zwinger gehörte Ann Engstrom aus Michigan und anfänglich war dies eine Kombination von Villa Malta und Aennchen-Blutlinien. Champion To The Victor of Eng zeugte ca. 80 amerikanische und viele kanadische Champions. Er war der Inhaber des Rekordes des erfolgreichsten Deckrüden in der Geschichte der Rasse. Aus dem Su-Le Zwinger ging auch die erfolgreichste Zuchthündin in der Geschichte der Rasse hervor, Champion Su-Le's Jacana MMA, Mutter von

MALTESER HEUTE

15 Champions. Meine Lieblingshündin war die Gewinnerin der AMA-Specialty 1978 und mehrfache BIS-Siegerin Champion Su-Le's Jonina. Die Bergquists haben über 130 Champions gezüchtet, sind auch heute noch als aktive Züchter und Aussteller tätig und sehr in der AMA engagiert. Sie sind besonders stolz darauf, daß sie ihre Malteser alle selbst ausgestellt haben - etwas was in den Vereinigten Staaten nicht selbstverständlich ist - Bob hatte die Ehre Sweepstakes-Klassen auf der National Specialty 1992 zu richten. Der Einfluß den sie auf die Zucht hatten und immer noch haben ist enorm und wird deutlich an den Erfolgen verschiedener anderer Zwinger.

Christine Pearson und Sandra Kenner aus Florida begründeten ihren Zwinger **Crisandra** in erster Linie mit Su-Le-Maltesern. Ganz sicher haben sie sich über die bisherigen Erfolge mit ihren Maltesern in den 90er Jahren gefreut. Sie züchten ständig vom Typ her hübsche Malteser mit korrektem seidigen Haar. Mit der Unterstützung des hochangesehenen Toy-Rassen-Handlers Lani Kroemer teilten sie sich den 1994 von der AMA vergebenen Titel des erfolgreichsten Züchters des Jahres mit Patsy Stokes und Sheila Meyers aus Texas. Auch Kathy DiGiacomo aus New Jersey kaufte für ihren Kathan Zwinger Hunde aus der Su-Le-Linie. Kathy hatte die Ehre, 1994 die AMA National Specialty zu richten. Ihre Partnerin und Richteranwärterin Elyse Fischer richtete die Sweepstakes Klassen auf der AMA 1995.

SUN CANYON
Miriam Thompson von **Sun Canyon** aus Californien beschäftigte sich bereits seit Ende der 50er Jahre mit Maltesern. Sie begann mit den Jon Vir Linien und fügte später Villa Malta und Aennchen hinzu. Ein berühmter Hund aus diesem Zwinger war u. a. Ch. Sun Canyon the Heartbreak Kid, der 1976 der Top Winning Malteser des Jahres wurde. Er wurde der Vater von 12 Champions. Seine Besitzerin war Dr. Jacklyn Hungerland, die als erste Frau Direktorin im Vorstand des American Kennel Club wurde. Dr. Hungerland hat die Befähigung, mehrere Hunderassengruppen richten zu dürfen und 1995 wurde ihr die Ehre zuteil, den BIS-Titel auf der Ausstellung des Westminster Kennel Club zu vergeben. Vorgeführt wurde the Heartbreak Kid seinerzeit von Madeline Thornton. Mrs. Sarah Lawrence, die Enkelin von Mrs. Thompson, führt die Zucht und Ausstellung der Sun Canyon Malteser weiter. Seit Bestehen dieses Zwingers gingen aus ihm über 100 Champions hervor und das dürften noch nicht alle gewesen sein.

SAN SU KEE UND VIELE ANDERE
Die erst vor kurzem verstorbene Dorothy Palmersten aus Minnesota züchtete Malteser unter dem Namen **San Su Kee**. Sie begann mit Hunden aus dem Jon Vir-Zweig von Miriam Thompson's Sun Canyon Linien. Peggy Hogg war die Handlerin einiger von Dorothy´s Spitzen-Hunden, einschließlich des Ch. Mike Mar's Ring Leader 11. Sein Sohn, Ch. San Su Kee Star Edition MMA, der im Besitz des verstorbenen Richard Reid aus Texas war, wurde mehrfacher BIS-Sieger und er qualifizierte sich 1975 auch als Finalteilnehmer für die Toy-Gruppe auf der Westminster. Ende der 70er Jahre begann Naomi Erickson, ebenfalls aus Minnesota Malteser zu züchten, indem sie aus dem San Su Kee Zwinger einen Championrüden und eine Championhündin erwarb. Aus dieser Verpaarung entstand dann die sehr erfolgreiche **Gemmery** Zucht. Diese wurde dann später auch in die **Merri** Malteser Zucht von Barbara Merrick eingebracht. Barbara ist Mitbesitzerin und Züchterin des Ch. Merri Paloma, der Siegerin der AMA National Specialty 1995. Jason M. Hoke handelte diese elegante und mit einem perfekten Haarkleid ausgestattete Hündin zu diesem Erfolg und zusätzlichen weiteren BIS-Titeln. Der Merri Maltese Zwinger von Barbara Merrick begann Anfang der siebziger Jahre mit der Zucht, vorwiegend mit Hunden aus den Joanne-Chen Linien. Ende der 80er Jahre brachte David Fitzpatrick seine Hunde mit in diesen Zwinger ein. Seine Malteser stammten in erster Linie aus dem Gemmery Zwinger. Aus der Kombination dieser beiden Linien gingen über 25 Champions hervor. Joyce Watkins aus Florida kaufte von Dorothy für ihren **Marcris** Zwinger den Ch. San Su Kee Show Off. Aus der Zucht mit dieser Hündin ging einige Jahre später der bekannte Deckrüde und Ch. Marcris Marshmallow hervor.

Auf der AMA Specialty 1982 errang die **Al-Mar** Züchterin und Handlerin Marge Lewis mit diesem puppengesichtigen kleinen Kerl den Titel des Best in Sweepstakes (BISS). Er wurde in vielen Ländern ausgestellt und gewann neben seinem Titel als amerikanischer Champion auch den Titel eines Int. Ch. der FCI. Er erwies sich auch als vortrefflicher Deckrüde und zeugte über 30 Champions. Joyce erhielt später den Maltese Merit Award (MMA), der von der AMA an Züchter verliehen wird, wenn aus deren Zucht eine Hündin hervorgegangen ist, die Mutter von drei oder mehr Champions wurde oder Rüden die fünf oder mehr Champions gezeugt haben. Joyce richtete die Sweepstakes auch auf der National Specialty 1990. Marcris ging auch eine Verbindung mit dem **C&M** Zwinger von Carol Thomas, die aus Florida stammt und ihrer Freundin Mary Day aus Californien, ein.

Diese fügten wiederum Villa Malta Linien hinzu und sind heutzutage dafür bekannt, daß sie einen sehr schönen Typ von Maltesern züchten, mit wunderbar seidigem Haar, schönen Gesichtern und ausgezeichnetem Pigment. Mary, als Besitzerin und Handlerin zugleich, erreichte mit Ch. C&M's Totsey's Lollypop mehrfache BIS-

DER MALTESER IN DEN VEREINIGTEN STAATEN

Erfolge und sowohl einen Sieg in der Rasse auf der Westminster, als auch auf zwei National Specialties, einen davon aus der Veteranen-Klasse heraus. 1994 richtete Mary die Sweepstakes auf der National Specialty. Mary's Linien stehen auch hinter dem Gewinner der National Specialty von 1994, Ch. Shan-lyn's Rais' N A Racous, gezüchtet von Linda Podgurski. Dabei wurde dieser Hund von Vicki Abbott als Handlerin im Auftrag der gemeinschaftlichen Besitzer, Mr. Joseph Joy II, Vicki Abbott, David und Sharon Newcomb zu mehrfachen BIS-Erfolgen geführt. Marcris war ebenfalls eine erfolgreiche Verbindung mit Glynette Class vom **Wes-Glyn** Zwinger eingegangen. Glynette ist wie Marjorie Lewis, eine professionelle Handlerin. Wenn sie ausstellt, haben die Hunde ihrer Kunden den Vorrang. Das hat zur Folge, daß sie noch nie die Möglichkeit hatte, ihre eigenen Hunde zu Rekordbrechern zu machen. Ganz sicher hat sie jedoch einen wesentlichen Beitrag für die Rasse geleistet, indem in den letzten zwanzig Jahren konstant immer wieder Champions aus ihrer Zucht hervorgingen. 1991 richtete Glynette die Sweepstakes auf der AMA.

Faith Noble, **Noble Faith's** Zwinger, auch aus Florida, kaufte ihren Grundstock bei C&M und setzte dann Ch. Coeur de Lion als Deckrüden ein. Die Nachkommen wurden verpaart mit dem berühmten Ch. Oak Ridge Country Charmer. Daraus ging der Ch. Noble Faith's White Tornado (Torrie) hervor. Sie gewann 1983 die National Specialty. Auf ihrer Karriere wurde sie von der sehr talentierten Handlerin Barbara Alderman ausgestellt. Barbara trug viel zu den Erfolgen in den Anfängen der Show-Karriere von Country Charmer bei und verhalf ihm zu seinen ersten BIS-Erfolgen. Danach wurde er ausschließlich noch von seiner Züchterin und Besitzerin Carol Neth ausgestellt. Charmer gewann zweimal die National Specialty: 1977 und 1979. Darüberhinaus zeugte er mindestens 15 Champions, einschließlich der großen Torrie für Faith Noble.

Helen Hood aus Texas ist die Züchterin des Siegers der AMA National Specialty von 1985, Ch. Non-Vel's Weejun, die im Besitz von Candace Mathes (Gray) und der verstorbenen Mary Senkowski war, die seinerzeit in Michigan lebten. Weejun wurde von dem sehr begabten professionellen Handler und heutigem Richter Bill Cunningham zu seinen Erfolgen geführt. 1986 richtete Bill die Sweepstakes auf der National Specialty. Candy und Mary wählten den Namen **Le Aries** zu ihrem Zwingernamen. Candy war und ist immer noch eine sehr gute Freundin von Madonna Garber, **Richelieu**, deren Linien ebenfalls sehr eng mit den Marcris-Maltesern von Joyce Watkins verwandt sind. Obwohl sie selten aktiv und ehrgeizig ausstellt, genießt sie trotzdem hohes Ansehen wegen ihrer Bemühungen um den Erhalt der Rasse.

Die Beziehung, die Marjorie Lewis mit Maltesern verbindet, geht weit über die letzten zwanzig Jahre hinaus zurück. Sie begründete ihre Zucht auf der Villa Malta-Linie, fügte jedoch im Laufe der Jahre einige andere Linien hinzu und errang einige BIS-Titel. Einer der herausragendsten Hunde aus dieser Zucht ist Ch. Al-Mar's Mary Poppins, die, obwohl nur wenig ausgestellt, mehrfache BIS-Siegerin wurde. Marjorie's erste Priorität waren die Hunde ihrer Klienten, da sie ein professioneller Handler war, spezialisiert auf Malteser, Lhasa Apso und Shi Tzu. 1975 nahm der texanische **Pegden** Zwinger von Denny Mounce und Peggy Lloyd seine Zucht auf der Basis von Aennchen-Blutlinien auf, zunächst unter dem Namen Valley High. 1975 wurde er in Pegden umbenannt. Aus ihrer Zucht stammte der Ch. Pegden's Magic Touch, der an Marge Lewis verkauft wurde. Er war wiederum der Vater der berühmten Mary Poppins - wieder einmal ein schönes Beispiel für die erfolgreiche Kreuzung von Aennchen und Villa Malta-Linien. Sie besaßen u. a. den Am. Mex. Int. Ch. Mac's Apache Joray of Everon, einem mehrfachen Gruppensieger und ROM-Deckrüden von vielen Champions. Peggy's Ch. Myi's Glory Boy Seeker, ROM, gezüchtet von Beverly Passe, war mehrfacher Gruppensieger und BISS-Sieger sowie AMA-Top-Deckrüde im Jahre 1987.

Patsy Stokes und Sheila Meyers aus Texas begründeten ihre **Pashes** Zucht Anfang der 70er Jahre auf den San Su Kee Linien. Im Laufe der Jahre kreuzten sie durch den Ch. Keoli's Small Kraft Warning (Ricky) Myi's-Blutlinien ein. Ein Sohn aus dieser Verpaarung, Ch. Pashes Smile Warning wurde BISS-Sieger und zeugte später den Ch. Pashes Beau Didley, der im Alter von vier Jahren bereits 15 Champions gezeugt hatte. Aus ihrer Zucht gingen über 50 Champions hervor, darunter 7 Sieger auf Specialty-Ausstellungen und - gemeinsam mit dem Crisandra Zwinger aus Florida - wurden sie die Top-Züchter des Jahres 1994.

Carole Baldwin's **Fantasyland** Malteserzucht in Californien begann Ende der 60er Jahre mit Villa Malta, Jon Vir und Invicta Linien. Im Laufe der Jahre fügte sie die Aennchen-Linie hinzu und heute sind die Fantasyland-Malteser bekannt für ihren hübschen Typ und reizende Gesichter. Ch. Fantasyland Pete R. Wabbitt ist wohlbekannt als ein wichtiger Deckrüde und auch als der Sieger auf der AMA Specialty 1981. Ihr Ch. Fantasyland Billy Idol erhielt von der AMA 1994 den Titel des Top-Deckrüden. Im gleichen Jahr erhielt Carol den Titel der Top-Züchterin.

Die Zucht **Rebecca's Desert** von Ted, Freda und ihrer Tochter Rebecca Tinsley wurde Ende der 60er Jahre aufgenommen. Aus ihrer Linie, die auf Aennchen und Villa Malta Linien basierte, gingen zwei AMA National Specialty Sieger hervor. 1976 wurde der Ch. So Big's Desert Delight (Missie) von Rebecca Tinsley zu ihrem Sieg geführt und 1982 errang Missie's Sohn, Ch. Rebecca's Desert Valentino die gleichen Ehren, diesmal ausgestellt

MALTESER HEUTE

von dem professionellen Handler Don Rodgers.
Den nachfolgend aufgeführten Hunden sind ganz besondere Verdienste zuzuschreiben, da jeder von ihnen die American Maltese Association National Specialty in dem betreffenden Jahr gewinnen konnte. Keine andere Auszeichnung ist begehrenswerter als die des Best of Breed auf der National Specialty.

National Specialty Sieger
1975   Ch. Celia's Mooney Forget Me Not
1976   Ch. So Big Desert Delight
1977   Ch. Oak Ridge Country Charmer
1978   Ch. Su-Le's Jonina
1979   Ch. Oak Ridge Country Charmer
1980   Ch. Joanne-Chen's Mino Maya Dancer
1981   Ch. Joanne-Chen's Mino Maya Dancer
1982   Ch. Rebecca's Desert Valentino
1983   Ch. Noble Faith's White Tornado
1984   Ch. Myi's Ode to Glory Seeker
1985   Ch. Non Vel's Weejun
1986   Ch. Villa Malta's Chickalett
1987   Ch. Bar None Electric Horseman
1988   Ch. C&M's Toosey's Lollypop
1989   Ch. Two Be's Hooked on Sugar
1990   Ch. Sand Island's Small Kraft Lite
1991   Ch. Sand Island's Small Kraft Lite
1992   Ch. C&M's Toosey's Lollypop
1993   Ch. Melodylane Sings O'AlMar Luv
1994   Ch. Shanlyn's Rais 'N A Raucous
1995   Ch. Merri Paloma

DIE ZUKUNFT
Über die letzten zwanzig Jahre hinweg haben sich die Malteser in den Vereinigten Staaten zu einer der attraktivsten und konkurrenzfähigsten Rassen der Toy-Gruppe entwickelt. Früher gab es gelegentlich einmal einen »großen« Malteser. Heute allerdings ist diese Rasse wirklich ständig erfolgreich, angefangen von der Jüngsten-Klasse bis hin zur Konkurrenz im Wettstreit um das BOB. Bei den meisten Toy-Gruppen haben die Malteser auf den Ausstellungen einen herausragenden Stellenwert. Der Pflegezustand der in den Vereinigten Staaten ausgestellten Malteser ist ausgezeichnet und die Qualität der Hunde ist oft hervorragend. Sicherlich hat sich auch die Qualität der Pflegeprodukte erheblich verbessert, ebenso wie die Geschicklichkeit der Aussteller in Bezug auf die Pflege der Hunde, sowohl bei Ausstellern, die ihre eigenen Hunde ausstellen, als auch bei den professionellen Handlern. Es ist ein wahres Vergnügen, sich die Malteser in den einzelnen Klassen auf den Ausstellungen anzusehen und ein noch größeres, sie zu richten. Wir sollten uns für die Grundlagen, die von den Antonellis mit der Aennchen-Linie und Dr. Calvaresi mit seiner Villa Malta-Linie geschaffen wurden, nochmals bedanken und ebenso den Bemühungen von Züchtern wie Joanne Hess von Joann-Chen, den Bergquists mit ihren Su-Le's, Beverly Passe von Myi, Carol Andersen von Sand Island, Joyce Watkins von Marcris, Mary Day und Carol Thomas von C&M und Peggy Hogg unseren Dank abstatten. Deren Fähigkeiten in Bezug auf die Pflege haben wir das strahlende Aussehen der Malteser von heute zu verdanken und daß diese Rasse heutzutage besser denn je in den Vereinigten Staaten dasteht. Die Malteser, die in ihren Klassen auf der National von 1995 präsentiert wurden, sind dafür das perfekte Beispiel. Auffallend war der hohe Qualitätsstandard, insbesondere in der Jüngsten- und der Hündinnen-Klasse. Darauf basierend, sollten unsere geliebten Malteser sogar einer noch besseren Zukunft entgegengehen, weil die Züchter ein Versprechen und eine Verpflichtung einhalten, die sie sich schon lange zuvor auferlegt haben - nämlich diese uralte Rasse zu bewahren.

Kapitel 15

DIE GESCHICHTE DER MALTESER IN DEUTSCHLAND

von Hartwig Drossard

Etwa zur gleichen Zeit, als Vicki Herrieff mit den Vorbereitungen zu dem vorliegenden Buch anfing, hatte ich mich auf die Spuren dieser Rasse in Deutschland begeben. Die Leser mögen mir glauben, daß dies zunächst einmal ein schier aussichtsloses Unterfangen war. Ich beneide zutiefst unsere englischen und amerikanischen Malteserfreunde, die sich, was die Geschichte dieser Rasse in dem jeweiligen Land angeht, auf lückenlose Unterlagen und entsprechend sorgfältig geführte Aufzeichnungen bei ihrem zuständigen Zuchtverband beziehen können. Selbstverständlich haben die Amerikaner dabei den Vorteil gehabt, daß sie in dieser Beziehung nicht direkt von den Auswirkungen zweier entsetzlicher Weltkriege betroffen waren. England war da schon eher tangiert, aber trotz alledem hat man es geschafft, auch historische Aufzeichnungen aus der Hundewelt vor dem Untergang zu bewahren. Zweifelsohne war dies nicht zuletzt der Verdienst einiger herausragender Züchter, denen das Wohlergehen dieser Rasse ganz besonders am Herzen lag.

Wie wir gelesen haben, wurden die Malteser in England bis zum Jahre 1904 bei den Terriern geführt. Im gleichen Jahr allerdings schon gründete man den ersten Spezialklub für diese Rasse, den Maltese-Club of London. Während des ersten Weltkrieges wurde per Dekret des Kennel-Clubs die Zucht von Hunden mit Ahnentafeln untersagt. Nach dem 1. Weltkrieg begannen einige Züchter wieder mit dem Aufbau, u. a., wie wir gelesen haben, mit Maltesern aus Deutschland. Hierzu später noch einiges mehr. Trotz all dieser Widrigkeiten sind die Aufzeichnungen des Zucht- **und** Ausstellungsgeschehens in England lückenlos bis in die 70er Jahre des vorigen Jahrhunderts zurückzuverfolgen. 1934 wurde der Maltese Club of England gegründet, der die Rasse bis zum heutigen Tag betreut.

In Deutschland gestaltet sich die Suche nach solchen Aufzeichnungen ungleich schwieriger. Ich hatte dann aber das große Glück, bei meinen Nachforschungen die Bekanntschaft von Herrn Karl Meyer aus Ansbach zu machen, der über alte und älteste Aufzeichnungen aus der gesamten Hundewelt in Deutschland verfügt. Er suchte dann für mich aus seinem umfangreichen Archiv alle Aufzeichnungen über die Malteser in Deutschland heraus und stellte mir diese zur Verfügung. Ich möchte mich an dieser Stelle herzlich bei ihm dafür bedanken.

Aus den mir von Herrn Meyer zur Verfügung gestellten Unterlagen und meinen, auch aus anderen Quellen zusammengetragenen »Puzzle-Stückchen«, ergab sich dann, daß die Malteser bereits im 16. Jahrhundert erstmals in der deutschsprachigen Literatur erwähnt wurden (Prof. Conrad Gessner -1516-1565 - ›Thierbuch, das ist eine beschreybung aller vierfüssiger Thiere‹). Später, d. h. gegen Ende des 18. Jahrhunderts und Mitte des 19. Jahrhunderts, folgten weitere Veröffentlichungen in Werken verschiedener Autoren, u. a. auch eine ausführliche Beschreibung der Rasse in dem fast als klassischem Standardwerk zu bezeichnenden Buch eines Herrn von Buffon »Naturgeschichte der vierfüßigen Thiere« aus dem Jahre 1772. Erstmals auf Ausstellungen in Deutschland erschienen meinen Aufzeichnungen zufolge dann die Malteser zwischen 1875 und 1878. Auf einer Ausstellung des Vereins »Hector« 1878 in Berlin stellte ein Herr A. Schmidt seine Malteserhündin ›Bella‹ aus.

Erst drei Jahre später wurden die ersten Hunde im Deutschen Hunde-Stammbuch unter der Rubrik »Maltheser und Havaneser« eingetragen. Im Band II des DHStB von 1881 war dies der Rüde ›Muff‹, geb. 1878 und im Besitz einer Frau Molinus aus Barmen, sowie die Hündinnen ›Martha‹, geb. 1879, im Besitz einer Dame aus Brüssel und ›Netty‹, geb. 1877, im Besitz von Frau Pauline Rocholl aus Bremen. Bei dieser ›Netty‹ ist in der Eintragung vermerkt: »Weiss ohne Abzeichen, schwarze Nase und Lefzen. Präm.: II. Pr. Berlin 1880. Ia. Cleve 1881«. Damit meine ich, daß wir zumindest bei dieser Hündin sicher sein können, daß es sich um eine Malteser Dame handelte.

Der von Netty erzielte Erfolg auf der erwähnten Ausstellung in Kleve wurde von der Fachzeitschrift »Der Deutsche Jäger« Nr. 22 vom August 1881 wie folgt kommentiert: »Maltheser-Havaneser - weiß wie frisch gefallener Schnee, mit langen schlichten Haaren waren das Entzücken der eleganten Welt und Netty von Rocholl erhielt

MALTESER HEUTE

»Ricke«, Besitzer: Egon Grieshaber, Furtwangen, 1902.
Aus: Ilgner, Gebrauchs- und Luxushunde.

den ersten Preis«.

Die Meinungen in der Fachwelt über die Malteser gingen damals teilweise sehr auseinander und waren zum Teil auch nicht besonders schmeichelhaft für die deutschen Züchter, wie folgende Zitate beweisen:

»Vergleicht man einen in England rein gezüchteten Malteser mit solchen, welche in Deutschland unter diesem Namen herumlaufen, so wird man sich zugestehen müssen, daß der Grund, weshalb diese Rasse bei uns nicht allgemeiner und beliebter als Schoßhund anzutreffen, nur den oft scheußlichen Köter von enormer Größe mit gelocktem, verfilztem Haar und triefenden Augen zuzuschreiben ist«.

Und an anderer Stelle:

»Man hat auch den Charakter des Maltesers verschiedentlich zu verdächtigen gesucht, aus eigener Erfahrung können wir demselben aber nur Rühmliches nachsagen. Er ist weder mürrisch noch träge, im Gegenteil haben wir gefunden, daß er ein munteres, lebhaftes Wesen besitzt, intelligent, wachsam und sehr anhänglich ist, dabei ungemein eitel, indem er auf seine Toilette nicht wenig stolz zu sein scheint. Auch ist er weder empfindlich gegen Kälte, noch ein die häufige Bewegung im Freien scheuender Hund und keinesfalls das, was man unter einem verzärtelten Damenhündchen versteht.

In der Haarpflege bedarf er allerdings eben nicht wenige Aufmerksamkeit, sie ist zeitraubend, doch lohnt sich die darauf verwendete Arbeit durch ein unübertroffenes und apartes Aussehen.... Wird nun noch auf eine vernünftige Ernährung Rücksicht genommen, so wird nie ein übler Geruch, noch die häßlich triefenden Augen beim Malteser wahrzunehmen sein«.

Beide Zitate stammen von einem Autor, dem wir die beiden repräsentativsten Kleinhundebücher jener Zeit zu verdanken haben, Jean Bungartz. Sein erstes Buch »Der Luxushund« stammt aus dem Jahre 1888. Das zweite stammt aus dem Jahre 1890 und nennt sich: »Damen und kleine Luxushunde«.

In diesem Buch führt Herr Bungartz folgende Malteserzüchter in Deutschland an: Frau Johanna Nicklau, Leipzig; J. Herbeck, München; Frau Dötzer, Frankfurt am Main; Ernst von Otto-Kreckwitz, Stuttgart, Redakteur des »Hunde-Sport«.

Ab dem Jahre 1902 übernahm der Schoßhund-Klub Berlin die Betreuung der Malteser. Es gibt dann eindeutige Hinweise aus der Literatur, daß dieser Klub wenig später in den »Zwerghund-Klub e.V.«, Berlin, umbenannt wurde. 1904 veröffentlichte dieser Klub dann einen ersten »Standard« für diese Rasse, bezeichnenderweise unter der Überschrift »Der Malteser (auch Bologneser genannt)«. Wie ein Artikel aus der Zeitschrift »SCHOSSHUND-SPORT« aus dem Jahre 1906 beweist, veranstaltete dieser Zwerghund-Klub auch eigene Ausstellungen. Leider liegen mir bis heute noch keine Unterlagen über entsprechende Ausstellungsergebnisse vor. In dem 1910 erschienenen Zwerghunde-Zuchtbuch sind 15 Malteser aufgeführt, die in den Jahren 1901-1909 geboren wurden. Darunter waren auch »Buby« und »Nelly« im Besitz von Frau Klauschk in Berlin.

Es läßt sich aus dem vorliegenden Schrifttum nachvollziehen, daß diese Dame mit ihrer Malteserzucht bereits Anfang der 80er Jahre des vorigen Jahrhunderts begonnen hatte. 1912 waren in dem zweiten Zwerghunde-Zuchtbuch bereits 18 Malteser aufgeführt und in dem im Jahre 1914 veröffentlichten III. Zwerghunde-Zuchtbuch war die Zahl der registrierten Malteser bereits auf beachtliche 38 angestiegen! Die bekanntesten Zuchten zu jener Zeit waren: Joza Semerak mit ihrem **Bohemia**-Zwinger aus Rot-Kosteletz in Böhmen, R. Solitander mit dem **Soli's**-Zwinger aus Berlin, A. Thom mit der **Mignon** Zucht aus Pankow, Frau Polizeikommissar Hanna Matschke aus Hannover mit ihren **Klein-Däumling** Maltesern und Emilie Lagrange mit ihrer **Malta-Bologna**-Zucht aus

DIE GESCHICHTE DER MALTESER IN DEUTSCHLAND

*Malteser-Hündin Mäuschen v. Blücher-Eck mit ihren Kindern Lisa und Bobby v. Blücher-Eck.
Züchter und Besitzer: Karoline Rau, Frankfurt a. M.*

Pasing bei München. Auch die bereits einmal erwähnte Frau Klauschk erscheint unter dem Zwingernamen Klauschk und ihren Hunden Bubi, geworfen 1901 sowie dessen Eltern Prinz Liliput und Prinzeß Liliput - leider liegen zu diesen keine Jahresangaben vor - im ersten Zuchtbuch des Klubs aus dem Jahre 1910. Die beiden letztgenannten Hunde wurden meinen Aufzeichnungen zufolge jedoch bereits unter anderem 1895 auf einer Ausstellung in Dresden vorgestellt.

Zwischen 1914 und 1919 ist, mit Sicherheit bedingt durch den 1. Weltkrieg, nur ein »weißer Fleck« in den Aufzeichnungen über diese Rasse zu verzeichnen. Das Jahr 1920 beweist dann durch eine Veröffentlichung in der Monatsschrift des Ersten Württembergischen Zwerghund-Klub e.V., Sitz Stuttgart (vermutlich war dieser Klub, ebenso wie sieben weitere in verschiedenen großen deutschen Städten, dem Zwerghund-Klub Berlin angeschlossen), daß wohl doch einige unserer weißen Lieblinge die Schrecken des Krieges überstanden haben mußten.

1921 beginnt Frau Handke in Berlin mit ihrer Malteserzucht **»vom Welfenschloss«**. Diese Dame griff in den zwanziger und dreißiger Jahren gemeinsam mit ihrem Mann sehr aktiv in die deutsche Malteserzucht ein. Die beiden veröffentlichten eine ganze Reihe von sehr interessanten Artikeln über die Rasse und über ihre eigene Zucht in kynologischen Fachzeitschriften. Darüber hinaus waren die Handkes 1928 maßgeblich an der Gründung des **»I. Deutscher Malteser-Klub«**, Sitz Frankfurt am Main beteiligt. Nicht unerwähnt bleiben sollte ferner, daß der letzte Wurf aus dem Zwinger »vom Welfenschloß« im Jahre 1970 (!) registriert wurde. Also hat diese Zucht fast 50 Jahre lang Einfluß auf die Malteserzucht in Deutschland gehabt. Leider

*»Suna«, Besitzer: Frau Fischer, Berlin.
Aus: Grafen von Bylandt, Hunderassen (1904).*

MALTESER HEUTE

konnte ich trotz aller Anstrengungen keine eventuell noch lebende Verwandte der Handkes mehr finden, die vielleicht noch aufschlußreiches Schriftmaterial von dieser Zucht hätten besitzen können.

An dieser Stelle möchte ich außerdem noch einen weiteren Malteserzwinger jener Zeit namentlich erwähnen und zwar die Zucht »**von Malesfelsen**« von Frau Landenberger in Ebingen. Das hat seinen besonderen Grund darin, daß es u. a. Hunde aus diesen Zwingern waren, die maßgeblich am Wiederaufbau der englischen Malteserzucht beteiligt waren, worüber Vicki Herrieff im 1. Kapitel berichtet. Grund genug, hierauf etwas näher einzugehen:

Am 28.02.1926 wurde die von Frau Landenberger gezüchtete Hündin Mizi vom Malesfelsen, geboren am 16.09.1922, von dem Rüden White Darling vom Welfenschloß (Frau Handke) belegt. Wie aus den Kopien der mir vorliegenden Ahnentafel und der Deckbescheinigung hervorgeht, war Mizi zu diesem Zeitpunkt bereits von Miss van Oppen, der späteren Mrs. Roberts (›Harlingen‹) gekauft worden. Mizi verbrachte danach 6 Monate in der Quarantänestation in England.

Die Welpen aus der erwähnten Verpaarung wurden in Quarantäne geboren, konnten diese jedoch dann noch vor ihrer Mutter verlassen. Der Rüde White Darling vom Welfenschloß deckte außerdem am 9. Januar 1926 die Hündin Mercon **v. Valencia** (von der mir leider keine weiteren Abstammungsdaten vorliegen), gemäß Deckbescheinigung ebenfalls im Besitz von Miss van Oppen. Da beide Belegungen im Zwinger von Frau Landenberger stattfanden, ist anzunehmen, daß der Rüde White Darling im Besitz von Frau Landenberger war. Hinter den Linien, mit denen Frau Landenberger züchtete, standen die bekannten Zwinger »**vom Rheinfels**«, »vom Welfenschloß«, »Mignon« und »Klauschk« und somit lassen sich die Vorfahren dieser Malteser bis zum Ende des 19. Jahrhunderts zurückverfolgen. Ferner ist weiteren, mir in Kopie vorliegenden englischen Ahnentafeln zu entnehmen, daß Miss van Oppen zu dieser Zeit auch noch eine Hündin namens Dolly, höchstwahrscheinlich ebenfalls aus der Zucht von Frau Landenberger gekauft hatte. Dolly entstammt aus einer Verbindung Hans **von Rosenberg** - Mira vom Malesfelsen (in den englischen Ahnentafeln wird sie als Harlingen Dolly (›imported‹) aufgeführt - übrigens wurde auch Mizi vom Malesfelsen umgetauft in Harlingen Mizi). Dolly wurde dann mit dem englischen Rüden King Billie belegt und aus dieser Verpaarung wurde am 17.02.1926 der berühmte **Harlingen Snowman** geboren, der dann gewissermaßen zum Ahnherr der berühmten englischen **Invicta-, Gissing-** und **Vicbrita-Linien** wurde.

Am 5. April 1930 erschien die erste Ausgabe des Vereinsorgans des I. Deutschen Malteser-Klubs, die Zeitschrift »Malteser-Sport«. Dieses Kluborgan erschien zunächst als Beilage zur Fachzeitschrift »Hundesport und Jagd«, später zur »Deutsche Kynologenzeitung« und 1938 wurden die Mitteilungen des 1. DMK wiederum einer Rubrik in der »Rundschau für Hundesport und Jagd« zugeordnet. In diesen Mitteilungen wurde recht ausführlich und anschaulich über die seinerzeitige Malteserszene berichtet, die Freuden und Sorgen der Züchter, Ausstellungserfolge, das Klubleben usw., unterlegt mit einigen aufschlußreichen Fotos von Maltesern jener Zeit.

Pinscher und Malteser. Aus: Grafen von Bylandt, Hunderassen (1904).

DIE GESCHICHTE DER MALTESER IN DEUTSCHLAND

*»Bubn«.
Besitzer: Frau Indest, Starnberg.
Aus: Richard Strebel, Die
Deutschen Hunde (1905).*

1930 waren im 1. DMK 157 Malteser registriert. Aus den vorliegenden Unterlagen geht jedoch hervor, daß es zu dieser Zeit möglicherweise sogar drei verschiedene Zuchtbücher gab, in denen in Deutschland die Malteser registriert wurden: das Malteser-Zuchtbuch, das Zwerghunde-Zuchtbuch und das DHStB. In letzterem waren 1932 z. B. 69 Malteser registriert.

Es würde den Rahmen dieses Kapitels sprengen, wenn ich hier einige Anekdoten aus jener Zeit wiedergeben würde, aber eines läßt sich zusammenfassend feststellen: Auch zu jener Zeit waren die Geschehnisse in der Zucht- und Ausstellungsszene durchaus mit den heutigen vergleichbar und kreisten immer wieder um die gleichen Kriterien: Haarkleid, Pflege, Pigment, Körperbau und um das unvergleichliche und liebevolle Temperament dieser bezaubernden Rasse. Interessanterweise ist festzustellen, daß - ebenso wie heute - auch zu jener Zeit die durchschnittliche Wurfstärke bei den Maltesern bei 3 Welpen/Wurf lag.

Außer den bereits genannten Zwingern ist aus den Eintragungen in die verschiedenen Zuchtbücher und den in den 20er und 30er Jahren veröffentlichten Artikeln und Notizen über diese Rasse zu schließen, daß sich darüber hinaus insbesondere die folgenden Züchter sehr dem Erhalt und der Fürsorge der Malteser widmeten: **»vom Boberstrand«**, Hirschberg i. Riesengebirge (ab etwa 1920 nach dem Zweiten Weltkrieg züchtete die Besitzerin, Frau von Jacobi, in Wanne-Eickel weiter), **»vom Gorayer Wald«**, Erbendorf (ab ca. 1920), **»vom Blüchereck«**, Frankfurt am Main, Frau Rau (ab ca. 1920), **»vom Rosenberg«**, Stuttgart (ab ca. 1920), **»vom Waldfrieden«**, Eichwald (ab 1928 - Frau Biermann züchtete nach dem Zweiten Weltkrieg in Lübeck weiter), **»von der Vieloh«**, Hamburg (ab 1928), **»vom Weißenstein«**, Allenstein/Ostpreußen (ab 1928 - Frau Kunigk führte nach dem Zweiten Weltkrieg in Leipzig ihre Zucht weiter), **»vom Vollmersheim«**, Hamburg (ca. 1927/28), **»von der Karswaldhütte«**, Arnsdorf/Dresden (ab ca. 1933). Vornehmlich Frau Sommerschuh war es, die die Rasse in der ehemaligen DDR nach den Schrecken des Krieges und der Teilung Deutschlands weiterführte. Frau Sommerschuh hat über 50 Jahre ihres Lebens der Zucht mit Maltesern gewidmet. Nach dem Zweiten Weltkrieg war der Austausch von Blutlinien zwischen den Züchtern des Westens und des Ostens so gut wie unmöglich. Nur einmal gelang es Frau Sommerschuh, einen Malteserrüden aus dem Westen einzuführen und auch (stillschweigend geduldet von den DDR-Behörden) mit ihm zu züchten. Dies war der Rüde »Cent **von Norbrit«** aus der Zucht von Frau Ingenorma Schimmelpfennig (der heutigen Geschäftsführerin und Zuchtleiterin des Malteser Club Deutschland 1983 e.V., Diekholzen). Weitere bekannte und berühmte Zuchtstätten jener Zeit waren: **»vom Frauenberg«**, Mühlhausen/Thüringen (ab 1937), **»vom Erfttal«**, Kerpen (ab 1938 - Frau Feck züchtete auch nach dem Zweiten Weltkrieg weiter), und **»von Kantberg«**, Kottbus (ab ca. 1940 - aus dieser Zucht stammte übrigens die erste Malteserhündin von Frau Schimmelpfennig, ›Carla von Kantberg‹). Diese Hündin flüchtete mit der Familie aus Ostpreußen unter großen Strapazen nach Dänemark.

Wir sind nunmehr fast in der Nachkriegszeit angelangt. Viele Leser haben sicher erwartet, daß ich etwas mehr auf die Ausstellungen und die erzielten Ergebnisse, Titel usw. eingehe. Aber dieser Aspekt war bei meiner ›Spurensuche‹ der schwierigste. Es liegen zwar einige Ergebnisse von großen Ausstellungen - vor allem in den

MALTESER HEUTE

Der Malteserrüde Amor vom Elbestrand, geworfen ca. 1940-42 (Esther vom Frauenberg - Vater leider nicht bekannt). Die Mutter von Amor wurde 1937 in Paris Weltsiegerin.. Amor war im Besitz von Frau Feck, Kerpen (Zwinger vom Erfttal).

30er Jahren - vor, aber eben doch zu wenige. 1924 zum Beispiel wurden in Deutschland 264 Ausstellungen durchgeführt, auf denen über 31000 Hunde gezeigt wurden. In den dreißiger Jahren, d. h. bis zum Jahre 1936, wurden jedes Jahr immer mehr als 100 Ausstellungen im Durchschnitt pro Jahr abgehalten. Es wäre in Anbetracht der spärlichen Angaben, die mir von Ausstellungen und über Championtitel von einzelnen Hunden vorliegen, nicht fair, diese herauszustellen, denn es mag durchaus Hunde gegeben haben, die zu wesentlich höheren Ehren gelangt sind, als die, die bei einigen anderen dokumentiert sind. Nun, meine Suche geht weiter, und vielleicht kann ich an anderer Stelle irgendwann wirklich relevante Aussagen zu diesem Punkt machen.

Leider gilt dieses Problem auch für die Nachkriegszeit. Aus der Zeit von 1948 bis heute liegen zwar wesentlich mehr Ausstellungsergebnisse vor, aber auch hierbei gilt, daß diese Unterlagen in keiner Weise aussagekräftig sind. Ich habe demzufolge Abstand davon genommen, einzelne Hunde aufgrund ihrer erworbenen Titel herauszustellen, sondern mich im Wesentlichen auf eine statistische Auswertung der vorhandenen Zuchtbuchunterlagen beschränkt.

1948 wurde der »Verband Deutscher Kleinhundezüchter« gegründet und beim Amtsgericht Stuttgart eingetragen (im gleichen Jahr übrigens beschlossen 18 Rassehundezuchtvereine, neun Landesverbände und zwei Gebrauchshundeverbände die Gründung des »Verband für das Deutsche Hundewesen« = VDH). Unsere Malteser wurden ab 1948 im oben genannten Verband Deutscher Kleinhundezüchter (VK) registriert. Leider gingen durch widrige Umstände die meisten Zuchtbuchunterlagen der ersten sieben Jahre nach Gründung des VK verloren, und erst ab 1955 kann man davon ausgehen, daß diese wieder vollständig sind.

Neben den bereits erwähnten Zwingern »vom Welfenschloß«, »vom Boberstrand«, »vom Erfttal« und »von der Karswaldhütte«, die alle die fürchterlichen Jahre des Zweiten Weltkrieges ›überlebt‹ hatten, wurden während der Kriegsjahre oder kurz nach 1945 noch weitere Malteserzuchten gegründet. Zu nennen wären hier u. a. **»von Ardillan«**, Dresden. Offensichtlich hatte Frau Handke (vom Welfenschloß) in Berlin noch recht guten Kontakt nach »drüben«, denn für ihren Zwinger hatte sie den Rüden Ch. Chlogo von Ardillan gekauft, der im Laufe seiner neunjährigen Deckrüdenfunktion (bis 1964) als Vater von immerhin 21 Würfen registriert wurde. Mindestens seit 1949 bestand der Zwinger **»von Liliental«** in Berlin, von dem im Zeitraum zwischen 1955-1959 insgesamt 67 Welpen registriert wurden. In Summe wurden in dem genannten Zeitraum mehr als 300 Welpen in das VK-Zuchtbuch eingetragen. Der zweitgrößte Zwinger war der von Frau Handke mit 54 Welpen und an dritter Stelle stand die »vom Boberstrand«-Zucht mit 36 Welpen. Erfolgreichster Deckrüde in diesen Jahren war der Rüde »Michael vom Welfenschloß« (Pitt vom Welfenschloß - Hummel vom Welfenschloß), der in verschiedenen Malteser-Zwingern der Bundesrepublik insgesamt 14 mal als Deckrüde eingesetzt wurde. Der Rüde »Jockel von Kantberg« (Foo von Kantberg - Kosi von Weißenstein) wurde 10 mal in der Zucht eingesetzt.

1957 wurde von Frau Wisniewski in München die **»von Schinjanga-Tanga«** Malteserzucht gegründet, über die es später noch einiges zu berichten gibt. 1961 stellt der Zwinger »von Liliental« seine Zucht ein. In den 60er

DIE GESCHICHTE DER MALTESER IN DEUTSCHLAND

Orlo von Schinjanga-Tanga.

Jahren wurde das Zuchtgeschehen im Wesentlichen von zwei großen Zwingern bestimmt, nämlich von der »vom Welfenschloß« Linie von Frau Handke (1960-69 wurden 91 Welpen registriert) und der »von Schinjanga-Tanga« Linie von Frau Wisniewski (85 Welpen). Frau Wisniewski war damals Präsidentin des VK. Soweit aus meinen Unterlagen hervorgeht, waren diese beiden Damen mit ihren Hunden auch am meisten auf den Ausstellungen vertreten. Waren es in den 50er Jahren noch 28 Züchter, die sich mit unseren weissen Zauberern beschäftigten, so reduzierte sich die Gesamtzahl in den 60er Jahren auf 26, von denen allerdings 13 Züchter neu begonnen hatten. Die beiden »Veteranendeckrüden« Chlogo und Michael wurden 1964 ›pensioniert‹, wobei festzustellen ist, daß vor allem Michael auch sehr oft im benachbarten Ausland als Deckrüde eingesetzt wurde. Bei einer Auswertung von Ausstellungskatalogen aus jener Zeit kann man interessanterweise feststellen, daß fast das ganze mittelbar und unmittelbar benachbarte Ausland, von Schweden bis Norwegen, Holland, Frankreich und Italien mit Maltesern aus England »versorgt« war. In Deutschland wurde englisches Blut (Maythea's) nur indirekt durch den Einfluß des »van Freule-Rubenstein« Zwingers von Frau Smets aus den Niederlanden in die Zucht eingebracht. Einen gewissen ›Schuß‹ englisches Blut erhielt die deutsche Malteserzucht in diesem Jahrzehnt zusätzlich durch zwei von Frau Wisniewski aus Frankreich (1959 aus dem »Limermont« Zwinger; dahinter stand die englische »Invicta« Linie) und Italien (1963 aus der »Gemma« Zucht von Frau Prof. Tamagnone; dahinter standen die englischen »Vicbrita« Malteser) importierte Rüden. Aus der Zucht von Frau Wisniewski stammte auch der Rüde »Orlo von Schinjanga-Tanga«, der auf dem Umweg über die Schweiz und die seinerzeitige Tschecheslowakei dann auch seine Erbanlagen in die Malteserzucht der ehemaligen DDR weitergab.

Insgesamt wurden in dem Jahrzehnt von 1960-1969 nur ca. 320 Malteser-Welpen im VK registriert. In den letzten Jahren gingen die Wurfmeldungen drastisch zurück: 1967- 35, 1968- 23 und 1969- 13. Dieser Abwärtstrend hielt auch im folgenden Jahrzehnt an.

Nachdem die beiden herausragenden Zwinger der 60er Jahre ihre Zuchttätigkeit einstellten, sank die Zahl der Züchter im Jahre 1974 auf gerade mal eine handvoll Malteserzüchter ab. 1973 wurden sage und schreibe nur 3 Welpen im Zuchtbuch des VK registriert. Im weiteren Verlauf der 70er Jahre ging es dann wieder steil aufwärts, und es meldeten insgesamt 32 Züchter ihren Zwinger an. Von der »alten Garde« der Deckrüden waren Anfang der 70er nur noch vier »im Dienst«. Darauf folgten bis zum Ende des Jahrzehnts 36 neue Rüden, 34 davon waren Importe: aus den Niederlanden, der CSSR, England, USA, Dänemark und sogar Südafrika - nur zwei stammten noch aus rein deutschen Linien.

MALTESER HEUTE

Es werden wohl mehrere Faktoren gewesen sein, die der Grund dafür waren, daß die »rein-deutsche« Zucht praktisch beendet war:

1. Zuchtaufgabe der »großen« Zwinger aus den 60er Jahren.

2. geringe Welpenzahlen Ende der 60er/Anfang der 70er Jahre. (Aus den Würfen 1967-1972 waren nur 35 Rüden registriert, von denen einige ins benachbarte Ausland verkauft worden waren und auf diesem Umweg wieder in die deutsche Zucht leihweise zurückgeholt wurden. »Unter dem Strich« blieb also für jemanden, der mit einer Malteserzucht beginnen wollte, nicht viel übrig in Bezug auf die Auswahl in Deutschland. Da außerdem, wie man aus der Statistik ersieht, Anfang der 70er ein absoluter Tiefpunkt in der Popularität der Rasse erreicht war, nimmt es nicht wunder, daß die Newcomer unter den Züchtern sich ihr »Basismaterial« im Ausland besorgten.

Bevorzugtes Exportland war England, mit 7 Rüden, gefolgt von USA und den Niederlanden gleichauf mit je 6 Rüden. Auf Rang 4 ist die CSSR mit 5 Deckrüden zu verzeichnen. Bei den Hündinnen stellten sich die Verhältnisse nicht viel anders dar.

Man möge mir in diesem Zusammenhang verzeihen, daß ich meine »Ermittlungen« schwerpunktmäßig auf die Rüden konzentriert habe, aber ich bin der Meinung, daß ein Deckrüde einen ungleich größeren Einfluß auf das Gen-Material einer Rasse hat, als eine Hündin. In keinem Falle soll der Einfluß einer Zuchthündin auf die Geschicke einzelner Zwinger als auch auf die Rasse herabgesetzt werden, aber die Deckrüden »treiben sich eben mehr herum«!

Die namhaftesten Zwinger jener Jahre waren: **»Brigiteiya«** von Frau Redlin in Kiel, **»von Norbrit«** von Frau Schimmelpfennig in Diekholzen, **»Pillowtalk's«** von Frau Moser und **»Maltea's«** von Herrn Scharfenberg. Insgesamt wurden in den 70er Jahren 331 neue Malteserwelpen in das Zuchtbuch eingetragen. Ende der 70er Jahre begann auch Frau Beutler ihre **»von Yorkholme«** Zucht.

War die Malteserzucht wie gesagt in den 70er Jahren fast zum Erliegen gekommen, so wendete sich das Blatt in den 80er Jahren völlig. Den 331 Registrierungen im VK in den 70er Jahren standen 1452 Registrierungen in den 80er Jahren gegenüber. 165 Züchter widmeten sich unseren kleinen weißen Lieblingen, wobei vor allem das Jahr 1989 natürlich durch das historische Ereignis der Wiedervereinigung Deutschlands geprägt war und bedingt dadurch erweiterte sich der Kreis der Malteserzüchter erheblich.

1981 wurde der Deutsche Malteser-Club e.V., mit Sitz in Coburg gegründet. Leider kann ich bei diesem Klub auf keinerlei Zuchtbuchunterlagen zurückgreifen.

Die bekanntesten Zwinger der 80er Jahre waren die bereits einmal erwähnten »Pillowtalk's«, »Maltea's«- und »von Norbrit«- Linien. In den, an Welpenzahlen gemessenen, zehn größten deutschen Zwingern war bei den Deckrüden der Einfluß der englischen Linien mit 41 % am höchsten, gefolgt von den amerikanischen mit 34 %

Der Malteserrüde Neil von Norbrit (geworfen 19.12.1980) im Alter von 9 Monaten (Ablench Super Ramba - Camy von Norbrit). Züchter und Besitzer: Ingenorma Schimmelpfennig, Diekholzen.

DIE GESCHICHTE DER MALTESER IN DEUTSCHLAND

und den niederländischen mit 25 %.

Der einflußreichste Rüde war in den 80er Jahren »**Challenge von Brucella**«, gezüchtet von der niederländischen Züchterin G. Snellen-Timmermanns. Er wurde von Frau Petra Niethen in Viersen für ihren Zwinger »of white Rose« gekauft, sehr erfolgreich ausgestellt und ab 1986 in sieben verschiedenen deutschen Zwingern zur Zucht eingesetzt. Er zeugte 66 in Deutschland im VK registrierte Welpen. Auf dem zweiten Platz folgte der Rüde »Panda-Baer **vom Richtsberg**«, der 54 Welpen in mindestens 6 verschiedenen deutschen Zwingern zeugte. In Bezug auf die erfolg- und einflußreichen Rüden sollten auch die folgenden Namen nicht in Vergessenheit geraten: »Maltea's Belmondo« (Immacula Adonis - Nataly z Bilych Fjordu), »Ablench Prince Charming« (Oakfarm Mikado - Ablench Snow Pearl), »Ablench Super Ramba« (Shenala Ambassador of Ablench - Movalian Black), »Myi's Macho Man« (ein rein amerikanisch gezogener Rüde), »Maythea's Tristrum« (ein rein englischer Rüde, der in den Jahren 1982-88 in 7 verschiedenen deutschen Zwingern 42 Welpen zeugte), »Jubilation **from the white Angel**« (ein aus der englischen »Maythea's« Linie gezogener Rüde, der von Frau Schwanitz aus Gelsenkirchen in den 80er Jahren erfolgreich ausgestellt wurde) und die rein amerikanischen Rüden »Su-Le's Cotingas« und »Dodd's Good'n Plenty«.

Frau Sommerschuh (von der Karswaldhütte) beendete in diesem Jahrzehnt ihre Zucht. Es waren jedoch in der ehemaligen »DDR« einige weitere erfolgreiche Zuchten gegründet worden, die nach der ›Wende‹ in die unter dem Dach des VDH organisierten Verbände übernommen wurden. Von den

Challenge von Brucella (Hostes van Freule-Rubenstein - Brucella van Freule-Rubenstein).
Züchter: Frau Snellen-Timmermanns, Niederlande.
Besitzer: Petra Niethen, Viersen.

ca. 80 Malteser-Züchtern der ehemaligen »DDR« möchte ich die m. E. vier einflußreichsten nennen: »**von Rosie's Malteserburg**« (Frau Prof. Dr. Rohde war in den Malteserkreisen der ehemaligen »DDR« eine angesehene Persönlichkeit, die ihre Liebe zu dieser Rasse auch in einigen sehr lesenswerten Artikeln veröffentlichte. Sie begründete ihre Zucht, wie die meisten der Züchter aus der ehemaligen »DDR«, auf der Linie von Frau Sommerschuh). Auch das Ehepaar Bischoff, »**Shan Loo**«, Bad Lauchstädt war mir sehr behilflich, und ich möchte mich an dieser Stelle sowohl bei Frau Prof. Dr. Rohde, als auch bei dem Ehepaar Bischoff herzlich bedanken.

Ferner waren es die Zwinger »**von den Ewas**« von Herrn Misch in Schönow, »**vom Haus Jennerblick**« von Frau Irma Kirchner in Berlin, »**vom Haus Bär**« von Frau Bär in Rostock und »**von den lütten Pfötchen**« von Frau Knüppel in Berlin, die sich in den 80er Jahren einen Namen machten und die auch in den neunziger Jahren noch aktiv züchteten.

MALTESER HEUTE

*Ute von der Karswaldhütte, geworfen 1986
(Cent von Norbrit - Jolly von der Karswaldhütte),
Züchter: Frau Sommerschuh, Arnsdorf.
Besitzer: Frau Prof. Dr. Rohde.*

Meine Betrachtungen der 90er Jahre möchte ich mit dem Jahr 1995 abschließen. Bereits zur Halbzeit der neunziger Jahre sind deutlich über 2000 Malteserwelpen registriert worden. An dieser Zahl hatten selbstverständlich die aus dem VKSK übernommenen Malteserzüchter der ehemaligen »DDR« einen hohen Anteil. Der Zwinger »von den lütten Pfötchen« aus Berlin nahm mit 116 registrierten Welpen dabei eine Spitzenposition ein, gefolgt von der »Pillowtalk's« Zucht von Frau Moser und den Maltesern aus dem Zwinger **»vom Wassergarten«** von Frau Moll in Mönchengladbach, die auch häufig auf Ausstellungen anzutreffen sind.

Was die Deckrüden anbelangt, so läßt sich m. E. aus dem bisher vorliegenden Zahlenmaterial noch kein klar herausragender Deckrüde benennen. Auffallend ist in den 90ern bisher allerdings, daß die Zahl der importierten Malteser deutlich zurückgegangen ist. 1990 wurden (wahrscheinlich noch bedingt durch Übernahmen vom VKSK) 25 neue Zwinger registriert, in den Folgejahren waren dann durchschnittlich 10-15 Neuzugänge zu verzeichnen.

Betrachtet man in den einschlägigen Hundeillustrierten und -magazinen aus den USA und England die von Maltesern veröffentlichten Fotos, so kann man, besonders in den Vereinigten Staaten, von einem gewissen Maltesertyp sprechen. Hierzulande ist das noch etwas anders. Viele Zwinger bemühen sich, »ihren« Typ von Malteser zu züchten und dabei sind schon große Unterschiede festzustellen.

Es wäre nicht gerecht, bei einer Betrachtung der neunziger Jahre nur die Zwinger zu erwähnen, welche die meisten Welpen registrieren ließen. Auch die Bemühungen einiger namhafter kleinerer Zuchtstätten sollten Beachtung finden, sind es doch gerade diese, die sich auf Ausstellungen und eben durch die Zielsetzung, einen bestimmten »eigenen« Typ von Malteser zu züchten, hervorgetan haben. Zu nennen wären hier die Zwinger **»vom Herzogstein«** von Frau Finkbeiner, **»Annsarah's«** von Familie Kirchner, **»of blue line«** von Frau Bosnyak,

Müssen wir schon wieder in die Wäsche?

F- und G-Wurf aus dem Zwinger von Rosie's Malteserburg (1985).

DIE GESCHICHTE DER MALTESER IN DEUTSCHLAND

Zwei Schönheiten aus den 80er Jahren. (links) Bianka von Langenhagen, (rechts) Priscilla of White Rose.

»**Caprice**« von Familie Pawlowski und »**of Scalnitas**« von Frau Scheurer - früher Herrmann. Insbesondere Frau Boldin (sie züchtet in ihrem kleinen »**of Paradise**« Zwinger ebenfalls erfolgreich Malteser und ihre »Royal Micky Maus of Paradise« errang vor einigen Jahren internationale Ehren) ist es zu verdanken, daß wir ab dem Jahre 1996 einen etwas besseren Überblick über die Ausstellungserfolge unserer Malteser haben. Schließlich sollten einige vielversprechende »Newcomer« unter den deutschen Züchtern nicht unerwähnt bleiben, wie z. B. die »**Marrylou's**« der Familie Bremer, die »**Carrara's**« Malteser von Frau Boch, sowie die Malteser aus den Zwingern »**Wonder of Love**« von Herrn Sankowski und die »**Wind Dancer's**« von Frau Köhler.

AUSBLICK:
Es ist sehr zu begrüßen, daß durch den VDH 1994 die Kriterien für eine Zuchtzulassung erheblich verschärft wurden. Auch bei unseren kleinen weißen Lieblingen werden die Gefahren durch vererbbare körperliche Schäden immer größer (man denke nur an die Luxation der Kniescheiben). Es wird sicher erheblicher Anstrengungen bedürfen, diese Gefahren rechtzeitig zu erkennen und ihnen mit einem hohen Maß von Verantwortungsbewußtsein auf Seiten der Züchter entgegenzutreten. Aber es sind nicht nur die körperlichen Schäden, auf die man achten sollte. In ganz besonderem Maße muß auch das unvergleichliche, liebevolle und sanftmütige Wesen dieser Rasse bewahrt und an künftige Generationen weitergegeben werden. Ich persönlich würde mir darüber hinaus wünschen, daß wir in Deutschland irgendwann in absehbarer Zeit einmal einen ähnlichen »Augenschmaus« erleben könnten, wie es mir auf der Jubiläumsausstellung des englischen Maltese Club 1994 und der AMA-Specialty 1995 in West-Springfield, MA/USA vergönnt war.

MALTESER HEUTE

»Ob Junker Jörg schon Malteser kannte?« Vor historischem Hintergrund: Die Wartburg in Eisenach/Thüringen. (rechts) Zulina of Scalnitas (Pillowtalk's Show N'Tell - Just for Dagmar from the white Mountains), 9 Monate. Züchter und Besitzer: Helga Scheurer & Hartwig Drossard, Erkelenz. (links) Désie vom Wassergarten (Charly vom Wassergarten - Blue Lady vom Wassergarten), 10 Monate. Züchter: Renate Moll, Mönchengladbach. Besitzer: Helga Scheurer & Hartwig Drossard, Erkelenz.

DIE GESCHICHTE DER MALTESER IN DEUTSCHLAND

Ein »blaublütiges« Quartett (von links nach rechts): of blue line Ohara 1fl Jahr (Vincent from the white Mountains - of blue line Zsa Zsa); of blue line Pamela, 20 Monate (Vincent from the white Mountains - Qeeny from the white Mountains); of blue line Jennifer, 11 Monate (of blue line Glenn - of blue line Zsa Zsa); of blue line Galetti, 10 Monate (of blue line Glenn - of blue line Chatyn). Züchter und Besitzer: Erika Bosnyak, Sendenhorst.

Maythea's Pebble (Maythea's Delmont - Maythea's Tanya. Züchter: Dorothy Clarke, Besitzer: Karin Rüben, Waldfeucht. Diese kleine Malteserhündin wurde (wahrscheinlich Anfang der 80er Jahre) von Herrn Scharfenberg aus England importiert. Sie wechselte dann traurigerweise mindestens 5x den Besitzer, bis sie zufällig von Karin und Armin Rüben (Herausgeber des »Malteser-Journal«) 1987 auf der Suche nach einem Yorkshire Terrier entdeckt wurde. Sie war damals in einem sehr schlechten Pflege- und körperlichen Zustand. Dank aufopferungsvoller Pflege wurde »Pebble« immerhin 16 Jahre alt, bis sie 1995 an einem Krebsleiden starb. Auf dem Foto ist sie 12 Jahre alt.

MALTESER HEUTE

»Mache ich meinem Namen nicht alle Ehre?« Ch. Villarose Sweet Sensation (»Tiffin«), geb. 22.8.89 (Ch. Snowgoose Hot Toddy (»Toffee«) - Ch. Villarose Sweet September (»Truffle«)). Züchter, Besitzer und Foto: Chris Ripsher.

Snowgoose Tickaty Boo (Ch. Snowgoose Hot Toddy - Ch. Snowgoose Exquisite Magic). Züchter: Vicki Herrieff, Besitzer: Mrs. J. Rankine.

DIE GESCHICHTE DER MALTESER IN DEUTSCHLAND

Aus altem, edlen Geschlecht.
Yale the Princess of Paradise (Ch. Yorkholme Renoir - Ch. Royal Micky Maus of Paradise).
Züchter und Besitzer: Verena Boldin, Aachen. Foto: Gerd W. Tinnefeld.

MALTESER HEUTE

*»Psst! Ich weiß nicht, ob ich hier sitzen darf!« - of blue line Julchen im Alter von 6 Monaten.
(Vincent from the white Mountains - of blue line Zsa Zsa).
Züchter: Erika Bosnyak, Sendenhorst, Besitzer: Dr. Heinz und Inge Böttger, Münster.*

DIE GESCHICHTE DER MALTESER IN DEUTSCHLAND

RECHTS:
»Also, der ›time-lag‹ geht auch an einem Malteser nicht spurlos vorüber!«
of blue line Jennifer (»Ruppi«), im Alter von einem Jahr in New York. (of blue line Glenn - of blue line Zsa Zsa).
Züchter und Besitzer: Erika Bosnyak, Sendenhorst.

UNTEN:
»Ich bewache meinen ›Harrods‹-Bär!«
Hashiva of Scalnitas (Bitter Sweet Wonder of Love - Désie vom Wassergarten). Hündin im Alter von 3 Monaten.
Züchter und Besitzer: Helga Scheurer & Hartwig Drossart, Erkelenz.

MALTESER HEUTE

Das Küßchen als Belohnung - aber wer belohnt wen?
Ch. Snowgoose Exquisite Magic (»Tuppence«) (Aust. & am. Ch. Su-Le's Great Egret - Snowgoose Quincey).
Auf dem Foto abgebildet mit Züchterin u. Besitzerin Vicki Herrieff. »Tuppence« wurde 16 Jahre alt.